职业院校**城市轨道交通专业**“十三五”规划

CHENGSHI GUIDAO JIAOTONG DIANGONG DIANZI JISHU

城市轨道交通 电工电子技术

微课版

孙玥 ◎ 主编

朱国巍 ◎ 副主编　阴法明 ◎ 主审

人民邮电出版社

北京

图书在版编目（CIP）数据

城市轨道交通电工电子技术 ：微课版 / 孙玥主编
. -- 北京 ：人民邮电出版社，2022.3
职业院校城市轨道交通专业“十三五”规划教材
ISBN 978-7-115-54793-4

Ⅰ. ①城… Ⅱ. ①孙… Ⅲ. ①城市铁路－轨道交通－电工技术－高等职业教育－教材②城市铁路－轨道交通－电子技术－高等职业教育－教材 Ⅳ. ①U239.5

中国版本图书馆CIP数据核字(2020)第165515号

内 容 提 要

本书立足城市轨道交通系统中的电气及电子电路的应用，系统地阐述了城市轨道交通电工电子技术的内容。全书共5个知识模块，内容包括城市轨道交通电工电子概述、基础电路分析及应用、电动机控制及用电安全、模拟电路分析及应用、数字电子技术及应用。每个模块都设置了知识地图和思考练习，便于学生学习和教师授课。

本书可供高等职业院校城市轨道交通通信信号技术专业教学使用，可作为轨道交通类相关专业的教材，也可作为轨道交通行业的从业人员或爱好者的自学用书。

◆ 主　　编　孙　玥
　副 主 编　朱国巍
　主　　审　阴法明
　责任编辑　刘晓东
　责任印制　王　郁　焦志炜
◆ 人民邮电出版社出版发行　　北京市丰台区成寿寺路11号
　邮编　100164　　电子邮件　315@ptpress.com.cn
　网址　https://www.ptpress.com.cn
　涿州市般润文化传播有限公司印刷
◆ 开本：787×1092　1/16
　印张：13　　2022年3月第1版
　字数：333千字　　2025年1月河北第2次印刷

定价：49.80元

读者服务热线：(010)81055256　印装质量热线：(010)81055316
反盗版热线：(010)81055315
广告经营许可证：京东市监广登字20170147号

前　言

习近平总书记在党的二十大报告中深刻指出，“培养造就大批德才兼备的高素质人才，是国家和民族长远发展大计”，并且强调要大力弘扬劳模精神、劳动精神、工匠精神，激励更多劳动者特别是青年一代走技能成才、技能报国之路。本书全面贯彻党的二十大报告精神， 以习近平新时代中国特色社会主义思想为指导，结合企业生产实践，科学选取典型案例题材和安排学习内容，在学习者学习专业知识的同时，激发爱国热情、培养爱国情怀，树立绿色发展理念，培养和传承中国工匠精神，筑基中国梦。

随着我国经济持续快速发展和城市规模不断扩大，城市轨道交通成为改善城市交通状况和缓解环境压力的有效途径，全国多个大、中城市已经开通城市轨道交通线路。随着城市轨道交通建设力度不断加大，对专业人才的需求量也在不断增长。城市轨道交通是一个综合性的复杂系统，其各个部分的设备、系统的运行，如牵引供电、低压配电、通信信号系统设备的基本工作过程等都涉及电工电子技术知识。

本书根据高等职业院校专业教学标准及国家相关标准和技术规范，并结合国内城市轨道交通建设运营的实际情况，以“知识模块”为组织架构，将城市轨道交通系统中的电学知识、技术应用、系统组成等进行了总体设计，在知识点中融入了实用的技能训练和要求，以促进“学做一体”，同时配备教学视频等数字化学习资源，为读者构建立体化的学习空间。

本书的参考学时为 72 学时，各学校可按照自身专业设置的具体情况灵活分配，建议采用理论实践一体化教学模式。

本书由南京信息职业技术学院孙玥担任主编，朱国巍担任副主编，阴法明担任主审。具体编写分工：孙玥编写知识模块 1、知识模块 3、知识模块 4、知识模块 5，朱国巍编写知识模块 2，孙玥负责全书的总体设计及统稿工作。

在本书编写的过程中，得到南京恩瑞特实业有限公司领导和企业专家的帮助，在此诚挚感谢！

由于编者技术水平和实践经验有限，书中难免存在不妥之处，敬请读者反馈，以便今后修订完善。

编者

2023 年 5 月

知识导图

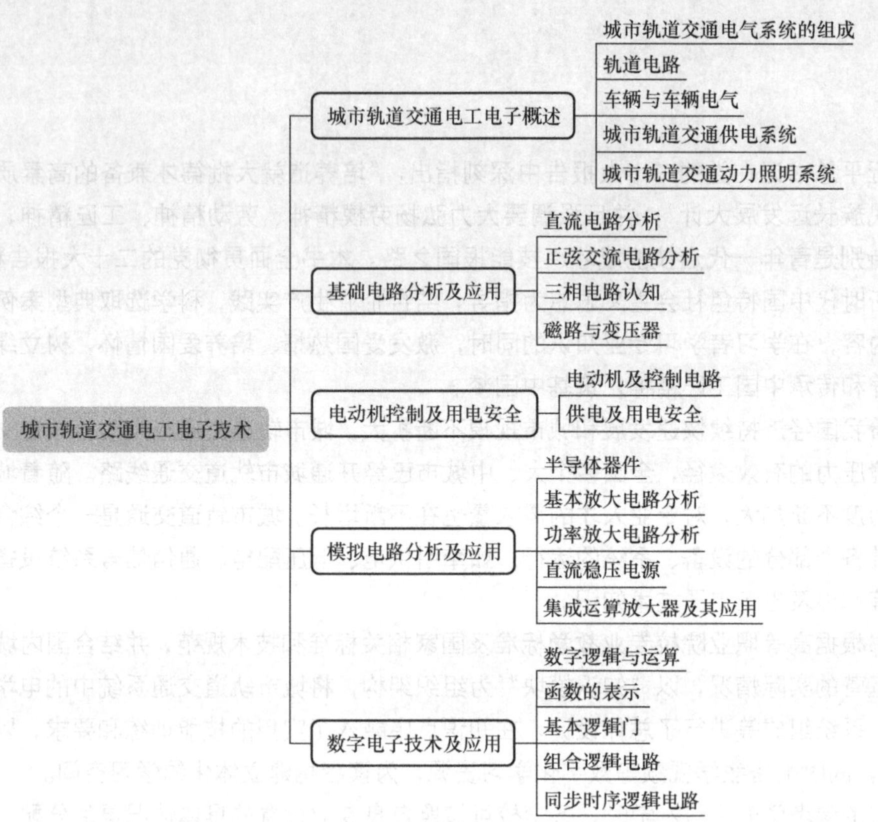

城市轨道交通
电工电子技术

目　录

知识模块 1 城市轨道交通电工电子概述

知识地图

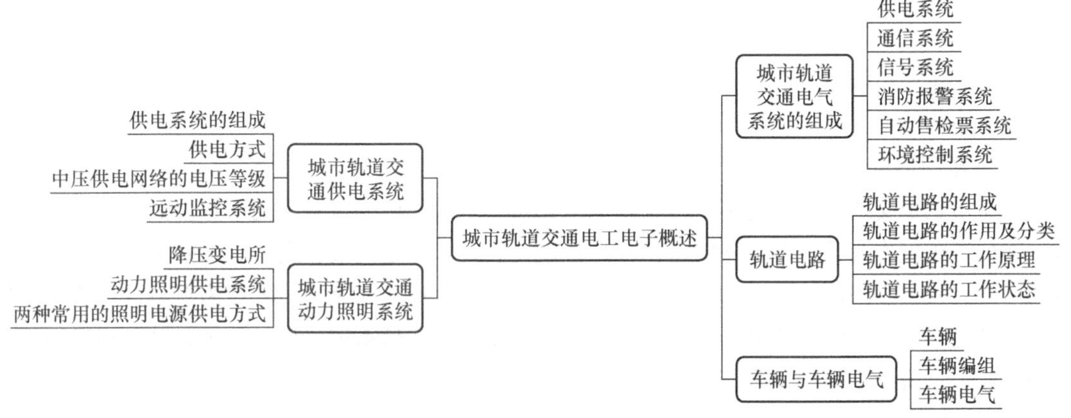

模块导学

城市轨道交通是一种容量大、速度快的公共交通方式，可为乘客提供安全、快速、便捷、舒适的运送服务。当前城市轨道交通在各大中城市的公共交通系统中的地位越来越重要。

城市轨道交通包含地铁、轻轨、独轨、有轨电车、市郊铁路和磁浮系统等。地铁系统是一种大容量的城市轨道交通运输系统，也是目前国内各大中城市选用的高效公共交通运输方式。按照我国的轨道交通建设标准，地铁系统采用钢轨与钢制轮对导向，标准轨距为 1435mm，主要在城市地下空间修筑的隧道中运行；当条件允许时，也可在地面或高架桥上运行，如图 1.1 所示。

图 1.1　南京地铁宁和城际线

地铁的运量大，车体较宽（2.8～3.0m），一般单方向每小时的运量超过 3 万人，且地铁采用全封闭式，可以实现高密度发车，密度可达 30 对/小时。

轻轨是指与地铁相对应的一种交通系统。其运量相对较小，一般单方向客运量为 1～3 万人/小时，车体的宽度相对较小，一般在 2.6m 以下。

地铁与轻轨比较而言，地铁的工程量要大些，而轻轨的工程量相对要小些。这两种系统都可以采用高架线、地面线和地下线的方式。目前，独轨和磁浮交通系统大多采用高架的方式，这两种交通系统都没有平交道口。有轨电车由于速度与运量较轻轨小，因此可以采用平交道口的方式，其造价更低，线路的走向也更加灵活方便。城市轨道交通系统与其他公共交通工具相比除了运量大的优点之外，还有全天候、快捷、舒适、节能和环保等优点。

知识点 1.1　城市轨道交通电气系统的组成

📖 学习目标

- 能正确说出城市轨道交通的不同子系统及常用设备
- 能简述城市轨道交通列车的基本受电方式
- 能简述轨道交通电气系统中各个子系统的作用

📖 学习内容

在城市轨道交通运输系统中，由各种电子元器件组成的电气设备无处不在，其中城市轨道交通电动列车车辆作为其运营设备的主体，是最重要且复杂的电气设备之一。正是因为电动列车车辆的产生、发展和不断改进，才形成了多种形式的城市轨道交通类型。就最为普遍的地铁与轻轨而言，除电动列车车辆系统之外，还必须包含供电系统、通信系统、信号系统、消防报警系统、自动售检票系统、环境控制系统等。

1. 供电系统

供电系统是城市轨道交通的动力源泉，负责线路电能的供应和传输，关系到整个城市轨道交通运行的质量和效率。

城市轨道交通的供电电源一般取自城市电网，通过城市电网一次电力系统和轨道交通供电系统实现输送或变换，最后以适当的电压等级、一定的电流形式（直流或交流电）供给用电设备。

供电系统主要由电源子系统、牵引供电子系统和动力照明子系统构成。供电系统设备由变电所、接触网（见图 1.2）或接触轨（见图 1.3）、电力监控设备等组成。

图 1.2　接触网受电

图 1.3　接触轨受电

2. 通信系统

通信系统作为地铁运营调度、企业管理、服务乘客、治安反恐、应急指挥的网络平台，是地铁正常运转的神经系统。

目前地铁专用通信系统主要包括传输系统、公务电话系统、专用电话系统、无线通信系统、广播系统、闭路电视监控系统、乘客信息系统、视频会议系统、时钟系统、集中网络管理系统、地铁信息管理系统、电源及接地系统、通信光缆/电缆等子系统。

通信系统分为有线通信系统和无线通信系统。有线通信系统包括车站的广播系统、闭路电视监控系统、乘客信息系统、信息查询系统（见图 1.4）、调度电话和轨旁电话等，无线通信系统主要包括车载电台、手持电台等。

通信系统能为地铁工作人员提供内部、外部联络用通信手段，为地铁运营调度指挥列车运行、下达调度命令、列车运营、电力供应、日常维修、防灾救护、票房管理等提供指挥专用通信工具，为旅客和工作人员及运营所需各系统提供通信网络；还能够为公安警务人员提供地铁警务指挥和业务联系的语音、数据、图像等业务，为政府相关职能部门调度联络提供重要的无线通信保障。

图 1.4　地铁信息查询系统

3. 信号系统

信号系统在城市轨道交通中占有重要地位，它是保障轨道交通系统安全与高效运行的重要手段。信号系统的结构与性能直接关系到项目建设初期投资、系统运量、运行能耗，以及系统运行与维修成本。先进的信号系统可以缩短行车间隔时间，从而提高地铁的输送能力。信号设备的主要作用是保证行车的安全和提高线路的通过能力，包括信号装置、联锁装置、闭塞装置等。

信号系统是地铁系统的核心，它能够在保障列车运行安全的前提下，满足运营性能的要求。为地铁提供信号的系统必须是一个安全、可靠、先进的，适应地铁环境的移动闭塞列车自动控制系统（ATC），它由四个主要子系统组成：计算机联锁系统（SICAS）、列车自动防护（ATP）系统、列车自动驾驶（ATO）系统和列车自动监督（ATS）系统。

SICAS、ATP、ATO、ATS 系统应按照世界公认的 ISO 质量标准和 CENELEC 质量及安全标准开发。

4. 消防报警系统

地铁大部分处在由车站和隧道构成的封闭区间内，与地面自然环境相隔绝，人和设备高度密集。在这种特殊的环境中，确保人的生命安全是至关重要的。在地铁中必须设立防灾管理的有关设备，以便对地铁可能发生的灾害进行预防和早期发现。一旦发生灾害，能够及时采取措施，防止灾情进一步扩大，尽快将灾害消除，恢复正常运行。地铁可能遇到的灾害有火灾（包括发烟）、水灾、风灾、雷击、停电、地震、行车事故和人为突发事件等。其中，发生概率最高的、危害最大的是火灾（包括发烟）。在各项防灾措施中，应把防火和防烟放在首位。

5. 自动售检票系统

自动售检票系统（Automatic Fare Collection，AFC），是基于计算机技术、网络技术、现代通信技术、自动控制技术、大型数据技术、机电一体化技术、模式识别技术、传感技术、精密机械技术等多项技术为一体的综合系统。在城市轨道交通系统中，自动售检票系统以其高度的智能化设计，扮演着售票员、检票员、会计、统计、审计等角色，以数据收集和控制系统实现了票务管理的高度自动化。

图1.5所示为某地铁车站的自动检票设备。

6. 环境控制系统

为了保证地铁安全、正常运行，应在地铁内设置环境控制设备和各类必需的车站辅助设备，包括通风空调、给排水、消防、自动扶梯、直升电梯、动力、照明、旅客引导等系统设备，以及自动售检票、车站设备自控、屏蔽门等系统设备。

图 1.5 自动检票设备

地铁的车站、区间隧道基本上处于与外界隔离的状态，只有出入口、通风口和隧道口等处与外界大气相通。客运高峰时，地铁内乘客密集，车站内经常保持有数千名流动乘客，众多的乘客不断呼出二氧化碳气体，并不断产生热量和湿气，使地铁内的空气很容易恶化。为保证地铁正常有效运营，对环境的控制至关重要。

案例分析

上海轨道交通信号系统介绍

上海地铁1号线自上海火车站至上海南站，向南延伸至莘庄站，全长为22km，设有16个车站、7个设备集中站和一个车辆段；向北从上海火车站延伸至泰和站，长度12.5km，经过9个车站，设有4个设备集中站。

1号线采用列车控制系统，6节编组，并装备了ATC系统全套设备，车载ATP设备双套冗余，ATO设备单套。1号线和南延伸线采用6502继电联锁，北延伸线采用计算机联锁，系统为双机热备。ATP系统采用头、尾各双套冗余的车载设备，ATP是基于速度码方式，列车最高速度为80km/h，运行间隔为120s，设计间隔为100s。

1号线采用音频无绝缘轨道电路，各闭塞区间采用阻抗变压器电气隔离，列车信息检测采用4个载频分别为2625Hz、2925Hz、3375Hz、4275Hz交替配置，调制频率2Hz、3Hz也交替配置且有序地使用在线路上，以达到列车检测的目的。列车信号载频为2250Hz，调制在不同的频率上，以向列车传输不同的速度信息和开门信息。

知识点 1.2 轨道电路

学习目标

- 清楚轨道电路的组成、作用
- 能正确区别不同的轨道电路类型
- 能正确描述轨道电路的工作原理

轨道电路

学习内容

轨道电路是以铁路线路的两根钢轨作为导体，并用引接线连接信号电源，与接受设备构成的电气回路，用以反映列车占用和出清线路的状况。它的性能直接影响行车安全和运输效率。

1. 轨道电路的组成

除钢轨外，轨道电路一般由钢轨绝缘、轨端接续线、引接线、送电设备、受电设备等组成。

① 送电端。其由轨道电源E和限流电阻R_X组成。限流电阻的作用一是保护电源，二是保证列车占用时可靠落下。

② 受电端。其由轨道继电器 GJ 组成，用来接收轨道电路的信号电流，反映轨道的状况。

③ 引接线。其将送、受电设备直接或通过电缆过轨后接向钢轨。

④ 轨端接续线。其可减小钢轨接头的接触电阻，以保持电信息延续。

⑤ 钢轨绝缘。其可划分各轨道区段。两绝缘节之间的钢轨线路称为轨道电路的长度。

其中钢轨主要用于传送电信息，钢轨绝缘实现各轨道区段的划分，轨端接续线用来保持电信息延续，轨道继电器则反映轨道的状况。轨道电路的组成如图 1.6 所示。

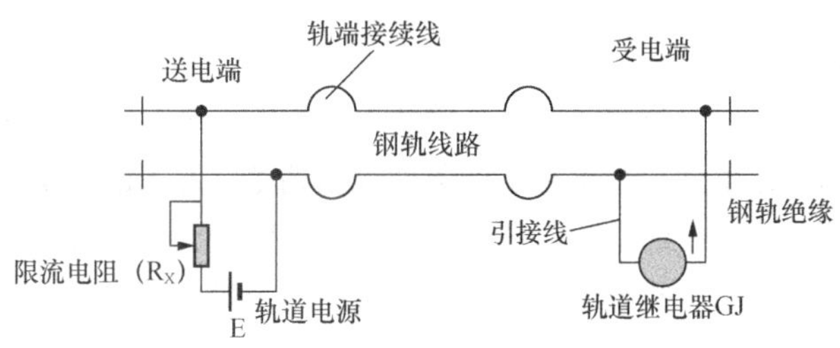

图 1.6　轨道电路的组成

2. 轨道电路的作用及分类

轨道电路主要应用于区间和站内。轨道电路的作用主要有两个：①监督列车的占用，反映线路的空闲状况，为开放信号、建立进路或构成闭塞提供依据；②传递行车信息，如移频自动闭塞利用轨道电路传递不同的频率信息来反映列车的位置，从而控制列车运行。

轨道电路有不同的类型，按所传送的电流特性分为连续式、脉冲式、频率电码式、数字编码式；按分割方式分为有绝缘轨道电路、无绝缘轨道电路（电气隔离式）；按所处的位置分为站内轨道电路、区间轨道电路；按轨道电路内有无岔道分为无岔轨道电路、道岔轨道电路。

3. 轨道电路的工作原理

（1）25Hz 相敏轨道电路原理

25Hz 相敏轨道电路是电力牵引区段较为常用的一种轨道电路，它也可用于非电化区段，是应用较为广泛的一种轨道电路制式。由于 25Hz 相敏轨道电路采用低频传输，终端设备采用相位鉴别方式，且频率限为 25Hz，因此具有相对传输损耗小（即轨损小）、执行设备灵敏度高，抗干扰能力强等优点；缺点是设备故障点多，需两种工作电源（局部 110V、轨道 220V）。

（2）UM71 轨道电路原理

UM71 轨道电路是通用调制的电气绝缘的轨道电路，它是由发送器 EM 在编码系统指令控制下，产生低频调制的移频信号，经过电缆通道、匹配单元 TDA 及调谐单元 BA 送至轨道，从送电端传输到受电端调谐单元 BA，再经接收端的匹配单元、电缆通道，将信号送到接收器 RE 中。钢轨上传输的低频信息，经列车接收线圈接收送给 TVM-300 系统，供列车信号、速度监控使用。

（3）ZPW-2000A 型无绝缘轨道原理

ZPW-2000A 型无绝缘轨道电路与 UM71 轨道电路基本相同，只是在调谐区内增加了小轨道电路，用来实现无绝缘轨道电路全程断轨检查，避免了 UM71 轨道电路调谐区存在的“死区段”（它的“死区段”只有调谐区内小于 5m 的一小节），从而大大地提高了轨道电路的安全性、传输性、稳定性。

ZPW-2000A 型无绝缘轨道电路分为主轨道电路和调谐区小轨道电路两部分，并将小轨道电路看作是列车运行方向主轨道电路的"延续段"。主轨道电路发送器产生的移频信号既向主轨道传送，也向调谐区小轨道电路传送。主轨道信号经过钢轨送到轨道电路受电端，然后经调谐单元、匹配变压器、电缆通道，将信号传到本区段接收器。

调谐区小轨道信号由运行前方相邻轨道电路接收器处理，并将处理结果形成的小轨道电路执行条件送到本轨道电路接收器，作为轨道继电器励磁的必要检查条件之一。本区段接收器同时接收主轨道移频信号及小轨道电路继电器执行条件，判断无误后驱动轨道电路继电器吸起，由此判断区段的空闲与占用情况。

4. 轨道电路的工作状态

轨道电路的三种工作状态为调整状态、分路状态和断路（轨）状态。这三种状态又各自有不同的工作条件和最不利工作条件，最不利工作条件包括调整状态下的钢轨阻抗最大、道碴电阻最小、电源电压最小；分路状态下的钢轨阻抗最小、道碴电阻最大、电源电压最大；断路状态下的钢轨阻抗最小、电源电压最大、临界断轨点和临界道碴电阻最大等。无论哪一种状态，主要因素为三个变量，即轨道电路的道碴电阻、钢轨阻抗和电源电压。

（1）调整状态。当钢轨完整，且无列车占用时，接收端继电器处于励磁状态而被吸起，表示轨道电路空闲。

（2）分路状态。当有列车占用时，电路被列车轮对分路，接收端继电器处于失磁状态而被落下，表示轨道电路被占用。

（3）断轨状态。当钢轨任何部分出现故障时，接收端继电器处于失磁状态而被落下，表示轨道电路出现故障。

案例分析

轨道电路有多种类型，上海地铁 1 号线在区间使用多频制音频无绝缘轨道电路，在车辆段及车站内道岔区段为有绝缘轨道电路。有绝缘的轨道电路，由于绝缘节的存在，使因绝缘节破损而造成的轨道电路失效概率大大上升。对于使用长钢轨的区段来说，因设置绝缘节而增加了钢轨的分割点，对高速列车的安全、平稳行驶是很不利的因素。

在电力牵引区段，绝缘节的存在给牵引回流的输送带来了一定的困难，因而上海地铁 1 号线干线上应用无绝缘的音频轨道电路。轨道电路用调谐的阻抗连接变压器作为轨道电路的边界，此变压器用于均衡走行钢轨间的牵引回流，且向轨道注入列车检测和速度命令信号。变压器的中心抽头还用作轨道间横向连接或作为变电所回流的连接点。发送器设置在轨道电路按列车运行方向离区一端，用一个相当于轨道耦合变压器的阻抗连接变压器，把已调制的音频信号送入钢轨。接收器设在入口端，如果由发送器送来的编码检测频率载波信号未被阻断，则轨道继电器接点被吸起，说明该轨道电路无车。若列车进入轨道电路内，则轨道继电器接点被落下，表明列车到达并占用该轨道电路区段，该发送器同时向列车发送速度命令。

知识点 1.3　车辆与车辆电气

学习目标

- 能正确区别不同的城轨车辆类型
- 清楚车辆的不同受电方式及电压值
- 能举例并分析常见的列车编组方式
- 清楚车辆电气的组成部分

学习内容

1.3.1 车辆

城市轨道（简称“城轨”）交通车辆是城轨交通工程中最重要的设备，也是技术含量较高的机电设备。城轨车辆应具有先进性、可靠性和实用性，应满足容量大、安全、快速、舒适、美观和节能的要求。

城轨交通车辆作为城市公共交通工具，主要在市内和市郊运行。它的运行条件具有以下特点：车辆要在地下隧道、高架和地面轨道运行，站距短、线路曲线半径小、坡度大，客流量大而集中，乘客上下车频繁等。

目前，我国城轨交通建设处于快速发展阶段，城轨交通车辆的制造厂商较多，国内主要有中车集团下属的吉林长春、辽宁大连、山东青岛、湖南株洲、江苏南京浦镇等地的制造厂商。由于城轨交通车辆设计、制造的技术背景不同，以及城轨交通车辆使用区域的经济发展和运用环境的不同，因此城轨交通车辆的结构和性能有所差异。城轨交通车辆的分类方法如表 1.1 所示。

表 1.1　城轨交通车辆的分类方法

系统类型	车辆类型	车辆参数	客运能力 N 及运行速度 v
地铁系统	A 型车	车长：22.0m 车宽：3.0m 定员：310 人	N：4.0～7.5 万人次/小时 v：≥35km/h 高运量
	B 型车	车长：19.0m 车宽：2.8m 定员：230～245 人	N：3.0～5.0 万人次/小时 v：≥35km/h 大运量
	直线电机 B 型（L_B）车	车长：16.8m 车宽：2.8m 定员：215～240 人	N：2.5～4.0 万人次/小时 v：≥35km/h 大运量
轻轨系统	C 型车	车长：18.9～30.4m 车宽：2.6m 定员：200～315 人	N：1.0～3.0 万人次/小时 v：25～35km/h 中运量
	直线电机 C 型（L_C）车	车长：16.5m 车宽：2.5～2.6m 定员：150 人	N：1.0～3.0 万人次/小时 v：25～35km/h 中运量
单轨系统	跨座式单轨车辆	车长：15.0m 车宽：3.0m 定员：150～170 人	N：1.0～3.0 万人次/小时 v：30～35km/h 中运量
	悬挂式单轨车辆	车长：15.0m 车宽：2.6m 定员：80～100 人	N：0.8～1.25 万人次/小时 v：≥20km/h 中运量
有轨电车系统	单厢或铰接式电车	车长：12.0～28.0m 车宽：≤2.6m 定员：110～260 人	N：0.6～1.0 万人次/小时 v：15～25km/h 低运量

另外，由于城轨交通车辆车载设备的差异，为方便管理和维护，一些城轨交通车辆的制造商和运营公司对车辆重新进行了分类。比如上海申通地铁公司将上海地铁车辆 1、2 号线的车辆分为

A、B、C 三类：A 类车为拖车，一端设有驾驶室；B 类车为动车，车顶装有受电弓；C 类车为动车，车下装有一套空气压缩机组。广州地铁 1、2、3、4 号线也采用了此种分类方法。

1.3.2 车辆编组

城轨交通车辆均采用动力分散的编组形式：动车（M）+拖车（T）。拖车（T），即本身无动力牵引装置的车辆。动车（M），即本身装有动力牵引装置的车辆。动车又分为带有受电弓的动车和不带受电弓的动车。由于动车本身带有动力牵引装置，因而它兼有牵引和载客两大功能。运营时一般动拖结合、固定编组，形成电动列车组。我国城轨交通列车常用的 6 辆编组列车主要是“3 动 3 拖”和“4 动 2 拖”，4 辆编组列车主要是“2 动 2 拖”。

下面举例说明典型的列车编组情况。

（1）西安地铁 1、2 号线列车均采用“3 动 3 拖”的编组形式，编组的表达式为

=Tc * Mp * M * T * Mp * Tc=

西安地铁 3 号线为增加动力，采用“4 动 2 拖”的编组形式，编组的表达式为

=Tc * Mp * M * M * Mp * Tc=

式中，Tc 表示有司机室的拖车；Mp 表示带受电弓的动车，空气压缩机装在 Mp 车；M 表示不带受电弓的动车；T 表示不带司机室的拖车。

（2）广州地铁 1 号线列车采用“4 动 2 拖”的编组形式，编组的表达式为

–A * B * C=C * B * A–

式中，A 表示拖车，并且一端设有驾驶室，车顶上装有受电弓，车底装有一套空气压缩机组；B 和 C 均表示动车，两者结构基本相同。

广州地铁 2 号线与 1 号线基本一样，只是受电弓装于 B 车车顶，而空气压缩机组装于 C 车车底。

列车编组表达式中，“–”表示全自动车钩；“=”表示半自动车钩；“*”表示半永久车钩。

1.3.3 车辆电气

城轨交通车辆电气部分主要包括车辆电气牵引系统、辅助供电系统、列车控制及故障诊断系统等。下面主要介绍车辆电气牵引系统和辅助供电系统。

1. 车辆电气牵引系统

车辆电气牵引系统包括车辆上的受流器、车间电源、电气牵引系统及其控制电路。车辆电气牵引系统的作用是：在牵引工况下，将变电所传递的电能转变为车辆牵引所需的牵引力；处于电制动工况时，将车辆的动能转化为电制动力，实现功率的转化和传递。

（1）受流器

受流器是列车将外部电源引入车辆电源系统的重要设备。根据线路供电方式的不同，列车受流器分为集电靴和受电弓两种形式：集电靴装置主要应用于第三轨方式供电的线路，如图 1.7 所示；受电弓装置主要应用于以接触网方式供电的线路，如图 1.8 所示。

（2）车间电源

车间电源是列车辅助的受流器，主要应用于列车在检修库内整车调试或部分设备需有电检查时使用。外部电源通过电缆插头与列车车间电源插座相连，供电给列车电源系统。

考虑到安全原因，车间电源与列车主受流器之间是相互联锁的，不能同时向列车供电。车间电源只向列车辅助系统供电，一般通过隔离二极管或接触器与列车主电路隔离。

图 1.7 集电靴

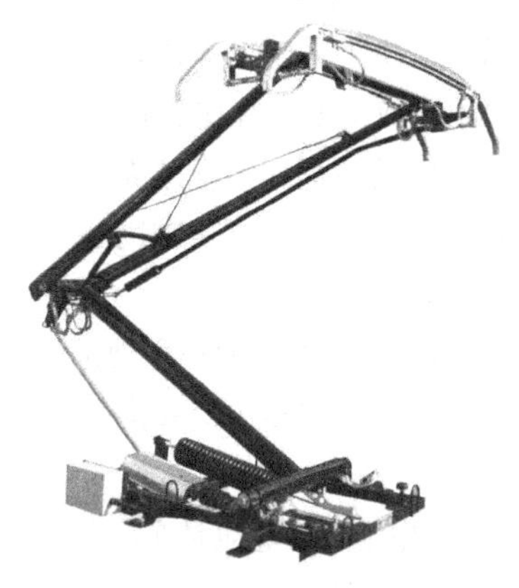
图 1.8 受电弓

车间电源系统由电源插座盖、电源插座、熔断器、接触器及隔离二极管组成。

（3）电气牵引系统及其控制电路

电气牵引系统有直流电气牵引系统和交流电气牵引系统两种。直流电气牵引系统采用直流牵引电动机，其牵引控制方式已从凸轮变阻调速发展为斩波变阻调速。直流电气牵引系统控制简单方便，但由于城市轨道交通车辆频繁启动和制动，这种控制方式使 20%的车辆动能转化为电能消耗在电阻上，存在浪费电能的缺点，特别是在地下隧道会使隧道升温，易导致不良后果，目前这种传动系统已趋于淘汰。

交流电气牵引系统的控制方式是采用微机控制的交流调频调压技术。牵引逆变器主要由输入滤波器、三相逆变线路、制动斩波线路和控制线路组成。图 1.9 所示为某地铁列车牵引系统设备示意图。

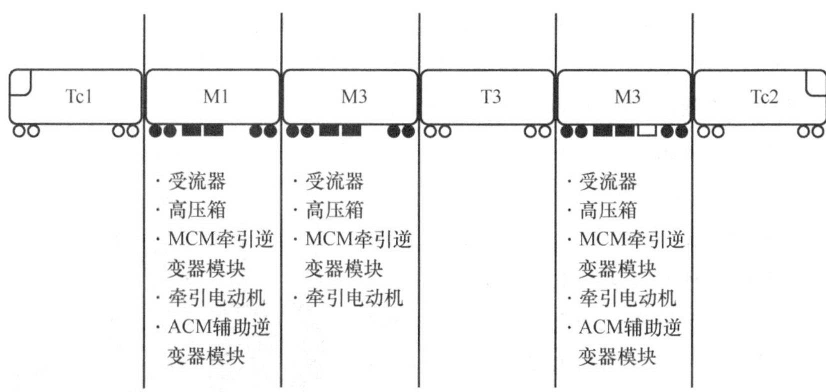

图 1.9 某地铁列车牵引系统设备示意图

城轨交通采用直流供电，因为直流电适合于电气牵引的调速要求，且直流牵引接触网结构简单，建设投资低，电压质量高。电气化铁路牵引供电一般多采用交流制，主要是因为供电距离远、需装车载整流装置等。

国际电工委员会拟定的电压标准为：DC750V、DC1500V 和 DC3000V 三种。我国国家标准采用 DC750V 和 DC1500V 两种。如北京轨道交通采用 DC750V，上海、广州、南京、深圳等城轨交通采用 DC1500V。

2．辅助供电系统

城轨车辆上的辅助设施，如车厢通风、空调及牵引等系统设备的通风和空气压缩机电机、照明（采用交流电源）等交流负载，以及乘客信息系统、列车控制系统、车辆及其子系统控制系统、电动车门驱动装置、蓄电池充电器、照明等交流负载，均由车辆辅助供电系统供给电源。

辅助供电系统主要由辅助逆变器、充电器、蓄电池三大部分组成。下面主要介绍辅助逆变器和蓄电池。

① 辅助逆变器。列车主要通过辅助逆变器输出三相交流电供辅助电机工作，同时再经过整流输出直流电供列车蓄电池及应急电池充电使用。对于采用交流供电的照明系统，辅助逆变器还负责向照明系统供电。

② 蓄电池。蓄电池是车辆辅助供电系统的低压直流备用电源，在辅助静态逆变器正常工作时处于浮充电状态；在网压供电或辅助静态逆变器发生故障、不能正常工作时，其作为紧急电源向车辆辅助直流紧急负载如车厢紧急通风、紧急照明、各控制系统进行供电。

案例分析

单轨铁路简称单轨，其路轨一般以超高硬度混凝土制造，比普通钢轨宽很多，而单轨铁路的车辆比路轨更宽。单轨铁路主要应用在城市人口密集的地方，用来运载乘客，其相比普通铁路有较强的爬坡能力，转弯半径小，适合起伏较多的地形。

单轨交通是立体型交通，拥有独立的路权，不会受地面其他交通工具和行人的干扰。跨座式单轨与地铁和轻轨等城市轨道交通速度相当，车辆长度一般为 8～16m，采用 2～8 辆编组，按照 90s 发车间隔进行行车组织，单向每小时运量为 1～7 万人次，日最高运量可超过 100 万人次。

此外，单轨系统噪声小，符合环保要求，安全可靠，同时又具有建设费用低廉、建设周期短、易于维护及易于实现零部件本地化生产的优点。

单轨线路主要分成两类：一是悬挂式单轨铁路，其列车悬挂在轨道之下；二是列车跨座在路轨之上的跨座式单轨铁路。其中，跨座式单轨铁路在日本（如东京单轨电车）、新加坡（如圣淘沙捷运）、中国（如重庆地铁 2 号线、重庆地铁 3 号线）等地均有应用。

重庆轨道交通 3 号线投入运营的 8 辆编组单轨列车是编组较长、载客量较大、运载能力较强、投资较少的单轨列车，如图 1.10 所示。

图 1.10　重庆单轨交通系统

跨座式单轨车辆可选用 DC1500 V 及以上的供电制式，列车电气牵引系统采用 VVVF 牵引逆变器和牵引电机构成的交流电传动系统，为架控方式。车辆设置蓄电池紧急牵引功能，当区间输电设备故障造成高压中断时，列车利用蓄电池将车辆牵引到最近车站（或疏散点），组织旅客疏散，进一步提升单轨车辆的可用性。

单轨作为一种优良的中运量轨道交通系统，具有环保性能优异、景观效果好、地形地貌适应能力强、建设周期短、投资低等优点，可良好适应不同城市的需求。单轨交通多数以高架兴建，地面上只需很小的空间建造承托路轨的桥墩。相比其他高架线路，单轨所占的空间较小，亦不大影响视线，能有效利用道路中央隔离带，适于建筑物密度大的狭窄街区。单轨车辆使用橡胶轮胎在混凝土或

者在钢轨上行走，噪声污染小。

知识点 1.4　城市轨道交通供电系统

学习目标

- 能正确说出城市轨道交通的供电方式
- 清楚我国中压供电网络的电压等级
- 能说出地铁供电系统的组成
- 清楚运动监控系统的任务及特点

学习内容

电能是城市轨道车辆电力牵引系统必需的能源。在城市轨道交通的运营中，一旦供电中断，不仅会造成城市轨道交通运营瘫痪，还可能危及乘客生命安全，造成财产损失。因此，高度安全、可靠而又经济合理的电力供给是城市轨道交通正常运营的重要条件和保证。

城市轨道交通供电电源一般取自城市电网，通过城市电网一次电力系统和轨道交通供电系统实现输送或变换，最后以适当的电压等级、一定的电流形式（直流或交流电）供给用电设备。

城市电网一次电力系统由国家电力部门建造与管理，它包括发电厂、传输线、区域变电所。发电厂一般可分为火力发电厂、水力发电站和原子能核电站等，是电能供给的核心。发电厂的发电机输出的电能，要先经过升压，再以 110 kV 或 220 kV 的高压通过三相传输线输送到区域变电所。在区域变电所中，经降压变压器将 110 kV 或 220 kV 的高压进行降压（如 10 kV 或 35 kV），再经三相输电线输送给本区域内的牵引变电所和降压变电所，随后再降为轨道交通所需的电压等级（如 1500V、380V 等）。图 1.11 为城市电网一次电力系统与地铁供电系统示意图。

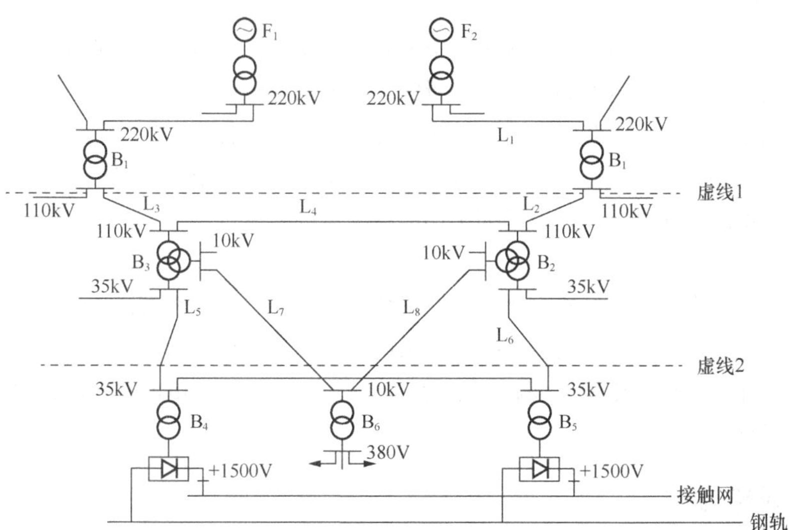

F_1、F_2—城市电网发电厂；B_1—城市电网区域变电所；B_2、B_3—城市电网区域变电所（或地铁主变电所）；B_4、B_5—地铁牵引变电所；B_6—地铁降压变电所

图 1.11　城市电网一次电力系统与地铁供电系统示意图

城市轨道交通系统不同于一般工业和民用的用电，为一级负荷。一级负荷规定由两路独立的电源供电，当任何一路电源发生故障中断供电时，另一路应能保证一级负荷的全部用电。例如，牵引变电所的电源进线应来自两个区域变电所或区域变电所的两路独立电源，当一路电源失压时，另一路电源自动投入，牵引变电所能从区域变电所不间断地获得三相交流电。

1.4.1 供电系统的组成

城市轨道交通供电系统根据用电性质的不同可分为两部分，即牵引供电系统（牵引变电所为主）和动力照明供电系统（降压变电所为主）。

主变电所（属于地铁或城市轨道交通单位管理时）、牵引变电所、馈电线、接触网、回流线等统称为牵引供电系统。城市电网的三相高压交流电 110kV（或 220kV）经主变电所降低为 10～35kV，此电压作为牵引变电所的进线电压。牵引变电所再将 10～35kV 电压变成适合电动车辆应用的低压直流电。其中核心是牵引变电所。地铁牵引供电系统如图 1.12 所示。

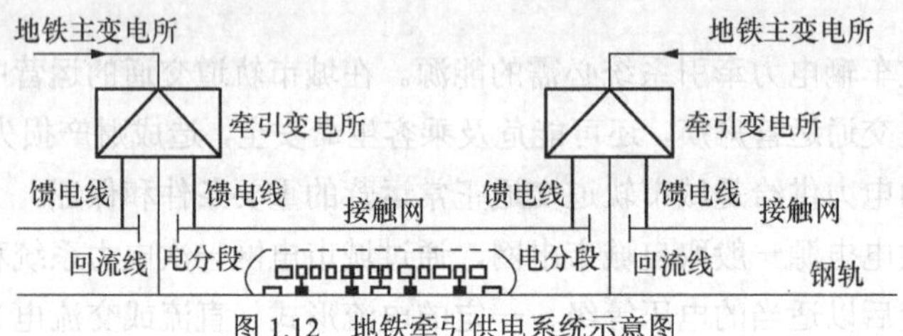

图 1.12 地铁牵引供电系统示意图

牵引供电系统提供地铁车辆的牵引动力电源。主变电所可以由电力系统部门直接管理（例如采用分散式供电的情况），也可归属于地铁或城市轨道交通单位管理（如采用集中式供电的情况）。

馈电线将牵引变电所的直流电输送到沿车辆走行轨架设的接触网（或接触轨）上。电动车辆通过其受流器与接触网（或接触轨） 的直接接触而获得电能。

1. 主变电所

主变电所是由上一级的城市电网区域变电所获得高压（如 110kV 或 220kV）电能经其降压后以中压电压等级供给牵引变电所和降压变电所的一种地铁变电所。

为保证地铁牵引等一级负荷的用电，应设置两座或两座以上的主变电所。若一主变电所（室）停电且另一主变电所一路电源进线失压，可切除地铁供电系统属于二、三级负荷的用电，以保证全部牵引变电所不间断地供电，使电动列车仍能继续运行。

2. 牵引变电所

牵引变电所从城市电网区域变电所或地铁主变电所获得电能，将其降压、整流后变为所需的直流电。牵引变电所的容量和距离需根据牵引供电计算的情况进行设置。一般位于沿线若干车站及车辆段附近，相邻牵引变电所之间距离为 2～4km，每个牵引变电所按其所需总容量设置两组整流机组并列运行。

1.4.2 供电方式

目前国内各城市轨道交通的供电一般有三种方式，即分散供电方式、集中供电方式及两者结合的混合供电方式。

分散供电方式是指沿地铁线路的城市电网（通常是 10kV 电压等级）分别向各沿线地铁牵引变电所和降压变电所供电。这种方式的前提条件是城市电网在地铁沿线有足够的变电所和备用容量，且能满足地铁牵引供电的可靠性要求。早期的北京地铁采取的就是这种供电方式，如图 1.13 所示。

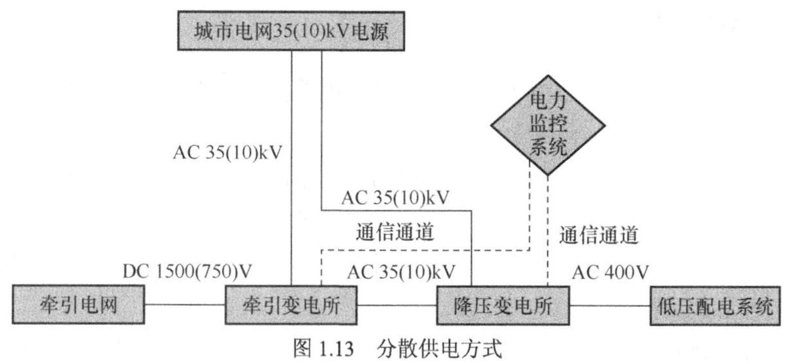

图 1.13　分散供电方式

集中供电方式是指城市电网（通常是 110kV 或 220kV 电压等级）向地铁的专用主变电所供电，主变电所再向地铁的牵引变电所和降压变电所供电，地铁自身组成完整的供电网络系统。当前新建的地铁系统多采用集中供电方式（见图 1.14），如上海、广州和深圳的地铁供电系统。

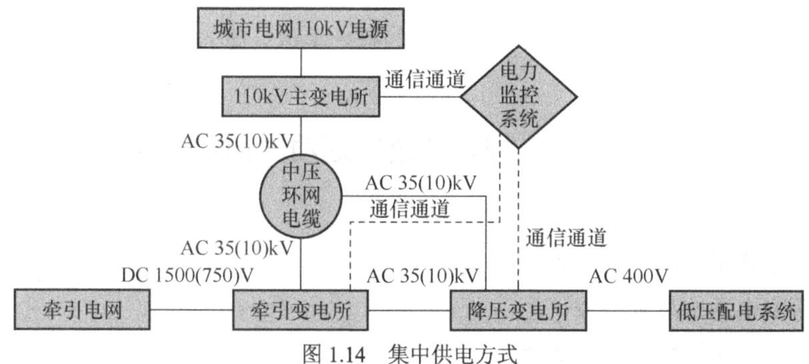

图 1.14　集中供电方式

混合供电方式是集中和分散两种供电方式的结合，可充分利用城市电网的资源，节约投资，但其可靠性不如集中供电方式，管理亦不方便。

对于某一城市究竟应采用哪种供电方式，需要根据地铁和城市轨道交通的用电负荷并结合该城市电网的具体情况进行分析。目前，我国大多数地铁和城市轨道交通均采用集中供电方式。

1.4.3　中压供电网络的电压等级

国外地铁和城市轨道交通的中压供电网络一般有 33kV、20kV 和 10kV 三个电压等级。我国国内现有的地铁和城市轨道交通的中压供电网络主要有 35kV、33kV 和 10kV 三个电压等级，其中北京和天津的地铁和城市轨道交通的中压供电网络采用了 10kV 的电压等级；上海地铁中压供电网络中的牵引供电网络采用 33kV 的电压等级，动力照明供电网络采用 10kV 的电压等级；深圳地铁 1、4 号线和南京地铁南北线的中压供电网络均采用 35kV 的电压等级。我国电力系统并未推荐过使用 33kV 的电压等级，上海、广州地铁采用此电压等级有其特殊的历史原因，其他城市很少采用。

中压供电网络既可采用牵引和动力照明同用一个供电网络的方案，即牵引、动力照明混合网络；也可以采用牵引和动力照明供电网络相对独立的两个供电网络方案，即牵引供电网络、动力照明供电网络。从长远的角度考虑，中压供电网络宜选择较高的电压等级，即 35kV 或 20kV 为优选方案。

1.4.4 远动监控系统

远动监控系统常用于调度中心与各被控端之间利用遥控、遥调、遥测和遥信技术实现远程监控和管理。

地铁运行的管理和调度是由控制中心来实现的，其中的电力调度室是地铁供电系统运行的管理和调度部门。地铁供电系统的各类变电所及其主要设备沿地铁线路分散设置，要保证系统运行的安全可靠性和经济性，就必须由电力调度人员对系统进行集中管理和调度，从而实现系统运行状态的监视和运行方式的控制。

远动监控设备是调度端与各被监控端之间实现遥信、遥测、遥控和遥调功能的设备。调度端装置设置在控制中心内，一般称为主站；被监控端设置在变电所内，一般称为分站或远方数据终端。

我国地铁牵引供电系统均规定应优先采用计算机远动监控识别，如上海地铁系统中就采用了先进的计算机远程监控设备来实现地铁供电系统的现代化管理和集中调度。监控系统的基本任务包括：①通过电力监控，实现运营调度指挥中心（OCC）对供电系统的集中管理和调度，以及实时控制和数据采集；②及时掌握和处理供电系统的各种事故、报警事件；③对系统运行的各种数据进行归档和统计。

知识点 1.5　城市轨道交通动力照明系统

📖 学习目标

- 能正确描述降压变电所的作用
- 清楚降压变电所的基本组成
- 能说出动力照明系统的负荷等级
- 清楚常用照明电源的供电方式

📖 学习内容

1.5.1 降压变电所

在整个地铁系统的运行中，要保证地铁车站的环境正常和地铁系统的控制，就需要设置各种用电设备，如通风、给排水泵、自动扶梯等动力设备以及照明（包括事故照明）、通信、信号等，这些用电设备大多使用三相 380V 或 220V 交流电。降压变电所的作用就是从城市电网区域变电所或主变电所获得电能并降压变成低压交流电，然后经过下设的配电所分配给各种动力和照明等设备用电。

动力和照明等设备大部分集中在车站，也有一部分分散在区间隧道内。所以，一般在车站附近设置降压变电所和配电所，由它们对车站和两侧区间隧道进行供电和配电。此外，车辆段和系统控制中心也需要由专设的降压变电所供电。地铁各车站宜根据负荷情况设一座或两座降压变电所，并尽可能使其位于负荷中心。

降压变电所的主要设备通常包括动力变压器、35kV 组合电器柜、交流盘、直流电源装置、钢轨电位限制装置等。

1.5.2 动力照明供电系统

动力照明供电系统主要由降压变电所、低压母线、配电所、配电线路和用电设备等组成，它

提供地铁机电设备的动力电源和照明电源，如图 1.15 所示。下面主要介绍降压变电所、配电所、配电线路 3 种。

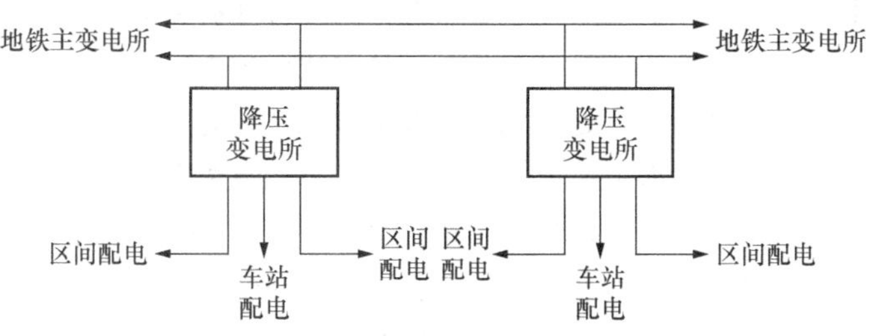

图 1.15 地铁动力照明供电系统示意图

① 降压变电所。其将三相电源进线电压降压变为三相 380V 交流电。

② 配电所。其主要作用是电能分配。降压变电所通过配电所将三相 380V 和单相 220V 交流电分别供给动力、照明设备，各配电所对本车站及其两侧区间动力和照明等设备配电。

③ 配电线路。即配电所与用电设备之间的导线。

在动力供电系统中，降压变电所一般每个车站设置一个，有时也可几个车站合设一个；也可将降压（动力）变压器附设在某个牵引变电所之中，构成牵引与动力混合变电所。

地铁的动力照明用电按供电负荷的性质及重要程度，划分为以下等级。

（1）一级负荷：消防系统、防灾报警、信号、通信、设备监控、控制中心、售检票、大型直流风机、排风/排烟机及相关风阀、应急照明、屏蔽门、防淹门、主水泵和变电所自用电等。

一级负荷平时由两路互为备用的独立电源供电，末端切换以实现不间断供电，应急照明还应设置蓄电池作为备用电源。

（2）二级负荷：自动扶梯、电梯、一般照明、节电照明、设备及管理用房照明、出入口及导向标志灯箱、通风机和污水泵等。

二级负荷平时由两路互为备用的独立电源供电，当地铁电网只有一路电源时，允许其从电网中切除。

（3）三级负荷：空调机、冷水机组及其配套设备、电热设备、广告照明和清扫机械等。

三级负荷平时由一路电源供电，若该电源发生故障，可中断供电；当变电所只有一路电源时，应将其从电网中自动切除。

我国轨道交通行业低压配电系统多采用交流（AC）380V/220V 三相四线制，中性点直接接地，采用引自中性点的带独立接地（PE）保护线的 TN-S 接地保护系统。由于城市轨道交通的供电负荷根据负荷设备的重要性可分为一级负荷、二级负荷、三级负荷，因此低压配电系统的主接线形式多采用两段母线组成的单母线分段、中间加母联断路器的形式。

1.5.3 两种常用的照明电源供电方式

① 照明负荷与动力负荷共用一台变压器供电。这种方式可减少变压器的数量并节省高压配电设备和建筑面积，减少一次投资，但是照明线路的电压受动力负荷波动的影响较大。

② 照明负荷由单独的变压器供电。这种方式的线路功率因数较高，照明系统的电压比较稳定，照明质量和照明可靠性均有所提高，但是需要增加照明变压器及相应的开关设备而使投资加大。

拓展阅读

地下迷流

在直流牵引供电系统中，牵引电流并非全部由钢轨流回牵引变电所，而是有一部分由钢轨杂散流入大地，再由大地流回钢轨和牵引变电所。走行钢轨中的牵引电流越大或钢轨对地绝缘程度越差，地下杂散电流也就相应增大。这种地下杂散电流又称为地下迷流。

走行钢轨铺设在轨枕、道砟和大地上。由于轨枕等的绝缘不良和大地的导电性能，地下杂散电流流入大地，并在某些地方重新流回钢轨和牵引变电所。在走行钢轨附近埋有地下金属管道、电缆和其他任何金属构件时，地下杂散电流中的相当一部分就会在导电的金属件上流过。在电动列车所在处附近的杂散电流从钢轨流向金属体，使金属体对地电位形成阴极区。在变电所附近，杂散电流从金属体流回钢轨和变电所，金属体对地电位形成阳极区，在阳极区杂散电流从金属体流出的地方将出现电解现象，这种电解现象会导致金属体被腐蚀。

地铁本身和附近的金属管道、各种地下电缆或金属构件在长期的电腐蚀下，将受到严重的损坏。若地下杂散电流流入电气接地装置又将引起过高的接电电位，使某些设备无法正常工作。可见，地下迷流及其影响是急需重视的问题。

迷流的防护应以治本为主，减少迷流源的泄漏，将地铁杂散电流减小到最低限度，限制杂散电流向外扩散。地铁附近的地下金属管线结构，应单独采取有效的防蚀措施。为减少地下杂散电流，可采取各种排流措施，具体如下。

1. 在电力牵引方面

① 选择较高的直流牵引供电电压，以减少牵引电流和迷流。

② 缩短牵引变电所间的距离。

③ 采用迷流较小的双边供电方式。

④ 在钢轨间用铜软线焊接，尽可能减小钢轨间接触电阻。

⑤ 增加附加回流线，减少回流线电阻。

⑥ 增加道床的泄漏电阻，提高钢轨对地面的绝缘程度。

⑦ 按规程定期检查轨道绝缘、钢轨接触电阻和进行迷流监测。

2. 在埋设金属物方面

① 地下金属物应尽量远离钢轨。

② 在金属表面和接头处采用绝缘。

③ 采用防电蚀的电缆。

④ 在电缆上外包铜线或套钢管。

⑤ 地下管道涂沥青后再包油毡。

⑥ 在地下金属物、钢轨间加装排流装置。

思考练习

一、判断题

1. 地铁供电不同于一般工业和居民用电，根据其特点应规定为二级负荷。（ ）

2. 北京、天津地铁采用的是集中供电方式。（ ）

3. 车辆段和系统控制中心需要由专设的降压变电所（室）供电。（ ）

4．列车受流器分为集电靴和受电弓两种。（　　）

5．目前我国大多数城市地铁采用集中供电方式。（　　）

二、填空题

1．利用外力迫使行进中的车辆减速或停止的作用过程称为（　　）。

2．地铁变电所（室）可分为（　　）、（　　）和（　　）三种基本类型。

3．牵引供电系统由（　　）和（　　）组成。

4．上海地铁采用（　　）V 电压供电；北京地铁采用（　　）V 电压供电。

5．我国的标准工频频率是（　　）Hz。

三、简述题

1．城市轨道交通电气系统包括哪些子系统？

2．轨道电路由哪些部分组成，有哪些工作状态？

3．远动监控系统的作用有哪些？

4．我国中压供电网络的电压等级有哪些？

5．城市轨道交通动力照明用电根据供电负荷性质及重要程度，可分为哪几级负荷？

知识模块 2 基础电路分析及应用

知识地图

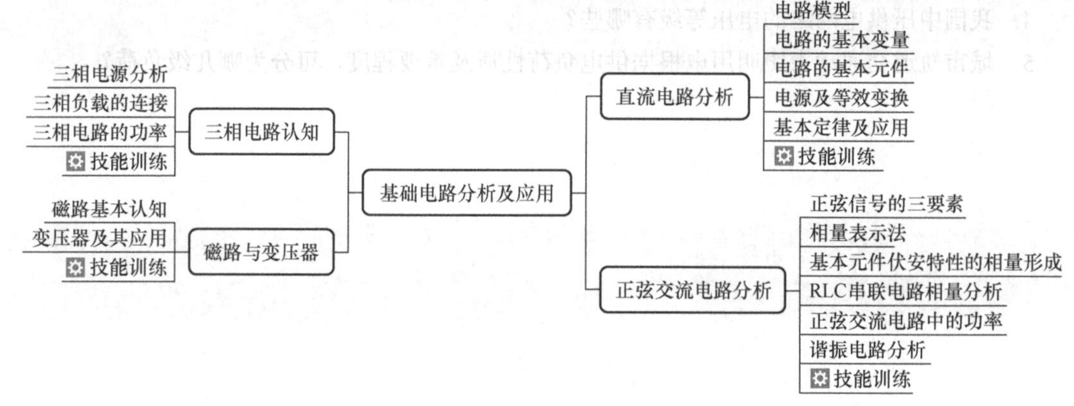

模块导学

城市轨道交通是“用电大户”，其用电负荷按功能不同可分为两大用电群体：一是城市轨道交通车辆，其运行需要牵引负荷用电；二是车站、区间、车辆段、控制中心等其他建筑物用电，如通风机、空调、自动扶梯、电梯、水泵、照明、自动售检票系统（AFC）、防灾报警自动控制系统（FAS）、环境与设备监控系统（BAS）、通信系统、信号系统等的运行需要动力照明用电。

上述用电群体中，有不同电压等级的直流负荷、不同电压等级的交流负荷；有固定负荷及时刻在变化的运动负荷。每种用电设备都有自己的用电要求和技术标准，而且各自的要求和标准又相差甚远。城市轨道交通供电系统就是要满足不同用户对电能的不同需求，以使其发挥各自的功能与作用。

电路分析是电类专业的基础内容，也是一切先进自动化技术的基础内容，主要包括直流电路分析、正弦交流电路分析、三相电路认知、磁路与变压器。

电路模型与基本变量

知识点 2.1　直流电路分析

📖 学习目标

- 能说出电路的基本概念

- 会计算直流电路的基本物理量（电压、电流、功率等）
- 能识别电路的基本元件（电阻、电感、电容、电源等）
- 能对实际电压源和实际电流源进行相互等效转换
- 能应用基尔霍夫定律、叠加定理、戴维南定理对直流电路进行分析计算

📖　**学习内容**

电流通过的路径称为电路。实际电路通常由各种电路实体部件（如电源、电阻器、电感线圈、电容器、变压器、仪表、二极管、三极管等）组成。每一种电路实体部件都具有各自不同的电磁特性和功能，人们按照需要，把相关电路实体部件按一定方式进行组合，就构成了一个电路。

2.1.1　电路模型

手电筒电路、单个照明灯电路是实际应用中较为简单的电路，而电动机电路、雷达导航设备电路、计算机电路、电视机电路是较为复杂的电路，但不管电路是简单还是复杂，其基本组成部分都离不开三个基本环节：电源、负载和中间环节。

（1）电源。电源是向电路提供电能的装置。它可以将其他形式的能量，如化学能、热能、机械能、原子能等转换为电能。在电路中，电源是激励，是激发和产生电流的因素。

（2）负载。负载就是通常人们熟悉的各种用电器，是电路中接收电能的装置。在电路中，负载是响应，通过负载，把从电源接收到的电能转换为人们需要的能量形式，如电灯把电能转换成光能和热能，电动机把电能转换为机械能，充电的蓄电池把电能转换为化学能等。

（3）中间环节。电源和负载连通离不开传输导线，电路的通、断离不开控制开关，实际电路为了长期安全工作还需要一些保护设备（如熔断器、热继电器、空气开关等），它们在电路中起着传输和分配能量、控制和保护电气设备的作用。

人们为了方便问题的分析和计算，通常忽略电路次要因素，抓住足以反映其功能的主要电磁特性，抽象出实际电路器件的电路模型。

实际电路元件的电路模型分为有源和无源两大类。

图 2.1 中的无源二端元件有电阻元件、电感元件和电容元件，由于用电器上的电磁特性无非就是归纳为这三种抽象，因此通常将其称为电路的三大基本元件，简称为电路元件。电路元件是实际电路器件的理想抽象，其电磁特性单一而确切。

图 2.1 中的有源二端元件，其中的“源”是指它们能向电路提供电能。如果电源的主要供电方式是向电路提供一定的电压，就是电压源；若主要供电方式是向电路提供一定的电流，就称为电流源。

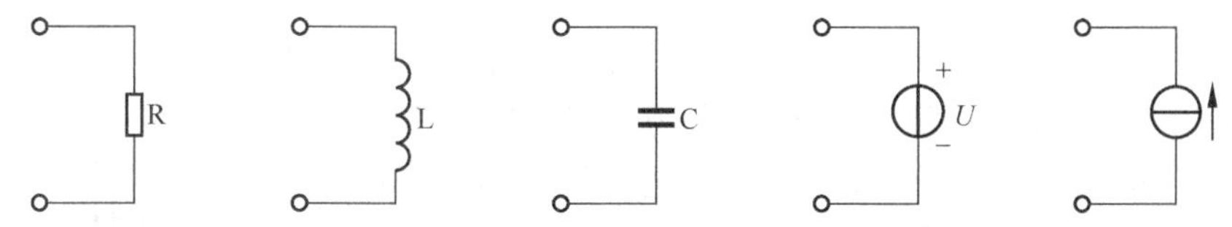

（a）电阻元件无源　（b）电感元件无源　（c）电容元件无源　（d）理想电压有源　（e）理想电流有源

图 2.1　无源和有源的理想电路元件的电路模型

对实际元器件进行模型化处理，使得不同的实体电路部件只要具有相同的电磁性能，在一定条件下就可以用同一个电路模型来表示，显然降低了实际电路的绘图难度。

图 2.2 所示是一个最简单的手电筒电路及它的电路模型。

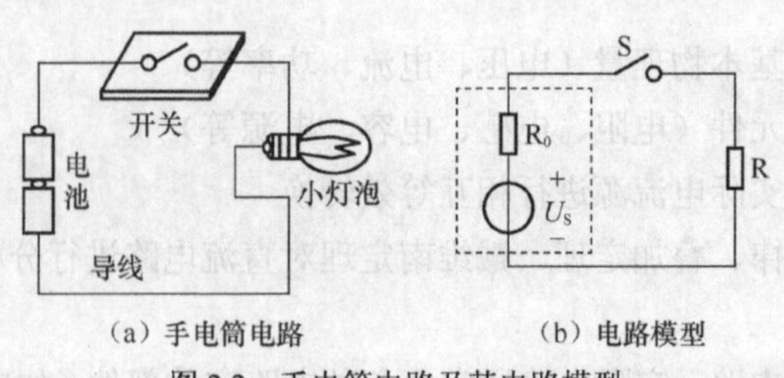

（a）手电筒电路　　（b）电路模型

图 2.2　手电筒电路及其电路模型

电路模型具有两大特点：一是它里面的任何一个元件都是只具有单一电特性的理想电路元件，因此反映出的电现象都可以用数学方式来精确地分析和计算；二是对各种电路模型的深入研究，实质上就是探讨各种实际电路共同遵循的基本规律。

2.1.2　电路的基本变量

电路的特性是由电流、电压、电动势和功率等物理量来描述的。

1．电流

电荷有规则地定向移动形成电流。在直流电路中，电流的大小和方向不随时间变化；在正弦交流电路中，电流的大小和电荷移动的方向按正弦规律变化。

电流的大小是用单位时间内通过导体横截面的电量进行衡量的，称为电流强度，即

$$i = \frac{dq}{dt}$$

直流电路中，电流的大小及方向都不随时间变化时，其电流强度可表示为

$$I = \frac{Q}{t}$$

电流的单位是安培，简称安，用符号 A 表示。电量的单位是库仑，简称库，用 C 来表示。电流还有较小的单位毫安（mA）、微安（μA）和纳安（nA），其换算关系为

$$1A = 10^3 mA = 10^6 \mu A = 10^9 nA$$

注　意

在电路理论中，一般用小写的英文字母来表示变量，而用大写的英文字母来表示恒量。

在分析电路的时候，有时电流的实际方向难以事先确定，特别是在交流电路中，电流的实际方向随时间不断地反复改变，在电路图上也无法用一个箭头来表示它的实际方向。因此，为了分析电路方便，我们可任意选定某一方向作为电流的正方向，或称为参考方向。当电流的参考方向与其实际方向一致时，则电流为正值，如图 2.3（a）所示；当电流的正方向与其实际方向相反时，则电流为负值，如图 2.3（b）所示。因此，在参考方向选定之后，电流值的正与负，就决定了电流的实际方向。

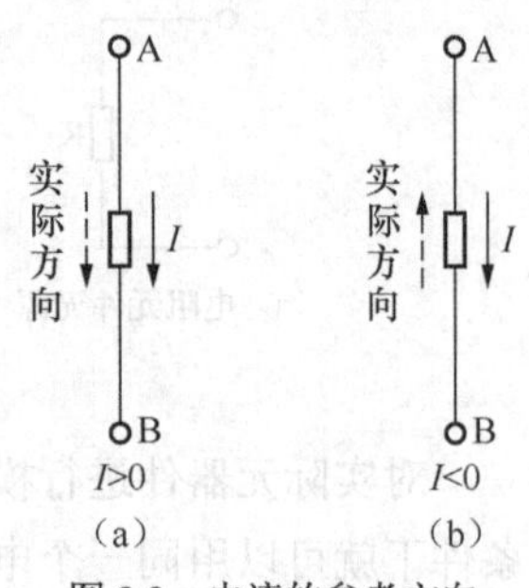

（a）　（b）

图 2.3　电流的参考方向

另外，电流的参考方向除用带箭头的直线表示外，还可用双下标表示。如图 2.3 所示，因中 I_{AB} 即表示电流的参考方向是由 A 指向 B。若选定参考方向为由 B 指向 A，则为 I_{BA}，两者相差一个负号，即 $I_{AB} = -I_{BA}$。

综上所述，电流的参考方向是电路中一个非常重要的概念，在学习中应注意以下几点。

① 电流的实际方向是客观存在的，而其参考方向是根据计算的需要任意选取的，参考方向一经选定，在电路分析和计算过程中就必须以此为依据，不能随意改动。

② 同一电流，若参考方向选择不同，则其数值相等而符号相反。因此，电流值的正负只有在选定参考方向下才有意义。

③ 电路中的基本公式和结论都是在一定的参考方向下得出来的，应用时必须注意参考方向的选择。

④ 电流是具有大小和流动方向的代数量，是标量，不是矢量。电流流动方向与矢量中的方向不同，它并不决定电流这一物理量的作用效果。

2. 电压

电压就是将单位正电荷从电路中一点移至另一点电场力所做的功，用数学式可表达为

$$U_{AB}=\frac{W_A-W_B}{q}$$

式中U_{AB}就是电压。电压的单位是伏特，用 V 来表示。电压常用的单位还有千伏（kV）和毫伏（mV），其换算关系为

$$1\text{V}=10^{-3}\text{kV}=10^{3}\text{mV}$$

量值和方向均不随时间变化的电压，称为直流电压，一般用符号U表示。量值和方向随时间变化的电压，称为时变电压，一般用符号u表示。

和对待电流一样，对元件和电路中两点之间可以任意选定一个方向为电压的参考方向。当电压的实际方向与它的参考方向一致时，电压值为正，即$U>0$；反之，当电压的实际方向与它的参考方向相反时，电压值为负，即$U<0$，如图 2.4 所示。

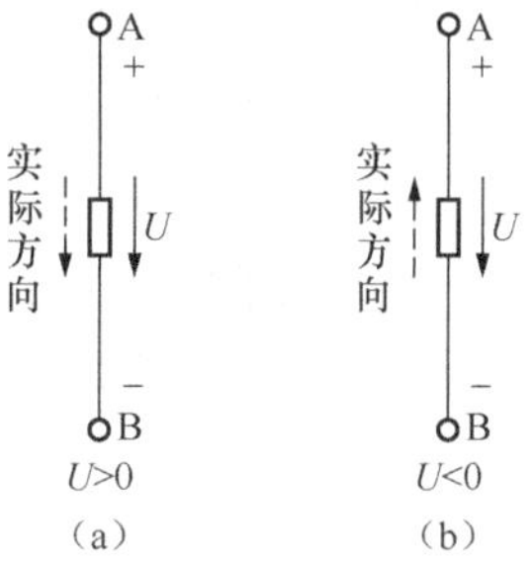

有时电压用参考极性表示，即在元件或电路的两端用“+”“−”符号表示。“+”表示高电位端叫正极，“−”表示低电位端叫负极。由正极指向负极的方向就是电压的参考方向。

在选定参考极性下，当电压值为正时，该电压的真实极性与所选的参考极性相同；当电压值为负时，该电压的真实极性与所选的参考极性相反。

图 2.4　电压的参考方向

有时还用双下标来表示电压的参考方向，如电压U_{AB}表示电压的参考方向由 A 点指向 B 点。电压的实际方向是客观存在的，它决不因该电压的参考方向的选择不同而改变，由此可知：$U_{AB}=-U_{BA}$。

电路元件的电压、电流的参考方向是任意选择的，但电压和电流实际方向之间有一定的联系：如电源对外供给能量时，电压和电流的方向相反；而负载吸收能量时，电压与电流的方向一致。若选择电路元件的电压、电流参考方向一致，则称为关联参考方向，如图 2.5（a）所示；若两者不一致，则称为非关联参考方向，如图 2.5（b）所示。在物理学中学过的欧姆定律$U=RI$，就是在关联参考方向下得出的。若取非关联参考方向，则欧姆定律需加“−”号修正，即$U=-RI$。

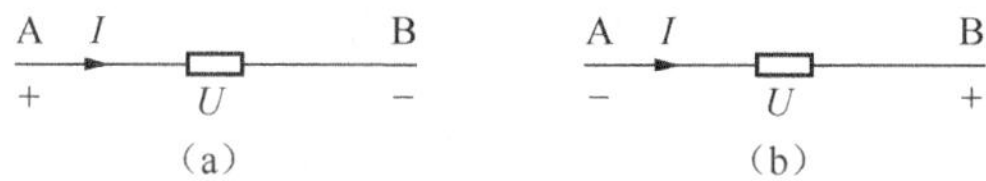

图 2.5　关联参考方向与非关联参考方向

一般情况下，电路中电流和电压的参考方向都按关联参考方向标定，且参考方向一经选定，在电路分析计算过程中不应改变。需要指出的是，在电路中所有标有方向的电流、电压均为电流、电压的参考方向，而不是指实际方向。

3. 电动势

电动势属于一种势能，它反映了电源内部能够将非电能转换为电能的本领。从电的角度上看，电动势代表了电源力将电源内部的正电荷从电源负极移到电源正极所做的功，是电能累积的过程。电动势的单位是伏特（V）。

电路中的持续电流需要靠电源的电动势来维持，这就好比水路中需要用水泵来维持连续的水流一样。水泵之所以能维持连续的水流，是由于水泵具有将低水位的水抽向高水位的本领，从而保持水路中两处的水位差，高处的水就能连续不断地流向低处。电源之所以能够持续不断地向电路提供电流，也是由于电源内部存在电动势的缘故。电动势用符号 E 表示。在电路分析中，电动势的方向规定由电源负极指向电源正极，即电位升高的方向。

4. 功率

除了电压和电流两个物理量之外，我们还需了解电路元件的功率这个概念。什么是功率呢？当电路接通后，电路中就有电流存在，就有了电能和非电能的转换。根据能量守恒定律，电源供出的电能应等于负载消耗或吸收的电能的总和。功和能用 W 表示。

负载消耗或吸收的电能，即电场力移动电荷 q 所做的功。由电压、电流的定义，可表示为

$$W=\int_{t_0}^{t}p\mathrm{d}t=\int_{t_0}^{t}ui\mathrm{d}t$$

而功率是转换能量的速率，即 $P=\dfrac{\mathrm{d}W}{\mathrm{d}t}$

还可以表示为 $p=u\cdot i$

在直流情况下 $P=UI$

功率的单位是瓦特（W），常用的还有千瓦（kW）。

在计算功率的时候，我们常要考虑关联参考方向和非关联参考方向的情况，如图 2.6 所示。

(a)　(b)

图 2.6　u、i 关联方向的确定

在关联参考方向情况下，功率的计算公式表示为

$$p=\frac{\mathrm{d}w}{\mathrm{d}t}=\frac{u\mathrm{d}q}{\mathrm{d}t}=ui$$

当计算出功率值为正，即 $p>0$ 时，表示元件实际吸收或消耗电能；当计算出功率值为负，即 $p<0$ 时，表示元件实际发出电能。

在非关联参考方向情况下，功率的计算公式表示为

$$p=\frac{\mathrm{d}w}{\mathrm{d}t}=-\frac{u\mathrm{d}q}{\mathrm{d}t}=-ui$$

当计算出功率值 $p>0$ 时表示元件吸收电能；$p<0$ 时表示元件发出电能。

如：$p>0$　　6W 表示消耗了 6W；

　　$p<0$　　−6W 表示消耗了−6W，即产生了 6W。

例题分析

例 2.1　试计算图 2.7 中各元件的功率。

I=3A　+　U=2V　−　（a）

I=3A　+　U=−2V　−　（b）

I=3A　+　U=2V　−　（c）

I=−3A　+　U=2V　−　（d）

图 2.7　例题 2.1 图

解：（a）　$P=UI=2\times3=6\text{W}$

（b）　$P=UI=(-2)\times3=-6\text{W}$

（c）　$P=-UI=-2\times3=-6\text{W}$

（d）　$P=-UI=-2\times(-3)=6\text{W}$

计算时有两层符号：

① u 与 i 是关联参考方向还是非关联参考方向决定公式前的正负号，关联参考方向取“+”，非关联参考方向取“−”；

② u 与 i 本身的“+”“−”符号。

2.1.3　电路的基本元件

电阻、电容、电感及电源是电路的基本元件，下面分别介绍电阻、电容、电感三种元件的基本特性。

1. 电阻元件

电阻元件是电路的基本构造单元。电荷在电场力作用下做定向运动时，通常要受到阻碍作用。例如，在导体中，自由电子在电场力的作用下做定向运动时，常会和晶格中的原子发生碰撞，有时电子被吸收，有时又会撞出新的自由电子，这种碰撞、摩擦的效应反映为对电流的阻碍作用。物体对电流的阻碍作用，我们称为该物体的电阻（Resistance）。用符号 R 表示。电阻的单位是欧姆（Ω）。常见电阻如图 2.8 所示。

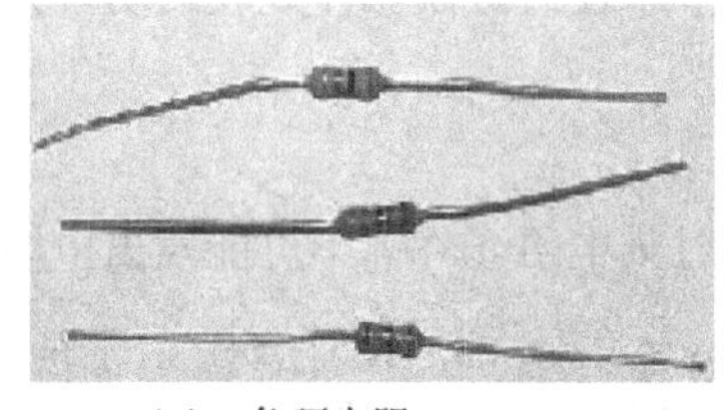

（a）　色环电阻

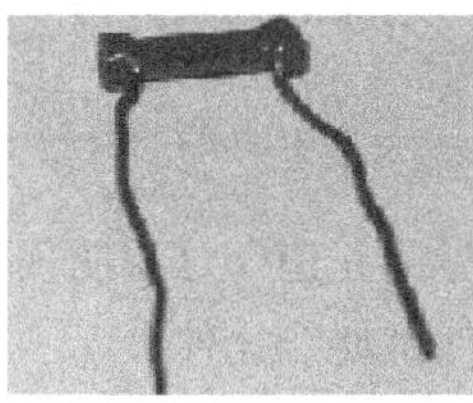

（b）　线绕电阻

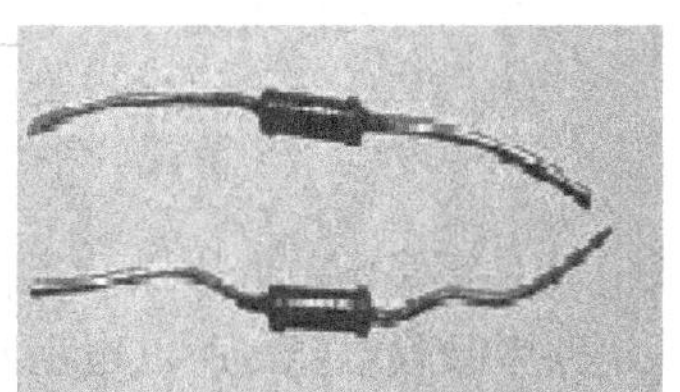

（c）　热敏电阻

图 2.8　常见电阻

当电荷在电场力作用下，在导体内部做定向运动时就要受到阻碍作用，叫电阻作用。由有电阻作用的材料制成的电炉、电烙铁、白炽灯、电阻器等实际元件，当其内部有电流时就要消耗电能，将电能转换成热能、光能等能量而不可逆。我们将这些实际元件对电流的阻碍作用、消耗电能的特征，集中化、抽象化为一种理想电路元件，即电阻元件。电阻元件是一种对电流呈现“阻碍”作用的耗能元件。

（1）电阻元件的伏安关系、欧姆定律

1827 年，德国科学家欧姆通过科学实验总结出：施加于电阻元件上的电压与通过的电流成正比。在电压与电流关联方向下可写成

$$U = IR$$

这一规律称为欧姆定律。它是电路的基本定律之一。

如果电阻元件上的电压的参考方向与电流的参考方向相反，则欧姆定律为

$$U = -IR$$

所以欧姆定律公式必须与参考方向配合使用。

电阻的单位为欧姆（Ω），当电路两端的电压为 1V、通过的电流为 1A 时，则该段电路的电阻为 1Ω。计量高电阻时，常用的单位还有千欧（kΩ）、兆欧（MΩ）。

例题分析

例 2.2　应用欧姆定律求图 2.9 所示电路列出式子，并求出电阻。

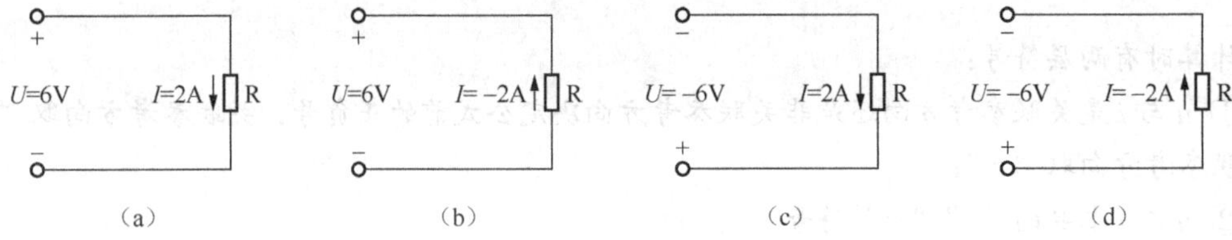

图 2.9　例题 2.2 图

解：对于图 2.9（a）　$R = \frac{U}{I} = \frac{6}{2} = 3\Omega$

对于图 2.9（b）　$R = -\frac{U}{I} = -\frac{6}{-2} = 3\Omega$

对于图 2.9（c）　$R = -\frac{U}{I} = -\frac{-6}{2} = 3\Omega$

对于图 2.9（d）　$R = \frac{U}{I} = \frac{-6}{-2} = 3\Omega$

（2）电阻元件的功率

对于线性电阻元件来说，在电压与电流的关联参考方向下，任何时候元件吸收的功率为

$$p = ui = Ri^2 = \frac{u^2}{R}$$

式中 R 是正实常数，所以功率 p 恒为正值。这说明任何时刻电阻元件都不可能发出电能，而只能从电路中吸收电能，所以电阻元件是耗能元件。

有时我们看到电阻器烧毁的事故。例如一个 100Ω、5W 的电阻误接到 220V 电源上，立即引起冒烟、起火或碎裂。这时电阻被迫吸收的功率为

$$p = \frac{220^2}{100} = 484\text{W}$$

但按设计它仅能承受 5W 的功率，所以引起烧毁事故。

由于电阻元件是耗能元件，它吸收功率，常会引起温度升高，所以不少电器设备常常给出额定值。

2. 电容元件

电容器通常由两个导体中间隔以介质组成，如图 2.10 所示。此导体称为电容器的极板。电容器加上电源后，极板上分别聚集等量异号电荷。带正电荷的极板称为正极板，带负电荷的极板称为负极板。此时，在介质中建立起电场，并储存了电场能量。当电源断开后，电荷在一段时间仍能继续聚集在极板上，内部电场继续存在，所以电容器是一种能储存电场能量的元件。在电容器中，当外加电压变化时，引起介质极化程度的变化，在介质中有一定的介质损耗；同时介质也不可能完全绝缘，多少还有一些漏电流。质量优良的电容器，其介质损耗和漏电流都很小。电容器的重要参数有两个：一是电容量，二是工作电压。

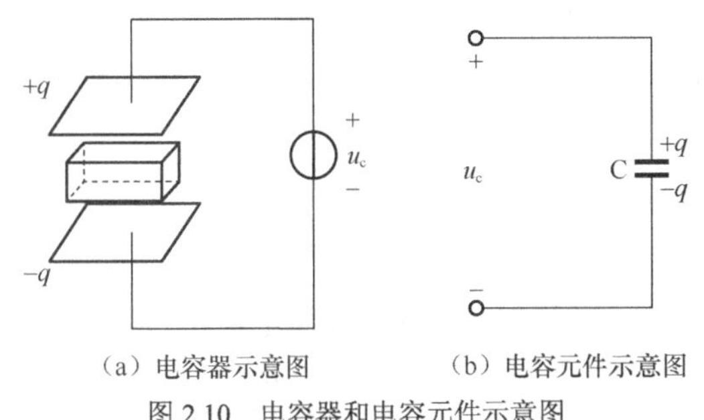

（a）电容器示意图　（b）电容元件示意图

图 2.10　电容器和电容元件示意图

电容元件是根据电容器的基本性能而定义的，是反映储存电场能量特征的一种理想元件。电容元件的电容量简称电容（Capacitance）。其定义为：若电容元件的极板上带电量为 q，电容元件两端电压为 u，且参考方向规定由正极板指向负极板，则极板上所带电量 q 与两极板间电压 u 的比值，叫作电容元件的电容。即

$$C = \frac{q}{u}$$

电容的单位为法拉，简称法，用符号 F 表示。由于法拉这个单位太大，实际应用中常用微法（μF）与皮法（pF）作为电容的计算单位。

$$1\mu\text{F} = 10^{-6}\text{F}$$

$$1\text{pF} = 10^{-12}\text{F}$$

常将电容元件简称为电容，这样电容既代表电容元件，也代表电容参数。

（1）电容元件的伏安关系

当电容两端电压发生变化时，极板上聚集的电荷也相应地发生变化，这时电容所在电路中就有电荷定向移动，形成了电流。当电容两端电压不变时，极板上的电荷也不变化，电路中便没有电流。这与电阻元件不同，电阻只要两端有电压，不论它是否发生变化都有电流流过电阻。

在图 2.10 中，选定电容上电压 u_c 与电路电流 i 的参考方向一致，且电流指向正极板。如在极短的时间 $\text{d}t$ 内，电容 C 的极板上的电量改变了 $\text{d}q$，则电容电路中的电流为

$$i = \frac{\text{d}q}{\text{d}t}$$

已知 $q=Cu_{\mathrm{c}}$，所以 $$i=C\frac{\mathrm{d}u_{\mathrm{c}}}{\mathrm{d}t} \tag{2.1}$$

若 q 具有正值且电容充电时，极板上的电量在增加，这时 $\frac{\mathrm{d}q}{dt}>0$，即 $i>0$。电流的实际方向与参考方向一致，与此同时电容两端电压也在增加，即 $\frac{\mathrm{d}u_{\mathrm{c}}}{dt}>0$。

当电容放电时，极板上电量在减小，$\frac{\mathrm{d}q}{\mathrm{d}t}<0$，即 $i<0$，电流的实际方向与参考方向相反，这时电容两端电压也在减小，即 $\frac{\mathrm{d}u_{\mathrm{c}}}{\mathrm{d}t}<0$。可见在选定的参考方向上，不论充电或放电，$i$ 与 $\frac{\mathrm{d}u_{\mathrm{c}}}{\mathrm{d}t}$ 总是同号的，与式（2.1）相符。

式（2.1）表明，在某一时刻电容的电流取决于该时刻电容电压的变化率，而与该时刻的电容电压无关。如果电压不变，那么 $\frac{\mathrm{d}u_{\mathrm{c}}}{\mathrm{d}t}=0$，虽有电压，电流也为零。稳定状态时，电流为零，电容可代之以开路，故电容元件有隔直通交的作用。当电容电压变化越快，即 $\frac{\mathrm{d}u_{\mathrm{c}}}{\mathrm{d}t}$ 越大，电流也越大。

若 u_{c} 与 i 的参考方向不一致，则 $i=-C\frac{\mathrm{d}u_{\mathrm{c}}}{\mathrm{d}t}$。

（2）电容元件中的功率与储能

在电压电流取关联参考方向的情况下，任一瞬间电容元件吸收的功率为

$$p=ui=Cu\frac{\mathrm{d}u}{\mathrm{d}t}$$

在 $\mathrm{d}t$ 时间内，电容元件吸收的能量为

$$\mathrm{d}W=p\mathrm{d}t=Cu\mathrm{d}u$$

设 $t=0$ 时，$u=0$，则从 0 到 t 时间内，电容元件吸收的能量为

$$W=\int_0^t p\mathrm{d}t=\int_0^u Cu\mathrm{d}u=C\int_0^u u\mathrm{d}u=\frac{1}{2}Cu^2$$

即 $$W=\frac{1}{2}Cu^2$$

上式中，若 $p>0$，则说明电压电流的实际方向相同，电容元件在吸收能量；若 $p<0$，则说明电压电流的实际方向相反，电容元件在释放能量。所以电容元件是储能元件。

3. 电感元件

电感元件是一个理想二端元件，它反映了储存磁场能量的基本特征，如图 2.11 所示。

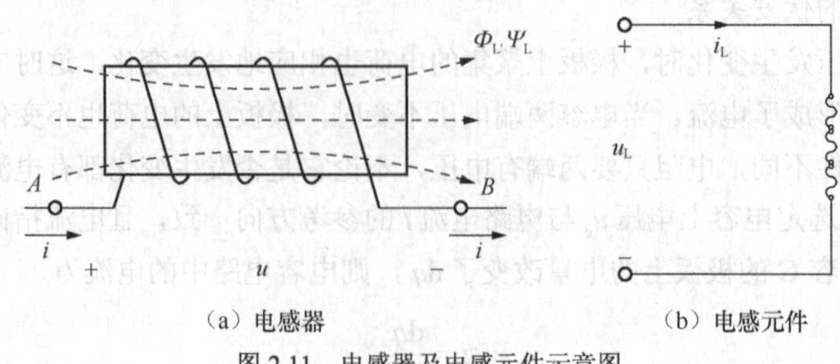

图 2.11　电感器及电感元件示意图

由电磁感应定律可知，当线圈内有电流变化时，就会引起其磁通的变化，从而在线圈自身内产生感应电动势。这种线圈内电流变化在线圈自身产生感应电动势的现象叫自感现象。

电感元件中通以电流 i 时，在元件内部将产生磁通 Φ_L，若磁通 Φ_L 与 N 匝线圈相交链，则磁链 $\Psi_L = N\Phi_L$。Φ_L 与 Ψ_L 都是由电感元件本身的电流产生的，叫作自感磁通和自感磁链。

通常规定 Φ_L 和 Ψ_L 的参考方向与电流 i 的参考方向之间满足右手螺旋关系，在这种关联的参考方向下，在任何时刻电感元件的自感磁链 Ψ_L 与元件中电流 i 有以下关系：

$$\Psi_L = Li$$

式中 L 称为电感元件的自感或电感。

当 L 为一常数时，即磁链与电流大小成正比时，这种电感元件称为线性电感元件，否则叫作非线性电感元件。后续课程中有专门章节讲非线性电感元件，本书中提到的电感元件均指线性电感元件。

磁链的单位为韦伯（Wb），电感的单位为亨利，以符号 H 表示。

$$1\text{mH} = 10^{-3}\text{H}$$

$$1\mu\text{H} = 10^{-6}\text{H}$$

电感元件常简称为电感，这样“电感”这个名词包含了双重意义，它既代表电感元件也代表电感参数。

（1）电感元件的伏安关系

线性电感元件的电流电压取关联参考方向，电动势的参考方向与电压参考方向取一致，且它们均为时间的函数。由楞次定律可知

$$e_L = -\frac{d\Psi}{dt} = -L\frac{di}{dt}$$

由于自感电动势的存在，使电感元件两端具有电位差，即具有电压，以 u_L 表示。在电路分析中，一般就直接用这一电压来考虑自感现象的影响。如果选择 u_L 与 e_L 的参考方向一致，则有

$$u_L = -e_L$$

习惯上选择电感元件上的电流、自感电动势、电压三者参考方向一致，于是有

$$u_L = -e_L = L\frac{di}{dt} \tag{2.2}$$

式（2.2）是电感元件上电压与电流应服从的约束方程，也就是电感元件的规律。它与欧姆定律的地位相当。由式（2.2）可知，电压的大小和方向取决于电流对时间的变化率。当电流增加时，$di/dt > 0$，则 $u > 0$；当电流减少时，$di/dt < 0$，则 $u < 0$；当电流不随时间变化时，$di/dt = 0$，则 $u = 0$，这时电感元件相当于开关闭合（短路）。

（2）电感元件中的功率与储能

在电流电压取关联参考方向的情况下，任一瞬间电感元件吸收的功率为

$$p = ui = Li\frac{di}{dt}$$

在 dt 时间内，电感元件吸收的能量为

$$dW = pdt = Lidi$$

设 $t = 0$ 时，$i = 0$，则从 0 到 t 时间内，电感元件吸收的能量为

$$W=\int_0^t p\mathrm{d}t=\int_0^i Li\mathrm{d}i=L\int_0^i i\mathrm{d}i=\frac{1}{2}Li^2$$

即
$$W=\frac{1}{2}Li^2$$

由上式可知，若 $p>0$，则说明电压电流的实际方向相同，电感元件在吸收能量；若 $p<0$，则说明电压电流的实际方向相反，电感元件在释放能量。所以电感元件是储能元件。

理想电压源和理想电流源

2.1.4 电源及等效变换

电路中有两类元件，即有源元件和无源元件。有源元件也称电源元件，发电机、电池、运算放大器等为电源元件；电源元件能产生能量，而无源元件则不能产生能量，电阻、电容、电感等均为无源元件。

1. 理想电压源

理想电压源又称恒压源，是由内部损耗很小，以至可以忽略的实际电源抽象得到的理想化二端电路元件（所谓二端电路元件是指有两个端钮与外部相连的电路元件）。在任一瞬间，能够在两个端钮间提供一个确定电压（此电压或者恒定不变，或者按某一特定规律随时间变化）的二端电路元件，称为理想电压源，其图形符号如图 2.12 所示。

理想电压源具有两个显著特点。

① 它对外供出的电压 U_S 是恒定值（或是一定的时间函数），与流过它的电流无关，即与接入电路的方式无关。

② 流过理想电压源的电流由它本身与外电路共同决定，即与它相连接的外电路有关。

理想电压源作为一个电路元件，可以向外电路发出功率，也可以从外电路吸收功率。在其电压 u、电流 i 取关联参考方向的情况下，也满足 $p=ui$。当 $p>0$ 时，理想电压源实际吸收功率；当 $p<0$ 时，理想电压源实际对外发出功率。

理想电压源实际上是不存在的，无论哪一种实际电压源，其产生的电压都不会全部输送出去，内部要损失一小部分。也就是说，实际电压源存在内阻，且起着分压作用。所以，通常用理想电压源和内阻相串联来表征实际电压源，如图 2.13（a）所示。

实际电压源提供给外电路的电压等于 U_S 减去电源内阻上的分压 IR_S，内阻越小，所分电压越小，提供给外电路的电压就越大。当 $R_S=0$ 时，$U=U_S$，实际电压源就成为理想电压源。实际电压源的数学表达式为 $U=U_S-IR_S$。因此，通常希望电压源的内阻越小越好。实际电压源伏安特性如图 2.13（b）所示。

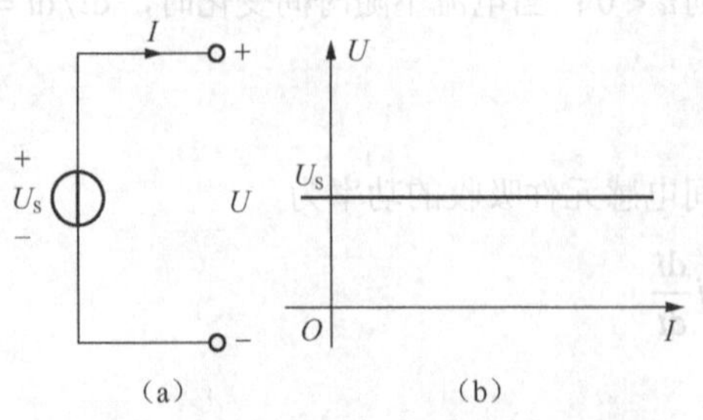

图 2.12 直流理想电压源及其伏安关系

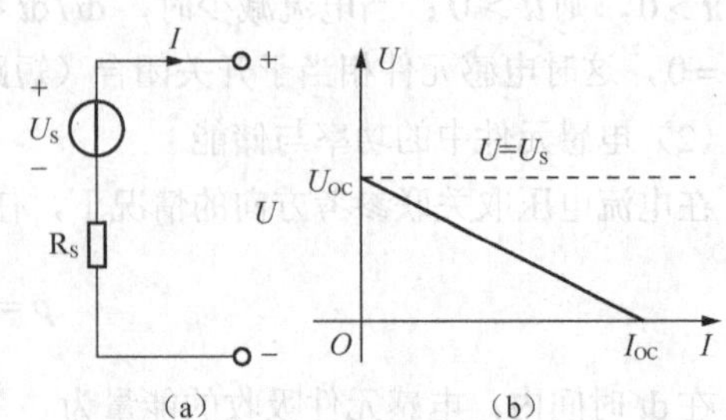

图 2.13 实际电源的电压源模型及其伏安特性

2. 理想电流源

实际电路设备中所用的电源，并不是在所有情况下都要求电源的内阻越小越好。在某些特殊

场合下，有时要求电源具有很大的内阻，因为高内阻的电源能够有一个比较稳定的电流输出。

例如，一个 60V 的蓄电池串联一个 60kΩ 的大电阻，就构成了一个最简单的高内阻电源。这个电源如果向一个低阻负载供电，则基本上可具有恒定的电流输出。譬如低阻负载在 1～10Ω 变化时，这个高内阻电源供出的电流为

$$I=\frac{60}{60\,000+R}\approx 1\text{mA}$$

电流基本维持在1mA 不变，这是因为只有几欧姆或十几欧姆的负载电阻，与几十千欧的电源内阻相加时是可以忽略不计的。很显然，在这种情况下，电源的内阻越高，此电源输出的电流就越稳定。当电源内阻为无限大时，供出的电流就是恒定值，这时我们称它为理想电流源，如图 2.14 所示。

理想电流源具有两个显著特点。

① 它对外供出的电流 I_S 是恒定值（或是一定的时间函数），与它两端的电压无关，即与接入电路的方式无关。

② 加在理想电流源两端的电压由它本身与外电路共同决定，即与它相连接的外电路有关。

理想电流源作为一个电路元件，当然也有吸收功率和发出功率之分，其分析与计算同理想电压源。

与理想电压源一样，理想电流源实际上也是不存在的，无论哪一种实际电流源，其产生的电流都不会全部输送出去，内部要损失一小部分。也就是说，实际电流源内部存在内阻，且起着分流作用。所以，通常用理想电流源和内阻相并联来表征实际电流源，如图 2.15（a）所示。

实际电流源提供给外电路的电流等于 I_S 减去电源内阻上的分流 $\dfrac{U}{R_S}$ ，内阻越大，所分电流越小，提供给外电路的电流就越大。当 $R_S=\infty$ 时， $I=I_S$ ，实际电流源就成为理想电流源。实际电流源的数学表达式为 $I=I_S-\dfrac{U}{R_S}$ ，实际电源的电流源伏安特性如图 2.15（b）所示。

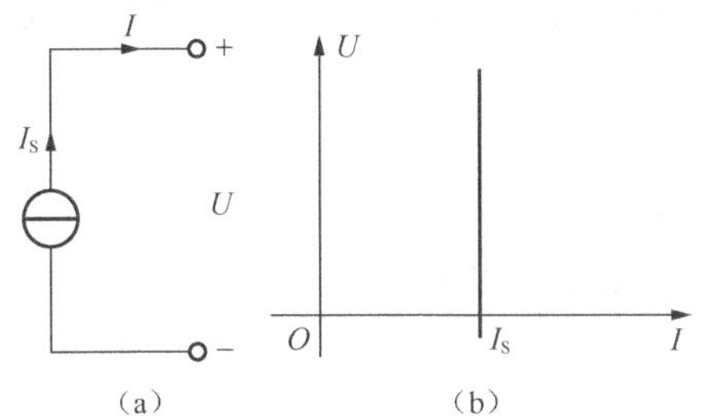

图 2.14　直流理想电流源及其伏安关系

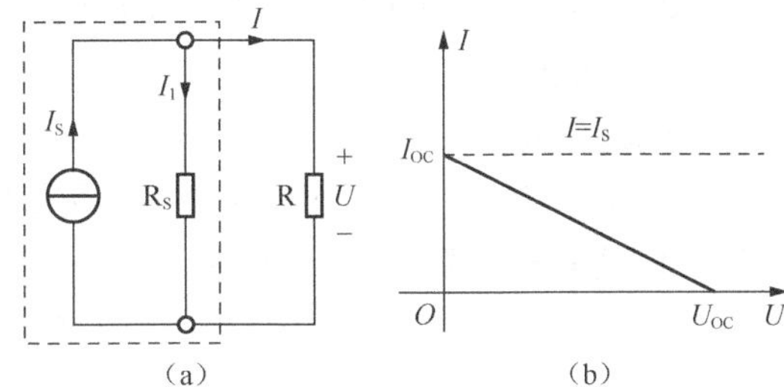

图 2.15　实际电源的电流源模型及其伏安特性

3. 两种电源的等效变换

理想电压源和理想电流源都是无穷大功率源，实际上并不存在。实际电源存在内阻，因此，当负载改变时，负载两端的电压及流过负载的电流都会发生改变。

一个实际电源既可以用一个与内阻相串联的电压源作为它的电路模型，也可以用一个与内阻相并联的电流源作为它的电路模型。因此，这两种实际电源的电路模型，在一定条件下也是可以等效互换的，如图 2.16 所示。

实际电源与电源等效变换

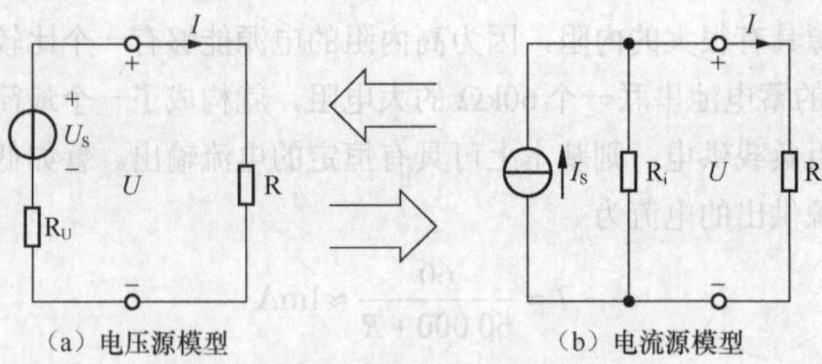

（a）电压源模型　　（b）电流源模型

图 2.16　两种电源模型之间的等效互换

两种电源模型等效互换的条件是

$$\begin{cases} U_S = I_S R_i \\ R_U = R_i \end{cases} \quad 或者 \quad \begin{cases} I_S = U / R_U \\ R_i = R_U \end{cases}$$

注　意

在进行上述等效变换时，一定要让电压源由"−"到"+"的方向与电流源电流的方向保持一致，这一点恰恰说明了电源上的电压、电流符合非关联方向。电源的等效变换只是对外电路而言，对于电源内部由于其结构不同，是不等效的。理想电压源和理想电流源是无法进行等效变换的。因为理想电压源是理想元件，其电压为固定值，理想电流源也是理想元件其电流为固定值，两者不能等效。

应用电源等效转换分析电路时还应注意以下几点。

① 电源等效转换是电路等效变换的一种方法。这种等效是对电源输出电流 I_S、端电压 U_S 的等效。注意电源转换时 I_S 与 U_S 间对应的参考方向。

② 有内阻 R_i 的实际电源，它的电压源模型与电流源模型之间可以等效互换；理想的电压源与理想的电流源之间不便互换。

③ 电源等效互换的方法可以推广运用，如果理想电压源与外接电阻串联，可把外接电阻看作其内阻，则可转换为电流源形式；如果理想电流源与外接电阻并联，可把外接电阻看作其内阻，则可转换为电压源形式。

例题分析

例 2.3　把图 2.17（a）所示的电路变换成电压源的等效电路。

解：① 先将电压源等效变换成电流源，如图 2.17（b）所示，其中

$$I_{S2} = \frac{U_{S2}}{R_S} = \frac{8}{4} = 2A$$

② 然后将两电流源合并为 I_S，如图 2.17（c）所示，则

$$I_S = I_{S1} - I_{S2} = 6 - 2 = 4A$$

③ 再将图 2.17（c）中的电流源等效变换成电压源，如图 2.17（d）所示，其中

$$U_S = I_S R_S = 4 \times 4 = 16V$$

$$R_S = 4\Omega$$

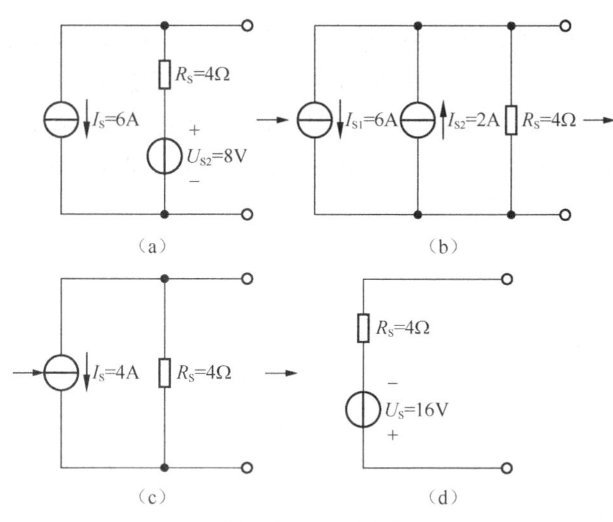

图 2.17　例题 2.3 图

2.1.5　基本定律及应用

1. 基尔霍夫定律

1847 年，基尔霍夫将物理学中“流体流动的连续性”和“能量守恒定律”用于电路之中，创建了节点电流定律（KCL），之后根据“电位的单值性原理”又创建了回路电压定律（KVL）。基尔霍夫定律反映了电路整体的规律，具有普遍性，不仅适合于任何元件组成的电路，而且适合于任何变化的电压与电流。

基尔霍夫定律

为了阐述方便，先结合图 2.18 介绍有关电路结构的几个名词。

（1）支路

所谓支路，就是指一个或几个元件串联后，连接于电路的两个节点之间，使通过其中的电流值相同。如图 2.18 中的 *ab*、*adb*、*acb* 三条支路。对一个整体电路而言，支路就是指其中不具有任何分叉的局部电路。

（2）节点

电路中三条或三条以上支路的汇集点称为节点，如图 2.18 中的 *a* 点和 *b* 点。

（3）回路

电路中任意一条或多条支路组成的闭合路径称为回路，如图 2.18 中的 *abca*、*adba*、*adbca* 都是回路。

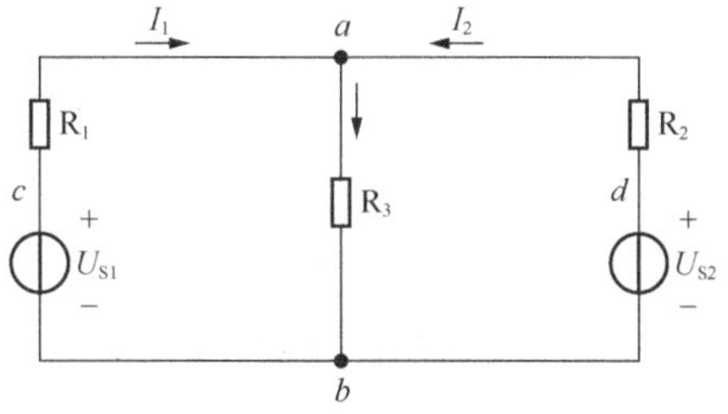

图 2.18　常用名词举例电路图

（4）网孔

电路中不包含其他支路的单一闭合回路称为网孔，如图 2.18 中有 *abca* 和 *adba* 两个网孔。网孔中不包含回路，但回路中可能包含有网孔。

2. 基尔霍夫电流定律

基尔霍夫电流定律（KCL）指出：对电路中任一节点而言，在任一时刻，流入节点的电流的代数和恒等于零。数学表达式为

$$\sum I = 0 \tag{2.3}$$

列写 KCL 电流方程式时要注意，必须先标出汇集到节点上的各支路电流的参考方向，一般对已知电流，可按实际方向标定，对未知电流，其参考方向可任意选定。只有在参考方向选定之后，才能确立各支路电流在 KCL 方程式中的正、负号。对式（2.3），本书中约定：流进节点的电流取正，流出节点的电流取负。若约定流出节点的电流为正，流进节点的电流为负，则 KCL 仍不失其正确性，会取得相同的结果。

如图 2.19 中节点 a 的 KCL 方程为

$$I_1 + I_2 - I_3 = 0$$

节点 b 的 KCL 方程为

$$-I_1 - I_2 + I_3 = 0$$

将上式移项可得

$$I_1 + I_2 = I_3$$

故 KCL 也可表述为：对电路中任一节点而言，在任一时刻，流入节点的支路电路总和等于流出节点的支路电流总和。

即

$$\sum I_{流入} = \sum I_{流出}$$

由节点 a、b 的 KCL 方程可见，节点 a 和节点 b 的 KCL 方程式不独立。可以证明，在含有 N 个节点的电路中，只能列出 $N-1$ 个独立的 KCL 方程。

KCL 还可以推广应用到电路中任意假设的封闭面。即在任一瞬间，通过任一封闭面的电流的代数和恒等于零。如图 2.20 所示的封闭面有三个节点，可列出三个 KCL 方程

对节点 a：$I_a = I_{ab} - I_{ca}$

对节点 b：$I_b = I_{bc} - I_{ab}$

对节点 c：$I_c = I_{ca} - I_{bc}$

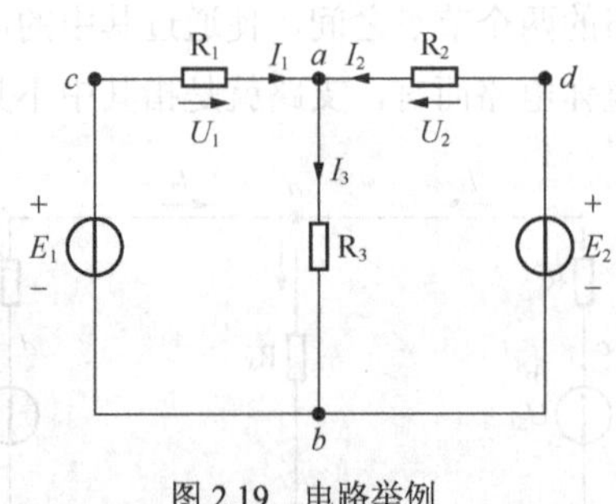

图 2.19　电路举例

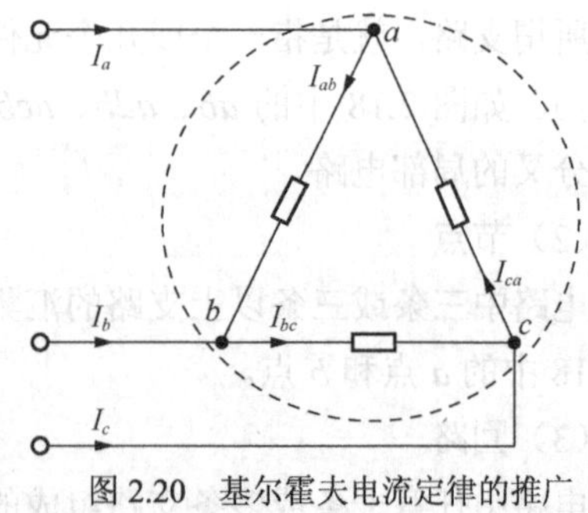

图 2.20　基尔霍夫电流定律的推广

上列三式相加，便得：$I_a + I_b + I_c = 0$，即满足广义的 KCL。利用广义的 KCL，可给电路的分析带来很大的方便。

基尔霍夫电流定律是电流连续性的具体体现，是“电荷守恒”的一种反映，因为任一节点的电荷既不会产生又不会消失，也不可能积累，所以流入节点的电荷必等于流出该节点的电荷。不管电路是线性的还是非线性的，不管电流是直流还是交流，也不管电路中接有何种元件，基尔霍夫电流定律普遍适用。

例题分析

例 2.4　图 2.21 所示为电路中的某一节点 O，试求 bO 支路中的电流 I_{bO}。

解：在分析计算支路电流时，应首先假设各支路电流的参考方向。一经标定就应根据基尔霍

夫电流定律列写方程。必须指出，在计算过程中严禁变更电流的参考方向，以免引起混乱。在本例所示电路图中，假定 b 支路中的电流方向为流入节点 O。所以

$$2+I_{bO}+4-3=0$$

故 $$I_{bO}=3-4-2=-3\text{A}$$

这里 I_{bO} 为负值，说明电流 I_{bO} 的实际方向是从节点 O 流出的，与参考方向相反。

3. 基尔霍夫电压定律

基尔霍夫电压定律（KVL）是描述电路中任一回路上各段电压之间相互约束关系的电路定律。KVL 指出：任何时刻，在电路中沿任意回路绕行一周（顺时针方向或逆时针方向），回路中各段电压的代数和恒等于零，即

$$\sum U=0 \tag{2.4}$$

如果约定沿回路绕行方向，电压降低的参考方向与绕行方向一致时取正号，电压升高的参考方向与绕行方向一致时取负号，则对如图 2.22 所示电路，根据 KVL 可对电路中三个回路分别列出 KVL 方程式如下。

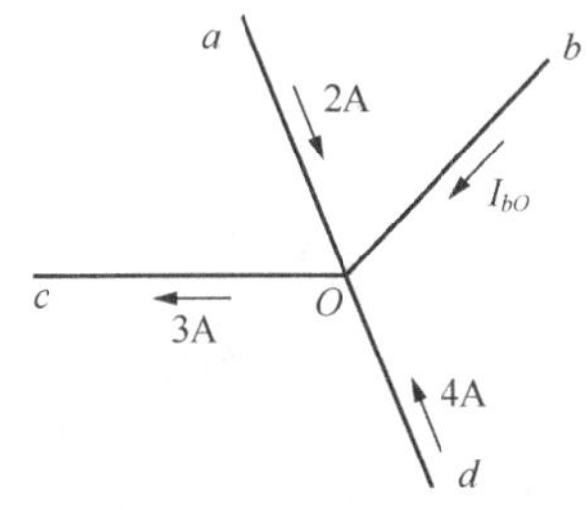

图 2.21 例题 2.4 图

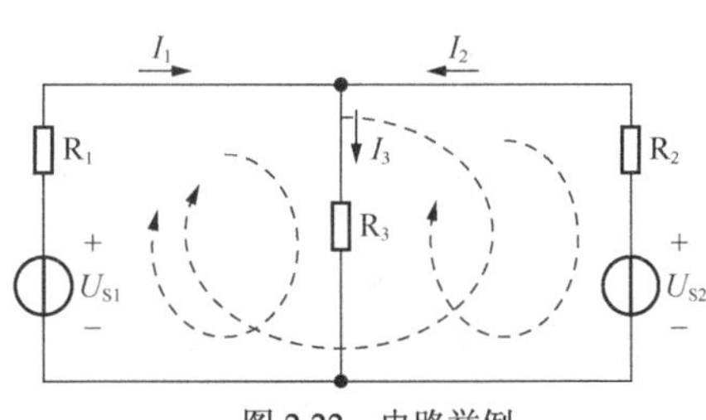

图 2.22 电路举例

对左回路 $$I_1R_1+I_3R_3-U_{S1}=0$$

对右回路 $$-I_2R_2-I_3R_3+U_{S2}=0$$

对大回路 $$I_1R_1-I_2R_2+U_{S2}-U_{S1}=0$$

若电路中的电阻均为线性电阻元件，则上式的 KVL 方程还可改写为另一种表述方法，即

$$I_1R_1-I_2R_2=U_{S1}-U_{S2}$$

写成一般形式 $$\sum IR=\sum U_S \tag{2.5}$$

故 KVL 也可表述为：任何时刻，在电路中沿任意回路绕行一周，电阻上电压降的代数和恒等于电压源电压升的代数和。

式（2.5）左边电阻的电压，若电流参考方向与绕行方向一致，则 RI 取“+”号，反之取“−”号。

式（2.5）右边电压源的电压，若电压源电压参考方向与绕行方向一致，则 U_S 取“−”号，反之取“+”号。

上述规定仅适用于式（2.5）。式（2.5）实际上是电阻元件上电压和电流的约束关系与基尔霍夫电压定律结合在一起的表现。

应用 KVL 时应注意，列写方程式之前，必须在电路图上标出各元件端电压的参考极性，然后根据约定的正、负列写相应的方程式。当约定不同时，KCL 和 KVL 仍不失其正确性，会得到同样的结果。

基尔霍夫电压定律的实质是能量守恒定律在电路中的表现。单位正电荷沿回路绕行一周，所获得的能量必须等于所失去的能量。获得能量，则电位升高，失去能量，则电位降低。所以在回路中电位升高之和必然等于电位降低之和，即任一回路中各个支路电压的代数和为零。

例题分析

例 2.5　在图 2.23 电路中，利用 KVL 求解图示电路中的电压 U。

解：显然，要想求出电压 U，需先求出支路电流 I_3，I_3 电流与待求电压 U 的参考方向如图 2.23 所示。

对右回路假设一个如虚线所示的回路参考绕行方向，然后对该回路列写 KVL 方程式

$$(22+88)\times I_3=10$$

求得

$$I_3=10/(22+88)\approx 0.0909\text{A}$$

因此

$$U=0.0909\times 88\approx 8\text{V}$$

KVL 和 KCL 一样可以推广应用，下面以图 2.24 所示电路为例进行 KVL 推广应用的说明。图 2.24 所示电路是一个星形连接的电阻电路，其中 $ABOA$ 是一个非闭合的回路。

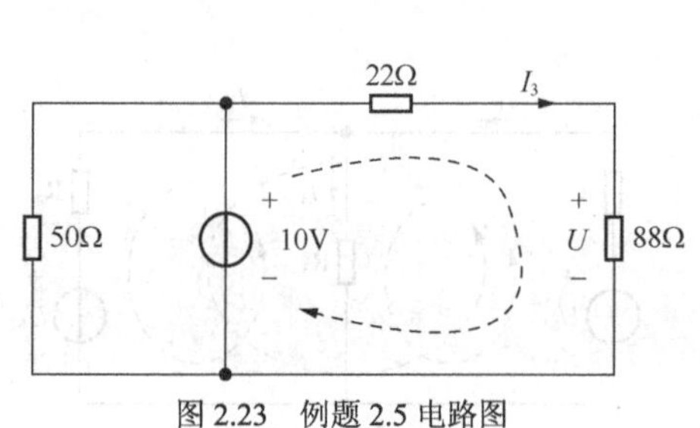

图 2.23　例题 2.5 电路图

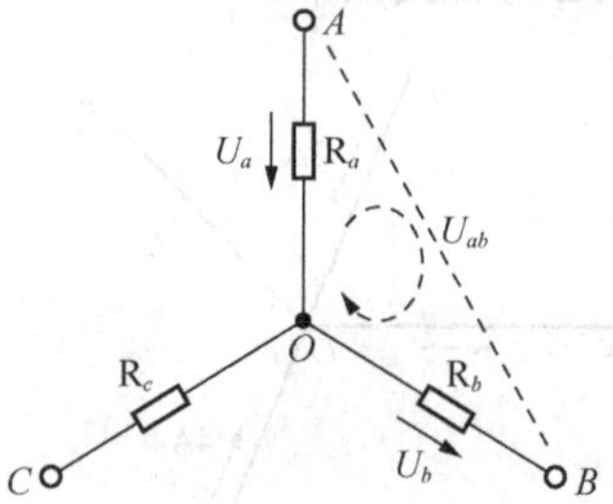

图 2.24　KVL 的推广应用

假设电阻 R_a 上电压 U_a 和 R_b 上电压 U_b 均为已知，求 A、B 两点电压时，就可设想在 A、B 之间有一个由 A 指向 B 的电压源 U_{ab}，这时 $ABOA$ 可视为一个闭合回路。

设该回路绕行方向为图中虚线所示的顺时针方向，则可列写出 KVL 方程式

$$U_{ab}-U_b-U_a=0$$

可得

$$U_{ab}=U_b+U_a$$

例题分析

例 2.6　在图 2.25 所示某复杂电路中的一个闭合电路中，已知 $U_1=4\text{V}$，$U_3=3\text{V}$，$U_4=-9\text{V}$，求 U_2 和 U_5。

解：由 a 点出发，顺时针方向绕行一周，根据 KVL 可得

$$U_1+U_2-U_3-U_4=0$$

则

$$U_2=U_3+U_4-U_1=3+(-9)-4=-10\text{V}$$

U_2 为负值，说明它的实际极性与图中所假设的极性相反。

$abda$ 虽然不是闭合回路，也可以应用 KVL，有 $U_1-U_5-U_4=0$

则

$$U_5=U_1-U_4=4-(-9)=13\text{V}$$

如果沿着 $bcdb$ 路径，可得　$U_2-U_3+U_5=0$

则

$$U_5=U_3-U_2=3-(-10)=13\text{V}$$

可见，沿两条路径计算的结果是一样的。

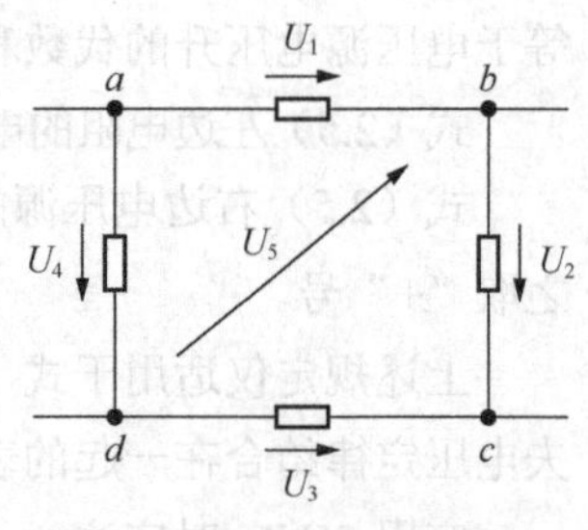

图 2.25　例题 2.6 电路图

应用 KVL 定律或是推广应用 KVL 定律时，需要注意回路的闭合和非闭合概念是相对于电压而言的，并不是指电路形式上的闭合与否，因为 KVL 定律讨论的依据是“电位的单值性原理”。

4. 叠加定理

在线性电路中，如果有多个独立源同时作用，根据叠加性，它们在任一支路中的电流（或电压）等于各个独立源单独作用时在该支路所产生的电流（或电压）的代数和。这一论述被称为叠加原理。

当某独立源单独作用于电路时，其他独立源应该除去，称为“除源”。即对电压源来说，令其源电压 U_S 为零，相当于“短路”；对电流源来说，令其源电流 I_S 为零，相当于“开路”。对各独立源单独作用产生的响应（支路电流或电压）求代数和时，要注意单电源作用的支路电流（或电压）方向是否和原电路中的方向一致。一致则此项前为“+”号，反之，取“−”号。叠加原理可用图 2.26 电路具体说明。

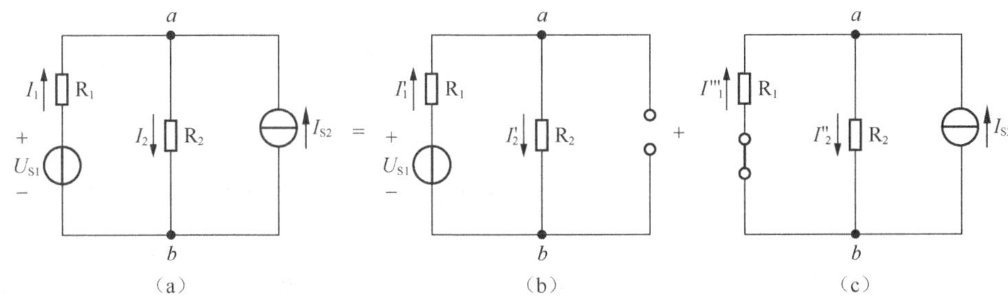

图 2.26　叠加原理

图 2.26（a）给出了简单的线性电路。电流参考方向如图 2.26（a）所示，通过分析不难得出

$$U_{ab} = U_{S1} - I_1 R_1$$

又

$$I_2 = \frac{U_{ab}}{R_2} = \frac{U_{S1} - I_1 R_1}{R_2}$$

节点 a 处，据 KCL 有

$$I_1 + I_{S2} = I_2$$

$$I_1 = I_2 - I_{S2} = \frac{U_{S1} - I_1 R_1}{R_2} - I_{S2}$$

将上式整理得

$$I_1 = \frac{U_{S1} - I_{S2} R_2}{R_1 + R_2} = \frac{U_{S1}}{R_1 + R_2} - \frac{R_2}{R_1 + R_2} I_{S2}$$

上式可理解为通过 R_1 的电流由两部分组成。一部分是只有 U_{S1} 单独作用时，通过电阻 R_1 的电流，这时 I_{S2} 不作用，即 $I_{S2} = 0$，以开路替代，如图 2.26（b）所示。由图 2.26（b）可知，此时流过 R_1 的电流

$$I_1' = \frac{U_{S1}}{R_1 + R_2}$$

恰与上式第一项相符。另一部分是当电压源 U_{S1} 不作用，即 $U_{S1} = 0$，以短路线替代，此时只有 I_{S2} 单独作用，如图 2.26（c）所示。只有电流源单独作用时，通过电阻 R_1 的电流，根据分流公式得

$$I_1'' = -\frac{R_2}{R_1 + R_2} I_{S2}$$

也恰与原式第二项相符。这样，可以理解为

$I_1 = I_1' + I_1''$ ＝电压源单独存在时产生的分量+电流源单独存在时产生的分量

同理，可以解出

$$I_2 = I_2' + I_2''$$

应用叠加原理求解电路的步骤如下。

① 在原电路中标出所求量（总量）的参考方向。

② 画出各电源单独作用时的电路，并标明各分量的参考方向。

③ 分别计算各分量。

④ 将各分量叠加。若分量与总量方向一致取正，相反则取负。

应用叠加原理时，应注意以下几点。

第一，叠加原理只适用于线性电路。这是因为线性电路中的电压和电流都与激励（独立源）呈一次函数关系。

第二，分析时需要画出各电源单独作用时的分电路图，不作用的电源置零，即将电压源短路，电流源开路。

第三，分电路中变量符号要与原电路中的变量符号有所区别，其参考方向可根据分电路进行选择。最后叠加时，要注意参考方向的异同，与原电路中变量的参考方向一致时，取正号；不一致时取负号。

第四，叠加原理只能用来分析和计算电流和电压，不能用来计算功率。这是因为功率与电流、电压的关系不是线性的。如

$$P_2 = R_2 I_2^2 = R_2\left(I_2' + I_2''\right)^2 \neq R_2 I_2'^2 + R_2 I_2''^2$$

可见，叠加原理体现的是线性方程的叠加性。

第五，叠加的方式是任意的，可以一次使一个独立源单独作用，也可以一次使几个独立源同时作用，方式的选择取决于分析问题的方便。

例题分析

例 2.7　电路如图 2.27 所示，用叠加定理计算电流 I 和电阻 6Ω 上消耗的功率；欲使 $I=0$，求 U_S 应该为何值。

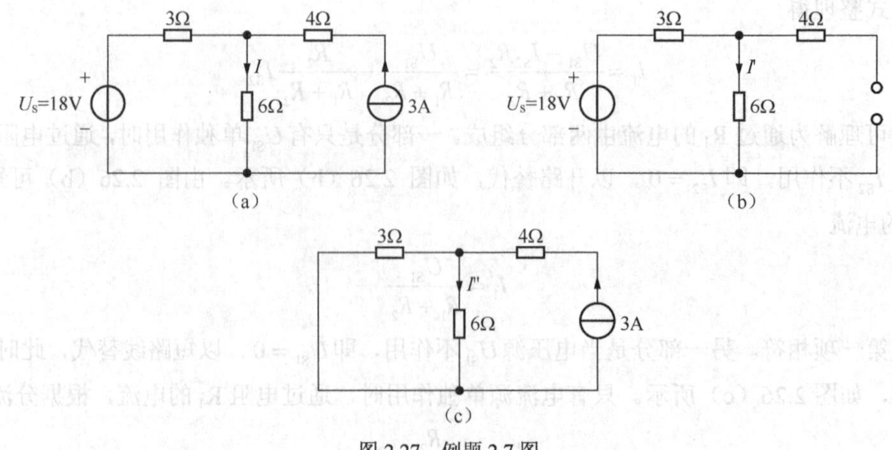

图 2.27　例题 2.7 图

解：画出独立电压源和独立电流源分别单独作用的电路如图 2-27（b）和图 2-27（c）所示。由此求得

$$I' = \frac{18\text{V}}{3\Omega + 6\Omega} = 2\text{A}$$

$$I'' = \frac{9\text{V}}{3\Omega + 6\Omega} = 1\text{A}$$

$$I = I' + I'' = 3\text{A}$$

$$P = I^2 R = 3^2 \times 6 = 54\text{W}$$

注意，$P' = I'^2 R + I''^2 R = 2^2 \times 6 + 1^2 \times 6 = 30\text{W} \neq (I' + I'')^2 R$，所以求功率不能直接使用叠加定理。

由以上计算结果得到下式

$$I = I' + I'' = \frac{1}{9\Omega} \times U_{\text{S}} + 1\text{A} = 0$$

$$U_{\text{S}} = -(9\Omega) \times 1\text{A} = -9\text{V}$$

5. 戴维南定理

具有两个出线端的电路称为二端网络。内部不含电源的，称为无源二端网络；内部含有电源的，称为有源二端网络，如图 2.28 所示。

有源二端网络不仅能产生电能，而且本身也消耗电能，对外电路而言，相当于一个电源。因此，有源二端网络一定可以化简为一个等效电源。

任何一个有源二端网络，都可以用一个电压源与电阻的串联来等效替代，如图 2.29 所示。其中电压源的电压U_{S}等于有源二端网络的开路电压U_{OC}，电阻R_{S}等于有源二端网络中所有电源都置零（电压源短路、电流源开路）后，所得到的无源（除源）二端网络在端口的等效电阻。这就是戴维南定理。

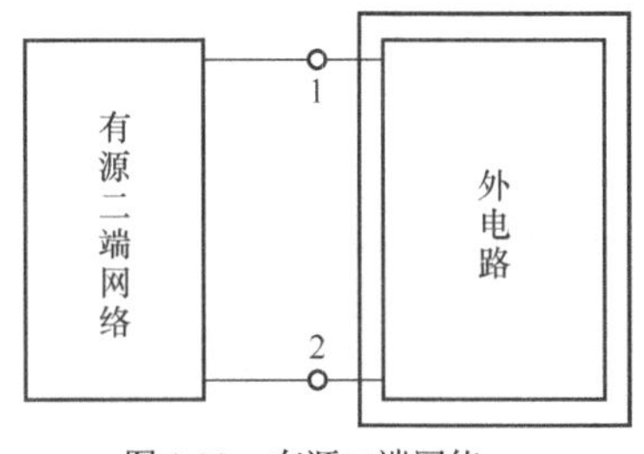

图 2.28　有源二端网络

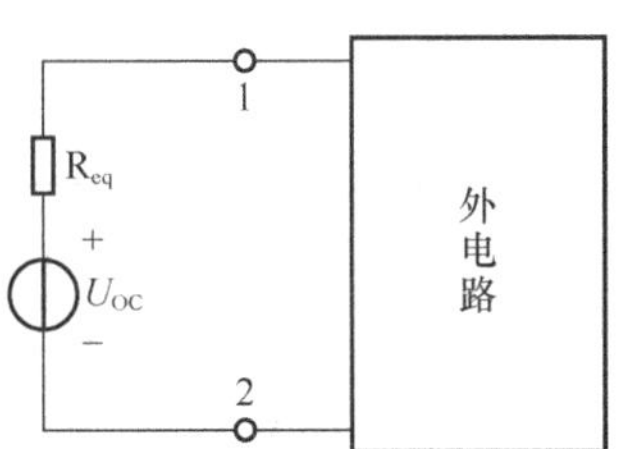

图 2.29　有源二端网络等效电路

现以图 2.29 所示电路为例说明这一定理的内容。根据戴维南定理，图 2.30（a）所示有源二端网络可由图 2.30（b）所示电路替代。

图 2.30（b）等效电源中的电压源电压可由图 2.30（a）中求得

$$U_{\text{S}} = U_{\text{OC}} = U_{\text{S1}} + R_1 I_{\text{S2}}$$

等效电源中的电阻R_{S}可由图 2.30（a）中电压源短路电流源开路后求得

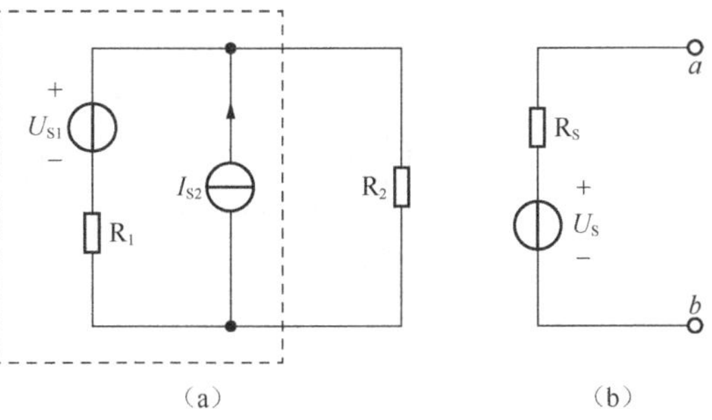

图 2.30　戴维南定理解题举例

$$R_S = R_1$$

还可以由有源二端网络的开路电压U_{OC}与短路电流I_{SC}之比求得

$$R_S = \frac{U_{OC}}{I_{SC}} = \frac{U_{S1} + R_1 I_{S2}}{U_S / R_S} = R_1$$

利用戴维南定理可以将一个复杂电路化简成简单电路，尤其是只需要计算复杂电路中某一条支路的电流或电压时，应用这一定理，极其方便。待求支路为无源支路或有源支路均可。

应用戴维南定理分析电路的步骤如下。

① 确定含源二端网络。将待求电量所在的支路作为外电路从网络中移开，剩下的含源二端网络即为研究对象。

② 根据有源二端网络的具体电路，计算出二端网络的开路电压U_{OC}，得到等效电压源的源电压U_S。

③ 将有源二端网络中的全部电源除去（即理想电压源短路，理想电流源开路），画出所得无源二端网络的电路图，计算其等效电阻，便得到等效电路的内阻R_S。

④ 画出由等效电压源、等效电阻与待求支路组成的简单电路，计算出待求电流。

例题分析

例 2.8　用戴维南定理计算如图 2.31 所示电路中的电流I。

解：用戴维南定理将图化成等效电源，如图 2.31（b）所示。

由图计算等效电源的电动势E，即开路电压U_{OC}，有

$$U_{OC} = E = (20 - 150 + 120)\text{V} = -10\text{V}$$

由图 2.31（c）计算等效电阻的内阻R_o，有

$$R_o = 0$$

由图 2.31（d）计算电流I，即

$$I = \frac{E}{R_o + 10} = \frac{-10}{10} = -1\text{A}$$

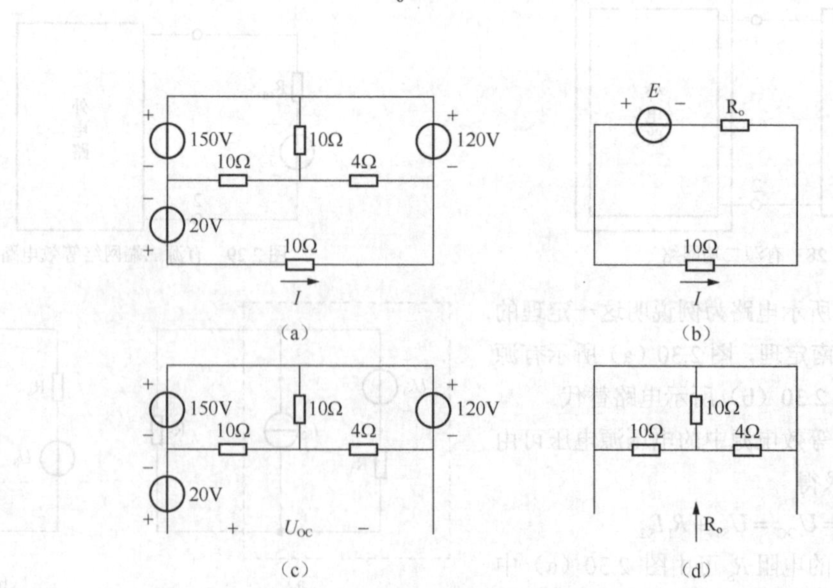

图 2.31　例题 2.8 图

知识小结

1. 电路组成的三个基本环节：电源、负载和中间环节。

2. 参考方向是人为假设的电流或电压数值为正的方向，当一个元件或一段电路上电流和电压的参考方向一致时，称为关联参考方向。

3. 功率是电路分析中常用的物理量。当支路电流和电压为关联参考方向时，$P=ui$；当电流和电压为非关联参考方向时，$P=-ui$。计算结果$P>0$，表示支路吸收（消耗）功率；计算结果$P<0$，表示支路提供（产生）功率。

4. 两种电源模型等效互换的条件是$\begin{cases} U_S = I_S R_i \\ R_U = R_i \end{cases}$或者$\begin{cases} I_S = U/R_U \\ R_i = R_U \end{cases}$。

5. KCL 体现了节点或封闭面的电流连续性或电荷守恒性，其数学表达式为$\sum i=0$。KVL 体现了回路或闭合节点序列的电位单值性或能量守恒性，其数学表达式为$\sum u=0$。

6. 叠加定理：在线性电路中，任一支路电压或电流都是电路中各独立电源单独作用时在该支路上电压或电流的代数和。

7. 戴维南定理：任一线性有源二端网络 N，就其两个输出端而言，总可以用一个独立电压源和一个电阻的串联电路来等效，其中，独立电压源的电压等于该二端网络 N 输出端的开路电压U_{OC}，串联电阻R_O等于将该二端网络 N 内所有独立源置零时从输出端看入的等效电阻。

技能训练

基尔霍夫定律和叠加定理仿真设计与制作

通过实践训练，理解基尔霍夫定律和叠加定理。电路参考图如图 2.32 所示。

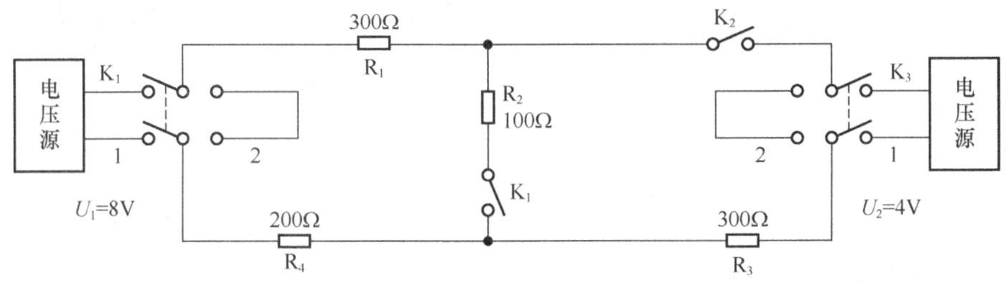

图 2.32　电路参考图

实践训练任务书

任务内容	基尔霍夫定律和叠加定理仿真设计与制作
环节安排	4 课时　仿真设计与制作
任务目的	自制电路板，正确画出电路图，按照规范进行装焊及调测
具体要求	1．完成电路装焊 2．比对设计要求，优化改进工艺 3．实现电路正常工作，记录测试结果
记录整理	1．绘制电路原理图 2．列出元器件清单 3．验证基尔霍夫定律，记录仿真数据与测量数据 4．验证叠加定理，记录仿真数据与测量数据 5．对比仿真数据与测量数据，分析原因

知识点 2.2　正弦交流电路分析

📖 学习目标

- 能根据所给正弦量，正确得出三要素；能根据所给三要素，正确写出对应正弦量
- 能根据所给正弦量，写出其对应的相量；能根据所给相量，写出其对应的正弦量
- 能描述出正弦交流电中 R、L、C 三种元件的伏安特性
- 会用相量法分析 RLC 串联电路
- 会计算正弦交流电中的各种功率
- 了解两种谐振的特点

📖 学习内容

在直流电路中，电路的基本特点是电流、电压的大小和方向不随时间变化。但是在许多情况下，电路中的电压、电流的大小和方向都会随时间变化，图 2.33 画出了几种 u、i 波形图。

图 2.33（a）波形大小随时间无规则变化；图 2.33（b）波形在大小和方向上都随时间无规则变化；图 2.33（c）、图 2.33（d）波形大小和方向都随时间进行周期性地变化。

信号的波形大小和方向都随时间作周期性变化，我们称之为交流信号。若交流信号按正弦规律变化则称为正弦交流信号（简称正弦信号），如图 2.33（d）所示。

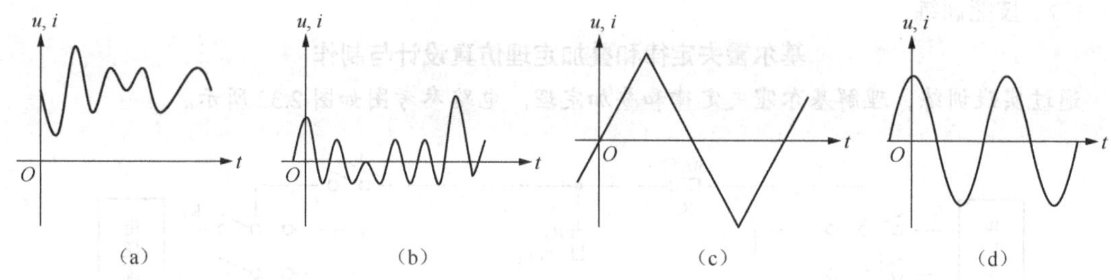

图 2.33　几种 u、i 波形图

所谓正弦信号是指随时间按正弦规律变化的电压或电流，即通常所说的交流电。正弦信号源激励下的电路称为正弦电路，习惯上又称为交流电路。

交流电广泛应用在日常生产和生活中，主要是因为：第一，交流电易于产生、传输和转换，从而具有成本低廉的优势；第二，就用电设备看，由三相交流电源供电的三相异步电动机，其结构简单，价格便宜，使用维护方便，是使用最多的动力设备；第三，在需要使用直流电的地方，利用整流设备可以方便地将交流电转换为直流电。

在城市轨道交通中，电能是城市轨道交通车辆电力牵引系统必需的能源，电动车辆及为轨道交通运营服务的机电设备，也都依赖并消耗电能。

正弦信号三要素

2.2.1　正弦信号的三要素

正弦量在任一瞬时的值称为瞬时值，用小写的字母 u、i、e 分别表示正弦电压、电流、电动势的瞬时值，图 2.34 所示为一个正弦电流 i 的波形图，其对应的数学表达式为

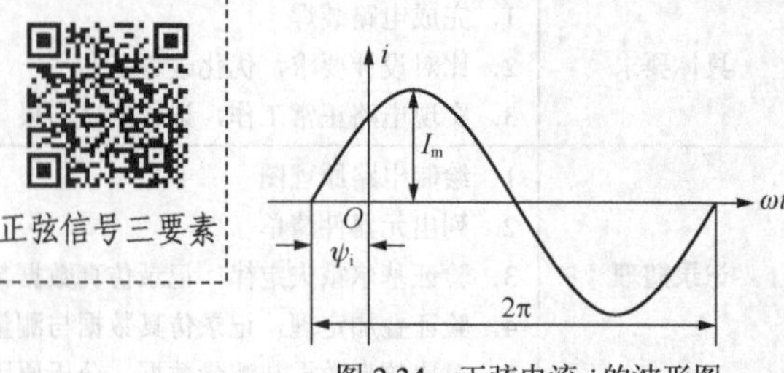

图 2.34　正弦电流 i 的波形图

$$i = I_m \sin(\omega t + \psi_i)$$

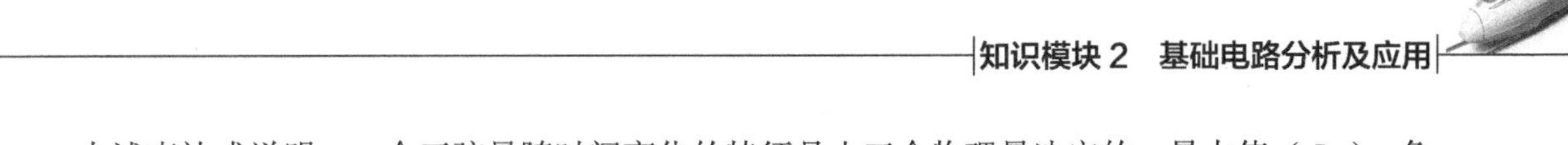

上述表达式说明，一个正弦量随时间变化的特征是由三个物理量决定的：最大值（I_m）、角频率（ω）和初相位（ψ_i）。这三个物理量通常又被称为正弦量的三要素。

1. 周期、频率与角频率

正弦量变化一次所需的时间称为周期 T，每秒变化的次数称为频率 f，它的单位是赫兹（Hz）。频率与周期之间具有倒数关系，即

$$f=\frac{1}{T} \qquad \text{或者} \qquad T=\frac{1}{f}$$

我国和其他大多数国家，都采用 50Hz 作为电力标准频率，这种频率在工业上应用广泛，习惯上也称为工频。

正弦量变化的快慢除了用周期和频率表示外，还可以用角频率 ω 来表示。因为一周期内经历了 2π 弧度，如图 2.34 所示，所以角频率为

$$\omega=\frac{2\pi}{T}=2\pi f$$

ω 的单位为弧度/秒（rad/s）。

上式表示三者之间的关系，只要知道其中之一，其余参数均可求出。

2. 幅值与有效值

瞬时值中最大的称为幅值，用带下标 m 的字母来表示，如 I_m、U_m 及 E_m 分别表示电流、电压及电动势的幅值。

正弦电流、电压及电动势的大小往往不是用它们的幅值，而是常用有效值（均方根值）来计量。

经过严格推导，正弦交流电的有效值在数值上等于幅值的 $\frac{1}{\sqrt{2}}$，即

$$I=\frac{I_m}{\sqrt{2}},\quad U=\frac{U_m}{\sqrt{2}},\quad E=\frac{E_m}{\sqrt{2}}$$

其中，I、U、E 分别表示正弦交流电的电流、电压和电动势的有效值。交流电的有效值都用大写字母表示，和表示直流电的字母一样。

一般所讲的正弦电压或电流的大小，如交流电压 380V 或 220V 都是指它们的有效值，一般交流电流表和电压表的刻度也是根据有效值来确定的。

3. 相位、初相位与相位差

在正弦量的表达式 $i=I_m\sin(\omega t+\psi_i)$ 中的 $(\omega t+\psi_i)$ 称为正弦量的相位角或相位。它的单位为弧度（rad）或度（°）。

当时间 $t=0$（称为计时起点）时，所对应的相位角称为初相位，用 ψ_i 表示。显然，要确定正弦量在某一时刻的值，除了跟幅值与角频率有关外，还和初相位有关。初相位 ψ_i 的取值范围规定为 $|\psi_i|\leqslant\pi$。其取值有三种情况：$\psi_i<0$，$\psi_i=0$ 和 $\psi_i>0$，正弦图形对应如图 2.35 所示。

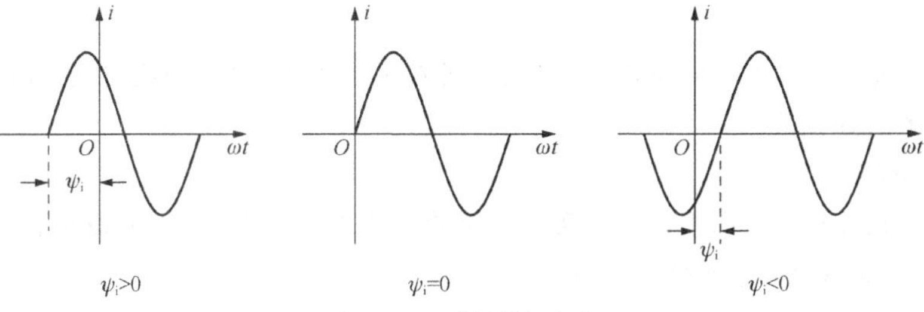

图 2.35　正弦量的初相位

在一个正弦电路中，存在两个以上的正弦信号时，它们一般不是同时达到最大值或零值的，即它们之间存在着不同相位的问题。相位差用来描述它们之间的先后关系，如

$$u = U_m \sin(\omega t + \psi_u)$$

$$i = I_m \sin(\omega t + \psi_i)$$

则它们的相位差为 $\phi_{ui} = (\omega t + \psi_u) - (\omega t + \psi_i) = \psi_u - \psi_i$

可见，同频正弦量的相位差也就是其初相位之差。

通常，相位差 ϕ 的取值范围是 $|\phi| \leqslant \pi$，若不在此范围内，则可加减 2π 使其满足 $|\phi| \leqslant \pi$。

若 $\phi_{ui} > 0$，则 u 超前 i，或 i 滞后 u，超前或滞后的角度为 ϕ_{ui}，如图 2.36（a）所示。

若 $\phi_{ui} < 0$，则 u 滞后 i，或 i 超前 u，超前或滞后的角度为 ϕ_{ui}。

若 $\phi_{ui} = 0$，则 u 与 i 同相位，简称同相，如图 2.36（b）所示。

特殊地，若 $\phi_{ui} = \pm\dfrac{\pi}{2}$，称 u 与 i 正交，如图 2.36（c）所示。

若 $\phi_{ui} = \pm\pi$，称 u 与 i 反相，如图 2.36（d）所示。

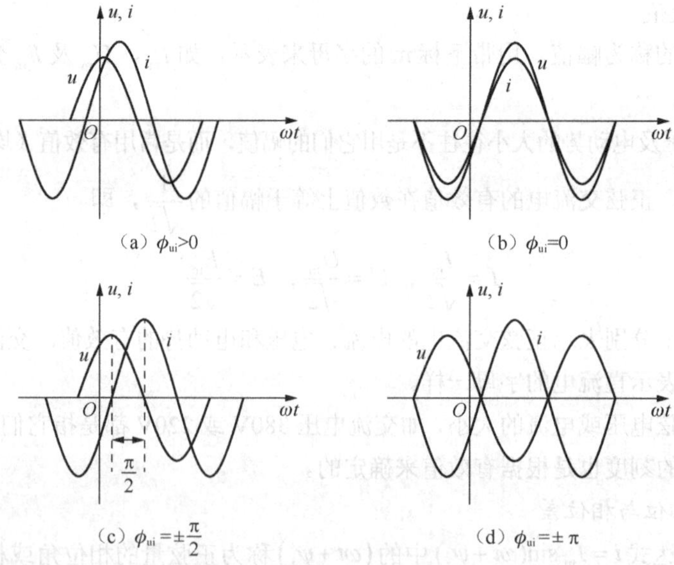

图 2.36　同频率正弦量相位差

必须强调，比较正弦量的相位差时要注意“三同”。

① 同频率。

② 同函数。

③ 同符号。

需要说明的是，虽然几个同频正弦量的相位都随时间不停变化，但它们之间的相位差不变，且与计时起点的选择无关。

例题分析

例 2.9　在选定参考方向下，已知两正弦量的解析式分别为 $i = -5\sin \omega t$A，$u = 100\sin(\omega t + 240°)$V，求每个正弦量的振幅值和初相位。

解：　$i=-5\sin\omega t=5\sin(\omega t+\pi)\text{A}$

其振幅值 $I_{\text{m}}=5\text{A}$，初相位 $\psi_{\text{i}}=\pi\text{rad}=180°$，切记不要错认为 $I_{\text{m}}=-5\text{A}$，I_{m} 是只取绝对值的。

$$u=100\sin(\omega t+240°)=100\sin(\omega t-120°)\text{V}$$

其振幅值 $U_{\text{m}}=100\text{V}$，初相位 $\psi_{\text{u}}=-120°$，切记 ψ 不得超过 $180°$。

2.2.2　相量表示法

相量表示法

正弦量可以用三角函数表示，如 $i=I_{\text{m}}\sin\omega t\text{A}$，这是最基本的表示方法，正弦量还可以用正弦波形来表示。此外，正弦量还可以用旋转有向线段来表示，而有向线段在复平面中可用复数表示，所以正弦量也可以用复数来表示。

设一个正弦量为　$u(t)=U_{\text{m}}\sin(\omega t+\varphi_{\text{u}})\text{V}$

根据欧拉公式　$\text{e}^{\text{j}\theta}=\cos\theta+\text{j}\sin\theta$

可以把复指数函数 $U_{\text{m}}\text{e}^{\text{j}(\omega t+\varphi_{\text{u}})}$ 展开成

$$U_{\text{m}}\text{e}^{\text{j}(\omega t+\varphi_{\text{u}})}=U_{\text{m}}\cos(\omega t+\varphi_{\text{u}})+\text{j}U_{\text{m}}\sin(\omega t+\varphi_{\text{u}})$$

上式的虚部恰好是正弦电压 $u(t)$，即

$$u(t)=I_{\text{m}}\left[U_{\text{m}}\text{e}^{\text{j}(\omega t+\varphi_{\text{u}})}\right]=U_{\text{m}}\sin(\omega t+\varphi_{\text{u}})\left(\frac{\pi}{2}-\theta\right) \tag{2.6}$$

式（2.6）中，$I_{\text{m}}[\,]$ 为复数的取虚运算。

这样就把正弦电压与复指数函数联系起来，为用复数表示正弦信号找到了途径。一个正弦信号是由振幅、频率和初相位三个要素决定的。而在频率相同的正弦电源激励下，电路各处的电流、电压的频率是相同的。这样，在正弦稳态响应的三要素中，只需要确定它们的振幅和初相位两个要素。把式（2.6）进一步写成

$$\begin{aligned}u(t)&=I_{\text{m}}\left[U_{\text{m}}\text{e}^{\text{j}(\omega t+\varphi_{\text{u}})}\right]=I_{\text{m}}\left[U_{\text{m}}\text{e}^{\text{j}\varphi_{\text{u}}}\cdot\text{e}^{\text{j}\omega t}\right]\\&=I_{\text{m}}[\dot{U}_{\text{m}}\,\text{e}^{\text{j}\omega t}]\end{aligned}$$

式中　$\dot{U}_{\text{m}}=U_{\text{m}}\text{e}^{\text{j}\varphi_{\text{u}}}$

复数 $\dot{U}_{\text{m}}$ 的模正好是正弦电压的振幅，幅角是正弦电压的初相位。这正好是我们感兴趣的正弦信号的两个要素。为了把这样一个能表示正弦信号的复数与一般的复数相区别，我们把它叫作相量，并在符号上方加上一点以示区别。$\dot{U}_{\text{m}}$ 称为相量，把它表示在复平面上，则称为相量图。

相量 $\dot{U}_{\text{m}}$ 乘以 $\text{e}^{\text{j}\omega t}$ 表示 $\dot{U}_{\text{m}}\,\text{e}^{\text{j}\omega t}$ 是个旋转相量。当 t=0 时，旋转相量在复平面的位置正好位于相量 $\dot{U}_{\text{m}}$。它在虚轴上的投影为 $U_{\text{m}}\sin\varphi_{\text{u}}$，其数值正好等于正弦电压 $u(t)$在 t=0 时的值。当 $t=t_1$ 时，旋转相量的模不变，幅角变为 $(\omega t_1+\varphi_{\text{u}})$。在复平面上，旋转相量由初始位置逆时针旋转 ωt_1 的角度，它在虚轴上的投影为 $U_{\text{m}}\sin(\omega t_1+\varphi_{\text{u}})$，其数值正好等于正弦电压 $u(t)$ 在 $t=t_1$ 时刻的值。当时间 t 继续增加时，旋转相量继续逆时针旋转。对于任意时刻 t，旋转相量与虚轴的夹角为 $(\omega t+\varphi_{\text{u}})$，它在虚轴上的投影正好是正弦电压 $u(t)=U_{\text{m}}\sin(\omega t+\varphi_{\text{u}})$ 在这一瞬间的值。如果我们把这个旋转相量在虚轴上的投影按照时间逐点描绘出来，就得到一条正弦曲线，如图 2.37 所示。上述几何意义用公式表示，就是取旋转相量的虚部得到正弦电压，即

$$u(t)=I_m\left[\dot{U}_m e^{j\omega t}\right]$$

当旋转相量旋转一周，正弦曲线正好变化一周。也就是说，旋转相量逆时针旋转的角速度 ω 就是正弦信号的角频率。用类似方法可以说明旋转相量在实轴上的投影为余弦曲线。

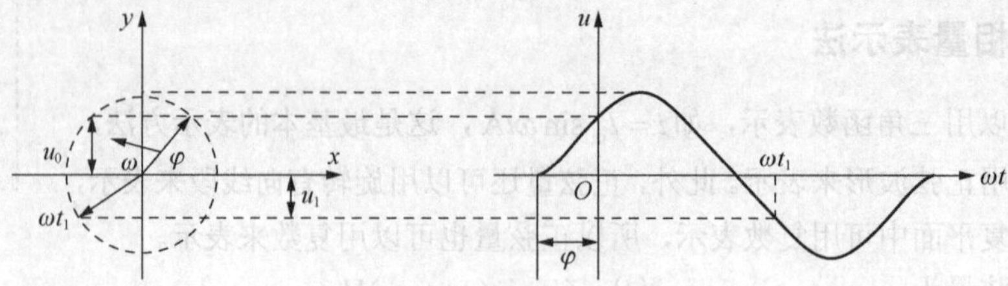

图 2.37　正弦量的相量表示

1. 相量表达式

相量 $\dot{U}_m$ 的模为正弦量的振幅，故称振幅相量，另外使用更多的是有效值相量，写为

$$\dot{U}=Ue^{j\varphi}=U\angle\varphi$$

本书今后提到“用相量表示正弦量”时，若未加特殊说明，则指有效值相量。

同样地，正弦电流可表示为

$$i=I_m\sin(\omega t+\varphi_i)=I_m\left[I_m e^{j(\omega t+\varphi_i)}\right]$$

$$=I_m\left[I_m e^{j\varphi_i}\cdot e^{j\omega t}\right]=I_m\left[\dot{I}_m e^{j\omega t}\right]$$

式中 $\dot{I}_m=I_m e^{j\varphi_i}$

称为电流振幅相量。电流相量写为 $\dot{I}=Ie^{j\varphi_i}$

今后，只要知道了正弦信号，可以直接写出它的相量。反之，若已知正弦信号的相量，也可以直接写出它所代表的正弦信号，其中取虚部的过程可以省去。例如，已知角频率为 ω 的正弦电流的相量 $\dot{I}=5e^{j30^\circ}$，那么该电流的表达式为

$$i(t)=5\sqrt{2}\sin(\omega t+30^\circ)\text{A}$$

若已知正弦电压 $u(t)=10\sqrt{2}\sin(\omega t-45^\circ)\text{V}$，则电压相量为

$$\dot{U}=10e^{-j45^\circ}=10\angle-45^\circ\text{V}$$

需要说明两点。一是用相量表示正弦信号，并不是说相量就等于正弦信号，两者之间不能直接相等。相量必须乘上旋转因子 $e^{j\omega t}$ 取虚部才等于正弦信号。二是相量与物理学中的向量是两个不同的概念。相量是用来表示时间域中的正弦信号，而向量是表示空间内具有大小和方向的物理量，如力、电场强度等。

2. 相量图

只有同频率的正弦量的相量才能画在同一复平面上，将一些相同频率的正弦量的相量画在同一个复平面上所构成的图形称为相量图。

（1）画法。每个相量用一条有向线段表示，其长度表示相量的模，有向线段与横轴正向的夹角表示该相量的辐角（初相位），同一量纲的相量采用相同的比例尺寸。

（2）加法减法运算。按平行四边形法则计算。只有同频率正弦量的相量才能相互运算。用相量表示正弦量进行交流电路运算的方法称为相量法。

例题分析

例 2.10　试写出表示电压

$$u_A = 220\sqrt{2}\sin 314t\text{V}$$
$$u_B = 220\sqrt{2}\sin(314t - 120°)\text{V}$$
$$u_C = 220\sqrt{2}\sin(314t + 120°)\text{V}$$

的相量，并画出相量图。

解：如图 2.38 所示，三个电压的有效值相量分别为

$$\dot{U}_A = 220\angle 0° = 220\text{V}$$
$$\dot{U}_B = 220\angle -120° = 220\left(-\frac{1}{2} - \text{j}\frac{\sqrt{3}}{2}\right)\text{V}$$
$$\dot{U}_C = 220\angle 120° = 220\left(-\frac{1}{2} + \text{j}\frac{\sqrt{3}}{2}\right)\text{V}$$

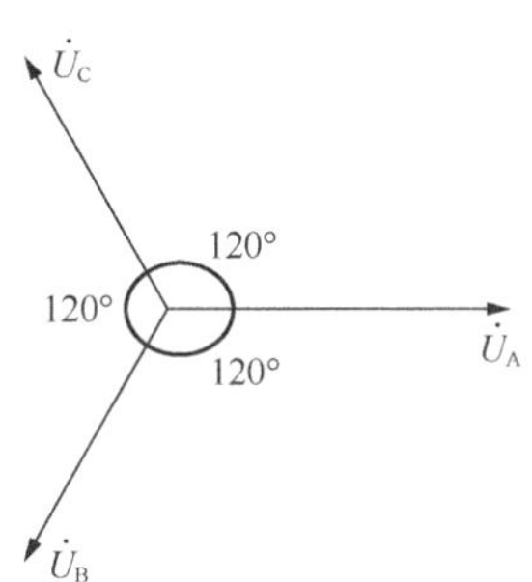

图 2.38　例题 2.10 相量图

注意：相量与正弦交流电之间只是对应关系，而不是相等关系。

2.2.3　基本元件伏安特性的相量形式

基本元件伏安关系的相量表示

1. 电阻元件

如图 2.39（a）所示，设电阻 R 的端电压与电流采用关联参考方向。当正弦电流

$$i(t) = \sqrt{2}I\sin(\omega t + \theta_i)\text{A}$$

通过电阻时，由欧姆定律可知电阻元件的端电压为

$$u(t) = Ri(t) = \sqrt{2}RI\sin(\omega t + \theta_i) = \sqrt{2}U\sin(\omega t + \theta_u)\text{V} \tag{2.7}$$

其中，U 和 θ_u 是电压 u 的有效值和初相位。式（2.7）表明，电阻元件的电流、电压是同频率的正弦量，两者的有效值满足 $U=RI$，且初相位是相同的。电流、电压波形如图 2.39（b）所示。

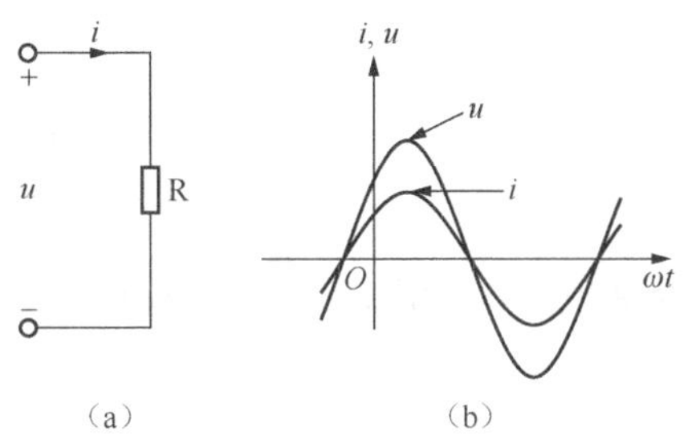

图 2.39　电阻元件的电流、电压波形图

设正弦电流 i 和电压 u 对应的有效值相量分别为 $\dot{I}$ 和 $\dot{U}$，即 $i \leftrightarrow \dot{I}$，$u \leftrightarrow \dot{U}$，式（2.7）对应的相量表达式为

$$\dot{U} = R\dot{I} \tag{2.8}$$

式（2.8）表明了电阻 R 的电流、电压的相量关系，称为电阻元件伏安特性的相量形式。将式（2.8）中的相量表示成指数型，可得

$$U\text{e}^{\text{j}\theta_u} = RI\text{e}^{\text{j}\theta_i}$$

按照复数相等定义，上式等号两边复数的模和辐角分别相等，即

$$\left.\begin{aligned} U &= RI \\ \theta_u &= \theta_i \end{aligned}\right\} \tag{2.9}$$

显然，上述结果与式（2.7）表明的结论是完全一致的。

根据式（2.8）画出的电阻元件模型如图 2.40（a）所示。它以相量形式的伏安特性描述电阻元件特性，故称为相量模型。电阻元件电流、电压相量图如图 2.40（b）所示。

2. 电感元件

设电感 L 的端电压与电流采用关联参考方向，如图 2.41（a）所示。当正弦电流

$$i(t)=\sqrt{2}I\sin(\omega t+\theta_{\rm i})\rm A$$

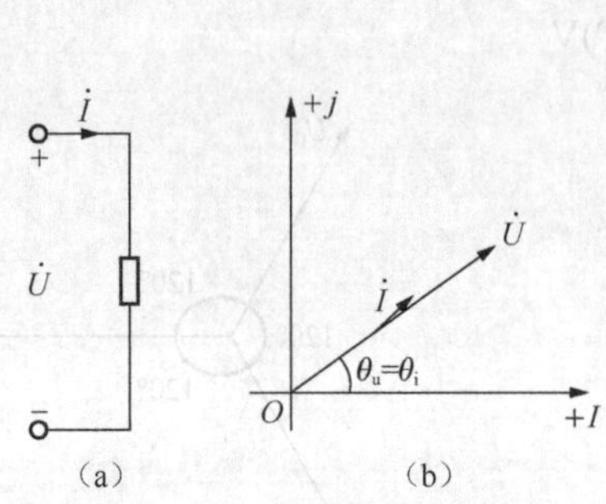

图 2.40　电阻元件的相量伏安特性

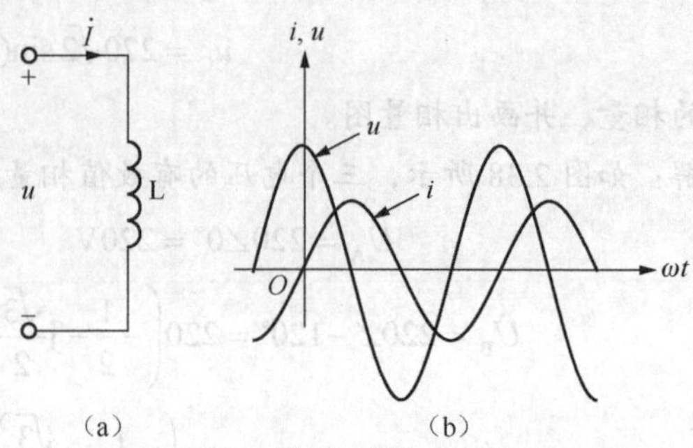

图 2.41　电感元件电流、电压波形图

通过电感时，其端电压为

$$\begin{aligned}u(t)&=L\frac{\mathrm{d}i(t)}{\mathrm{d}t}=\sqrt{2}\omega LI\cos(\omega t+\theta_{\rm i})\\&=\sqrt{2}\omega LI\sin(\omega t+\theta_{\rm i}+90^\circ)\\&=\sqrt{2}U\sin(\omega t+\theta_{\rm u})\rm V\end{aligned}\tag{2.10}$$

其中，U 和 $\theta_{\rm u}$ 分别为电感电压的有效值和初相位。由式（2.10）可知电感电压和电流是同频率的正弦量，其波形如图 2.41（b）所示。

若设电感电流、电压与有效值相量的对应关系为

$$i(t)=\sqrt{2}I\sin(\omega t+\theta_{\rm i})\leftrightarrow\dot{I}=I{\rm e}^{{\rm j}\theta_{\rm i}}$$

$$u(t)=\sqrt{2}U\sin(\omega t+\theta_{\rm u})\leftrightarrow\dot{U}=U{\rm e}^{{\rm j}\theta_{\rm u}}$$

可得式（2.10）的相量表达式为

$$\dot{U}={\rm j}\omega L\dot{I}={\rm j}X_{\rm L}\dot{I}\tag{2.11}$$

其中，$X_{\rm L}=\omega L$，$X_{\rm L}$ 是电感的电抗，简称感抗。

式（2.11）称为电感元件的伏安特性的相量形式。它同时体现了电感电流、电压之间的有效值关系和相位关系。式（2.11）可以改写为

$$U{\rm e}^{{\rm j}\theta_{\rm u}}={\rm j}\omega LI{\rm e}^{{\rm j}\theta_{\rm i}}=\omega LI{\rm e}^{{\rm j}(\theta_{\rm i}+90^\circ)}$$

根据两复数相等的定义，可得

$$U=\omega LI=X_{\rm L}I\tag{2.12}$$

$$\theta_{\rm u}=\theta_{\rm i}+90^\circ\tag{2.13}$$

由式（2.12）可知，电感的电流、电压有效值的关系除与 L 有关外，还与角频率 ω 有关。而电阻元件的 U-I 关系是与 ω 无关的。对给定的电感 L，当 I 一定时，ω 越高要求 U 越大；ω 越低则 U 越小。也就是说电感对高频电流呈现较大的阻碍作用，这种阻碍作用是由电感元件中感应电动势反抗电流变化而产生的。在电子线路中使用的滤波电感或高频扼流圈，就是利用电感的这种

特性达到抑制高频电流通过的目的。在直流情况下，$\omega=0$，$U=0$，此时电感相当于短路。式（2.13）表明电感电压的相位超前电流 90°，这与电阻元件中电流电压同相也是完全不一样的。

根据式（2.11）画出的电感元件的相量模型如图 2.42（a）所示，电感电流、电压相量图如图 2.42（b）所示。

3. 电容元件

设电容元件 C，其电压、电流采用关联参考方向，如图 2.43（a）所示。当电容端电压为

$$u(t)=\sqrt{2}U\sin(\omega t+\theta_{\mathrm{u}})\mathrm{V}$$

通过 C 的电流为

$$\begin{aligned}i(t)&=C\frac{\mathrm{d}u}{\mathrm{d}t}=\sqrt{2}\omega CU\cos(\omega t+\theta_{\mathrm{u}})\\&=\sqrt{2}\omega CU\sin(\omega t+\theta_{\mathrm{u}}+90^{\circ})\\&=\sqrt{2}I\sin(\omega t+\theta_{\mathrm{i}})\mathrm{A}\end{aligned}\tag{2.14}$$

其中，I 和 θ_{i} 分别是电容电流的有效值和初相。式（2.14）表明，电容电压、电流是同频率的正弦量，其波形如图 2.43（b）所示。

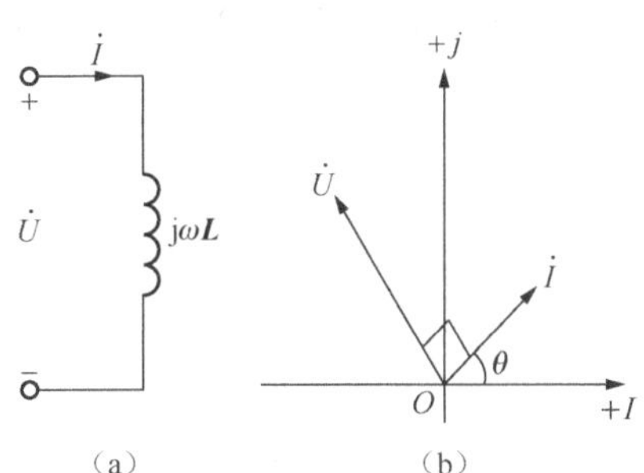

（a）　　（b）

图 2.42　电感元件的相量伏安特性

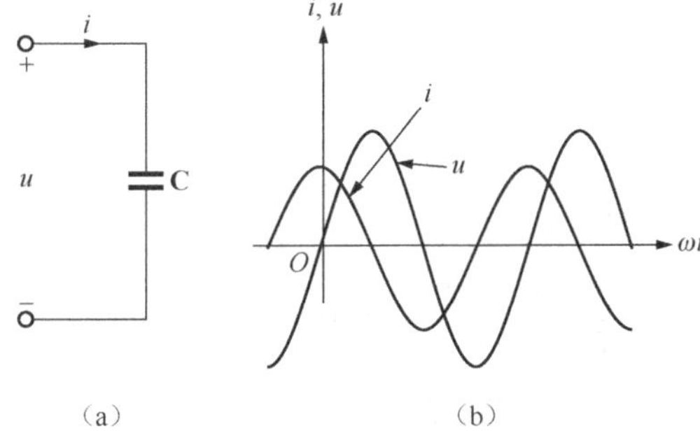

（a）　　（b）

图 2.43　电容元件电压、电流波形图

如果电容电压、电流与相量之间的对应关系为

$$\left.\begin{aligned}u(t)=\sqrt{2}U\sin(\omega t+\theta_{\mathrm{u}})\leftrightarrow\dot{U}=U\mathrm{e}^{\mathrm{j}\theta_{\mathrm{u}}}\\i(t)=\sqrt{2}I\sin(\omega t+\theta_{\mathrm{i}})\leftrightarrow\dot{I}=I\mathrm{e}^{\mathrm{j}\theta_{\mathrm{i}}}\end{aligned}\right\}$$

可得相量表达式

$$\dot{I}=\mathrm{j}\omega C\dot{U}\tag{2.15}$$

或

$$\dot{U}=\frac{1}{\mathrm{j}\omega C}\dot{I}=-\mathrm{j}\frac{1}{\omega C}\dot{I}=-\mathrm{j}X_{\mathrm{C}}\dot{I}\tag{2.16}$$

其中 $X_{\mathrm{C}}=\dfrac{1}{\omega C}$，$X_{\mathrm{C}}$ 是电容的电抗，简称容抗。

式（2.15）和式（2.16）称为电容元件伏安特性的相量形式。若将式（2.16）中的电流、电压相量表示成指数型，即

$$U\mathrm{e}^{\mathrm{j}\theta_{\mathrm{u}}}=-\mathrm{j}\frac{1}{\omega C}I\mathrm{e}^{\mathrm{j}\theta_{\mathrm{i}}}=\frac{1}{\omega C}I\mathrm{e}^{\mathrm{j}(\theta_{\mathrm{i}}-90^{\circ})}$$

则由复数相等定义，可得

$$U = \frac{1}{\omega C} I = X_C I \tag{2.17}$$

和

$$\theta_u = \theta_i - 90^\circ \tag{2.18}$$

式（2.17）表明，对于给定的电容 C，当 U 一定时，ω 越高，电容充放电的速率越快，单位时间内移动的电荷量越大，故 I 就越大，表示电流越容易通过。反之，ω 越低，电流将越不容易通过，在直流情况下，$\omega=0$，$I=0$，电容相当于开路，所以电容元件具有隔直流的作用。由式（2.18）可知，电容电压的相位滞后电流 90°。

根据式（2.16）画出电容元件的相量模型如图 2.44（a）所示。电容中电流、电压的相量图如图 2.44（b）所示。

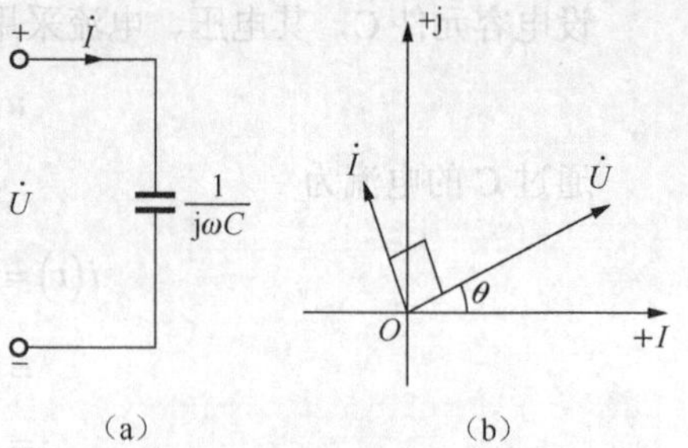

图 2.44　电容元件的相量伏安特性

例题分析

例 2.11　220V、50Hz 的电压、电流分别加在电阻、电感和电容负载上，此时它们的电阻值、感抗、容抗均为 22Ω，试分别求出三个元件中的电流，写出各电流的瞬时值表达式，并以电压为参考相量画出相量图，如图 2.45 所示。若电压的有效值不变，频率由 50Hz 变到 500Hz，重新回答以上问题。

解：$\dot{U} = 220\angle 0^\circ \text{V}$

当 f=50Hz 时：

$$\dot{I}_R = \frac{\dot{U}}{R} = \frac{220\angle 0^\circ}{22} = 10\angle 0^\circ \text{A}$$

$$\dot{I}_L = \frac{\dot{U}}{jX_L} = \frac{220\angle 0^\circ}{j22} = 10\angle -90^\circ \text{A}$$

$$\dot{I}_C = \frac{\dot{U}}{(-jX_C)} = \frac{220\angle 0^\circ}{(-j22)} = 10\angle 90^\circ \text{A}$$

$$i_R = 10\sqrt{2}\sin 314t \text{A}$$

$$i_L = 10\sqrt{2}\sin(314t - 90^\circ) \text{A}$$

$$i_C = 10\sqrt{2}\sin(314t + 90^\circ) \text{A}$$

当 f=500Hz 时：

$$R = 22\Omega,\ X_L = 2\pi f L = 220\Omega,\ X_C = \frac{1}{2\pi f C} = 2.2\Omega$$

$$i_R = 10\sqrt{2}\sin 3140t \text{A}$$

$$i_L = \sqrt{2}\sin(3140t - 90^\circ) \text{A}$$

$$i_C = 100\sqrt{2}\sin(3140t + 90^\circ) \text{A}$$

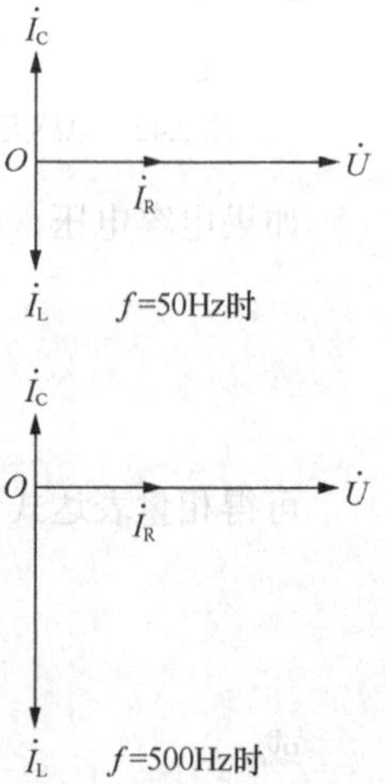

图 2.45　例题 2.11 相量图

2.2.4　RLC 串联电路相量分析

RLC 串联电路

许多实际电路中是由两个或三个不同参数的元件组成的，具有一般性的串

联电路是 RLC 串联，如图 2.46 所示。

根据 KVL $u = u_R + u_L + u_C$

相量式为 $\dot{U} = \dot{U}_R + \dot{U}_L + \dot{U}_C$

由单一参数交流电路的伏安关系可有

$$\left.\begin{aligned}\dot{U} &= \dot{U}_R + \dot{U}_L + \dot{U}_C \\ &= \dot{I}\left[R + j\left(X_L - X_C\right)\right] = \dot{I}Z\end{aligned}\right\} = \dot{I}R + \dot{I}\left(jX_L\right) + \dot{I}\left(-jX_C\right)$$

其中，$Z = R + j\left(X_L - X_C\right) = R + jX$ 称为复阻抗；$X = X_L - X_C$ 称为电抗。

Z 的大小为

$$|Z| = \sqrt{R^2 + \left(X_L - X_C\right)^2} \tag{2.19}$$

由

$$Z = \frac{\dot{U}}{\dot{I}} = \frac{U}{I}\angle\phi = |Z|\angle\phi$$

可见总电压与电流的相位差 ϕ 亦为 Z 的辐角，称为阻抗角。

即

$$\psi_u - \psi_i = \phi = \operatorname{arccot}\frac{X_L - X_C}{R} \tag{2.20}$$

当 $X_L > X_C$ 时 $\phi > 0$，$\dot{U}$ 超前于 $\dot{I}$ 总效果是电感性质，称为感性电路。

当 $X_L < X_C$ 时 $\phi < 0$，$\dot{U}$ 滞后于 $\dot{I}$ 总效果是电容性质，称为容性电路。

当 $X_L = X_C$ 时 $\phi = 0$，$\dot{U}$ 、$\dot{I}$ 同相位，电路呈纯电阻性，称为谐振电路。

以感性电路为例，作相量图如图 2.47 所示，由于 $X_L > X_C$，所以 $U_L > U_C$，整个电路 $\dot{U}$ 超前于 $\dot{I}$，相位差为 ϕ。

由相量图可见

$$U = \sqrt{U_R^2 + (U_L - U_C)^2}$$

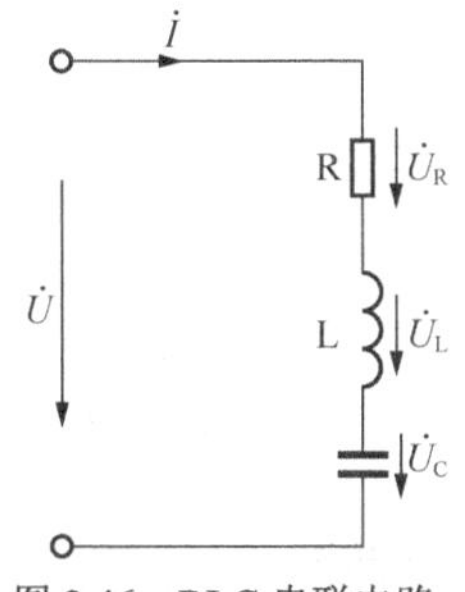

图 2.46 RLC 串联电路

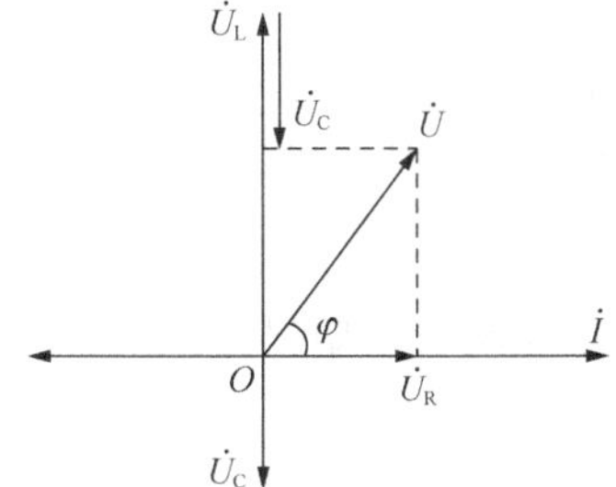

图 2.47 感性电路相量图

将其两边同除以电流 I 即为式（2.19），再由式（2.20），显然，由电压关系构成的三角形与阻抗三角形是相似三角形。

例题分析

例 2.12 有一个 RLC 串联电路，$u = 220\sqrt{2}\sin\left(314t + 30°\right)$V，$R = 30\Omega$，$L = 254$mH，$C = 80\mu$F。计算：（1）感抗、容抗及阻抗；（2）电流的有效值 I 及瞬时值 i；（3）做出相量图；（4）U_R、U_L、U_C 及 u_R、u_L、u_C。

解：（1）感抗 $X_L=\omega L=314\times254\times10^{-3}=80\Omega$

容抗 $X_C=\dfrac{1}{\omega C}=\dfrac{1}{314\times80\times10^{-6}}=40\Omega$

阻抗 $|Z|=\sqrt{R^2+(X_L-X_C)^2}=50\Omega$

（2）$I=\dfrac{U}{|Z|}=4.4\text{A}$

阻抗角 $\phi=\text{arccot}\dfrac{X_L-X_C}{R}=53.1°$

已知 $\psi_u=30°$，$\phi=\psi_V-\psi_i=53.1°>0$（感性），

则 $\psi_i=\psi_u-\phi=-23.1°$

故 $i=4.4\sqrt{2}\sin(314t-23.1°)\text{A}$

（3）相量图如图 2.48 所示。

（4）$U_R=IR=132\text{V}$　　$U_L=IX_L=352\text{V}$　　$U_C=IX_C=176\text{V}$

由相量图可得

$$u_R=132\sqrt{2}\sin(314t-23.1°)\text{V}$$
$$u_L=352\sqrt{2}\sin(314t+66.9°)\text{V}$$
$$u_C=176\sqrt{2}\sin(314t-113.1°)\text{V}$$

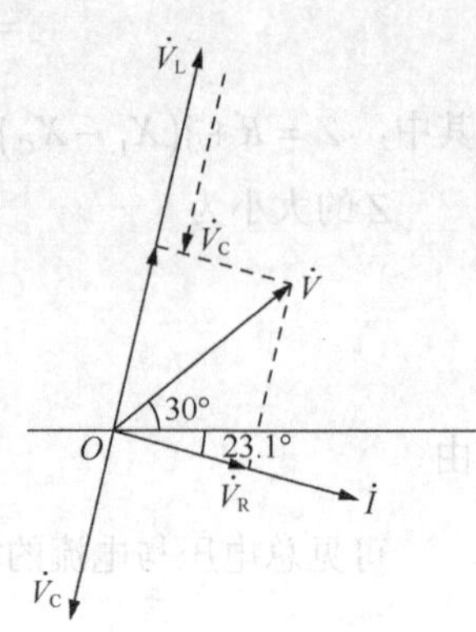

图 2.48　例题 2.12 相量图

功率与功率因数

2.2.5　正弦交流电路中的功率

1. 瞬时功率

设一负载的电压、电流的参考方向关联，如图 2.49 所示。在正弦交流电路中，i、u 分别为

$$i=\sqrt{2}I\sin(\omega t)$$
$$u=\sqrt{2}U\sin(\omega t+\varphi)$$

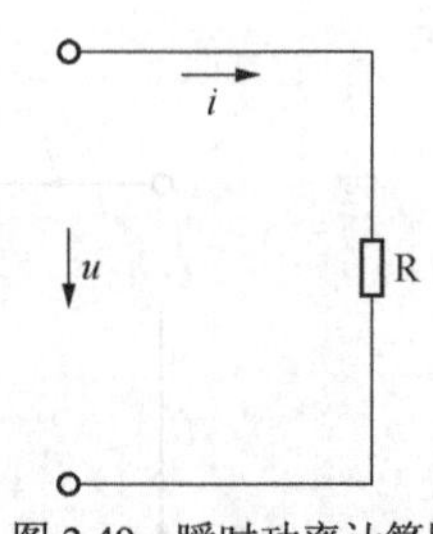

图 2.49　瞬时功率计算图

显然，φ 为电压对电流的相位差，亦即该网络的阻抗角。

负载吸收的瞬时功率

$$p=ui=\sqrt{2}U\sin(\omega t+\varphi)\cdot\sqrt{2}I\sin(\omega t)$$

利用三角公式，上式可化为

$$p=UI\cos\varphi-UI\cos(2\omega t+\varphi)$$

可见，瞬时功率有恒定分量 $UI\cos\varphi$ 和正弦分量 $UI\cos(2\omega t+\varphi)$ 两部分，正弦分量的频率是电源频率的两倍。

图 2.50 为瞬时功率的波形图。从波形图不难看出：若电压、电流同为正值，则瞬时功率为正值，该电路为吸收功率；若电压、电流为一正一负，则瞬时功率为负值，说明电路不从外电路吸收电能，而是发出电能，这主要是由于负载中有储能元件存在。

瞬时功率是一个随时间变化的量，它的计算和测量都不方便，通常也不需要对它进行计算和测量，介绍它是因为它是研究交流电路功率的基础。

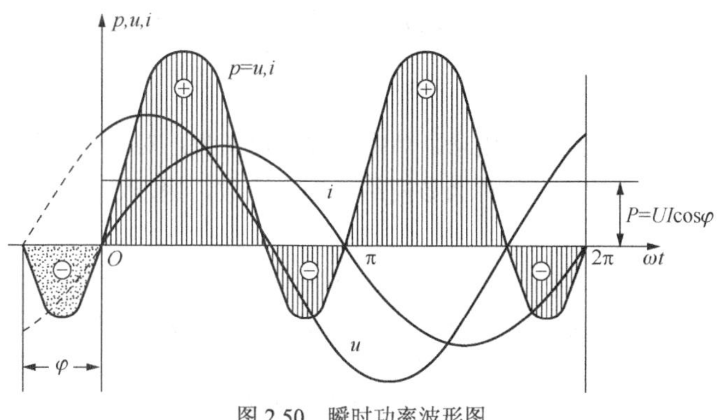

图 2.50 瞬时功率波形图

2. *有功功率*

有功功率 P 的定义为

$$P=\frac{1}{T}\int_0^T p\mathrm{d}t=\frac{1}{T}\int_0^T[UI\cos\varphi-UI\cos(2\omega t+\varphi)]=UI\cos\varphi$$

该式表明，有功功率不仅与电压和电流有关，而且与它们之间的相位差 φ 有关，这里的 φ 角是该负载的阻抗角。功率表测出的是有功功率。可以证明，若电路中含有 R、L、C 元件，由于电感、电容元件上的平均功率为零，即 $P_{\mathrm{L}}=0$， $P_{\mathrm{C}}=0$，因而，有功功率等于各电阻消耗的平均功率之和，即有

$$P=UI\cos\varphi=I_{\mathrm{R}}^2R=\frac{U_{\mathrm{R}}^2}{R}$$

3. *无功功率*

无功功率 Q 的定义为

$$Q=UI\sin\varphi \tag{2.21}$$

无功功率表示的是电路交换能量的最大速率，单位为乏（var）。

由式（2.21）可知单一元件的无功功率为：

电阻元件（$\varphi=0$）$Q_{\mathrm{R}}=0$，不吸收无功功率；

电感元件（$\varphi=90°$）$Q_{\mathrm{L}}=U_{\mathrm{L}}I_{\mathrm{L}}\sin 90°=U_{\mathrm{L}}I_{\mathrm{L}}>0$；

电容元件（$\varphi=-90°$）$Q_{\mathrm{L}}=U_{\mathrm{L}}I_{\mathrm{L}}\sin(-90°)=-U_{\mathrm{L}}I_{\mathrm{L}}<0$。

这样，在既有电感又有电容的电路中，总的无功功率等于两者的代数和，即

$$Q=Q_{\mathrm{L}}+Q_{\mathrm{C}} \tag{2.22}$$

式（2.22）中 Q 为一代数量，可正可负，Q 为正代表接收无功功率，为负代表发出无功功率。

4. *视在功率*

视在功率的定义为 $S=UI$，单位为伏安（VA）。在工程上，通常用视在功率 S 来衡量一个电气设备带负载的能力。例如某一变压器工作时的端电压 $U=220\mathrm{V}$，能供出的最大视在功率为 $22000\mathrm{VA}$，则变压器允许通过的最大端电流为 $I=\dfrac{S}{U}=100\mathrm{A}$。请特别注意，与有功功率和无功功率不同，视在功率是不守恒的。一般来说，$\sum S\neq 0$，即一个网络吸收（供出）的视在功率不等于网络中各元件吸收（供出）的视在功率之和。所以，$S_1+S_2+\cdots$ 的值是没有任何物理意义的。

对于单个阻抗 Z 而言，考虑到 $U=|Z|I$，故单个阻抗上的视在功率的计算式可写为

$$S = UI = I^2|Z| = \frac{U^2}{|Z|}$$

5. 功率因数λ

在工程上，常常用到功率因数的概念。功率因数的定义为：对于任一无源二端网络，该网络的有功功率 P 和视在功率 S 的比值就称为该网络的功率因数，用λ表示，即

$$\lambda = \frac{P}{S}$$

考虑到 $P = UI\cos\phi = UI\cos\phi_Z$ 及 $S = UI$，功率因数 λ 的定义也可以写为

$$\lambda = \frac{P}{S} = \cos\phi = \cos\phi_Z$$

故ϕ（ϕ_Z）也称为该无源二端网络的功率因数角。

对于无源一端口网络，其功率因数$0 \leqslant \lambda \leqslant 1$。对于含源二端网络，讨论其功率因数是没有意义的。

6. P、Q、S、λ之间的关系

根据P、Q、S、λ定义，同一网络的P、Q、S、λ之间存在如下关系

$P = S\cos\phi = Q\cot\phi$

$Q = S\sin\phi = P\tan\phi$

$S = \sqrt{P^2 + Q^2}$

$\lambda = \cos\phi = \dfrac{P}{\sqrt{P^2 + Q^2}} = \arctan\dfrac{Q}{P}$

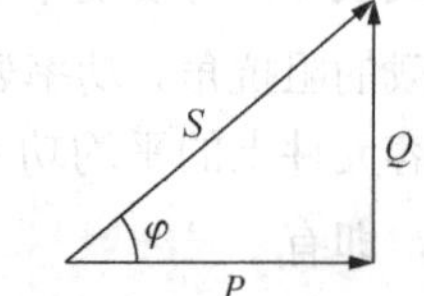

图 2.51 功率三角形

该关系可以用图 2.51 所示的功率三角形表示。

 例题分析

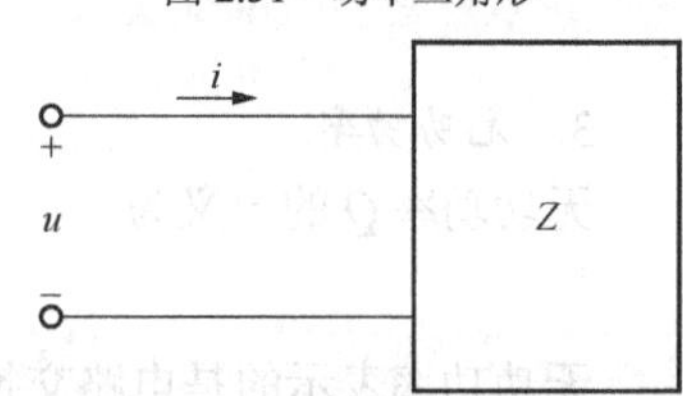

图 2.52 例题 2.13 电路图

例 2.13 如图 2.52 所示，若 $u = 10\sqrt{2}\sin(\omega t + 45°)$V，$i = 5\sqrt{2}\sin(\omega t + 15°)$A，则 Z 为多少？该电路的瞬时功率、有功功率、无功功率、视在功率各是多少？

解：

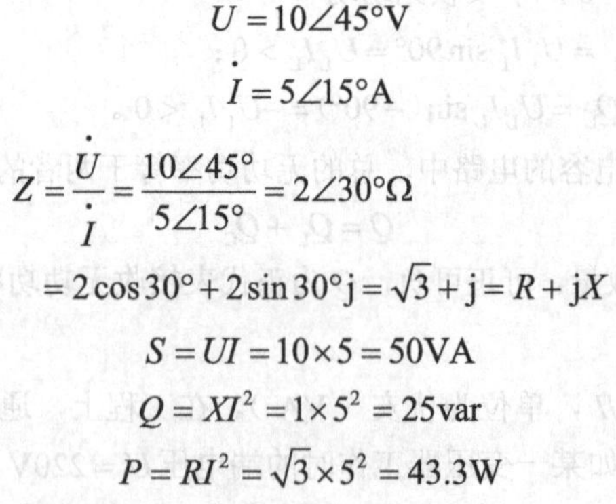

$$\dot{U} = 10\angle 45°\text{V}$$

$$\dot{I} = 5\angle 15°\text{A}$$

$$Z = \frac{\dot{U}}{\dot{I}} = \frac{10\angle 45°}{5\angle 15°} = 2\angle 30°\Omega$$

$$= 2\cos 30° + 2\sin 30°\text{j} = \sqrt{3} + \text{j} = R + \text{j}X$$

$$S = UI = 10 \times 5 = 50\text{VA}$$

$$Q = XI^2 = 1 \times 5^2 = 25\text{var}$$

$$P = RI^2 = \sqrt{3} \times 5^2 = 43.3\text{W}$$

谐振电路分析

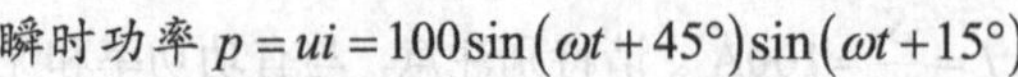

瞬时功率 $p = ui = 100\sin(\omega t + 45°)\sin(\omega t + 15°)$

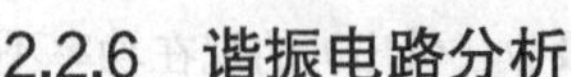

2.2.6 谐振电路分析

谐振是指含有电容和电感的电路中，当调节电路的参数或电源的频率使电路的总电压和总电

流相位相同时，整个电路的负载呈电阻性，这时电路就发生了谐振。谐振分为串联谐振和并联谐振。

1. 谐振产生的条件

图 2.53 所示的无源二端网络 N_0 可以等效为一个阻抗 $Z_{eq} = R + jX$ 。当 N_0 产生谐振时，由于端电压 $\dot{U}$ 和端电流 $\dot{I}$ 同相，所以 N_0 必对外表现出电阻的性质，故谐振产生的条件就是要求 Z_{eq} 是一个电阻，即要求 $X = 0$ 。

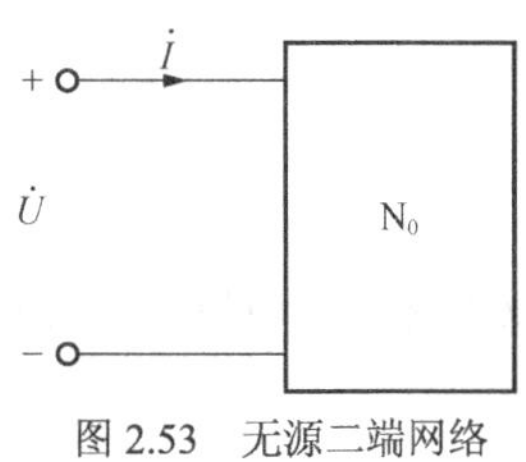

图 2.53　无源二端网络

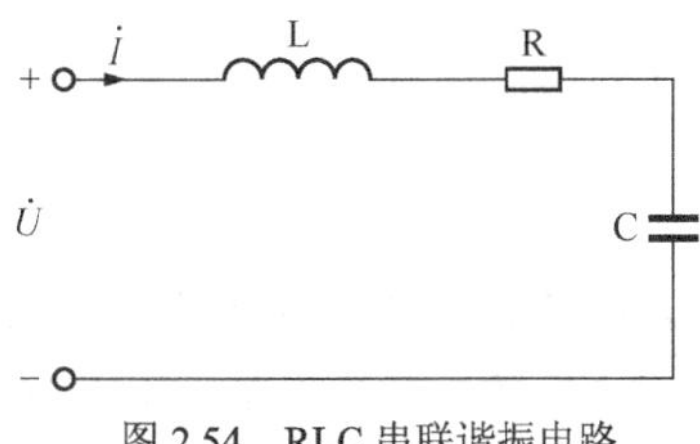

图 2.54　RLC 串联谐振电路

2. RLC 串联谐振电路

如图 2.54 所示的 RLC 串联电路，其等效阻抗为

$$Z = R + j\left(\omega L - \frac{1}{\omega C}\right)$$

根据谐振产生的条件可知，当 RLC 串联电路产生谐振时，必有

$$\omega L - \frac{1}{\omega C} = 0 \tag{2.23}$$

式（2.23）就是 RLC 串联电路产生谐振的条件。当调节电源的角频率为

$$\omega = \omega_0 = \frac{1}{\sqrt{LC}}$$

时，RLC 串联电路就会产生谐振，故 ω_0 称为该网络的谐振角频率，$f_0 = \frac{\omega_0}{2\pi} = \frac{1}{2\pi\sqrt{LC}}$ 称为该网络的谐振频率。可见，谐振角频率只和电路的固有参数有关，并仅和参数 L、C 有关，所以 ω_0（f_0）也称为电路的固有角频率（频率）。

串联谐振电路的特点如下。

① 谐振时，阻抗最小且为纯电阻。

因为谐振时，$X = 0$ ，所以 $|Z| = \sqrt{R^2 + X^2} = R$ 为最小，且为纯电阻。

② 谐振时端电流 I 达到最大。端电流

$$I = \frac{U}{\sqrt{R^2 + (\omega L - \frac{1}{\omega C})^2}}$$

可见，在 U 和 R 保持不变的情况下，当电路产生谐振时，$\omega L - \frac{1}{\omega C} = 0$，此时 $I = \frac{U}{R}$ 为最大值。

③ 整个网络的无功功率 $Q = 0$ 。谐振时 $\omega L = \frac{1}{\omega C}$ ，根据计算式 $Q_L = I^2 \omega L$ 和 $Q_C = -I^2 \frac{1}{\omega C}$ 可知 $Q = Q_L + Q_C = 0$ 。

④ 电抗（L 、C）上的电压大小相等，方向相反，即 $\dot{U}_L + \dot{U}_C = 0$ 。

⑤ 电抗上的电压U_L、U_C可远大于输入电压U。谐振时

$$U_L=\omega_0 LI=\frac{1}{\sqrt{LC}}L\frac{U}{R}=\frac{1}{R}\sqrt{\frac{L}{C}}U$$

$$U_C=\frac{1}{\omega_0 C}I=\sqrt{LC}\cdot\frac{1}{C}\cdot\frac{U}{R}=\frac{1}{R}\sqrt{\frac{L}{C}}U \tag{2.24}$$

令$\frac{1}{R}\sqrt{\frac{L}{C}}=Q$，则式（2.24）又可写为

$$U_L=QU$$
$$U_C=QU$$

其中，Q称为串联谐振电路的品质因数。串联谐振时，电感或电容上的电压是外加电压的Q倍，电感或电容的无功功率是电阻上有功功率的Q倍。

可得
$$Q=\frac{Q_L}{P}=\frac{Q_C}{P}$$

因此品质因数Q的物理意义是Q_L或Q_C与P之比。说明一定的有功功率P，品质因数越大，电感或电容的无功功率越大，储存在电磁场中的总能量也越多。由于调节R可使得$Q>>1$，所以电抗上的电压可远高于输入端电压U。

3. RLC 并联谐振电路

串联谐振电路适用于内阻抗小的信号源，如果信号源的内阻抗很大时仍然采用串联谐振电路，将使电路的品质因数严重降低，选择性变差。因此，必须改用并联谐振电路。

并联谐振电路的形式较多，它们的谐振条件和特点也有所不同，这里仅讨论实用中最常见的电感线圈与电容器并联的谐振电路，其相量模型及相量图如图 2.55 所示。

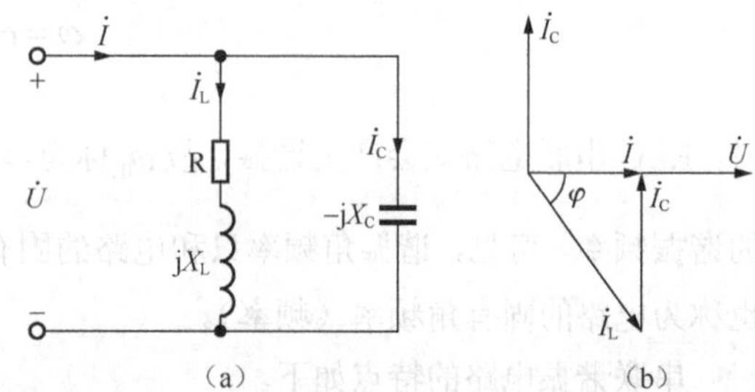

图 2.55 RLC 并联电路

在工程上广泛应用的是电感线圈和电容器组成的并联谐振电路。通常电感线圈用电阻和电感的串联组合来表示，由于电容器的损耗及漏电流一般很小，在一定条件下可以忽略不计，因此就可以等效为图 2.55（a）所示的并联电路。

由图 2.55（a）分析可知，该电路的复导纳为

$$Y=\frac{R}{R^2+(\omega L)^2}-\mathrm{j}\left(\frac{\omega L}{R^2+(\omega L)^2}-\omega C\right)$$

（1）并联谐振的条件

根据谐振的定义，电路谐振的条件就是$X=0$，外加电压U和电流I同相，即

$$\frac{\omega L}{R^2+(\omega L)^2}=\omega C$$

整理后有
$$\omega\left(\omega^2 L^2 C+CR^2-L\right)=0$$

从上式可解得谐振角频率ω_o为

$$\omega_o=\sqrt{\frac{L-CR^2}{L^2 C}}=\frac{1}{\sqrt{LC}}\sqrt{1-\frac{CR^2}{L}}$$

可相应求得 $$f_o = \frac{1}{2\pi\sqrt{LC}}\sqrt{1-\frac{CR^2}{L}}$$

ω_o、f_o 不能为虚数，一般情况下，实际电感线圈的电阻在工作频率的范围内远小于感抗 ωL。谐振时，$\omega_o L \gg R$，即 $\frac{CR^2}{L} \ll 1$。则近似地有

$$\omega_o \approx \frac{1}{\sqrt{LC}} \quad 或 \quad f_o \approx \frac{1}{2\pi\sqrt{LC}}$$

可见，此电路的谐振角频率在电感线圈的电阻较小时与串联谐振角频率近似相等。

（2）并联谐振的特征

① 导纳。谐振时，由于电纳等于零，电路的复导纳只有实部，可得

$$Y_o = \frac{R}{R^2+(\omega L)^2}$$

将 ω_o 代入上式，可得 $Y_o = \frac{RC}{L}$，Y_o 的值此时最小，阻抗 $Z_o = \frac{1}{Y_o} = \frac{L}{RC}$ 则为最大。

② 电流。谐振时，电流和电压同相。

总电流 $$I_o = Y_o U = \frac{U}{RQ^2}$$

电容支路电流 $$I_{C_o} = U\omega_o C = \frac{U}{RQ} = QI_o$$

电感支路电流 $$I_{L_o} = \sqrt{I_o^2 + I_{C_o}^2}$$

可以看出，电容支路电流 I_{C_o} 近似于总电流的 Q 倍，电感支路电流略大于 I_{C_o}。

③电压。当电路以电流源供电时，谐振时各支路电流在数值上比总电流可能大很多。所以谐振时，电路两端会呈现高电压，这样就起到了选频作用。

知识小结

1. 直流电是指大小和方向不随时间变化的电压或电流，正弦交流电是指电压或电流随时间按正弦规律变化。

2. 正弦量的三要素：幅值、角频率、初相位。

3. 相量法的基础是用相量（复常数）表示正弦量的振幅值（或有效值）和初相。正弦量的相量通常用有效值表示。

4. 在正弦稳态电路中，电阻上的电压和电流同相；电感上的电压超前电流 90°；电容上的电压滞后电流 90°。

5. 在分析正弦稳态电路时，由于响应的 ω 不变，所以正弦量和它的相量之间存在一一对应关系。

6. 有功功率（平均功率）是指电能消耗的速率；无功功率是指网络与电源之间的往返交换的瞬时功率分量的最大值，或者说是电能交换的规模；视在功率是指电气设备的容量。

7. 电路中总电压与总电流同相，电路呈现电阻性，称为谐振。

技能训练

日光灯电路仿真设计

日光灯电路如图 2.56 所示，它由灯管 A，镇流器 L 及启动器 S 组成。日光灯为预热式阴极低

气压汞气放电灯，灯管两端有预热灯丝 K_1，K_2，管内充有稀薄氩气和少量水银，管内壁涂有一层荧光物质。镇流器是一个有铁芯的电感线圈。启动器由氖气泡、电容器和外壳构成，氖气泡内装有两个电极，一个是固定电极，另一个是由热膨胀系数不同的双金属片构成、并随泡内温度变换发生形变移位的可动电极。

当电源接通后，启动器两极间的电压为电源电压。两极间发生辉光放电，双金属片受热形变，与固定电极接触，形成电流通路。

日光灯工作时，其两极间的电压较低，且只需一定的电流，镇流器在启动后起降压限流作用。同时，灯管相当于一个电阻 R_L，镇流器可等效为一个小电阻 r 和电感 L 的串联，启动器断开，整个电路可等效为 R、L 串联电路，其电路模型如图 2.57 所示。

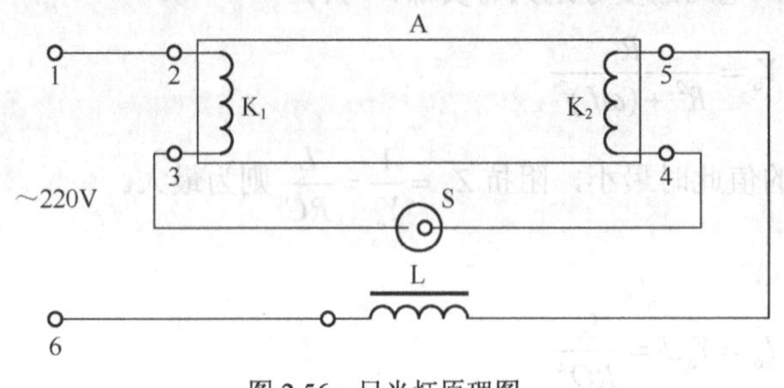

图 2.56　日光灯原理图

图 2.57　日光灯等效电路模型

实践训练任务书

任务内容	日光灯电路仿真设计
环节安排	2 课时　仿真设计
任务目的	1．仿真日光灯电路，正确画出电路图 2．验证正弦交流电路中元件的伏安关系
具体要求	1．完成电路仿真设计 2．比对设计要求，优化改进电路 3．实现电路正常工作，记录测试结果
记录整理	1．绘制电路原理图 2．列出仿真元器件清单 3．调试电路功能，检测记录数据 4．分析数据，记录结论

知识点 2.3　三相电路认知

📖 学习目标

- 了解对称三相交流电源的概念
- 能正确分析电源星形连接的关系
- 会计算负载，星形和三角形连接电路
- 会计算三相电路的功率
- 能利用电路仿真软件实现三相电路并进行数据分析

三相电源的联接

📖 学习内容

三相交流电在生产生活中应用广泛，发电和输配电一般都采用三相制。与单相交流电相比较，

三相电路具有以下主要优点。

① 三相电机比单相电机设备利用率高，工作性能优良。

② 三相电比单相电用途更加广泛。

③ 三相电在传输分配方面更加优越且节省材料。

因此，三相电得到了广泛的应用，生活中的单相电常常是三相电中的一相。

2.3.1　三相电源分析

在电力工业中，三相电路中的电源通常是三相发电机，由它可以获得三个频率相同、幅值相等、相位互差 120° 的电动势，并将其称为对称三相电源。一般令 U 相为零，V 相滞后 U 相 120°，W 相滞后 V 相 120°，其表达式为

$$\begin{cases} u_{\mathrm{U}} = \sqrt{2}U\sin\omega t \\ u_{\mathrm{V}} = \sqrt{2}U\sin\left(\omega t - 120^\circ\right) \\ u_{\mathrm{W}} = \sqrt{2}U\sin\left(\omega t + 120^\circ\right) \end{cases}$$

用相量式表示为

$$\begin{cases} \dot{U}_{\mathrm{U}} = U\angle 0^\circ \\ \dot{U}_{\mathrm{V}} = U\angle -120^\circ \\ \dot{U}_{\mathrm{W}} = U\angle +120^\circ \end{cases}$$

图 2.58 是上述对称三相正弦电压的波形图与相量图。

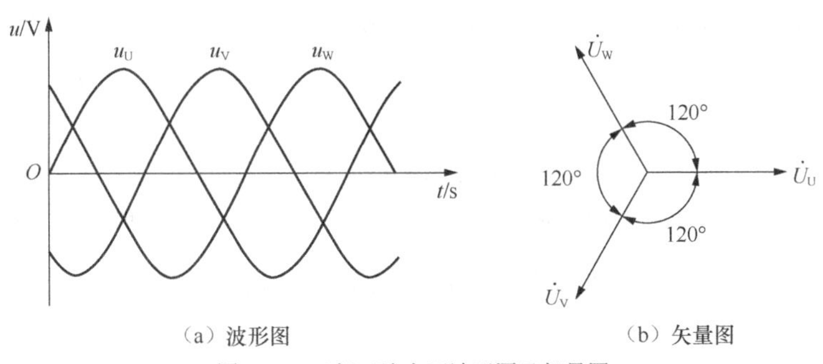

（a）波形图　　（b）矢量图

图 2.58　三相正弦电压波形图及相量图

三相电压源的始端称为相头，标以 U_1、V_1、W_1，末端称为相尾，标以 U_2、V_2、W_2。规定参考正极性标在相头，负极性标在相尾。

从计时起点开始，三相交流电依次出现正幅值（或零值）的顺序称为相序，图 2.58 所示的三相交流电的相序如果是 U-V-W-U，称为正序，如果相序是 U-W-V-U，则称为逆序。电力系统一般采用正序。

三相电源有两种连接方式，一种是星形（Y 形），另一种是三角形（△形）。

1. 三相电源的星形（Y 形）连接

将三个末端接在一起，从始端引出三根导线，这种连接方法称为星形连接，如图 2.59 所示，末端的连接点称为中性点，用 N 表示，从中性点引出的导线称为中性线，从始端 U、V、W 引出的三根导线称为相线，俗称火线。

两根相线之间的电压称为线电压，如u_{UV}、u_{VW}、u_{WU}；相线与中性线之间的电压称为相电压，如u_{UN}、u_{VN}、u_{WN}，有时也可简写为u_U、u_V、u_W。用相量表示的线电压为$\dot{U}_{UV}$、$\dot{U}_{VW}$、$\dot{U}_{WU}$，相电压为$\dot{U}_{UN}$、$\dot{U}_{VN}$、$\dot{U}_{WN}$，也可简写为$\dot{U}_U$、$\dot{U}_V$、$\dot{U}_W$。因此电源为星形连接时，相电压和线电压瞬时值关系为

$$\begin{cases} u_{UV}=u_U-u_V \\ u_{VW}=u_V-u_W \\ u_{WU}=u_W-u_U \end{cases}$$

线电压和相电压相量关系为

$$\begin{cases} \dot{U}_{UV}=\dot{U}_U-\dot{U}_V \\ \dot{U}_{VW}=\dot{U}_V-\dot{U}_W \\ \dot{U}_{WU}=\dot{U}_W-\dot{U}_U \end{cases}$$

若是对称三相电源，则有$U_U=U_V=U_W=U_P$，图 2.60 中取 U 相进行计算，得$\dot{U}_{UV}=\dot{U}_U-\dot{U}_V=\sqrt{3}\dot{U}_U\angle 30°$，其余两个线电压也可推出类似结果，即

$$\begin{cases} \dot{U}_{UV}=\sqrt{3}\dot{U}_U\angle 30° \\ \dot{U}_{VW}=\sqrt{3}\dot{U}_V\angle 30° \\ \dot{U}_{WU}=\sqrt{3}\dot{U}_W\angle 30° \end{cases}$$

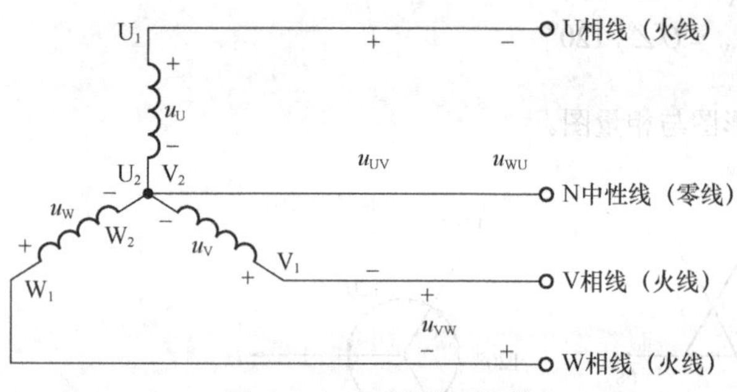

图 2.59　三相电源星形连接

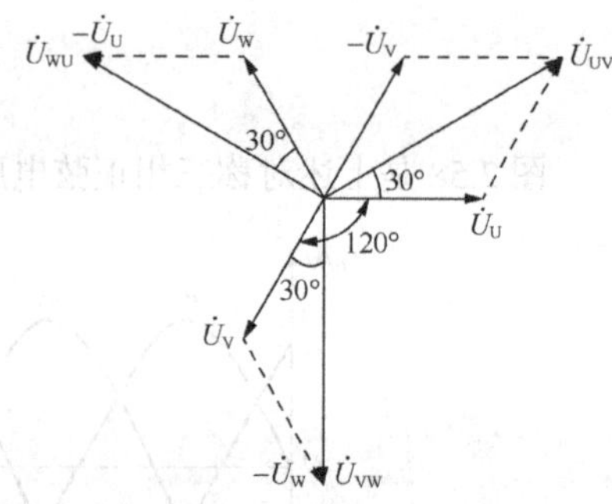

图 2.60　线相电压关系

星形连接时，数值上线电压U_L是相电压U_P的$\sqrt{3}$倍，即$U_L=\sqrt{3}U_P$，相位上线电压比相应的相电压超前 30°。

星形连接时，三相电源可引出四根线与负载相接，在电力系统中称这种供电方式为三相四线制，如果三相电源只引出三根线与负载相接，则称为三相三线制供电方式。目前我国低压供电标准采用频率 50Hz，电压 380/220V 和三相四线制的供电方式，即相电压为 220V，线电压为 380V。

2. 三相电源的三角形（△形）连接

把三相电源的始端与末端依次连成一个闭合回路，再从两两的连接点引出端线，这种连接方法称为三角形连接，如图 2.61 所示。

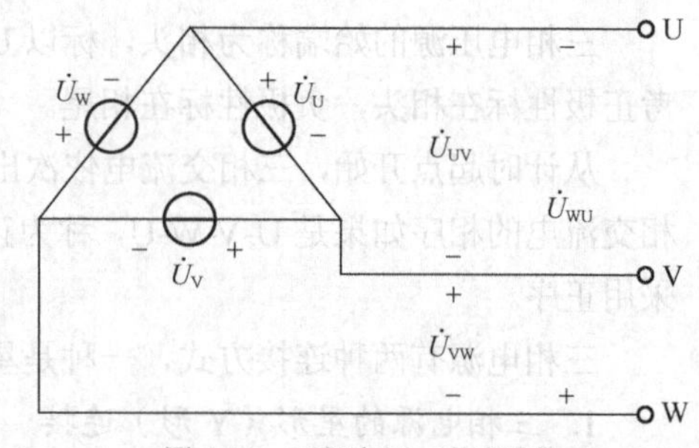

图 2.61　三相电源三角形连接

当电源为三角形连接时，线电压就是相电压，如图 2.61 所示，对称三相电源三角形连接时，线、相电压相等，且为$\dot{U}_{XL}=\dot{U}_{XP}$。

2.3.2　三相负载的连接

三相负载也有星形连接与三角形连接两种连接方式。

1. 三相负载的星形连接

负载星形连接的三相四线制电路一般可用图 2.62 所示的电路表示，每相负载的阻抗为 Z_U、Z_V、Z_W。三相电路中流过每根相线的电流称为线电流，分别用 i_U、i_V、i_W 表示。表示流过每相负载的电流称为相电流，分别用 $i_{U'N'}$、$i_{V'N'}$、$i_{W'N'}$ 表示，流过中性线的电流称为中性线电流，用 $i_{N'N}$ 表示。

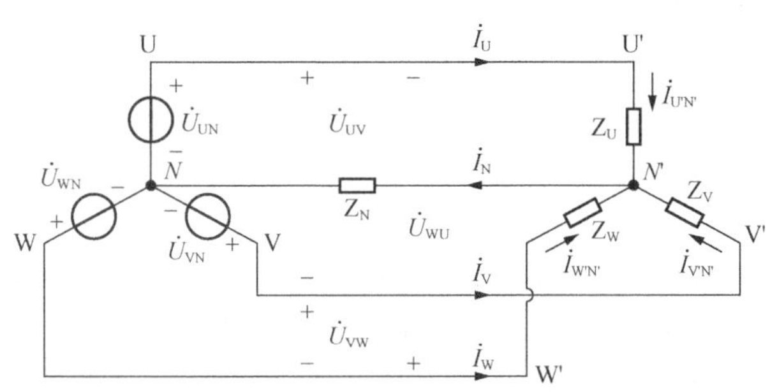

图 2.62　三相四线制电路

在图 2.62 所示的电流参考方向下，显然，三相负载星形连接时，线电流与相应相电流相等，即

$$i_U = i_{U'N'} \qquad i_V = i_{V'N'} \qquad i_W = i_{W'N'}$$

用相量表示为

$$\dot{I}_U = \dot{I}_{U'N'} \qquad \dot{I}_V = \dot{I}_{V'N'} \qquad \dot{I}_W = \dot{I}_{W'N'}$$

由于三相电源电压对称，有 $\dot{U}'_U = \dot{U}_U$、$\dot{U}'_V = \dot{U}_V$、$\dot{U}'_W = \dot{U}_W$，则各相电流为

$$\dot{I}_U = \frac{\dot{U}_U}{Z_U} \qquad \dot{I}_V = \frac{\dot{U}_V}{Z_V} \qquad \dot{I}_W = \frac{\dot{U}_W}{Z_W}$$

当负载相电压对称时，则 $Z_U = Z_V = Z_W = Z$，则相电流也对称。有

$$I_L = I_P = \frac{U_P}{|Z|}$$

对称三相电路，只需取一相计算，其余两相的电压（电流）可以根据对称性得出。

根据基尔霍夫定律，上述电路中，$\dot{I}_N = \dot{I}_U + \dot{I}_V + \dot{I}_W$。若三相负载电路对称，电流对称使中性线电流等于零，即 $\dot{I}_N = \dot{I}_U + \dot{I}_V + \dot{I}_W = 0$。

由于中性线电流等于零，故有无中性线并不影响电路，去掉中性线，电路成为三相三线制。一般以 Y_0 表示星形带中性线的三相四线制电路，以 Y 表示星形不带中性线的三相三线制电路。

2. 三相负载的三角形连接

负载三角形连接的三相电路一般可用图 2.63 表示，每相负载的阻抗分别为 $Z_{U'V'}$、$Z_{V'W'}$、$Z_{W'U'}$，电压和电流方向如图 2.63 所示。

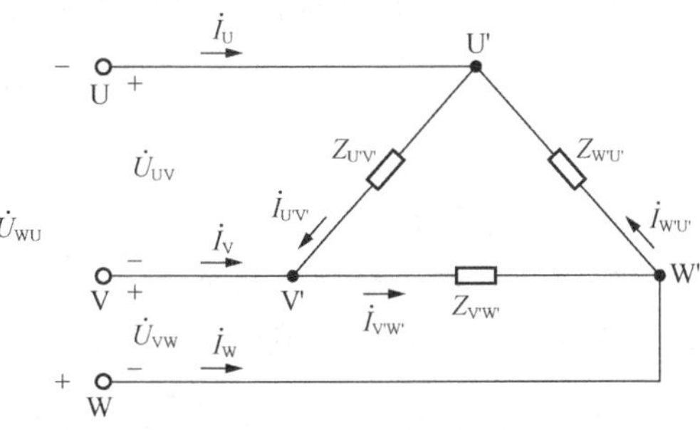

图 2.63　三角形连接的三相电路

如果不考虑线路损耗，则三角形连接负载的相电压与电源的线电压相等。由于电源总是对称，所以，不论负载对称与否，其相电压总是对称的，有

$$U_{UV}=U_{VW}=U_{WU}=U_L=U_P$$

三角形连接时，相电流与线电流不同，应用基尔霍夫电流定律于图 2.63，负载的线电流为

$$\dot{I}_U=\dot{I}_{U'V'}-\dot{I}_{W'U'} \qquad \dot{I}_V=\dot{I}_{V'W'}-\dot{I}_{U'V'} \qquad \dot{I}_W=\dot{I}_{W'U'}-\dot{I}_{V'W'}$$

而各相负载的相电流为

$$\dot{I}_{U'V'}=\frac{\dot{U}_{UV}}{Z_{U'V'}} \qquad \dot{I}_{V'W'}=\frac{\dot{U}_{VW}}{Z_{V'W'}} \qquad \dot{I}_{W'U'}=\frac{\dot{U}_{WU}}{Z_{W'U'}}$$

如果负载对称，$Z_{U'V'}=Z_{V'W'}=Z_{W'U'}=Z$，则相电流也对称，可以推出在数值上线电流是相电流的 $\sqrt{3}$ 倍，线电流的相位滞后于相应的相电流 30°，即

$$\begin{cases}\dot{I}_U=\sqrt{3}\dot{I}_{UV}\angle-30^\circ\\ \dot{I}_V=\sqrt{3}\dot{I}_{VW}\angle-30^\circ\\ \dot{I}_W=\sqrt{3}\dot{I}_{WU}\angle-30^\circ\end{cases}$$

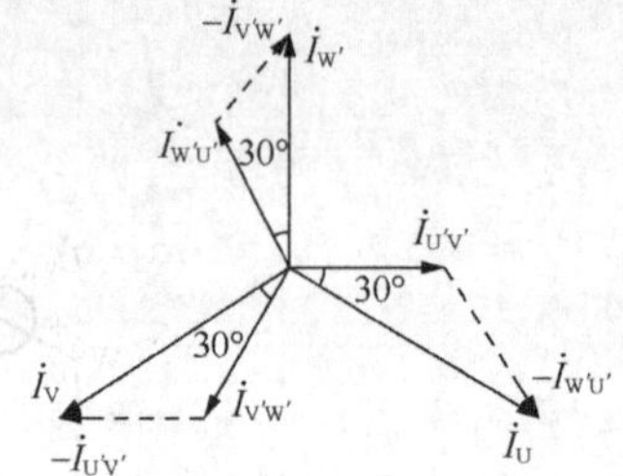

图 2.64　电流相量图

对称负载三角形连接时的电流相量图如图 2.64 所示。

可见，对于对称三相电路，只要计算一项电流，其余相电流、线电流可以根据对称性推出。

2.3.3　三相电路的功率

不论负载是星形连接还是三角形连接，总的有功功率等于各相有功功率之和。即

$$P=P_U+P_V+P_W$$

三相电路的功率

当负载对称时，每相有功功率是相等的，因此三相总功率为

$$P=3P_P=3U_PI_P\cos\varphi \tag{2.25}$$

当对称负载是三角形连接时　　$U_L=U_P$　　$I_L=\sqrt{3}I_P$

当对称负载是星形连接时　　$U_L=\sqrt{3}U_P$　　$I_L=I_P$

不论对称负载为哪种连接，将上述关系式代入式（2.25），均得到

$$P=\sqrt{3}U_LI_L\cos\varphi \tag{2.26}$$

式（2.25）、式（2.26）可用来计算对称三相电路有功功率，两式中的 φ 是相电压与相电流的相位差。

工程上多采用式（2.26），因为线电压及线电流容易测得，而且三相设备铭牌标的也是线电压和线电流。

同理可得出对称三相电路无功功率和视在功率

$$Q=3U_PI_P\sin\varphi=\sqrt{3}U_LI_L\sin\varphi$$

$$S=\sqrt{P^2+Q^2}=\sqrt{3}U_LI_L$$

例题分析

例 2.14　有一对称三相负载，每相电阻为 $R=6\Omega$，电抗 $X=8\Omega$，三相电源的线电压为 $U_L=380\text{V}$。求：（1）负载做星形联结时的功率 P_Y；（2）负载做三角形联结时的功率 $P_\triangle$。

解：每相阻抗均为 $|Z|=\sqrt{6^2+8^2}=10\,\Omega$，功率因数 $\lambda=\cos\phi=\dfrac{R}{|Z|}=0.6$

（1）负载做星形联结时：

相电压　$U_{YP}=\dfrac{U_L}{\sqrt{3}}=220\ \mathrm{V}$

线电流等于相电流　$I_{YL}=I_{YP}=\dfrac{U_{YP}}{|Z|}=22\ \mathrm{A}$

负载的功率　$P_Y=\sqrt{3}U_{YL}I_{YL}\cos\phi=8.7\ \mathrm{kW}$

（2）负载做三角形联结时：

相电压等于线电压　$U_{\triangle p}=U_{\triangle l}=380\mathrm{V}$

相电流　$I_{\triangle p}=\dfrac{U_{\triangle P}}{|Z|}=38\ \mathrm{A}$

线电流　$I_{\triangle l}=\sqrt{3}I_{\triangle p}=66\mathrm{A}$

负载的功率　$P_{\triangle}=\sqrt{3}U_{\triangle l}I_{\triangle l}\cos\phi=26\ \mathrm{kW}$，为 P_Y 的 3 倍。

知识小结

1. 三相电源一般可提供两组对称的三相电压，一组为线电压，另一组为相电压。三相对称电压即三个正弦电压的幅值相同、频率相同、彼此之间相位互差 120°的一组电压。

2. 三相负载应根据电源电压和负载的额定电压确定连接方式（星形或三角形），构成三相四线制（有中线）或三相三线制（无中线）电路。

3. 在三相四线制的供电系统中，无论负载对称与否，负载的相电压都是对称的，使之工作正常。

技能训练

三相星形连接电路的仿真设计

实际工作中，往往要测量三相电源的相序，可利用星形接法的不对称负载产生中点位移现象来测定三相电源的相序，图 2.65 为相序器。若电容器 C 接 A 相，则亮的一相为 B 相，暗的一相为 C 相。

三相电路中，负载的连接方式有星形和三角形两种。星形连接时根据需要可以采用三相三线制供电，也可以采用三相四线制供电。三角形连接时只能用三相三线制供电。三相电路中的电源和负载有对称和不对称的情况。仿真当三相电源对称、负载对称和不对称时作星形连接时的电路工作情况，电路图如图 2.66 所示。

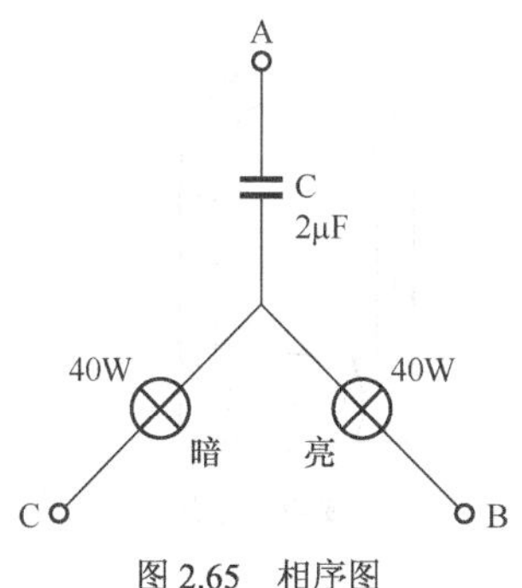

图 2.65　相序图

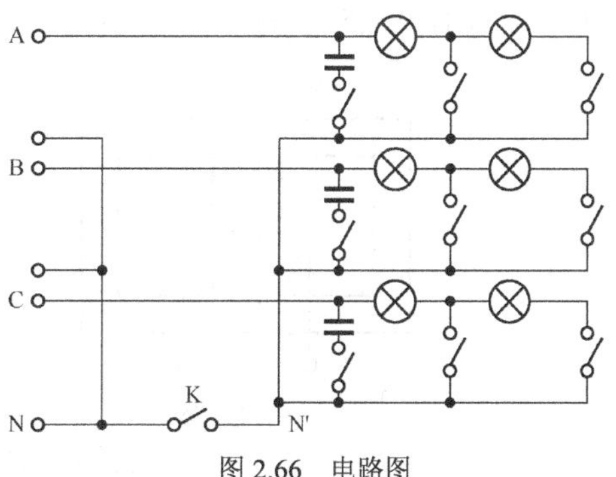

图 2.66　电路图

实践训练任务书

任务内容	三相星形连接电路的仿真设计
环节安排	2 课时　仿真设计
任务目的	学习测定三相对称电源的相序；研究三相负载作星形连接时，在对称和不对称情况下线电压和相电压的关系。比较三相供电方式中三线制和四线制的特点，了解中线的作用
具体要求	1．完成电路仿真设计 2．比对设计要求，优化改进电路 3．实现电路正常工作，记录测试结果
记录整理	1．绘制电路原理图 2．列出仿真元器件清单 3．调试电路功能，检测记录数据 4．分析数据，记录结论

知识点 2.4　磁路与变压器

📖 学习目标

- 了解磁路的基本知识，铁磁材料主要特性、分类及磁路欧姆定律
- 了解变压器的基本结构
- 能熟练运用变压器变换电压、变换电流、变换阻抗的作用
- 能说出变压器在城市轨道交通系统中的应用情况
- 能利用电路仿真软件实现变压器电路并进行数据分析

📖 学习内容

在电力系统和电气设备中常用电磁转换来实现能量的转换，如工程上实际应用的一些常用的电气设备，包括电磁铁、变压器、电动机等。

磁路基本认知

2.4.1　磁路基本认知

磁路就是磁通的路径。磁路实质上是局限在一定路径内的磁场。工程上为了得到较强的磁场并有效地加以运用，常采用导磁性能良好的铁磁物质做成一定形状的铁芯，以便使磁场集中分布于由铁芯构成的闭合路径内，这种磁场通路就是我们要分析的磁路。很多电工设备，如变压器、电机、电器和电工仪表等，在工作时都要有磁场参与作用。常见电气设备的磁路如图 2.67 所示，磁路中的磁通由励磁线圈中的励磁电流产生，经过铁芯和空气隙而闭合，如图 2.67（a）、图 2.67（b）所示；也可由永久磁铁产生，如图 2.67（c）所示。磁路中可以有空气隙，如图 2.67（b）、图 6.67（c）所示；也可以没有空气隙，如图 2.67（a）所示。

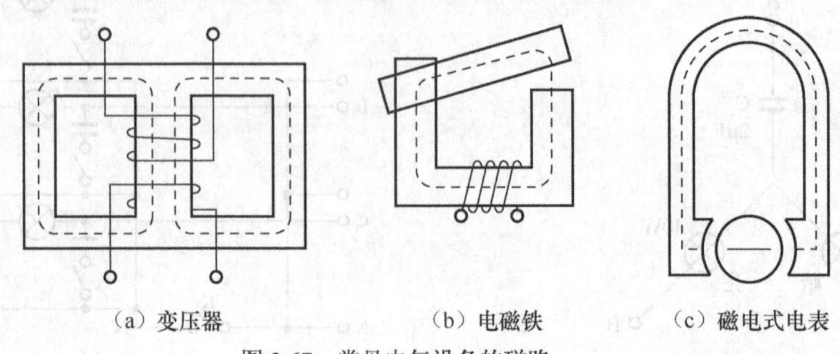

（a）变压器　（b）电磁铁　（c）磁电式电表

图 2.67　常见电气设备的磁路

1. *磁场的基本物理量*

表示磁场特性的主要物理量包括磁场强度、磁感应强度、磁通和磁导率。

（1）磁场强度

磁场强度 H 是一个用来确定磁场与电流之间关系的矢量，满足安培环流定律

$$\oint H\mathrm{d}l = \Sigma NI$$

式中 N 为线圈匝数，l 为磁路的平均长度；磁场强度的单位是安/米（A/m）。

（2）磁感应强度

磁感应强度 B 是一个表示磁场内某点的磁场强弱和方向的矢量，其方向可用小磁针 N 极在磁场中某点的指向确定，磁针 N 极的指向就是磁场的方向。在磁场中某点放一个长度为 l，电流为 I 并与磁场方向垂直的导体，如果导体所受的电磁力为 F，则该点磁感应强度的量值为 $B = \dfrac{F}{lI}$。磁感应强度的单位为特斯拉（T）。如果磁场内各点的磁感应强度大小相等、方向相同，则这样的磁场称为均匀磁场。

（3）磁通

在均匀磁场中，若垂直于磁场方向的面积为 S，则通过该面积的磁通

$$\Phi = BS \quad 或 \quad B = \frac{\Phi}{S}$$

式中 B 为磁感应强度，又称为磁通密度，磁通的单位是伏 • 秒（V • S），通常称为韦伯（Wb）。

（4）磁导率

处在磁场中的任何物质均会或多或少地影响磁场的强弱，影响的程度则与该物质的导磁性能有关。磁导率 μ 与磁场强度的乘积就等于磁感应强度，即

$$B = \mu H$$

磁导率 μ 的单位为亨/米（H/m）。

通过实验可测出，真空的磁导率

$$\mu_0 = 4\pi \times 10^{-7}\,\mathrm{H/m}$$

任意一种物质的磁导率 μ 与真空的磁导率 μ_0 的比值，称为该物质的相对磁导率 μ_r，即

$$\mu_\mathrm{r} = \frac{\mu}{\mu_0}$$

非磁性材料中 $\mu \approx \mu_0$，即 $\mu_\mathrm{r} \approx 1$，磁性材料中 $\mu >> \mu_0$，即 $\mu_\mathrm{r} >> 1$。

2. *铁磁材料*

磁性材料的相对磁导率很大，具有高导磁、磁饱及磁滞等磁性能，是制造电机、变压器和电器设备铁芯的主要材料。

依据各种铁磁材料具有不同的磁滞回线，其剩磁及矫顽力各不相同的特性，磁性材料通常可以分成三种类型，具有不同的用途。

软磁材料：软磁材料比较容易磁化，当外磁场消失后，磁性大都消失。软磁材料适用于交变磁场或要求剩磁特别小的场合，一般用来制造电机、变压器和各种电器的铁芯，如灵敏继电器、接触器、磁放大器等。

硬磁材料：特点是必须用较强的外磁场才能使它磁化，但是一经磁化后，能保留很大的剩磁，适用于制造永久磁铁及磁电式仪表和各种扬声器及小型直流电机中的永磁铁芯等。

矩磁材料：其磁性物质具有较小的矫顽磁力和较大的剩磁，磁滞回线接近矩形，所以又称之

为矩磁材料。该种材料稳定性良好且易于迅速翻转，常用来制造计算机和控制系统中的记忆元件和逻辑元件，其磁滞回线接近矩形，如图 2.68 所示。

3. *磁路欧姆定律*

图 2.69 为带绕组的铁芯，当线圈中通入电流 I 时，在铁芯中就会有磁通 Φ 通过。实验可知，铁芯中的磁通 Φ 与通过线圈的电流 I、线圈匝数 N 及磁路的截面积 S 成正比，与磁路的长度 l 成反比，还与磁导率 μ 成正比，即

$$\Phi = \frac{INS\mu}{l} = \frac{IN}{\frac{l}{\mu S}} = \frac{F}{R_m} \tag{2.27}$$

其中，$F = IN$ 称为磁动势，由此而产生磁通；$R_m = \dfrac{l}{\mu S}$ 称为磁阻，是表示磁路对磁通具有阻碍作用的物理量。式（2.27）可以与电路中的欧姆定律（$I = \dfrac{U}{R}$）对应，因而称为磁路欧姆定律。

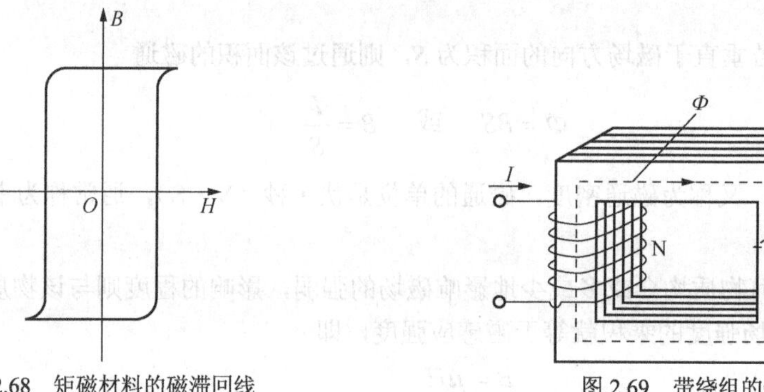

图 2.68　矩磁材料的磁滞回线　　图 2.69　带绕组的铁芯

2.4.2　变压器及其应用

变压器是一种十分常见的电气设备。按其用途的不同可分为电力变压器和特殊变压器两大类。如果是针对某种特殊需要而制造的变压器，称为特殊变压器。根据变压器的铁芯结构，可分为壳式和芯式两种；根据电源的相数可分为单相变压器和三相变压器；按冷却方式可分为油冷变压器和空气变压器等。

变压器基本原理与种类

虽然各种变压器有不同的用途，但其作用都是相同的，即改变交流电压、交流电流、交换阻抗以及改变相位等。作用相同的原因在于变压器的结构原理基本相同。

1. *变压器的结构*

单相变压器的基本构造如图 2.70 所示。它由闭合铁芯和一次、二次绕组等组成。为了减少磁滞和涡流引起的能量损耗，变压器的铁芯一般用 0.35mm 或 0.5mm 厚的硅钢片叠成，叠片间互相绝缘。

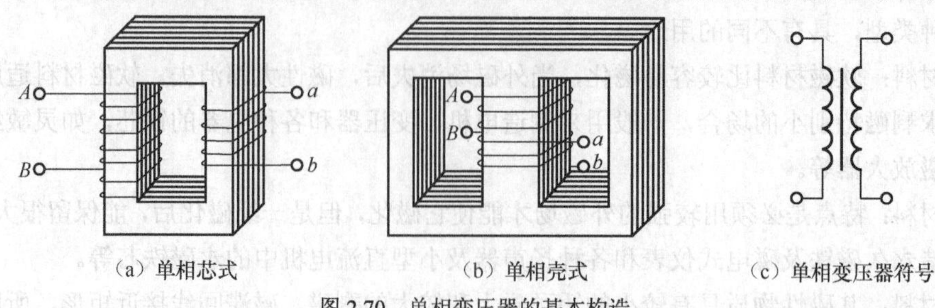

（a）单相芯式　（b）单相壳式　（c）单相变压器符号

图 2.70　单相变压器的基本构造

工作时，连接电源的线圈称为一次绕组，匝数用 N_1 表示；连接负载的线圈称为二次绕组，匝数用 N_2 表示。

2. 变压器的工作原理

（1）变压器的空载运行

若变压器一次绕组接交流电压 u_1，而二次绕组开路（$i_2=0$），称为变压器的空载运行。这时一次绕组通过的电流为空载电流 i_0。如图 2.71 所示，图中各电量的正方向按照关联方向标定。电流 i_0 在磁路中变化，产生交变主磁通 Φ，引起一次、二次绕组中产生感应电压 e_1 和 e_2。

设主磁通 $\Phi=\Phi_{\mathrm{m}}\sin\omega t$，根据推导，$e_1$ 和 e_2 的有效值分别为

$$E_1=\frac{E_{\mathrm{m1}}}{\sqrt{2}}=4.44fN_1\Phi_{\mathrm{m}}$$

$$E_2=4.44fN_1\Phi_{\mathrm{m}}$$

如果忽略一次绕组中的阻抗不计，则

$$U_1\approx E_1\qquad U_2\approx E_2$$

即

$$\left.\begin{aligned}U_1=4.44fN_1\Phi_{\mathrm{m}}\\U_2=4.44fN_2\Phi_{\mathrm{m}}\end{aligned}\right\}\tag{2.28}$$

由式（2.28）可以看出，只要电源电压不变，铁芯中的主要磁通最大值 Φ_{m} 也不变。

由上式可得

$$\frac{U_1}{U_2}=\frac{N_1}{N_2}=k\tag{2.29}$$

其中，$k=\dfrac{N_1}{N_2}$ 称为变压器的电压比，也是一次绕组与二次绕组之间的匝数比。可见变压器有电压变换作用。

（2）变压器的有载运行

如果变压器的二次绕组接上负载，则在感应电动势的作用下，二次绕组将产生电流 $i_2\neq0$。这种情况称为变压器的有载运行，如图 2.72 所示，其中电量的正方向亦为关联方向。

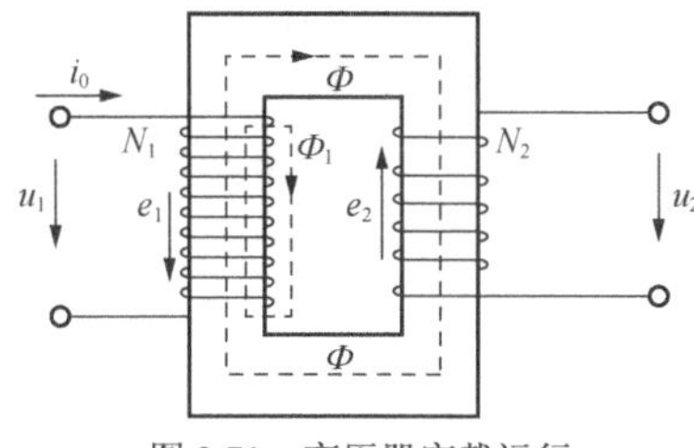

图 2.71　变压器空载运行

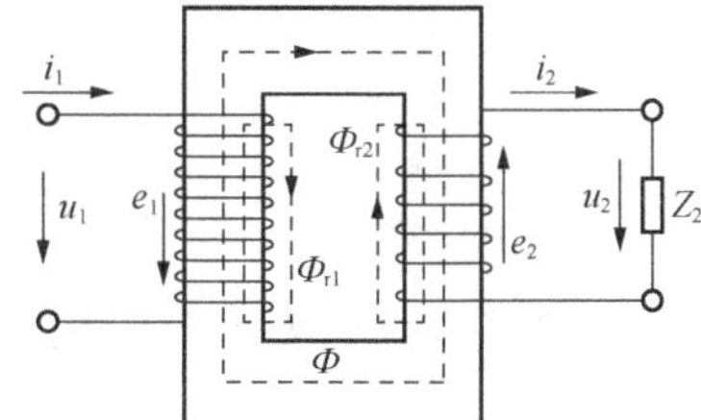

图 2.72　变压器的有载运行

由于二次绕组有电流通过，因此一次绕组的电流由空载电流 i_0 变为负载时的电流 i_1。但当外加电压 U_1 一定时，不论空载或有载，铁芯中的主磁通 Φ_{m} 不变，即 $\Phi_{\mathrm{m}}=\dfrac{U_1}{4.44fN_1}$，

即

$$N_1I_1\approx N_2I_2$$

所以

$$I_1=\frac{N_2}{N_1}I_2=\frac{1}{k}I_2\tag{2.30}$$

因此变压器有电流变换作用。

变压器不仅有变换电压和变换电流的作用，还具有阻抗变换作用。如图 2.73（a）所示，在变压器的二次侧接上负载阻抗 Z，则在一次侧看进去，可用一个阻抗 Z' 来等效，如图 2.73（b）所示。其等效的条件是电压、电流及功率不变。有

$$\frac{U_2}{I_2}=|Z| \qquad \frac{U_1}{I_1}=|Z'|$$

两式相比，得 $$\frac{|Z'|}{|Z|}=\frac{U_1}{U_2}\cdot\frac{I_2}{I_1}$$

根据式（2.29）和式（2.30）得

$$|Z'|=k^2|Z|$$

匝数不同，则变换后的阻抗不同。我们可以采用适当的匝数比，使变换后的阻抗等于电源的内阻，称之为阻抗匹配，这时，负载上可获得最大功率。

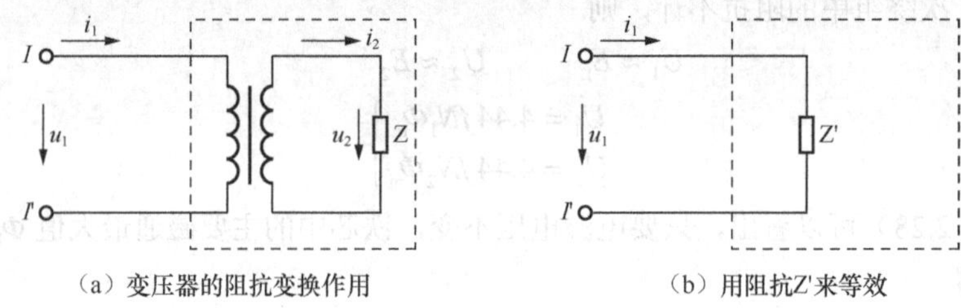

（a）变压器的阻抗变换作用　　（b）用阻抗Z'来等效

图 2.73　变压器的等效电路

例题分析

例 2.15　在图 2.74 中，正弦交流电源的端电压 $\dot{U}_S=20V$，内阻 $R_0=180\Omega$，负载阻抗 $R_L=5\Omega$。（1）当等效电阻 $R_L'=R_0$ 时，求变压器的电压比及电源的输出功率。（2）求负载直接与电源连接时，电源的输出功率。

解：（1）变压器的电压比为

$$k=\frac{N_1}{N_2}=\sqrt{\frac{R_L'}{R_L}}=\sqrt{\frac{180}{5}}=6$$

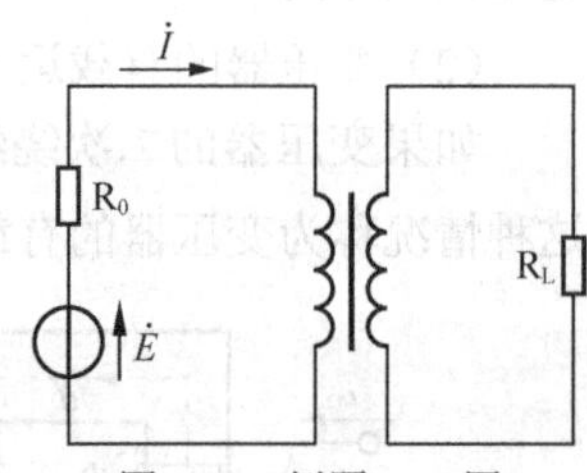

图 2.74　例题 2.15 图

电源输出功率为

$$P=\left(\frac{U_S}{R_0+R_L'}\right)^2R_L'=\left(\frac{20}{180+180}\right)^2\times180=0.55W$$

（2）当负载直接接在电源上时，输出功率为

$$P=\left(\frac{U_S}{R_0+R_L}\right)^2R_L=\left(\frac{20}{180+5}\right)^2\times5=0.058W$$

3. 变压器的应用

（1）三相电力变压器

在电力上常利用变压器进行电压变换，将低电压变换成高电压进行远距离传输，以便减少线路损耗和提高传输效率。对于三相电源进行电压变换，可用三台单相变压器组成的三相变压器组，或用一台三相变压器来完成。三相变压器的工作原理与单相变压器基本相同。

除了铁芯和绕组之外，变压器还包括油箱，高、低压套管等附属部件，如图 2.75 所示。

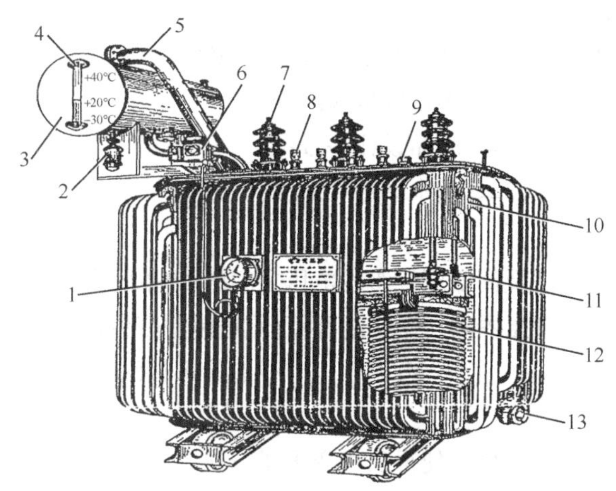

1—信号式温度计；2—吸湿器；3—储油柜；4—油位计；5—安全气道；6—气体继电器；7—高压套管；8—低压套管；9—分接开关；10—油箱；11—铁芯；12—线圈；13—放油阀门

图 2.75　三相油浸式电力变压器

三相变压器的铁芯有三个芯柱，每一相的高、低压绕组以同芯绕在同一个芯柱上，如图 2.76 所示，高压绕组的首端分别标注大写字母 U_1、V_1、W_1，末端分别标注 U_2、V_2、W_2，低压绕组的首端分别标注小写字母 u_1、v_1、w_1，末端分别标注 u_2、v_2、w_2。高压绕组和低压绕组都有星形和三角形两种接法。

三相变压器在电力系统中主要用作传输电能，故它的容量较大。一般大容量电力变压器的铁芯和绕组都要浸入装满变压器油的油箱中，以改善其散热条件。除此之外，变压器还设有储油柜、安全气道和气体继电器等附件。

使用变压器时，必须掌握其铭牌上的技术数据。图 2.77 是一台三相电力变压器的铭牌。变压器铭牌上一般注明型号、连接组、额定电压、额定电流、额定容量、额定频率和阻抗电压等内容。

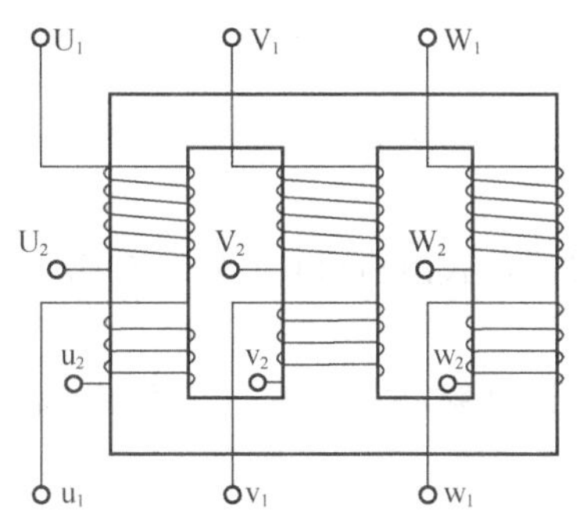

图 2.76　三相变压器的结构示意图

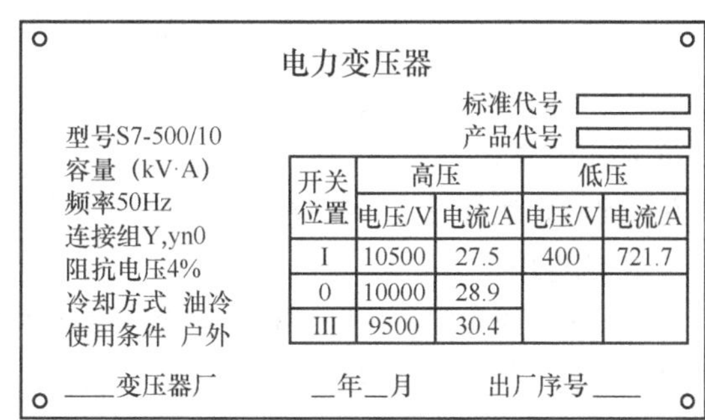

电力变压器

标准代号
产品代号

型号S7-500/10
容量（kV·A）
频率50Hz
连接组Y,yn0
阻抗电压4%
冷却方式　油冷
使用条件　户外

开关位置	高压		低压	
	电压/V	电流/A	电压/V	电流/A
I	10500	27.5	400	721.7
0	10000	28.9		
III	9500	30.4		

____变压器厂　　__年__月　　出厂序号____

图 2.77　变压器铭牌

① 型号。

其由字母和数字组成，字母表示的意义为：S 表示三相，D 表示单相，K 表示防爆，F 表示风冷等。例如变压器型号为 S7-500/10，其中 S7 表示三相变压器的系列，它是我国统一设计的高效节能变压器；500 表示变压器容量，单位为千伏安（kV·A）；10 表示高压侧的电压，单位为千伏（kV）。

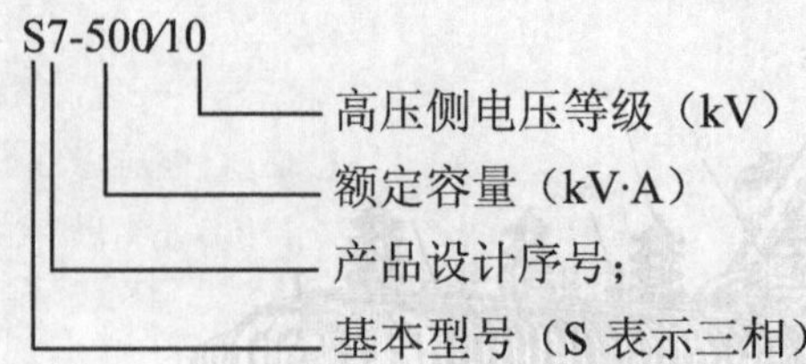

② 连接组。

其表示三相变压器的接法及高低压绕组线电压之间的相位关系。

三相变压器或三个单相变压器的一次绕组都可分别接成星形或三角形。实际上变压器常用的接法有 Y/Y_0、Y/△、Y_0/△三种，符号 Y_0 表示有中线的星形接法，分子表示高压绕组的接法，分母表示低压绕组的接法。

三相绕组可以采用不同的连接，使得三相变压器一次、二次绕组中的线电动势出现不同的相位差，实践和理论证明：对于三相绕相，无论采用什么连接法，一次、二次线电动势的相位差总是 30° 的整数倍。

③ 额定电压。

变压器铭牌上有两个额定电压，即一次侧额定电压（高压）和二次侧额定电压（低压）。

一次侧额定电压 U_{1N} 是指一次侧绕组的正常工作电压，它是根据变压器的绝缘强度和允许的发热条件规定的。二次侧额定电压 U_{2N} 是指一次侧加上额定电压后二次侧的空载电压。对于三相变压器，额定电压均指线电压。

④ 额定电流。

额定电流是指根据变压器允许的发热条件而规定的允许其绕组长期通过的最大电流值，使用时变压器的电流不应超过额定值。对于三相变压器，额定电流均指线电流。

⑤ 额定容量。

额定容量指变压器在额定工作状态下，二次绕组的视在功率，它反映变压器正常运行时可能传输的最大电功率，其单位为 kVA 或 MVA。忽略损耗，三相变压器的额定容量可表示为

$$S_N = \frac{\sqrt{3}U_{2N}I_{2N}}{1000}\text{kVA} = \frac{\sqrt{3}U_{1N}I_{1N}}{1000}\text{kVA}$$

其中，U_{1N}、U_{2N} 及 I_{1N}、I_{2N} 为一次侧、二次侧的额定线电压、线电流。

⑥ 额定频率。

变压器额定运行时，一次绕组外加电压的频率称为额定频率。我国的标准工频为 50Hz。

⑦ 阻抗电压。

阻抗电压（或称阻抗压降）是将二次侧短路并使二次电流达到额定值 I_{2N} 时，一次侧（高压）应加的电压值。其用额定电压 U_{1N} 的百分比表示，中、小型电力变压器的阻抗压降为 4%～10.5%。

（2）自耦变压器

自耦变压器的结构特点是二次绕组是一次绕组的一部分，而且一次、二次绕组不但有磁的耦合关系，还有电的联系，上述变压、变流和变阻抗关系都适用于它。如图 2.78 所示，有

$$k_Z = \frac{U_1}{U_2} = \frac{N_1}{N_2} = \frac{I_2}{I_1}$$

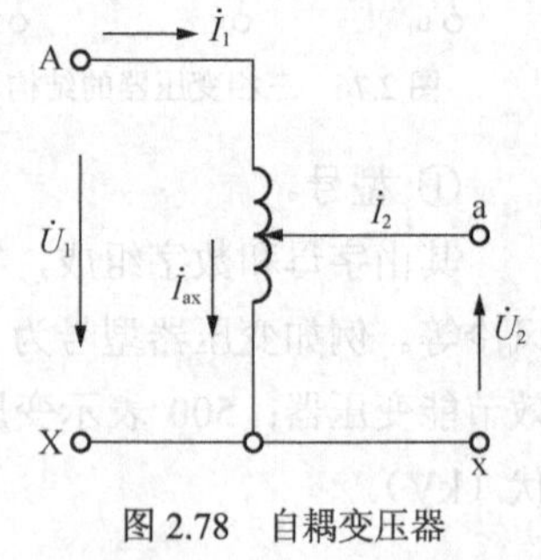

图 2.78 自耦变压器

式中U_1、I_1为一次绕组的电压和电流有效值，U_2、I_2为二次绕组的电压和电流有效值，k_Z为自耦变压器的电压比。

实验室中常用的调压器就是一种可改变二次绕组匝数的特殊自耦变压器，它可以均匀地改变输出电压。

（3）电压互感器

电压互感器是一个单相双绕组变压器，它的一次侧绕组匝数较多，二次侧绕组匝数相对较少，类似于一台降压变压器，主要用于测量高电压。其一次侧与被测电路并联，二次侧与交流电压表并联，如图 2.79 所示。电压互感器一次、二次侧的电压关系为

$$U_1=\frac{N_1}{N_2}U_2=K_uU_2$$

其中，K_u 为变压比。电压互感器二次侧的额定电压一般为 100V。

使用电压互感器时应有以下注意事项。

① 二次侧绕组不允许短路，否则会烧毁互感器。

② 二次绕组一端与铁芯必须可靠接地。

（4）电流互感器

电流互感器是一个单相双绕组变压器，它的一次侧匝数很少而二次侧匝数相对较多，类似于一台升压变压器，主要用于测量大电流。其一次侧与被测电路串联，二次侧与交流电流表串联，如图 2.80 所示。电流互感器一次、二次侧的电流关系为

$$I_1=\frac{N_2}{N_1}I_2=K_iI_2$$

其中，K_i 为变流比。电流互感器二次侧的额定电流一般为 5A。

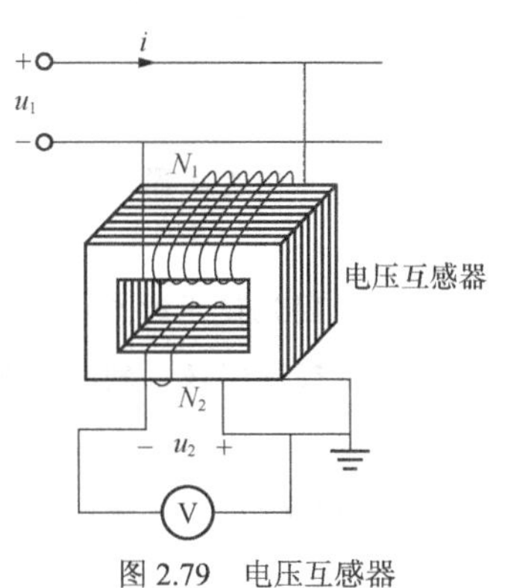

图 2.79　电压互感器

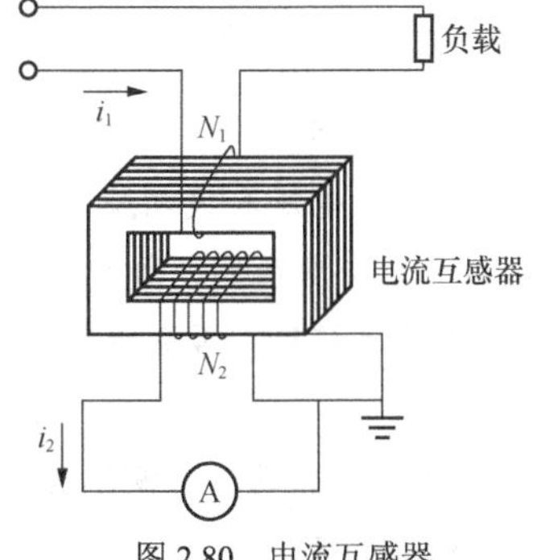

图 2.80　电流互感器

使用电流互感器时应有以下注意。

① 二次侧绕组不能开路，否则会产生高压，严重时烧毁互感器。

② 二次绕组一端与铁芯必须可靠接地。

（5）变压器在城市轨道交通供电系统中的应用

城市轨道交通牵引供电系统采用整流机组向电动车组提供直流电源，因此不可避免地会产生谐波，为减少牵引整流变电所网侧谐波电流对城市电网的影响，降低电压脉动量，提高电网质量，通常采用多相脉冲整流变压器系统，为此，整流变压器不仅起降压作用，还要将三相交流电变成多相交流电供整流器整流。城市轨道交通电力牵引变电所如采用地下式，为防止油箱爆炸引起严

重后果，多应用干式变压器，如图 2.81 所示。

在城市轨道交通中，还有用于轨道换向驱动设备的电流互感器，如图 2.82 所示，用于对变频器控制与调节信号处理的电压互感器，如图 2.83 所示。

图 2.81　干式变压器

图 2.82　电流互感器

图 2.83　电压互感器

知识小结

1. 铁磁材料具有高导磁性、磁饱和性及磁滞性等特点。铁磁材料按其磁滞回线形状不同可分为软磁材料、硬磁材料和矩磁材料三大类。

2. 磁路欧姆定律表示为：$\Phi=\dfrac{F}{R_{\mathrm{m}}}$。

3. 变压器是利用电磁感应原理制成的一种静止的电气设备，由铁芯和绕组组成，它利用电磁感应定律来实现能量的传递。

4. 单相变压器作用是变换电压、变换电流和变换阻抗。变换公式分别为$\dfrac{U_1}{U_2}\approx\dfrac{E_1}{E_2}=\dfrac{N_1}{N_2}=k$、$\dfrac{I_1}{I_2}\approx\dfrac{N_2}{N_1}=\dfrac{1}{k}$、$Z'=k^2Z$。

5. 现代电力系统中，三相变压器一般采用三相制来获得三相电压。三相变压器的额定电压和额定电流是指线电压和线电流。

6. 对于自耦变压器，由于它的一次、二次侧之间有直接的电联系，因此使用时应小心。一次侧、二次侧不可接错，否则很容易造成电源被短路或烧坏变压器。如将接地端误接到相线时，有触电的危险。

7. 电流互感器的二次侧不可以开路，电压互感器的二次侧不可以短路。

技能训练

变压器比的测定和阻抗匹配变换仿真设计

直接、简单地测定变压器比的电路如图 2.84 所示，可根据变压器的工作原理来计算变压器比 K

$$K=\frac{N_1}{N_2}=\frac{U_1}{U_2}$$

负载电阻 R 接在变压器副边，而实验图 2.85 中的变压器和电阻可以用 R′来代替。所谓的等效，就是输入电路的电压、电流和功率不变。也

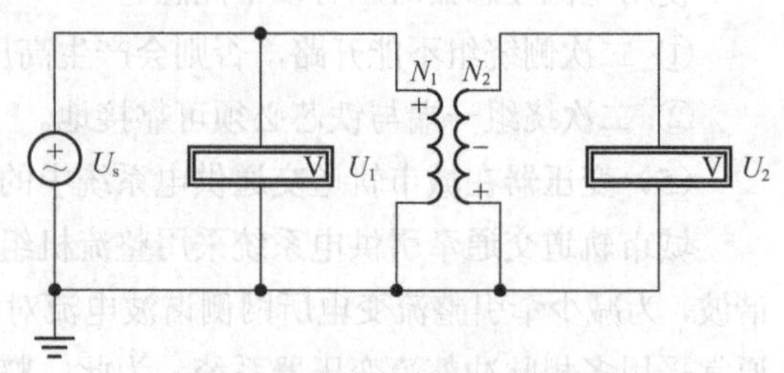

图 2.84　变压器比的测定电路图

就是说，直接接在电源上的电阻阻值 R' 和接在变压器副边的负载阻值 R 是等效的。两者的关系可通过计算得出。

因
$$\frac{N_1}{N_2}=\frac{U_1}{U_2} \qquad \frac{N_1}{N_2}=\frac{I_2}{I_1}$$

所以可得出
$$\frac{U_1}{I_1}=\frac{\frac{N_1}{N_2}U_2}{\frac{N_2}{N_1}I_2}=\left(\frac{N_1}{N_2}\right)^2\frac{U_2}{I_2}$$

由图 2.85 和图 2.86 可知
$$\frac{U_1}{I_1}=R, \quad \frac{U_2}{I_2}=R'$$

带入则得
$$R'=\left(\frac{N_1}{N_2}\right)^2 R$$

匝数比不同，负载电阻阻值 R 折算到原边的等效电阻阻值 R'也不同。我们可以采用不同的匝数比，把负载阻抗模变换为所需的、比较合适的数值。这种做法通常称为阻抗匹配。

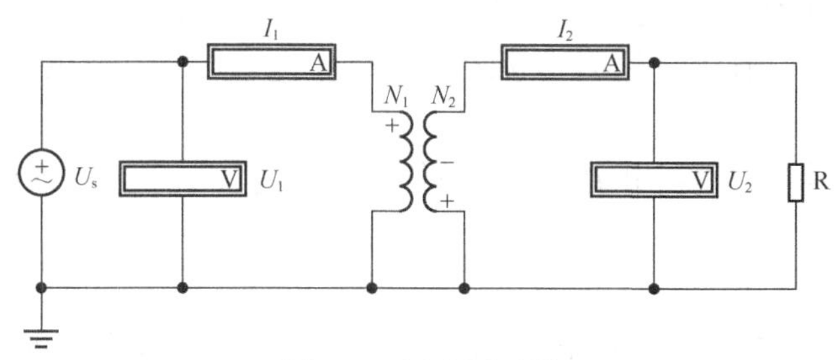

图 2.85 变压器电路图

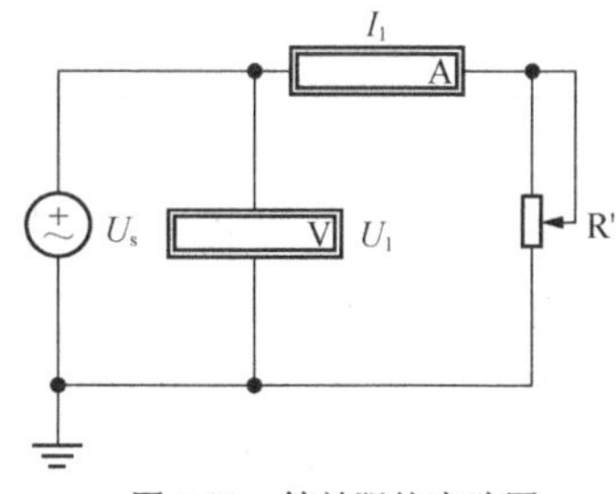

图 2.86 等效阻抗电路图

实践训练任务书

任务内容	变压器比的测定和阻抗匹配变换仿真设计
环节安排	2 课时 仿真设计
任务目的	学习测定变压器变压比的试验方法；实现变压器阻抗匹配变换的原理和方法
具体要求	1．完成电路仿真设计 2．比对设计要求，优化改进电路 3．实现电路正常工作，记录测试结果
记录整理	1．绘制电路原理图 2．列出仿真元器件清单 3．调试电路功能，检测记录数据 4．分析数据，记录结论

思考练习

一、填空题

1．电流所经过的路径叫作________，通常由________、________和________三部分组成。

2．大小和方向均不随时间变化的电压和电流称为________电，大小和方向均随时间变化的电压和电流称为________电，大小和方向均随时间按照正弦规律变化的电压和电流被称为________电。

3．理想电压源输出的________值恒定，输出的________值由它本身和外电路共同决定；理想电流源输出的________值恒定，输出的________由它本身和外电路共同决定。

4．实际电压源模型“20V、1Ω”等效为电流源模型时，其电流源 I_S=______A，内阻 R_i=_____Ω。

5．反映正弦交流电振荡幅度的量是它的________；反映正弦量随时间变化快慢程度的量是它的________；确定正弦量计时始位置的是它的________。

6．已知一正弦量 $i = 7.07\sin(314t - 30°)$，则该正弦电流的最大值是_______A；有效值是_______A；角频率是________rad/s；频率是________Hz；周期是________s；随时间变化的相位是________；初相是________。

7．两个________正弦量之间的相位之差称为相位差，________频率的正弦量之间不存在相位差的概念。

8．电阻元件上的电压、电流在相位上是________关系；电感元件上的电压、电流相位存在________关系，且电压________电流；电容元件上的电压、电流相位存在________关系，且电压________电流。

9．________的电压和电流构成的是有功功率，用 P 表示，单位为________；________的电压和电流构成无功功率，用 Q 表示，单位为________。

10．谐振发生时，电路中的角频率 ω_0 =________，f_0 =________。

11．三相电源作 Y 接时，由各相首端向外引出的输电线俗称________线，由各相尾端公共点向外引出的输电线俗称________线，这种供电方式称为________制。

12．火线与火线之间的电压称为________电压，火线与零线之间的电压称为________电压。电源 Y 接时，数量上 U_l=________U_p；若电源作△接，则数量上 U_l=________U_p。

13．火线上通过的电流称为________电流，负载上通过的电流称为________电流。当对称三相负载作 Y 接时，数量上 I_l=______I_p；当对称三相负载△接时，I_l=________I_p。

14．铁磁材料的磁导率________非铁磁材料的磁导率。

15．变压器有________、________和________的作用。

二、判断题

1．电流由元件的低电位端流向高电位端的参考方向称为关联方向。（　　）

2．电路分析中一个电流得负值，说明它小于零。（　　）

3．电路中任意两个结点之间连接的电路统称为支路。（　　）

4．网孔都是回路，而回路则不一定是网孔。（　　）

5．应用基尔霍夫定律列写方程式时，可以不参照参考方向。（　　）

6．电压和电流计算结果得负值，说明它们的参考方向假设反了。（　　）

7．理想电压源和理想电流源可以等效互换。（　　）

8．两个电路等效，即它们无论其内部还是外部都相同。（　　）

9．$u_1 = 220\sin 314t\text{V}$ 超前 $u_2 = 311\sin(628t - 45°)\text{V}$ 为 45°。（　　）

10．电阻元件上只消耗有功功率，不产生无功功率。（　　）

11．无功功率的概念可以理解为这部分功率在电路中不起任何作用。（　　）

12．正弦量可以用相量来表示，因此相量等于正弦量。（　　）

13．串联电路的总电压超前电流时，电路一定呈感性。（　　）

14．视在功率在数值上等于电路中有功功率和无功功率之和。（　　）

15. 三相电路只要作 Y 形连接，则线电压在数值上是相电压的 $\sqrt{3}$ 倍。（　　）

16．对称三相交流电任一瞬时值之和恒等于零，有效值之和恒等于零。（　　）

17．三相负载作三角形连接时，线电流在数量上是相电流的 $\sqrt{3}$ 倍。（　　）

三、单项选择题

1．当电路中电流的参考方向与电流的真实方向相反时，该电流（　　）。

A．一定为正值　　B．一定为负值　　C．不能肯定是正值或负值

2．一电阻 R 上 u 、i 参考方向不一致，令 u=－10V，消耗功率为 0.5W，则电阻 R 为（　　）。

A．200Ω　　B．－200Ω　　C．±200Ω

3．当恒流源开路时，该恒流源内部（　　）。

A．有电流，有功率损耗　　B．无电流，无功率损耗　　C．有电流，无功率损耗

4．叠加定理只适用于（　　）。

A．交流电路　　B．直流电路　　C．线性电路

5．在正弦交流电路中，电感元件的瞬时值伏安关系可表达为（　　）。

A．$u = iX_L$　　B．$u = ji\omega L$　　C．$u = L\dfrac{\mathrm{d}i}{\mathrm{d}t}$

6．电压有效值为 380V，则该电压的瞬时值表达式为（　　）。

A．$u = 380\sin 314t$ V　　B．$u = 537\sin(314t + 45°)$ V　　C．$u = 380\sin(314t + 90°)$ V

7．已知 $i_1 = 10\sin(314t + 90°)$ A，$i_2 = 10\sin(628t + 30°)$ A，则（　　）。

A．i_1 超前 i_2 60°　　B．i_1 滞后 i_2 60°　　C．相位差无法判断

8．电容元件的正弦交流电路中，电压有效值不变，当频率增大时，电路中电流将（　　）。

A．增大　　B．减小　　C．不变

9．电感元件的正弦交流电路中，电压有效值不变，当频率增大时，电路中电流将（　　）。

A．增大　　B．减小　　C．不变

10．在电阻元件的正弦交流电路中，伏安关系表示错误的是（　　）。

A．$u = iR$　　B．$U = IR$　　C．$\dot{U} = \dot{I}R$

11．处于谐振状态的 RLC 串联电路，当电源频率升高时，电路将呈现（　　）。

A．电阻性　　B．电感性　　C．电容性

12．发生串联谐振的电路条件是（　　）。

A．$\dfrac{\omega_0 L}{R}$　　B．$f_0 = \dfrac{1}{\sqrt{LC}}$　　C．$\omega_0 = \dfrac{1}{\sqrt{LC}}$

13．某三相四线制供电电路中，相电压为 220V，则火线与火线之间的电压为（　　）。

A．220V　　B．311V　　C．380V

四、简答题

1．电路等效变换时，电压为零的支路可以去掉吗？为什么？

2．试述“电路等效”的概念。

3．电源电压不变，当电路的频率变化时，通过电感元件的电流发生变化吗？

4．无功功率和有功功率有什么区别？能否从字面上把无功功率理解为无用之功？为什么？

5．如何理解电容元件的“通交隔直”作用？

6．相量等于正弦量的说法对吗？正弦量的解析式和相量式之间能用等号吗？

7．何谓串联谐振？串联谐振时电路有哪些重要特征？

8．三相四线制供电系统中，中线的作用是什么？

9．什么是软磁材料？什么是硬磁材料？

五、计算分析题

1．求图 2.87 所示 3 种情况的电压 U。

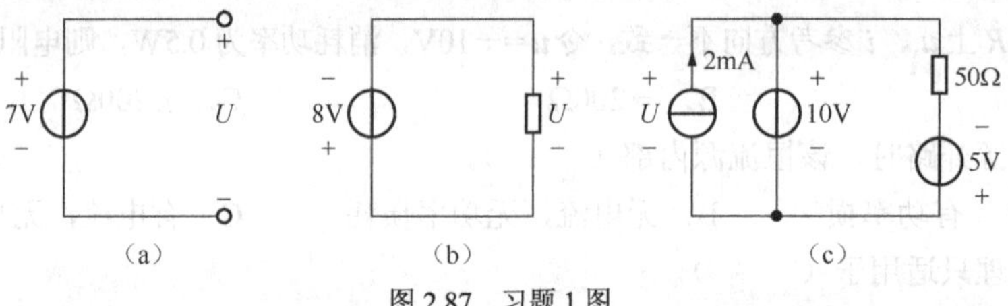

图 2.87　习题 1 图

2．求图 2.88 所示各电路中的 U 或 R 或 i。

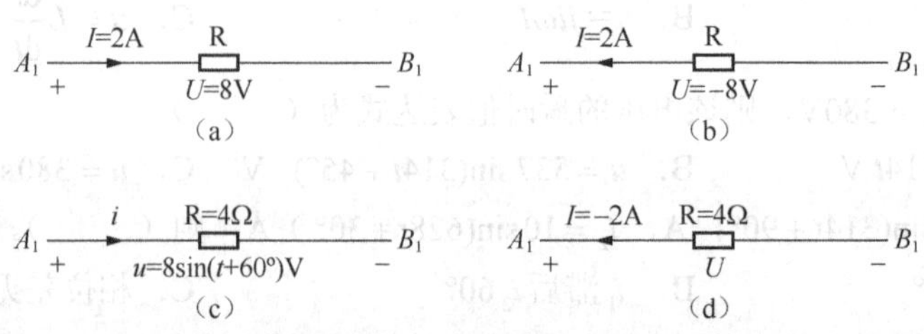

图 2.88　习题 2 图

3．电路如图 2.89 所示电路，电流和电压参考方向如图 2.89 所示。求下列各种情况下的功率，并说明功率的流向。

（1）$i=2\text{A}$，$u=100\text{V}$；　（2）$i=-5\text{A}$，$u=120\text{V}$；

（3）$i=3\text{A}$，$u=-80\text{V}$；　（4）$i=-10\text{A}$，$u=-60\text{V}$。

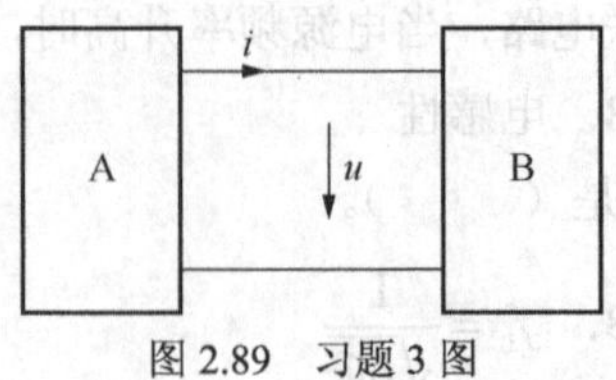

图 2.89　习题 3 图

4．将图 2.90（a）、图 2.90（b）的电路简化成单一电源支路。

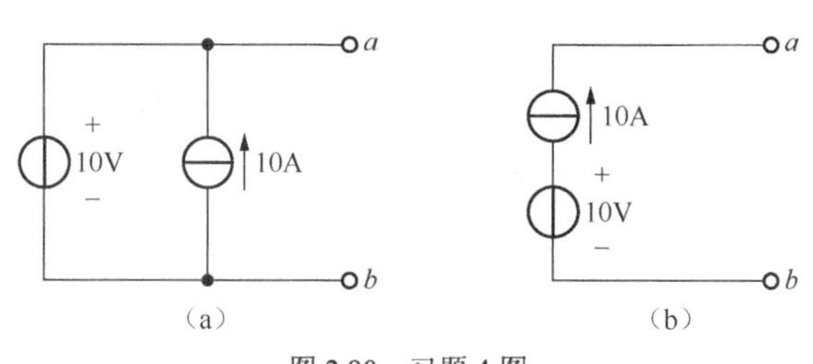

图 2.90　习题 4 图

5．计算图 2.91 中各电路中的电流或电压。

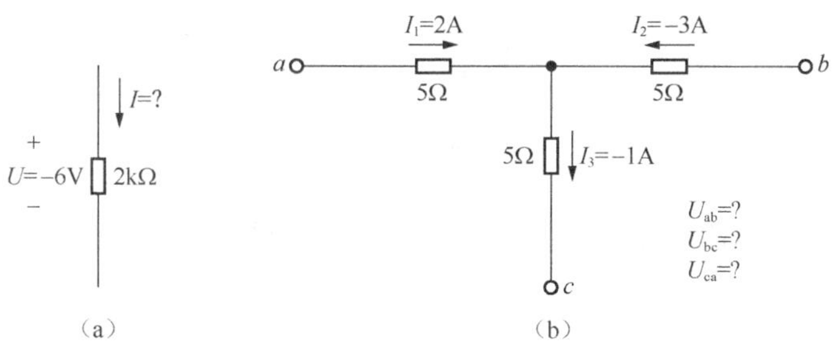

图 2.91　习题 5 图

6．求图 2.92 所示各电路中的未知电流。

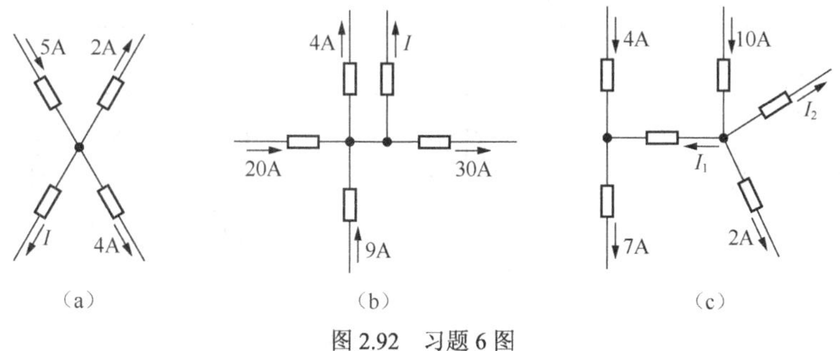

图 2.92　习题 6 图

7．在图 2.93 所示电路中，已知：$U_{S1}=12V$，$U_{S2}=10V$，$R_1=0.2\Omega$，$R_2=2\Omega$，$I_1=5A$，求 U_{ab}，I_2，I_3 及 R_3。

8．如图 2.94 所示电路中，已知 $I_{S1}=3A$，$I_{S2}=2A$，$I_{S3}=1A$，$R_1=6\Omega$，$R_2=5\Omega$，$R_3=7\Omega$。用基尔霍夫电流定律求电流 I_1、I_2 和 I_3。

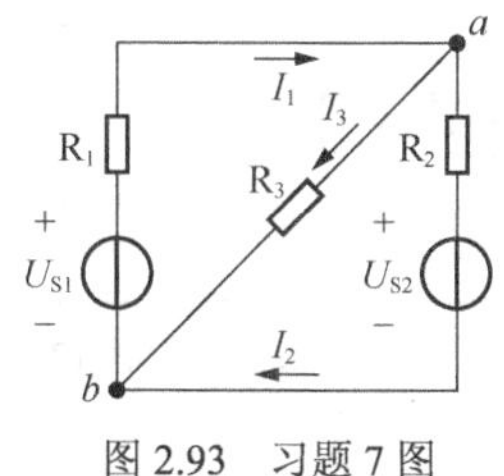

图 2.93　习题 7 图

图 2.94　习题 8 图

9．将图 2.95 所示的电压源模型变换为一个等效的电流源模型，将电流源模型变换为一个等效的电压源模型。

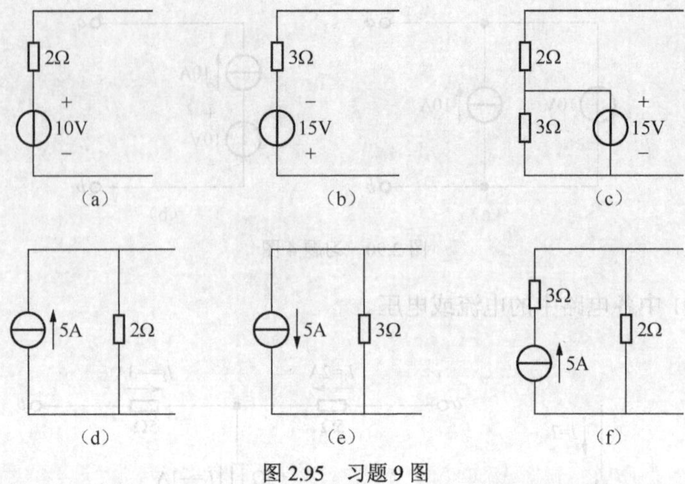

图 2.95 习题 9 图

10．将图 2.96 所示的各电路分别用实际电源的电流源模型和电压源模型来表示。

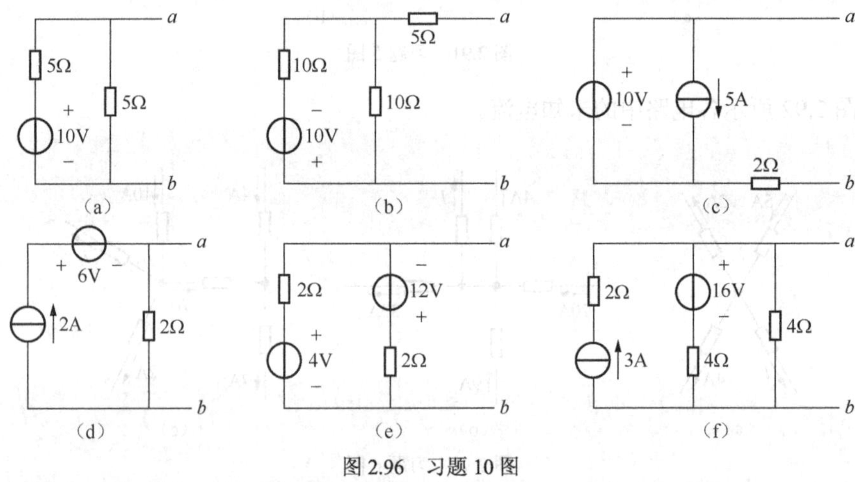

图 2.96 习题 10 图

11．用叠加定理求图 2.97 所示电路中的 I 和 U。

12．用叠加定理求图 2.98 所示电路中的 U。

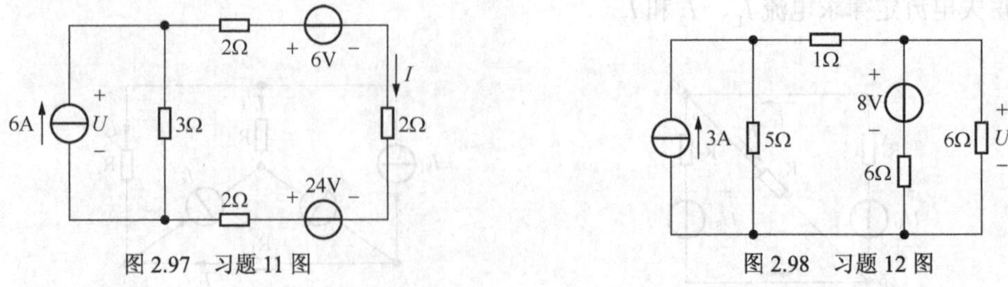

图 2.97 习题 11 图　　图 2.98 习题 12 图

13．求图 2.99 所示电路的戴维南等效电路。

14．用戴维南定理求图 2.100 所示电路中 20Ω 电阻的电流 I。

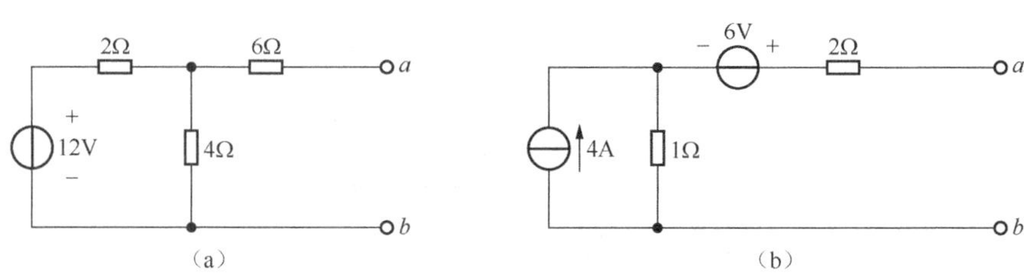

图 2.99 习题 13 图

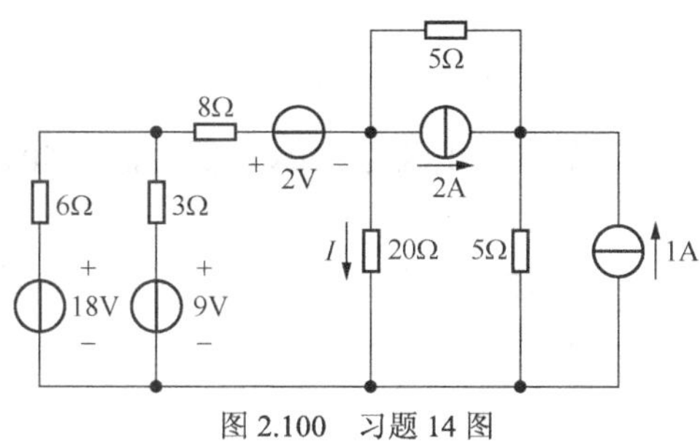

图 2.100 习题 14 图

15．已知正弦电流 $i=20\cos\left(314t+60^{\circ}\right)$A，电压 $u=10\sqrt{2}\sin\left(314t-30^{\circ}\right)$V。试分别画出它们的波形图，求出它们的有效值、频率及相位差。

16．某正弦电流的频率为 20Hz，有效值为 $5\sqrt{2}$A，在 $t=0$ 时，电流的瞬时值为 5A，且此时刻电流在增加，求该电流的瞬时值表达式。

17．已知 $u_1=10\cos(\omega t-30^{\circ})$V、$u_2=5\cos(\omega t+120^{\circ})$V。试写出相量 $\dot{U}_1$、$\dot{U}_2$，画出相量图，求相位差 φ_{12}。

18. 在 RLC 串联电路中，已知 $R=30\Omega$，$L=40$mH，$C=100\mu$F，$\omega=1000$rad/s，$\dot{U}_{L}=10\angle0°$V，试求：（1）电路的阻抗 Z；（2）电流 $\dot{I}$ 和电压 $\dot{U}_R$、$\dot{U}_C$ 及 $\dot{U}$。

19．如图 2.101 所示，若 $u=10\sqrt{2}\sin(\omega t+45^{\circ})$V，$i=5\sqrt{2}\sin(\omega t+15^{\circ})$A，则 Z 为多少？该电路的 P、Q、S、λ 各是多少？

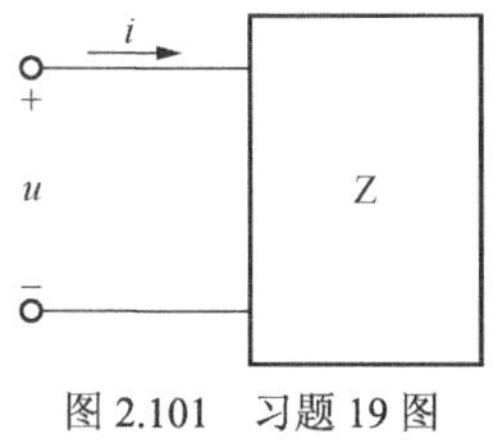

图 2.101 习题 19 图

20．在 RLC 串联回路中，电源电压为 5mV，试求回路谐振时的频率、谐振时元件 L 和 C 上的电压以及回路的品质因数。

21．某三相交流发电机，频率为 50Hz，相电压的有效值为 220V，试写出三相相电压的瞬时值及相量表达式。

22．如图 2.102 所示 Y-Y 对称三相电路，已知 $\dot{U}_A=10\angle30°$V，$\dot{U}_B=10\angle-90°V$，$\dot{U}_C=10\angle150°$V，$Z_A=Z_B=Z_C=5\angle60°\Omega$。求线电压 U_l、线电流 I_l，以及三相负载吸收的总功率。

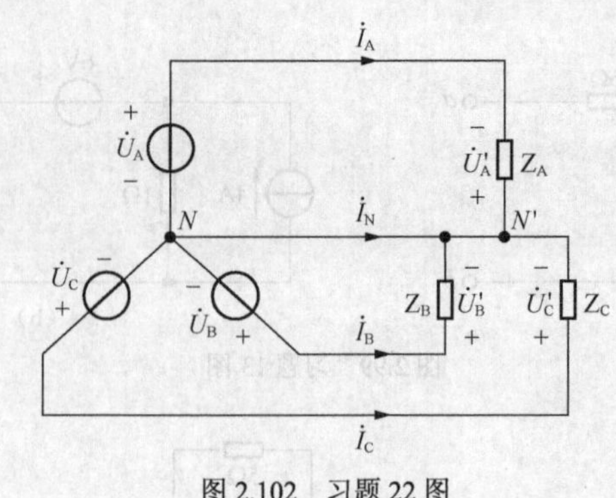

图 2.102　习题 22 图

23．变压器构成的电压输出装置中，电源为 220V，需要输出 50V 和 20V，一次绕组为 1100 匝，试求两个二次绕组的匝数。

24．变压器的容量为 15kV·A，额定电压为 3300/220V，一次绕组为有 2000 匝，试求：（1）变压比；（2）二次绕组的额定电流。

知识模块 3 电动机控制及用电安全

知 识 地 图

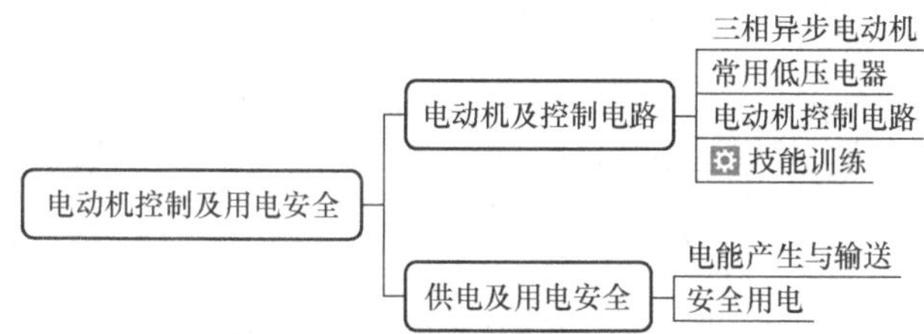

模 块 导 学

电动机是将电能转换成机械能的一种动力装置，在工业生产中的应用最为广泛。按耗能种类的不同，电动机可分为直流电动机和交流电动机两大类，而交流电动机又分为同步电动机和异步电动机。在城市轨道交通车辆技术中，电动机是牵引系统的关键核心，其性能的好坏影响着车辆整体性能。三相异步电动机的控制与运行是本部分知识的重点。

同时，在城市轨道交通各部分系统电能的传输和使用中，安全是首要的，因此对于供电及用电安全也需要着重了解。

知识点 3.1 电动机及控制电路

学习目标

- 能正确区别各类低压电器及作用
- 能复述三相异步电动机的结构
- 了解三相异步电动机的工作原理和特性
- 能分析基本的电动机控制电路
- 了解电动机的简单检测及维修方法

学习内容

异步电动机具有结构简单、运行可靠、维护方便及价格便宜等优点，可分为三相异步电动机和单相异步电动机。单相异步电动机因容量小，在实训室和小型家用电器设备中用得比较多。在各种电气传动系统中约 90%采用异步电动机，在电力网中异步电动机约占 60%。

当前我国城市公共交通处于优先发展的地位，而三相异步电动机是城市轨道交通电力列车中的主要牵引电动机。

3.1.1 三相异步电动机

1. 三相异步电动机的结构

三相异步电动机主要由定子（定子一般由定子铁芯、定子绕组和机座组成）和转子两部分构成，两部分之间以气隙隔开。根据其中转子的结构不同，电动机又分为笼型和绕线型两种。图 3.1 为三相笼型异步电动机的结构。

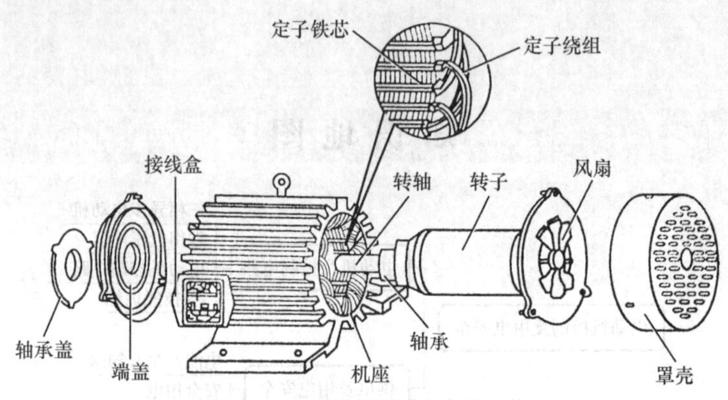

图 3.1 三相笼型异步电动机的结构

（1）定子

定子是固定部分，主要用于产生旋转磁场，一般由定子铁芯、定子绕组和机座三部分组成。定子铁芯是电动机磁路的一部分，它由 0.5 mm 厚、两面涂有绝缘漆的硅钢片叠制而成。在其内表面均匀分布着槽，如图 3.2 所示，槽内嵌放三相对称绕组。

定子绕组是电动机的电路部分，用铜线缠绕而成。三相绕组根据需要可接成星形或三角形，由接线盒的端子板引出。机座是电动机的支架，一般用铸铁或铸钢制成。

图 3.2 定子铁芯

（2）转子

转子由转子铁芯、转子绕组和转轴三部分组成。转子铁芯也是由 0.5 mm 厚、两面涂有绝缘漆的硅钢片叠制而成的，在其外圆有均匀分布的槽，槽内嵌放转子绕组，转子铁芯装在转轴上。

三相笼型异步电动机的转子绕组的结构与定子不同。转子铁芯各槽内一般都嵌有铸铝导条，端部与短路环短接形成闭合回路，整个转子形成一个坚实的整体，结构简单、牢固，如图 3.3 所示。

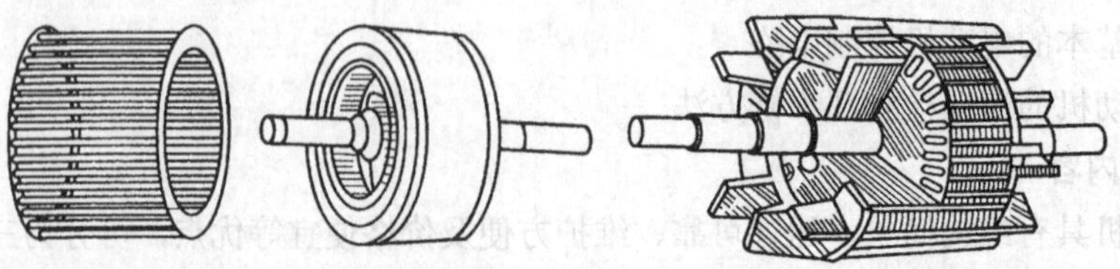

图 3.3 笼型转子

三相绕线型异步电动机的转子绕组的结构与定子绕组相似，在槽内嵌置对称的三相绕组，通常为星形联结。绕组的三个端线接到装在轴上一端的三个滑环上，再通过一套电刷引出与外电路

相连，如图 3.4 所示。转轴由中碳钢制成，其两端由轴承支承以输出转矩。

2. 三相异步电动机的工作原理

电动机定子和转子的感应电流相互作用，产生电磁转矩，从而使电动机工作。当三相异步电动机的定子绕组通入三相交流电后，转子便会旋转起来，转子转动的先决条件是定子中要产生旋转的磁场。

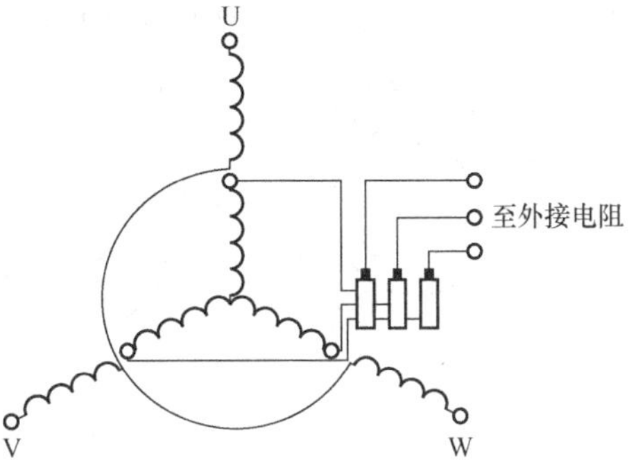

图 3.4 绕线转子接线示意图

（1）旋转磁场产生的原理

为方便分析，将实际的定子绕组以图 3.5（a）、图 3.5（b）所示的绕组（线圈）模型代替，分别用 U_1-U_2、V_1-V_2、W_1-W_2 表示，它们之间相位互差 120°，以 Y 形联结。将三相绕组通入三相交流电源，绕组中便会产生三相对称电流。

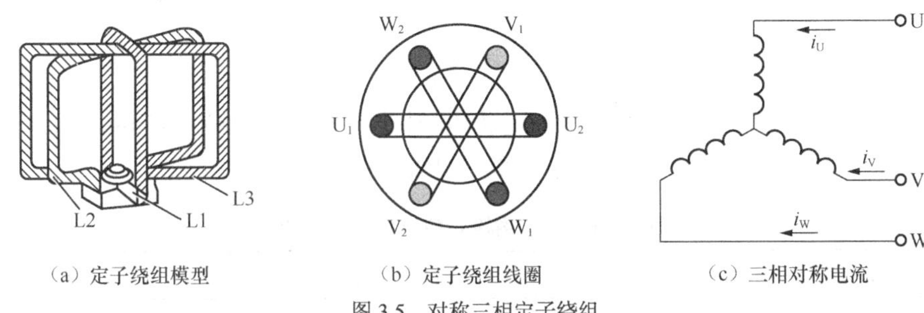

（a）定子绕组模型　（b）定子绕组线圈　（c）三相对称电流

图 3.5 对称三相定子绕组

假设电流正方向由线圈首端流向末端，流过三相线圈的电流分别为

$$i_U = I_m \sin\omega t$$
$$i_V = I_m \sin\left(\omega t - 120°\right)$$
$$i_W = I_m \sin\left(\omega t + 120°\right)$$

三相对称电流如图 3.5（c）所示。电流随时间变化，故当其流过线圈时产生磁场的分布情况也随时间变化，分别有以下几种情况，如图 3.6 所示，⊗表示电流流入纸面，⊙表示电流流出纸面。

① $\omega t = 0°$ 时：此时 $i_U = 0$，U 相无电流流过；i_V 为负，表示电流由末端流向其首端（即 V_2 端为⊗，V_1 端为⊙）；i_W 为正，表示电流由首端流入（即 W_1 端为⊗，W_2 端为⊙），如图 3.6（a）所示。此时三相电流所产生的合成磁场方向由“右手螺旋定则”判断为水平向右。

② $\omega t = 120°$ 时：i_U 为正，$i_V = 0$，i_W 为负，同上述方式可判断三相电流所产生的合成磁场按照顺相序方向旋转了 120°，如图 3.6（b）所示。

③ $\omega t = 240°$ 时：i_U 为负，i_V 为正，$i_W = 0$，合成磁场按照顺相序方向又旋转了 120°，如图 3.6（c）所示。

④ $\omega t = 360°$ 时：此时又回到①的情况，如图 3.6（d）所示。

可见，三相绕组通入三相交流电流时会产生旋转磁场。由上述分析可知：若三相对称绕组流入三相对称正弦交流电流（即两个对称），则此旋转磁场的大小恒定不变（称为圆形旋转磁场），否则将产生椭圆形旋转磁场（磁场大小不恒定）。

由图 3.6 可知，旋转磁场按顺时针方向旋转，而三相电流相序也按顺时针方向布置，故旋转磁场的旋转方向与三相电流的相序一致，或者说旋转磁场的转向由三相电流的相序决定。若改变三相电流相序（将连接三相电源的三根导线中的任意两根对换一下），则旋转磁场的旋转方向也随之改变。三相异步电动机的反转就是利用了这个原理。

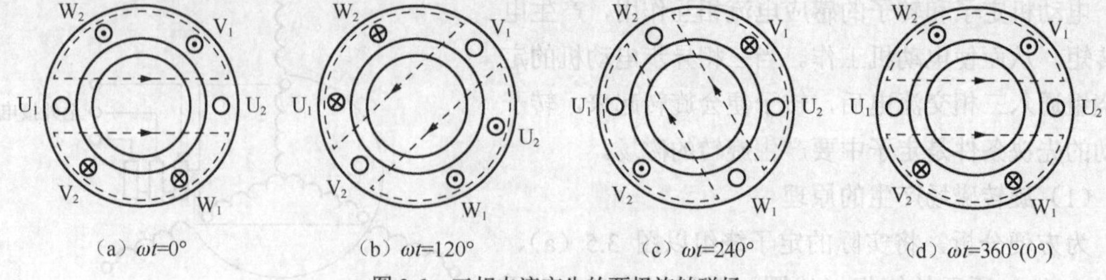

图 3.6　三相电流产生的两极旋转磁场

电流变化一周期，两极旋转磁场（p=1）在空间旋转一周。设电流频率为 f_1，则旋转磁场的转速 $n_0 = 60f_1$。同理，若定子旋转磁场为四极（p=2)，可以分析得电流变化一周期，旋转磁场转半周，则有 $n_0 = 60f_1/2$。依此类推，当旋转磁场具有 p 对磁极时，其旋转磁场的转速为

$$n_0 = 60\frac{f_0}{p}$$

其中，f_0 为电网频率；p 为磁极对数；n_0 为电动机同步转速，单位为 r/min。

我国电网工作频率为 50Hz，故 n_0 与 p 的关系见表 3.1。

表 3.1　同步转速 n_0 与磁极对数 p 的对应关系

磁极对数 p	1	2	3	4	5	6
同步转速 n_0（r/min）	3000	1500	1000	750	600	500

（2）三相异步电动机的转动原理

若在对称的三相定子绕组中通入三相电流，则定子产生同步转速为 n 的顺时针方向旋转磁场，如图 3.7 所示。

① 电生磁：定子三相绕组 U、V、W 在通入三相交流电流时产生旋转磁场，其转向与相序一致，为顺时针方向，转速为 $n_0 = 60\frac{f_0}{p}$。假定该瞬间定子旋转磁场方向向下。

② 磁生电：定子旋转磁场旋转切割转子绕组，转子绕组中产生感应电动势，其方向按右手定则确定。由于转子绕组自身闭合，因此有电流流过，并假定电流方向与电动势方向相同，如图 3.7 所示。

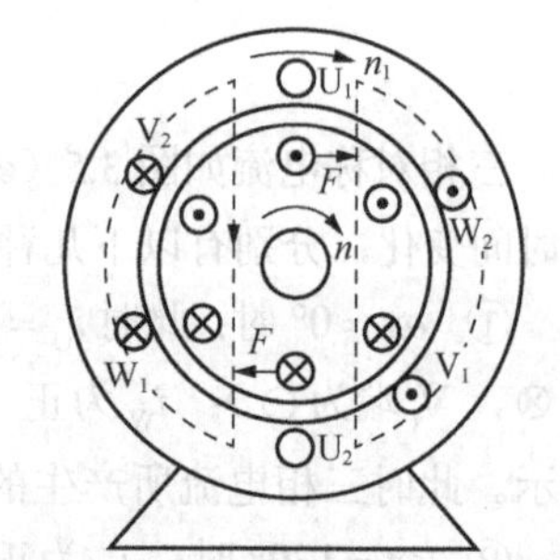

图 3.7　三相异步电动机的工作原理

③ 电磁力（矩）：此时转子绕组感应电流在定子旋转磁场的作用下产生电磁力 F，其方向由左手定则判断。该力对转轴形成顺时针方向的转矩（称为电磁转矩），电动机在其驱动下，顺着电磁转矩的方向旋转。

④ 转向：由图 3.7 可知，其转向与旋转磁场的转向一致，而旋转磁场的转向又与三相电流的相序一致，故三相异步电动机的转向与三相电流的相序相同。改变三相电流的相序就能改变三相电动机的转向就是这个原理。

⑤ 转速：异步电动机的转速 n 恒小于定子旋转磁场转速 n_0（$n < n_0$）。若 $n = n_0$，则为同速同向运行。这种情况下转子与旋转磁场之间无相对运动，因而转子就不可能切割旋转磁场，从而

没有感应电动势和电流，最终转子就不可能继续以 n 的速度旋转，因此转子与旋转磁场必须有相对运动。故 $n < n_0$ 是三相异步电动机旋转的必要条件；而异步（$n \neq n_0$）的名称即由此而来。

三相异步电动机的转速差（$n_0 - n$）与旋转磁场转速 n_0 的比率称为转差率，用 s 表示

$$s = \frac{n_0 - n}{n_0}$$

转差率是分析三相异步电动机运行的一个重要参数，它与负载情况有关。当转子尚未转动（如启动瞬间）时，n=0，s=1；当转子转速接近于同步转速（理想空载运行）时，$n \approx n_0$，$s \approx 0$；稳定运行时，n 接近 n_0。一般来说，s 很小，一般为 2%～6%。

转差率 s 可用于描述转子转速与旋转磁场转速的差异程度，即电动机的异步程度。异步电动机负载越大，转速越慢，转差率就越大。负载越小，转速越快，转差率就越小。在正常运行范围内，异步电动机的转差率仅为 2%～6%，可见异步电动机的转速很接近旋转磁场的转速。

例题分析

例 3.1　一台三相异步电动机的额定转速 $n_N = 1450\text{r/min}$，试求其额定负载运行时的转差率。

解：

$$n_N \approx n_0 = 60\frac{f_0}{p}，\quad f_0 = 50\text{Hz}$$

$$p \approx 60\frac{f_0}{n_N} = \frac{60 \times 50}{1450} = 2.07$$

取 $p \approx 2$，

$$n_0 = 60\frac{f_0}{p} = 1500\text{r/min}$$

$$s = \frac{n_0 - n}{n_0} = \frac{1500 - 1450}{1500} = 0.033$$

3. 三相异步电动机的铭牌

要能够正确地使用电动机，就必须首先了解电动机的铭牌，看懂铭牌才能清楚其额定数据和使用方法，否则不当使用会导致电动机不能发挥最大效能，甚至被损坏。例如，某台三相异步电动机的铭牌数据见表 3.2。

表 3.2　某台三相异步电动机的铭牌数据

型号 Y160M-6	功率 7.5kW	频率 50Hz
电压 380V	电流 15.3A	接法△
转速 1330r/min	绝缘等级 B	工作方式 连续
××××年×月×日	编号	XX 电机厂

① 型号。电动机型号是表示电动机的类型、用途和技术特征的代号，由汉语拼音字母、国际通用符号和阿拉伯数字三部分组成，例如：

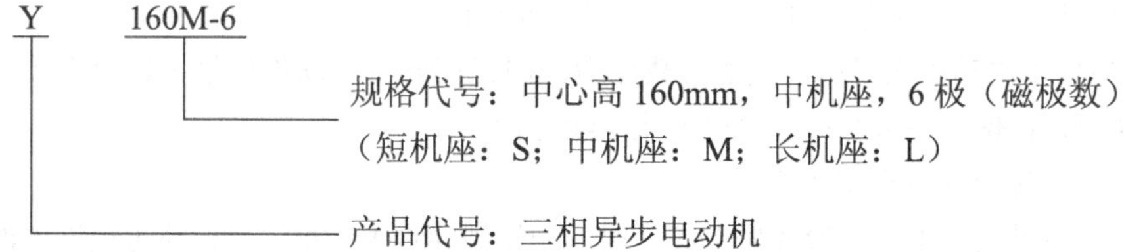

② 额定功率 P_N。即电动机在额定状况下运行时，转子轴上输出的机械功率值，单位为 kW。

③ 额定电压U_N。即电动机在额定运行情况下，三相定子绕组应接的线电压值，单位为 V。

④ 额定电流I_N。电动机在额定运行情况下，三相定子绕组的线电流值，单位为 A。

三相异步电动机的额定功率、额定电流、额定电压之间的关系为

$$P_N = \sqrt{3}U_N I_N \cos\varphi_N \eta_N$$

对 380V 低压异步电动机，其$\cos\varphi_N$和η_N的乘积约为 0.8，代入上式得

$$I_N \approx 2P_N$$

其中，P_N的单位为 kW，I_N的单位为 A。由此式可估算额定电流值。

⑤ 额定转速n_N。即额定运行时电动机的转速，单位为 r/min。

⑥ 额定频率f_N。我国电网频率为 50Hz，故国内异步电动机的频率均为 50Hz。

⑦ 电动机接法。电动机定子三相绕组有 Y 形联结和△形联结两种。Y 系列电动机的额定电压统一为 380V，其功率在 4kW 以上均为三角形联结。

⑧ 温升及绝缘等级。温升是指电动机运行时，绕组温度允许高出周围环境温度的数值，此数值大小由该电动机绕组所用绝缘材料的耐热程度决定，绝缘材料的耐热程度称为绝缘等级。不同绝缘材料的最高允许温升不同，小型电动机常用的绝缘材料分为五个等级，见表 3.3，其中最高允许温度值是按环境温度 40℃计算出来的。

表 3.3　绕组常用绝缘材料等级及其温度限值

绝缘等级	A	E	B	F	H	C
最高允许温度（℃）	105	120	130	155	180	>180

⑨ 工作方式及防护。按照负载持续时间的不同，国家标准中将电动机分为三种工作方式，连续工作制、短时工作制和断续周期工作制。防护等级是指外壳防护型电动机的分级，用 IP××表示，如 IP33 表示此电动机可防护大于 1mm 的颗粒进入机内。

4. 三相异步电动机的选择

合理选择三相异步电动机，直接关系到生产机械的安全运行和经济效益。三相异步电动机的选择主要包括电动机的额定容量（功率）、类型、结构、额定电压、额定转速等，其中以三相异步电动机容量（功率）最为重要。

（1）三相异步电动机容量（功率）的选择

如功率选得过大，其容量不能被完全利用，将使三相异步电动机的效率和功率因数都较低，另外投资额也增大。如功率选得过小，就不能保证生产机械的正常工作，而三相异步电动机会因长期过载运行而导致温度升高，加剧绝缘老化，使用寿命缩短，甚至会因过电流而烧坏绕组。正确选择三相异步电动机容量（功率）的原则如下。

① 三相异步电动机的启动转矩应大于生产机械的负载转矩。

② 三相异步电动机在运行时的温升不超过其允许值。

③ 三相异步电动机应具有一定的过载能力，即三相异步电动机的最大转矩必须大于生产机械的最大转矩，以保证在短时过载情况下能继续运行。

（2）三相异步电动机类型的选择

根据生产机械的要求，一般优先考虑采用三相笼型异步电动机，具体还可根据电源类型、机械特性、调速与启动特性、维护及价格等因素综合考虑。

（3）三相异步电动机结构形式的选择

三相异步电动机按其安装位置的不同，分为卧式和立式两种，应根据生产机械的要求来选定。为适应不同的工作环境，可选择各种防护形式的三相异步电动机。为防止三相异步电动机被周围介质所损坏，或三相异步电动机本身的故障引起灾害，必须根据具体的环境选择适当的防护形式。常用电动机结构特点及适用场合见表 3.4。

表 3.4　常用三相异步电动机结构特点及适用场合

结构形式	特点	适用场合
开启式	结构上无防护装置，通风良好	干燥无尘的场所
防护式	机壳或端盖下有通风罩，可防止杂物掉入	一般场所
封闭式	外壳严密封闭，电动机靠自身风扇或外部风扇冷却，并带散热片	潮湿、多灰尘或酸性气体较多场所
防爆式	整个电动机严密封闭	有爆炸性气体的场所

拓展阅读

城市轨道交通直线电动机

在众多的新型城市轨道交通类型中，采用直线电动机驱动的轨道交通系统具有爬坡能力强、曲线半径小等突出优点。直线电动列车辆与旋转电动列车辆有很多相同之处，其主要差别是牵引电动机的转向架及电力传动的控制不同。

（1）直线电动机有两个显著的特点

① 列车牵引电动机采用短定子直线感应电动机，悬挂于转向架底部。

② 两个钢轨之间铺设有金属平板以便于转向架底部的电动机定子构成一对电动机传动关系。

对于城市中低速轨道交通来说，一般采用交流异步直线电动机，其结构简单、坚固耐用，且维修工作量小。

直线电动机牵引的地铁车辆是将直线感应电动机的定子（含电磁铁和线圈）安装在车辆的转向架上，将转子沿线路铺设在轨道中间，电动机的定子称为初级转子，属于金属平板结构。直线电动机工作时，能感应出电动热和电流，故习惯上被称为感应极（RP）。另外，车辆的钢轮上安装有制动盘，在特殊情况下制动时要启用摩擦制动以确保能够按照制动要求安全制动。

（2）直线电动机在地铁车辆中有下列三种控制方式

① 车控：一个逆变器控制一辆车上所有的牵引电动机，一般为 4 个。

② 架控：一个逆变器控制一个转向架上的所有电动机，一般为 2 个。

③ 轴控：一个逆变器只控制一个轴上的电动机，一般为 1 个。

广州地铁 4 号线和北京机场快轨都采用架控，每辆车由两个逆变器电路组成，每个逆变器电路包括一个直流滤波电容器和一个牵引逆变器单元，分别向两台直流感应电动机供电。

直线感应电动机不同于旋转感应电动机的最大特点，就是由于铁芯和线圈断开产生的边端效应。采用等效电路对直线感应电动机进行分析，不仅可以使问题得到简化，而且完全可以满足工程计算的要求。

3.1.2　常用低压电器

城市轨道交通系统中，为了保证电动机能按地铁运营的要求工作，通常采用继电器、接触器、按钮等控制电器实现自动控制。对电动机和生产机械实现控制和保护的电工设备称为控制电器，其分为手动和自动两种：前者用手直接操作来进行切换，如刀开关、转换开关、按钮；后者在完成接通后其动作都是自动进行的。

1. 刀开关

刀开关又称闸刀开关，是结构最简单、应用最广泛的一种手动电器，一般用于不经常操作的低压电路中，用来接通或切断电源，或用来将电路与电源隔离，有时也用来控制小容量电动机不频繁地直接启动与停机。

图 3.8 所示为胶盒瓷底刀开关，其电路符号如图 3.9 所示。为节省材料和安装方便，通常把刀开关与熔断器组合在一起，以便短路时自动切断电路。

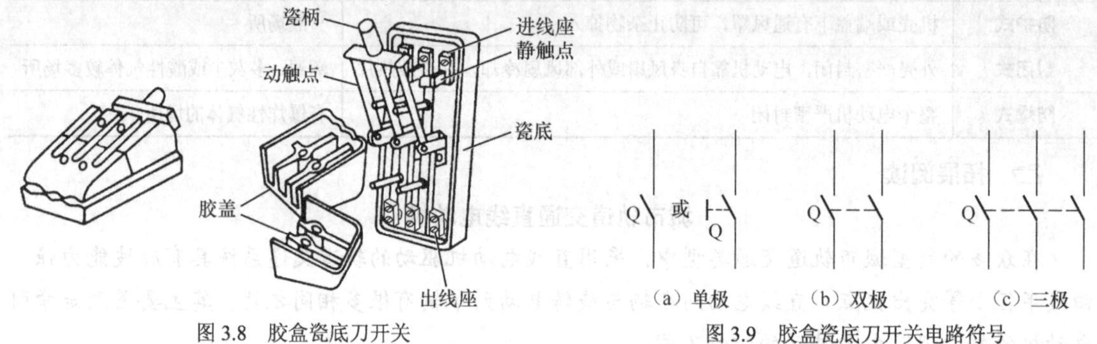

图 3.8　胶盒瓷底刀开关　　图 3.9　胶盒瓷底刀开关电路符号

2. 组合开关

组合开关（又称转换开关）是一种转动式的闸刀开关，它实质上就是一种由多触点组合而成的闸刀开关。组合开关主要用于接通或切断电路、换接电源、控制小型笼型异步电动机启停及正反转或局部照明。组合开关的种类很多，常用的有 HZ10 系列，如图 3.10（a）所示为 HZ10-10/3 型组合开关结构图及电路符号。

它有若干个（三个）动触片和静触片，分别装在数层绝缘件内，静触片固定在绝缘垫板上，动触片固定在附有手柄的转轴上，随转轴旋转而变换其通断位置。在转轴上装有加速动作的操纵机构，使触片接通和分断的速度与手柄旋转速度无关，从而提高其电气性能。

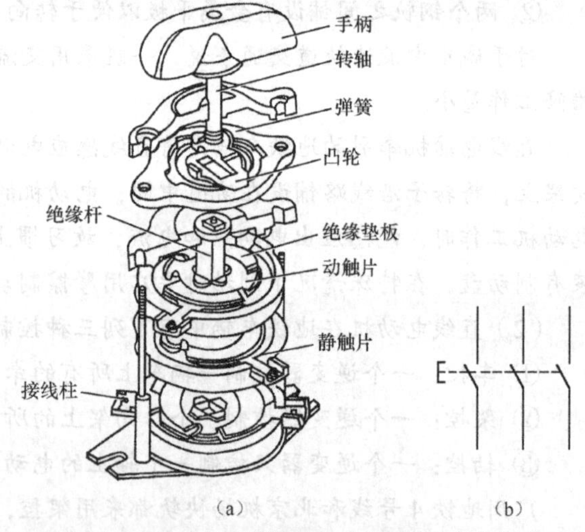

图 3.10　HZ10-10/3 型组合开关结构图及电路符号

在选用组合开关时，要根据控制要求及线路的工作电压和工作电流来选择。

由于组合开关本身不像刀开关那样有熔体结构，故不能用来切断故障电流。另外由于组合开关动触点、静触点的热容量小，故当用于控制电动机正、反转时，必须在电动机停转后才能进行操作。

3. 按钮

按钮通常用来接通或断开小电流控制电路，从而控制电动机或其他电气设备的运行。按钮结构如图 3.11（a）所示。该按钮只有一组动断（常闭）触点和一组动合（常开）触点。按钮帽有红、

黄、蓝、白、绿、黑等颜色，可供工作人员根据颜色来辨别和操作。

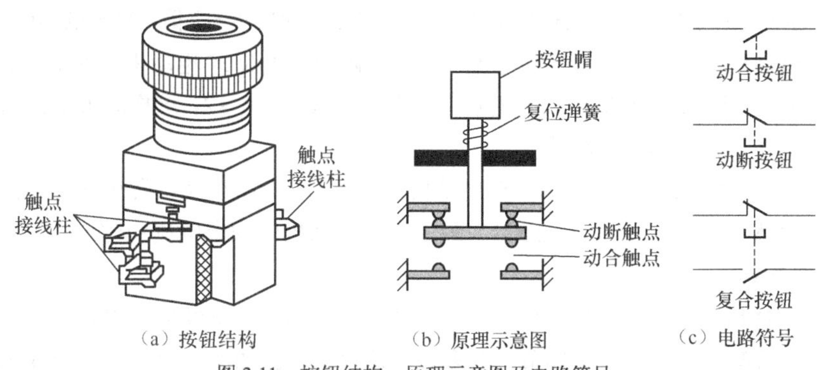

（a）按钮结构　（b）原理示意图　（c）电路符号

图 3.11　按钮结构、原理示意图及电路符号

所谓动合（常开）触点是指按钮未被按下时为断开的触点，动断（常闭）触点指按钮未被按下时为闭合的触点。按钮按下时，动断触点先断开，然后动合触点闭合；松开后，依靠复位弹簧使动合触点先断开，动断触点后闭合，恢复到原来位置。

按钮触点的接触面积小，其额定电流一般只有 5A，工作电压一般为 500V。选择按钮的主要依据是触点数量、工作环境和按钮本身的用途。

熔断器与热继电器

4. 熔断器

熔断器（又称保险丝）主要用作短路保护，其主体是用低熔点金属丝或金属薄片制成的熔体，串联在被保护的线路中，正常运行时如同一根导线，起通路作用。当线路严重过载或短路时，大电流很快将熔断器熔断，线路或电气设备脱离电源，从而起到保护电路上其他电气设备的作用。

熔断器的种类繁多，图 3.12 所示为常用的三种熔断器示意图。

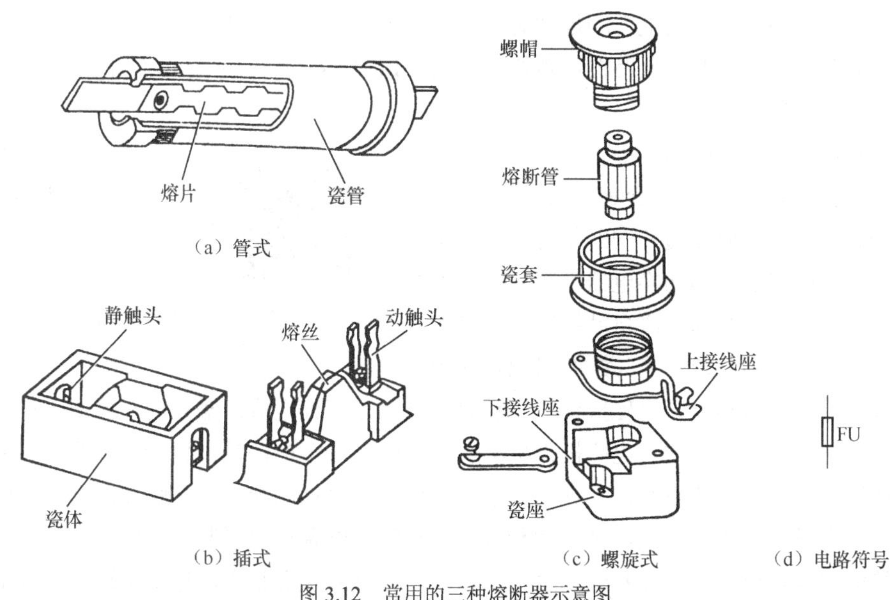

（b）插式　（c）螺旋式　（d）电路符号

图 3.12　常用的三种熔断器示意图

关于熔断器的选用，除了根据应用场合选择适当的结构形式外，主要是选择熔体的额定电流。

① 照明和电热负载的熔体。为确保照明和电热负载的正常工作而不被损坏，应使熔体额定电

流≥被保护设备的额定电流。

② 单个电动机的熔体。因电动机的启动电流是额定电流的5～7倍，为使电动机能正常启动，必须按照电动机启动电流来确定熔体的电流，可按熔体额定电流≥电动机启动电流/k来确定，其中k为经验系数。一般情况下取k=2.5，若启动频繁，则取k=1.6～2，这样既可防止电动机启动时熔体熔断，又能在短路时尽快熔断熔体。

③ 多台电动机合用的熔体。考虑多台电动机未必同时启动，以及按发热条件选择导线截面的要求，选择：熔体额定电流=（1.5～2.5）×最大容量电动机的额定电流+其余电动机额定电流。

5. 低压断路器

低压断路器是具有一种或多种保护功能的自动保护电器（可作短路、过载或失压保护），且具有开关功能，在输配电系统的重要环节一般多选用这种装置。如图3.13所示是常用的DZ系列的塑壳式低压断路器。

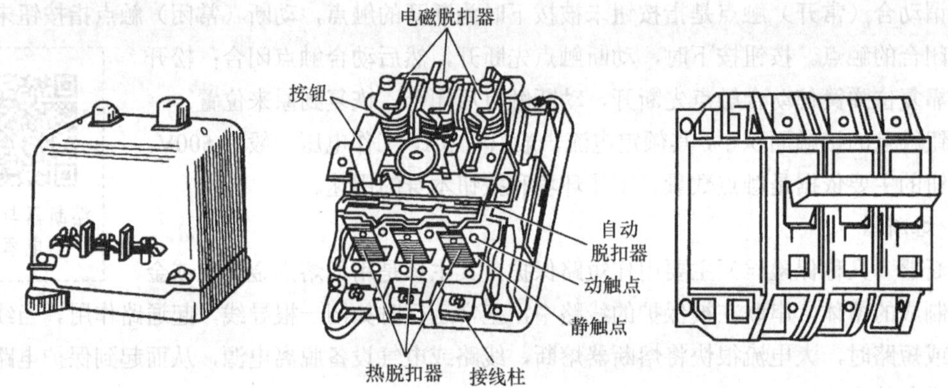

图3.13 常用的DZ系列的塑壳式低压断路器

低压断路器主要由触点系统、操作系统、各种脱扣器和灭弧装置等组成。低压断路器具有操作方便和工作可靠的优点，它能自动地同时切断三相主电路，可靠地避免电动机的断相运行。低压断路器电路符号如图3.14所示。

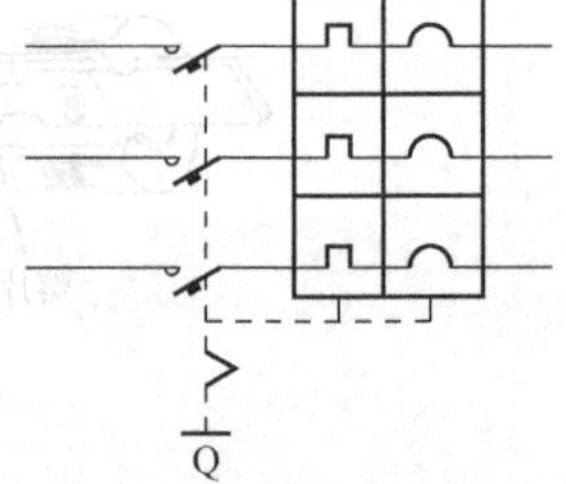

图3.14 低压断路器电路符号

6. 交流接触器

交流接触器

交流接触器是自动控制系统中大量使用的一种低压控制电器。它依靠电磁力的吸合和反向弹簧力作用，使触点闭合和断开，从而接通和切断带有负载的主电路或大容量控制电路的自动切换电器。它与按钮配合使用，可以对电动机进行远距离自动控制，但它本身不能切断短路电流，因此通常需与熔断器配合使用。

交流接触器主要由触点、电磁操作机构和灭弧装置三部分组成。触点用来接通、切断电路，由动触桥、静触点和弹簧组成。电磁操作机构实际上就是一个电磁铁，包括吸引线圈、山字形的静铁芯和动铁芯。当线圈通电时，动铁芯被吸下，使动合触点闭合，动断触点断开。主触点断开的瞬间会产生电弧，可灼伤触点，延长切断时间，故触点位置有灭弧装置。

交流接触器触点分为主触点和辅助触点两种。主触点接触面积大，适用于通断负载电流较大的主电路，辅助触点接触面积小，适用于通断电流较小（小于5A）的控制电路。图3.15为CJ10交流接触器。

交流接触器的额定电压指的是主触点的额定电压，一般为500V或380V，应大于或等于负载回路的低压。接触器的额定电流也是指主触点的额定电流，有 5A、10A、20A、30A、60A、100A 及 150A 等几种，其值应大于或等于被控制回路的额定电流。

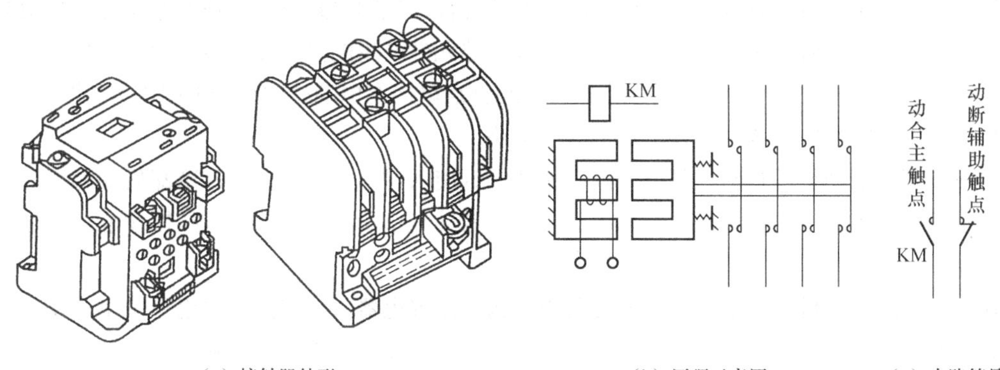

（a）接触器外形　（b）原理示意图　（c）电路符号

图 3.15　CJ10 交流接触器

交流接触器吸引线圈的额定电压等于控制回路的电源电压，从安全角度考虑应选择低一些。交流接触器的吸引线圈的额定电压有 36V、110（127）V，220V 和 380V 等几种。图 3.16 为常用接触器的电路符号。

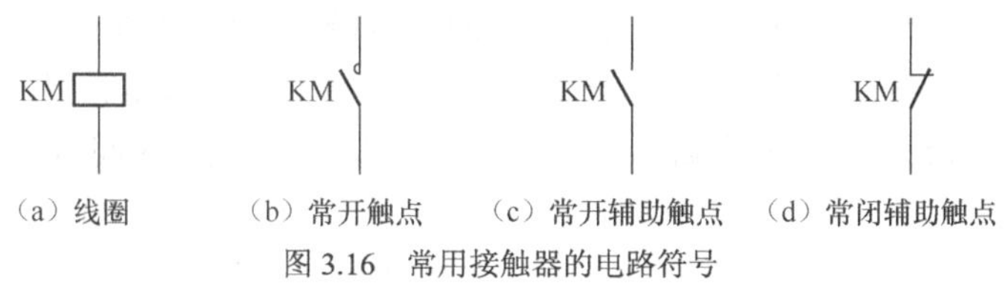

（a）线圈　（b）常开触点　（c）常开辅助触点　（d）常闭辅助触点

图 3.16　常用接触器的电路符号

7. 热继电器

热继电器是利用电流的热效应原理来对三相异步电动机的长期过载进行保护的。电动机在实际运行中常会遇到过载的情况，只要过载不严重、时间短、绕组不超过允许的温升是允许的；但如果过载情况严重、时间长，则会加速电动机绝缘材料的老化，甚至烧毁电动机。因此，必须对电动机进行长期过载保护。电动机的过载一般有以下几种情况：三相缺相运行、欠压运行、长时间超负荷运行、操作过于频繁、间歇运行、经常受到启动电流冲击、反接制动等。

热继电器主要由热元件、双金属片和触点组成，如图 3.17 所示。

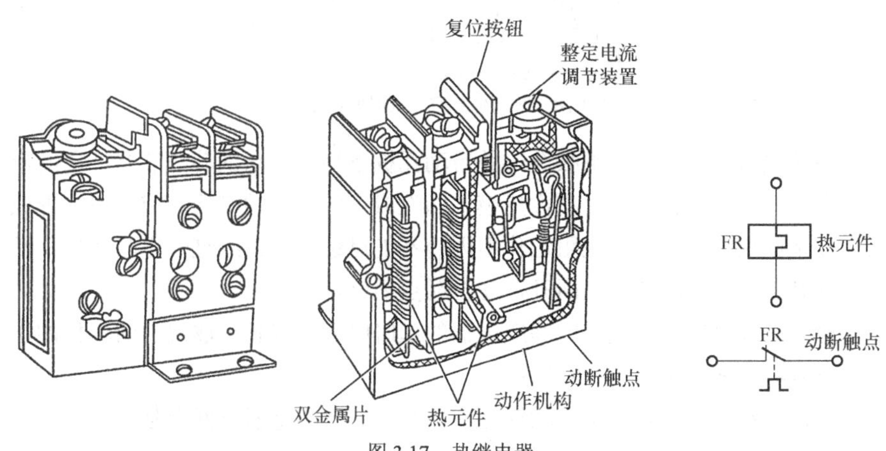

图 3.17　热继电器

热元件是一段阻值不大的电阻丝，绕制在双金属片上，使用时与电动机主回路串联。双金属片被热元件包围，由两种不同膨胀系数的金属材料碾压制成。

当电路正常工作时，对应的负载电流流过发热元件产生的热量不足以使双金属片产生明显变形；而当电动机过载时，流过热元件的电流增大，热元件产生的热量使双金属片向上弯曲，造成脱扣，扣板在弹簧的拉力作用下，将触点断开（此触点串接在电动机的控制电路中），控制电路断开，使接触器线圈断电，从而断开电动机的主电路。

热继电器触点动作后有两种复位方式：调节螺钉旋入时，可使双金属片冷却后动触点自动复位；调节螺钉旋出时，双金属片冷却后动触点不能自动复位，必须按下复位按钮才能使动触点实现手动复位。

在三相异步电动机电路中，一般采用两相结构的热继电器，即在两相主电路中串接发热元件即可。若发生三相电源严重不平衡、电动机绕组内部短路或绝缘不良等故障，则通常需要采用三相结构的热继电器。

时间继电器

发生短路事故时，要求电路立即断开，但热继电器是不能立即动作的，由于热惯性，热继电器不能作短路保护。选用热继电器时，应根据负载（电动机）的额定电流来确定其型号和加热元件的电流等级。

8. 时间继电器

时间继电器是一种利用电磁原理或机械动作原理实现触点延时接通或断开的自动控制电器，主要作为辅助电器用于各种电气保护及自动装置中。时间继电器有很多类型，如空气式、电磁式、电子式等，下面主要介绍交流控制电路中普遍应用的通电延时空气式时间继电器，如图 3.18 所示。

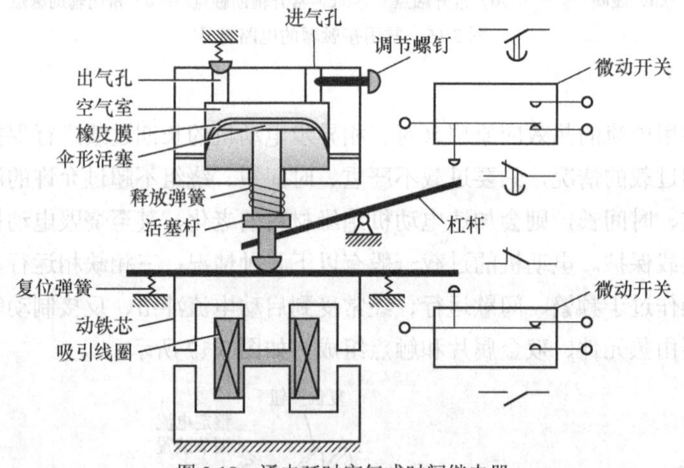

图 3.18　通电延时空气式时间继电器

当吸引线圈通电时，动铁芯向下吸合，并带动托板下移，使动铁芯与活塞杆之间形成一段距离，活塞杆失去依托开始下移，同时在橡皮膜上面造成空气稀薄的空间，空气室中形成负压，而伞形活塞又受到下面空气的压力产生阻尼作用因而不能迅速下移。经过一定时间后，活塞杆移至最下端使得微动开关动作，动断触点断开，动合触点闭合。

从线圈到触点动作这段时间就是时间继电器的延时时间，其长短取决于活塞杆的下移速度，一般延时范围有 0.4～60s 和 0.4～180s 两种。

当线圈断电后，在复位弹簧作用下动铁芯立即复位。此继电器有两个延时触点：一个是延时断开的动断触点，另一个是延时闭合的动合触点，如图 3.19（a）所示，另外还有两个瞬时触点。

断电延时的时间继电器与通电延时的时间继电器相比，仅仅是电磁铁倒装 180° 而已，工作原理相似。它具有两个延时触点：延时闭合的动断触点和延时断开的动合触点，如图 3.19（b）所示。

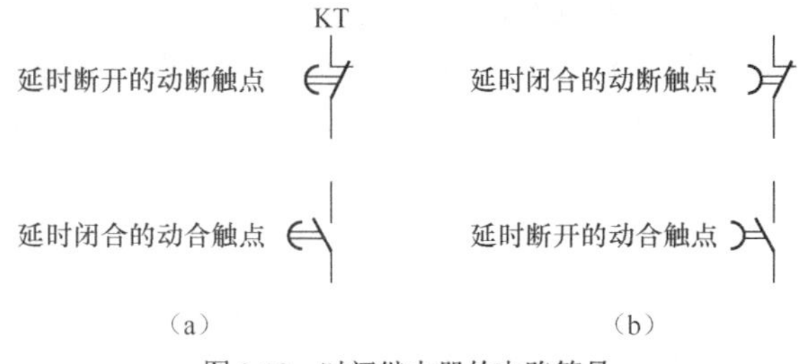

图 3.19　时间继电器的电路符号

3.1.3　电动机控制电路

采用接触器和按钮来控制电动机的启停，用热继电器作电动机的过载保护，用熔断器作短路保护，这就是继电-接触器控制的三相异步电动机的最基本电路。

三相异步电动机的结构与工作原理

1. 电气原理图

电气控制线路图通常用来表达各电器元器件的连接形式。电气控制线路图有三类：电气原理图、电器元器件布置图和电气安装接线图。

（1）读图

电气原理图是根据系统的工作原理，采用电器元件展开的形式绘制的，图中只包括所有电器元件的导电部件和接线端点之间的相互关系，并不按照各电器元件的实际位置和实际接线情况来绘制，也不反映电器元件的大小。

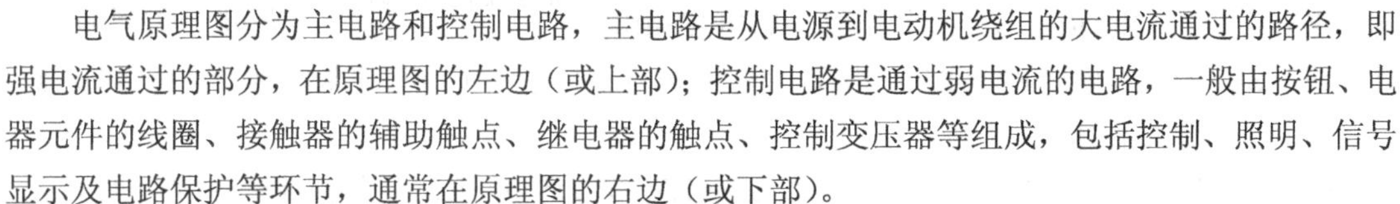

电气原理图分为主电路和控制电路，主电路是从电源到电动机绕组的大电流通过的路径，即强电流通过的部分，在原理图的左边（或上部）；控制电路是通过弱电流的电路，一般由按钮、电器元件的线圈、接触器的辅助触点、继电器的触点、控制变压器等组成，包括控制、照明、信号显示及电路保护等环节，通常在原理图的右边（或下部）。

电气原理图中，各元器件采用国家统一的图形和文字符号表示。属于同一元器件的线圈和触点，都用同一个文字符号表示。各元器件的导电部件（如线圈和触点）的位置，都绘制在已完成作用的位置（故同一元器件的各个部件可不在一起）。

电气原理图中，各元器件的触点是没有外力作用或没有通电时的原始状态，如按钮和行程开关的触点按不受外力作用时的状态绘制；控制器按手柄处于零位时的状态绘制；继电器、接触器的触点按线圈未通电时的状态绘制。

（2）识图

原理图按动作的先后从上到下、从左到右绘制，故识图时也需遵循此顺序。识图前，若想读懂控制系统的动作原理，需先看图样说明（如图样目录、文件明细表），这有助于了解大致情况。同时了解生产工艺对控制线路的基本要求也是十分重要的，尤其对于机、电、气、液控制配合密切的机械，有时单凭电气原理图往往掌握不了其动作原理。

识图时要分清主电路、控制电路、交流电路、直流电路等，应先看主电路，后看控制电路。看图的顺序是从上到下、从左到右。

看主电路时，应先通读，通常由下往上，即从电器设备（如电动机）开始经控制元件到电源，厘清电源是经过哪些元件到达用电设备的，然后根据电流的流向由电源到被控制的设备（电动机），了解生产工艺的要求，这是阅读和分析的前提。了解主电路中有哪些电器，它们是怎样工作的、工作有何特点等，以概览本系统的特点。

看控制电路时，从上到下、从左到右，按动作先后次序逐个回路、逐个元件进行分析，当一个电器动作后（如接触器线圈得电），应逐一找出它的主、辅触点分别接通或断开了哪些电路，或为哪些电路的工作做了准备，认清它们的动作条件和作用，理清它们之间的逻辑顺序。此外还需关注电路中还有哪些保护环节。

2. 三相异步电动机的启动分析

电动机接通电源、转速由零上升到稳定值的过程为启动过程。

电动机的启动电流过大，会产生较大的线路压降，会直接影响接在同一线路上的其他负载的正常工作。三相异步电动机一般有全压直接启动和降压启动两种方式，较大容量（大于 10kW）的电动机，因启动电流较大（可达额定电流的 4～7 倍），故一般采用降压启动方式来降低启动电流；功率较小的电动机通常采用直接启动的方式。

3. 三相异步电动机的直接启动控制

（1）点动控制电路

所谓点动控制，就是当按下按钮时电动机转动，松开按钮时电动机停转。图 3.20 为三相异步电动机点动控制原理电路图。

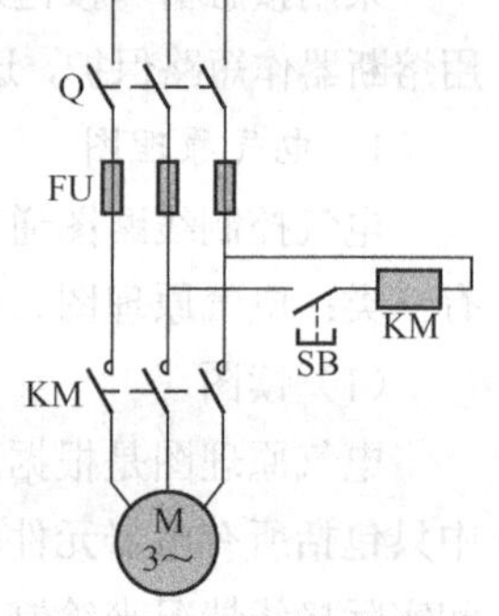

图 3.20　三相异步电动机点动控制原理电路图

继电—接触器控制电路由主电路和控制电路两部分组成，主电路是直接给电动机绕组供电的电路，控制电路是对主电路的动作实施控制的电路。

三相异步电动机的点动控制电路

主电路由三相电源、刀开关 Q、熔断器 FU、交流接触器 KM 主触点、电动机定子绕组等组成。控制电路由电源、按钮 SB、交流接触器 KM 线圈等组成。一般主电路画在电路图左侧、控制电路画在电路图右侧。

电路的控制过程如下。

① 闭合刀开关 Q 接通电源；按下按钮 SB→KM 线圈通电→KM 主触点闭合→电动机运转。

② 松开 SB→KM 线圈失电→KM 主触点（动断）开→电动机停转。

主电路中的刀开关 Q 起隔离电源的作用，当需要对电动机或电路进行检修时，拉开刀开关 Q 以便隔离电源，确保安全。点动环节在工业生产中应用颇多，如电动葫芦、机床工作台的上、下移动等。

（2）启停控制电路（单向运行控制电路）

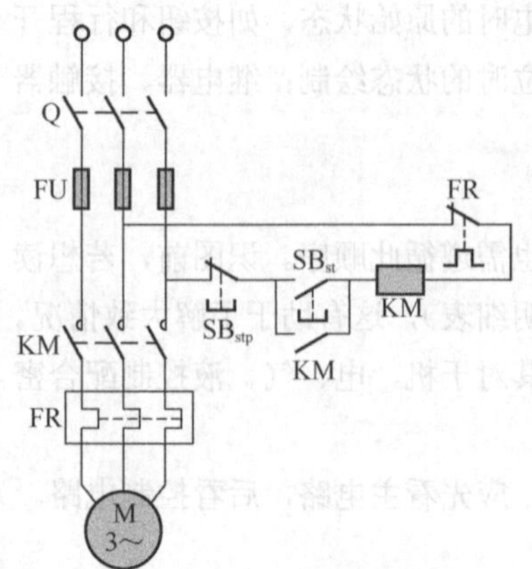

图 3.21　单向自锁控制电路

在点动控制电路的基础上，控制回路串接了一个停止按钮 SB_{stp} 和一个热继电器 FR 的动断触点，并在启动按钮 SB_{st}（即图 3.20 中的按钮 SB）两端并接一个接触器的动合辅助触点 KM。在主电路串接了热继电器 FR 的发热元件，如图 3.21 所示。

图中接在启动按钮 SB_{st} 两端的 KM 动合辅助触点具有自锁（自保持）的作用。当按下启动按钮 SB_{st} 后接触器线圈通电，辅助触点闭合，即使松开按钮后仍可保持线圈持续通电状态，电动机继续运转。若要停止，则只需按下按钮 SB_{stp}，使接触器线圈断电，电动机停转，同时解除自锁。常态时 SB_{stp} 是闭合的，

不影响启动和运转。

电路的启、停过程如下。

① 启动：闭合刀开关 Q 接通电源

按下 SB_{st} →KM 线圈通电 →KM 主触点闭合→电动机运转

→KM 辅助触点（动合）闭合，自锁

② 停转：按下 SB_{stp} →KM 线圈失电 →KM 主触点断开，电动机停转

→KM 辅助触点（动断）断开，解除自锁

为保证电动机运行安全可靠，电路中还采用了短路、过载及失压保护。短路保护靠熔断器 FU，它串接在主电路中，一旦电路发生短路，熔体熔断确保电动机脱离电源。过载保护靠热继电器 FR，当电动机负载过大、电压过低或缺相运行时，都将引起电动机电流过大，长时间过电流就会使热元件发热，串接在控制电路的动断触点断开，接触器 KM 线圈断电，接触器 KM 主触点断开，从而切断主电路使电动机停转。同时接触器 KM 辅助动断触点也断开，解除自锁。故障排除之后，需要按下复位按钮 FR。

自锁与互锁

（3）正—反转互锁控制电路

在生产过程中很多生产机械的运行部件都需要正、反两个方向运动，如机床工作台的前进、后退。由三相异步电动机的工作原理可知，要使三相异步电动机正、反转，只要改变引入电动机的三相电源的相序即可。

电动机的正反转控制电路分正—停—反、正—反—停两种形式。如图 3.22（a）所示主电路中，电动机的正反转是通过两个接触器 KM1、KM2 的主触点改变电动机定子绕组的电源相序而实现的。

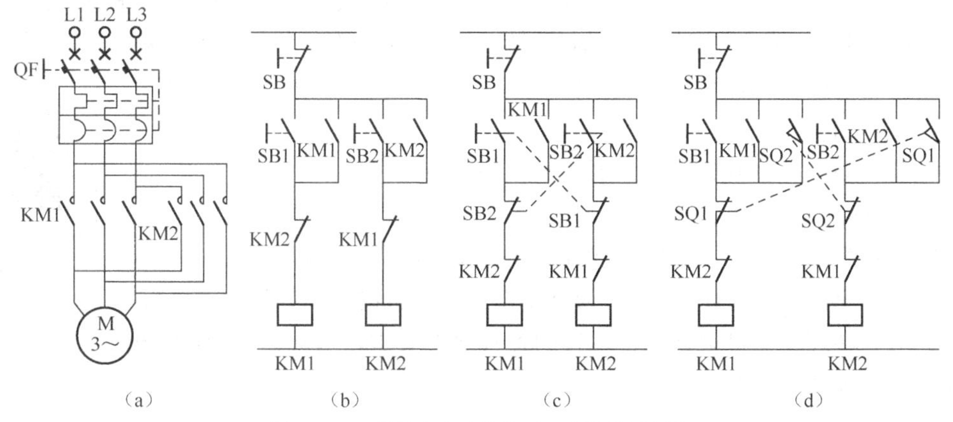

图 3.22　三相异步电动机的正—反转控制电路

图 3.22（a）中接触器 KM1 为正向接触器，控制电动机正转；接触器 KM2 为反向接触器，控制电动机反转。下面分析正反转控制电路的工作过程。

① 正—停—反控制。

其电路如图 3.22（b）所示。按下启动按钮 SB1（或 SB2），接触器 KM1（或 KM2）线圈通电，KM1（或 KM2）的主触点使电动机正转（或反转）启动，其自锁触点使电动机正转（或反转）运行。由于 KM1、KM2 两个接触器的常闭触点具有互锁作用，即当一个接触器通电时，其常闭触点断开而使另一个接触器线圈不能通电。电动机换向时，必须先按停止按钮 SB，使接触器线圈断开（即断开互锁点）才能反方向启动，这样的电路为“正—停—反”控制电路，具体工作过程如下：

按 SB1→KM1 通电自锁→M 正转运行

按 SB→KM1 断电→M 停转

按 SB2→KM2 通电自锁→M 反转运行

② 正—反—停控制。

其按照图 3.22（c）所示电路，将启动按钮 SB、SB2 换成复合按钮，再将主电路电源接通。当按下 SB1（或 SB2）时，按钮的常闭触点断开，使 KM2（或 KM1）线圈断电，同时按钮的常开触点闭合，使 KM1（或 KM2）线圈通电吸合，电动机反方向运转。由于复合按钮的互锁作用，再加上接触器辅助触点互锁，故此电路又叫双重联锁电路。

在电动机运转时可按反转启动按钮直接换向，常称为“正—反—停”控制电路，其工作过程如下：

按下 SB1 → KM1 通电自锁→电动机 M 正转运行

  → 断开 KM2

按下 SB2 → 断开 KM1

  → KM2 通电自锁→电动机 M 反转运行

按下 SB → KM1、KM2 断电→电动机 M 转

③ 电动机的正反转自动循环控制电路。

一般采用行程开关来实现电动机正反转的自动循环控制电路，常用于机床工作台的往返循环控制。如图 3.22（d）所示，按正转启动按钮 SB1，接触器 KM1 通电并自锁，电动机正转，工作台右移。当工作台运动到右端时，挡块压下右行限位开关 SQ1，其常闭触点使 KM1 断电，同时其常开触点使 KM2 通电并自锁，电动机反转，使工作台左移。当运动到挡块压下左行限位开关 SQ2 时，KM2 断电，KM1 通电，电动机正转，使工作台右移，如此一直循环。SB1 为自动循环停止按钮。

在生产实践中，电动机的正反转控制应用很广。

电动机调速控制与保护

4. 三相异步电动机的调速控制

在负载不变的情况下，人为地改变电动机的转速，就是调速。

如在轨道交通的车辆行进中，作为列车牵引电动机的三相异步电动机需要人为改变其转速来满足地铁列车运行的各种速度要求，这就需要给电动机调速。那么，如何才能实现这种调速呢？

由式 $n=(1-s)\dfrac{60f}{p}$ 可知，三相异步电动机的调速方法有变极（p）调速、变频（f）调速和变转差率（s）调速。

（1）变极调速

由公式 $n=(1-s)\dfrac{60f}{p}$ 可知，当电源频率 f 一定时，转速 n 近似与磁极对数成反比，磁极对数增加一倍，转速近似减小一半。可见，改变磁极对数就可以调节电动机转速。

变极实际上改变了定子旋转磁场的同步转速，而同步转速是有级的，故变极调速也是有级的（即不能平滑调速）。这种调速方法只适用于三相笼型异步电动机，因为三相笼型异步电动机的转

子的极对数能自动地保持与定子极对数相等。

所谓改变定子绕组端部的连接方式，实质就是通过每相绕组中的半相绕组改变电流方向（半相绕组反接）来实现变极。如图 3.23 所示，把 U 相绕组分成两半：线圈 U_{11}、U_{21} 和 U_{12}、U_{22}。图 3.23（a）为两线圈正向串联，得 p=2；图 3.23（b）为两线圈反向串联，得 p=1。

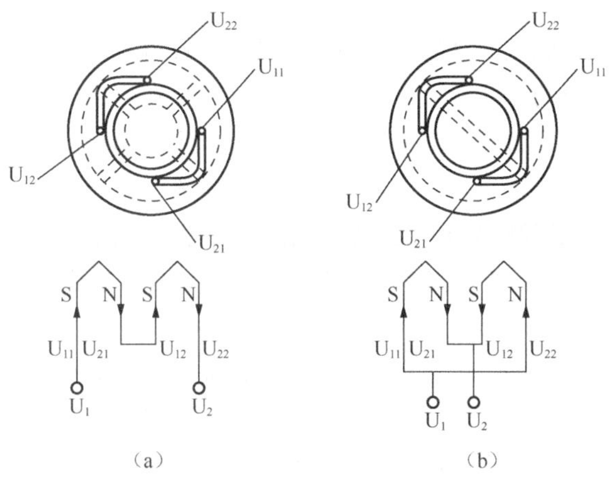

图 3.23　变极的方法

（2）变频调速

变频调速通过改变三相异步电动机供电电源的频率来实现调速。

由于频率 f_0 能连续调节，故可得到较大范围的平滑调速，可实现无级调速，其调速性能好，但往往需要专用的变频设备。随着晶闸管、大功率晶体管器件即变流技术的迅速发展，交流变频调速已发展成为一种专门的电力传动调速技术，现在已经广泛应用于低压中小功率电动机的调速。大功率元器件在大功率高压电动机调速方面也已经开始应用。

（3）变转差率调速

这种调速方法只适用于三相绕线型异步电动机。在电动机转子绕组的电路中接入一个调速电阻，通过改变电阻即可实现调速。

此方法的优点是有一定的调速范围，设备简单，但其耗能较大、效率较低，较多应用于起重设备。

综上分析，不同的调速方法适合不同的场合。在地铁车辆中，目前普遍使用的是变频调速。在列车运行时，列车通过车载计算机控制牵引逆变模块（MCM）输出变频电压给电动机，以达到调速的效果。

5．三相异步电动机的保护

通常电气控制系统都配有保护环节，用于保护电动机、电源、电气设备等安全、可靠地运行。电气控制系统中常用的保护环节有短路保护、过载保护、过流保护、零电压及欠电压保护等。

（1）短路保护

电动机绕组导线的绝缘损坏或者电路发生故障时，都可能造成短路事故，导致电气设备损坏。常用的短路保护元件有熔断器 FU 和断路器 QF。短路时，熔断器由于熔体熔断而切断电路起保护作用；断路器在电路出现短路故障时可自动跳闸，起到保护作用。

（2）过载保护

三相异步电动机的负载突然增加、缺相运行或电网电压降低都会引起过载。电动机长期过载运行，其绕组温升将超过允许值，会造成绝缘材料变脆、变硬、减少寿命，甚至损坏电动机，因此要进行过载保护。

常用的过载保护元件是热继电器FR和断路器QF。由于热继电器的热惯性较大，不会受冲击电流或短路电流的影响而瞬时动作，因此热继电器具有过载保护作用但不具有短路保护作用。

（3）过电流保护

过大的负载转矩或不正确的启动方法会引起电动机的过电流故障。过电流一般比短路电流要小，产生过电流比发生短路的可能性更大，尤其在频繁正反转启动、制动的短时重复工作中更是如此。过电流保护主要应用于直流电动机或三相绕线型异步电动机。对于三相笼型异步电动机，由于其短时过电流不会产生严重后果，因此可不设置过电流保护。

过电流保护元件是过电流继电器。通常将过电流继电器线圈串接于被保护的主电路中，它同时也具有短路保护的作用，一般过电流的动作值为启动电流的1.2倍。

（4）零电压及欠电压保护

零电压保护是为了防止电网失电后电动机停转，恢复供电时又自行启动而实行的保护。如果电源电压因故消失，而在电源电压恢复时就必须防止电动机自行启动，否则将可能造成生产设备的损坏，甚至发生人身事故。而对电网来说，若有许多电动机同时启动，会引起过电流，致使电网电压瞬间下降，因此要进行零电压保护。

欠电压保护是为了防止电源电压降到低于允许值而造成电动机损坏。在电动机正常运转时如果电源电压过于降低，会引起一些电器触点释放，可能造成控制线路工作不正常而导致发生事故。对电动机而言，若电源电压下降过低，而负载不变时会造成电动机绕组电流增大，致使电动机发热甚至烧坏，所以要进行欠电压保护。

一般通过接触器KM的自锁环节来实现电动机的零电压、欠电压保护，也可用断路器QF来进行保护。

拓展阅读

城市轨道交通列车的制动系统

1. 列车制动系统

为了实现对列车的制动，需要在列车上安装完整的制动装置。制动装置一般安装在首尾两侧的车头上，通常包括两个部分：制动控制部分和制动执行部分。制动控制部分由制动信号发生与传输装置及自动控制装置组成。制动执行部分通常称为基础制动装置，包括闸瓦制动与盘式制动等不同方式。

2. 常用制动和紧急制动

列车运行过程中制动的操作按用途可分为常用制动和紧急制动。常用制动是指在正常情况下为调节或控制列车速度，包括进站停车所实施的制动，其特点是作用比较缓和，制动力可以调节，通常只用列车制动能力的20%～80%，多数情况只用50%。紧急制动是一种非常情况下的制动，其特点是作用时间短，且要把列车的全部制动能力都释放。目前在城市轨道交通车辆上还采用一种快速制动的方法，它基本与紧急制动相当，但是紧急制动是不可自动恢复的，必须在停车后实施人工恢复，而快速制动是可恢复的控制过程。

3. 常用制动和快速制动的实施

制动控制电子装置（BCE）和牵引控制电子装置（PCE）同时接收来自制动和牵引列车的信号，并根据信号判断列车的运行工况。列车制动时BCE和PCE会同时接收到双份PWM制动减

速度脉宽调制信号，并判断这两个信号的大小，取其中较大值作为自动减速度的需求值。

4. 电制动时再生制动和电阻制动交替使用

在网压高于 DC1800V 时，再生制动能平稳地转到电阻制动。在整个运行速度范围内，电阻制动能单独满足制动的要求。在电制动力不足的情况下，动车和拖车分别根据各自车辆所接收到的制动指令，同时施加空气制动。如果电制动有效，PCE 会给本车 BCE 发送指令禁止施加空气制动。在电制动失效或紧急制动过程中，空气制动将代替电制动且根据列车的载重全部施加空气制动。

在列车低速运行时，由空气制动代替电制动，实施“保持制动”使整列车停车。当列车启动时，“保持制动”由牵引指令根据车辆牵引力不断加大进行缓解，以防止牵引力不足时制动先完全缓解而造成列车倒退。

知识小结

1. 三相异步电动机由定子和转子两部分组成，这两部分之间由气隙隔开。按转子结构的不同，三相异步电动机分为三相笼型异步电动机和三相绕线型异步电动机两种：前者结构简单，价格便宜，运行、维护方便，使用广泛；后者启动、调速性能好，但结构复杂且价格高。

2. 异步电动机又称感应电动机，它的转动原理如下。

电生磁——给三相定子绕组通入三相交流电流产生旋转磁场。

磁生电——旋转磁场切割转子绕组，在转子绕组产生感应电动势（电流）。

电磁力（矩）——转子感应电流（有功分量）在旋转磁场作用下产生电磁力并形成转矩，驱动电动机旋转。

3. 转子转速 n 恒小于旋转磁场转速 n_0，即转差的存在是异步电动机旋转的必要条件。

4. 转子转向由三相电流相序决定，这就是异步电动机改变转向的原理。

5. 转差率定义 $s=\frac{n_0-n}{n_0}$，它反映电动机的转速快慢。空载时 $n\approx n_0$，$s\approx 0$；不转时（启动瞬间），$n=0$，$s=1$。故异步电动机转差率的变化范围为 0～1，转差率是异步电动机的一个极为重要的参数。

6. 铭牌是电动机的运行依据，其中额定功率是指在额定运行时，电动机转子轴上输出的机械功率，用电功率的单位 kW 来表示，但它并非指电动机从电网取得的电功率。额定电压、额定电流均指线电压和线电流。

7. 合理选择电动机关系到生产机械的安全运行和投资效益，可根据生产机械所需功率选择电动机的容量，根据工作环境选择电动机的结构形式。

8. 常用继电器、接触器及按钮等控制电器来实现自动控制，它们工作可靠、维护简单，并能对电动机实现启动、调速、制动等自动控制，所以应用很广泛。接触器是用于接通或切断带负载的主电路，且易于实现远距离控制的自动切换电器；而继电器及一些其他控制器件用于对主电路进行控制及保护。

9. 任何一个复杂的控制系统均由一些基本的控制环节（电路）及一些特殊要求的控制电路组成。对于三相异步电动机的基本控制电路，需关注点动、自锁、互锁、单向自锁运行控制及正、反转互锁控制等电路。同时注意电气控制系统中常用的保护环节有短路保护、过载保护、零电压和欠电压保护等。

10. 控制电路由主电路和控制电路两部分组成。主电路读图时要了解有几台电动机，各有什么特点、启动方法、有否正反转、调速、制动等，为读懂控制电路提供依据。电路读图需从控制主电路的接触器线圈着手，自上而下对逐个电路进行分析：先分析各个基本环节，再找出互相之间的联锁关系，以掌握整个电路的控制原理。

技能训练

电动机正反转控制电路

电动机正反转控制电路应用于很多控制系统中，试根据图3.20的原理电路，利用三相异步电动机控制实训平台完成“正—反”转电路的接线。通过实践训练，进一步理解三相异步电动机正反转运行的原理，加深对双重联锁电路的理解，提高按照电气原理图接线的能力。

实践训练任务书

任务内容	电动机正反转控制电路
环节安排	4课时　电路接线与调试运行
任务目的	理解三相异步电动机正反转运行的原理 能按照电气原理图接线
具体要求	1．根据电气原理图完成接线 2．检查并调试电路，接通主电路后运行 3．按照“正—停—反”的顺序操作，观察电动机的运转情况
记录整理	1．绘制电路原理图 2．完成电路接线 3．调试和运行电路 4．观察并记录电动机工作情况 5．思考“双重联锁”的含义、电动机正反转是如何实现的

知识点3.2　供电及用电安全

学习目标

- 能正确说出电力系统的组成及工厂配电系统
- 了解安全用电的意义
- 熟悉安全用电的各项措施

学习内容

电能绿色环保，是城市轨道交通系统的动力能源。熟知电力系统的组成、输电/配电系统的基本架构、安全用电知识非常重要。

3.2.1　电能产生与输送

电能是二次能源，由其他形式的能转换得到，如水力发电、风能发电、核电动力等，主要通过发电厂生产电能。

电能的产生与输送

1．电力系统

电能的生产、传输和供配通过电力系统实现。

电力系统是由发电厂、送变电线路、供配电所和用电等环节组成的电能生产与消费系统，也可以说，发电厂、电力网与用户构成了电力系统。电力系统将自然界的一次能源通过发电动力装置转化成电能，再经输电、变电和配电将电能供应到各用户。

电力系统的主体结构有电源、电力网络和负荷中心。电源指各类发电厂、站，它将一次能源转换成电能；电力网络由电源的升压变电所、输电线路、负荷中心变电所、配电线路等构成，其功能是将电源发出的电能升压到一定等级后输送到负荷中心变电所，再降压至一定等级后，经配电线路与用户连接。

图 3.24 所示为电力系统的总体架构示意图。

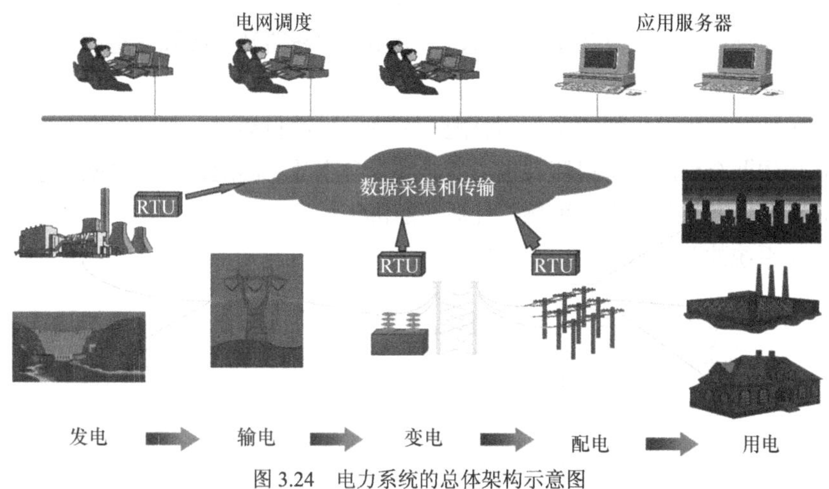

图 3.24　电力系统的总体架构示意图

通常，将发电厂电能送到负荷中心的线路叫输电线路，负荷中心至各用户的线路叫配电线路。负荷中心一般设变电所。

电力系统在各个环节和不同层次还配置了相应的信息与控制系统，对电能的生产过程进行测量、调节、控制、保护、通信和调度，以保证用户获得安全、优质的电能。电力系统的信息与控制系统由各种检测设备、通信设备、安全保护装置、自动控制装置及监控自动化、调度自动化系统组成。

从电能生产与传输的总体过程来分析，可以参考图 3.25 所示的电网组成。

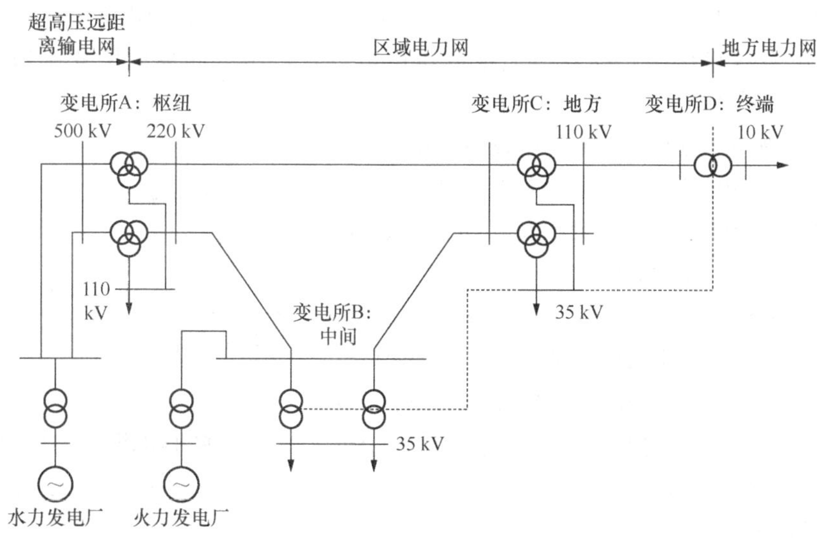

图 3.25　电网组成

电力网一般由变电所和输电线路构成。变电所有升压变电所和降压变电所两类。升压变电所一般建在电厂，将低电压变换为高电压，以适合于长距离传输；降压变电所一般建在负荷中心地区，将高电压降低为合适的低电压。

电力网按功能也可分为输电网和配电网。输电网是以高压甚至超高压电将发电厂、变电所或变电所之间连接起来的输电网络，又称为电力网中的主网架，通常电压级别在 35kV 及以上。配电网一般是 10kV 及以下的电力网，其作用是将电能分配给各类不同的用户，变换电压、传送电能。

输电线路是实施电能远距离传输的环节，一般由架空线路及电缆线路组成。

2. 工厂供配电

工厂供配电即工厂所需电能的供应和分配，可满足生产自动化、提高生产质量、降低人员劳动强度；若供电中断会引起设备损坏，也可能导致人身事故。因此，工厂供配电系统的稳定和可靠十分重要，其基本要求是安全、可靠、优质、经济。

工厂供配电系统的总体示意图如图 3.26 所示。

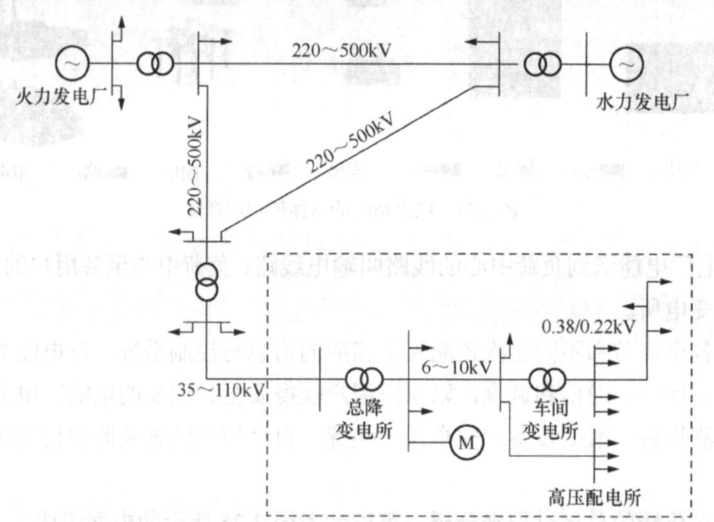

图 3.26　工厂供配电系统的总体示意图

工厂总变电所从地区 35kV 及以上电网引入电源进线，经总变压器两次降压至 6～10kV 低压，再经过高压配电线路送至车间变电所或高压用电设备，由车间变电所变压器二次降压至 380V/220V 后，经低压配电线路输送至车间负荷。

从车间变电所（或配电箱）到用电设备的线路是低压配电线路。低压配电系统中，一般采用三相四线制接线方式。小型工厂所需的容量一般不大于 1000kVA，若容量不超过 160kVA，则一般由公共低压电网供电。

工厂供配电系统的结构多样，基本接线方式有 3 种：放射式［见图 3.27（a）］、树干式［见图 3.27（b）］和环式，如图 3.27 所示。具体采用何种接线方式，需要根据工厂负荷的要求、投资大小、运行维护方便和长远规划等综合分析确定。其中负荷等级的划分如下。

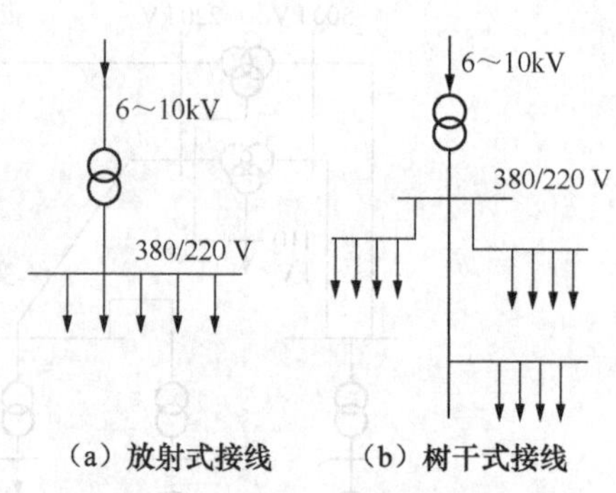

（a）放射式接线　（b）树干式接线

图 3.27　系统接线方式示意图

（1）一级负荷

此类负荷一旦中断供电，将会造成人身事故、重大损失。例如，重大设备损坏、重大产品报废、用重要原料生产的产品大量报废、国民经济中重点企业的连续生产过程被打乱需要长时间才能恢复等。

在一级负荷中，中断供电将发生中毒、爆炸和火灾等情况的负荷，以及特别重要场所等不允许中断供电的负荷，应视为特别重要的负荷。

对于一级负荷，应最少由两个独立电源供电，构成主备冗余保护。

（2）二级负荷

此类负荷一旦中断供电，将会造成主要电气设备损坏，影响重要用电单位的正常工作，造成较大经济损失。例如，主要设备损坏、大量产品报废、连续生产过程被打乱需较长时间才能恢复、重点企业大量减产，或交通枢纽、通信枢纽等重要的用电单位正常生产受到影响等。

对于二级负荷，一般由两个回路供电，两个回路的电源线尽量引自不同的变压器或母线。

（3）三级负荷

不属于一级、二级负荷的其他负荷属于三级负荷。

3.2.2　安全用电

安全用电

在电能使用过程中要十分注意各项安全，否则可能发生设备损坏或人身伤亡事故，因此必须注意用电安全，以保证设备、人员、系统的安全，防止事故发生。

1. 安全措施

“安全第一，预防为主”是安全用电的基本方针。应采取各种安全措施，通常从以下几方面着手。

（1）建立健全各种安全操作规程和安全管理制度，宣传和普及安全用电的基本知识。

（2）电气设备采用保护接地和保护接零。

电气设备的保护接地和保护接零是为了防止人体触及绝缘损坏的电气设备引起触电事故而采取的有效措施。保护接地即将电气设备的金属外壳或构架与接地装置良好连接，保护接地适用于中性点不接地的低压电网。

在中性点接地电网中，要采用保护接零。将电气设备的金属外壳或构架与电网的零线相连接，这种保护方式称为保护接零。

保护接零适用于电压为380V/220V中性点直接接地的三相四线制系统。

（3）安装漏电保护装置。防止由电气设备漏电引起的触电事故和单相触电事故。

（4）对于一些特殊电气设备（如机床局部照明、携带式照明灯）及在潮湿场所、矿井等危险环境，必须采用安全电压（36V、24V、12V）供电。

此外，防雷及防电气火灾也是用电安全的重要方面。常见的防雷措施有安装避雷针、避雷线、避雷网、避雷器、保护间隙、设备外壳可靠接地等。

电气火灾一般是指由于电气线路、用电设备、器具，以及供配电设备出现故障性释放的热能，如高温、电弧、电火花，以及非故障性释放的能量，如电热器具的炽热表面，在具备燃烧条件下引燃本体或其他可燃物而造成的火灾，也包括由雷电和静电引起的火灾。造成电气火灾的原因除电气设备安装不良、选择不当等设计和施工方面的原因外，运行中的短路、过负荷及接触电阻过大都会引起电气设备的温度升高，导致火灾。

预防电气火灾，必须采取综合性的措施，如正确进行电气设施的选择，根据电气设备所处环境和防火要求，按防护措施的不同类型及其使用环境的危险程度选择电气设备，如防爆型、保护型等；选择与负荷电流相对应的熔丝；保证设备正常运行，装设短路、过负荷保护装置；在通电设备场所，对有可能引发电气火灾的火源、可燃物、助燃物三个条件进行有效清除、隔离，保持各物体的安全距离，杜绝电气火灾的发生，防止火灾的蔓延，保持电气设备与线路的安全运行。

2. 安全用电注意事项

① 带电作业应有专人监护，不允许一人独立作业。

② 经常检查电气设备的保护接地、接零装置，保证连接牢固。

③ 电气检修时应切断电源，并挂“有人工作，禁止合闸”警示牌。

④ 避免将太多插头用于同一插座，以免负荷过重引起火灾。

⑤ 工具原有的插头不得随意拆除或改换，严禁直接将电线的金属丝插入插座。

⑥ 拔出插头时，应该紧握插头，而不是提拉插头的软线；在插入或拔出插头时应小心，别让手指触及插头的金属插脚。

⑦ 作业人员在使用手持式电动工具时应穿绝缘鞋，戴绝缘手套（Ⅰ类），操作时握住手柄，不得利用电缆提拉。

⑧ 遇到配电箱、配电板、闸刀开关、按钮开关、插座、插销及导线等有破损和裸露，必须进行修理。

⑨ 土地潮湿时，站立处应垫以干木板或绝缘垫，否则不可以使用电气设备；露天场所使用的电气设备及装置需使用防水类型。

⑩ 移动式电气设备严格执行“一机、一闸、一保”，一次线长不得超过 5m，接电源前要查看保护器是否合格，设备的金属外壳要有可靠的接地（接零）。在移动电气设备时，必须先切断电源，禁止用拖导线的方法移动设备或拔插头。

拓展阅读

城市轨道交通供电系统负载特征分析

在目前的城市轨道交通供电系统内，供电系统根据外电源的差异性分为集中供电和分散供电两大类。分散供电方式主要从地方电力公司引入外部 10kV 电源，采用降压和整流等变流方式为车站提供低压用电，为空调和通风及其他车站机电设备提供用电，同时还为列车的运行提供牵引用电。采用集中供电方式的线路应设置独立的轨道交通供电系统，该系统电压等级包括 110kV、35kV、10kV、0.4kV 及直流 1500 V 等，该系统负载分为低压机电负载和直流 1500V 负载。

城市轨道交通供电系统的供电负载分为列车用的牵引用电负载和机电用电负载。从基本的用电特性分析，牵引供电负载具有秒级时变特征，而车站低压用电负载则具有稳态变化特征，线路的供电负载变化则兼具时变和稳态变化的负载特性。

通过对上海轨道交通 1 号线负载线路的运行特性进行数据分析得知，与牵引用电负载相比，车站低压用电负载在线路运营时段的负载需求基本保持不变；牵引用电负载和实时功率需求比重较大，因此线路主变电所的用电负载曲线变化主要受牵引负载曲线影响。

以上海轨道交通 1 号线莘庄站—上海火车站区域的供电线路的功率负载及年度用电量的数据为研究样本，该线路区段的车站形式以地下车站为主，夏季车站机电负载的增加比例为 259%，即相对于其他低压负载用电量，车站冷水机组的负载为其他设备负载的 1.5～1.6 倍。在线路建设、设计阶段和新线及既有线改造时的车辆设计、采购过程中，可以进一步重视满载用电负载与空调制冷负载的需求配比，从而优化线路用电负载的季节性波动，进而控制线路运营后期供电系统的负载。

知识小结

1. 电能是二次能源，由发电厂生产。电力系统由发电厂、电力网和用户组成。电力网由变电所和输电线路组成。电能的生产和传输是为了提供给用户用电。用户负荷根据其重要程度分为一级、二级、三级负荷。

2. 工厂供电必须保证安全、可靠、优质、经济。工厂配电系统基本接线方式有放射式、树干式及环式 3 种。工厂配电一般从地区电网引入电源进线，经厂总变压器及车间变压器两次降压后，提供给厂用负荷。一般低压配电系统采用三相四线制接线。

3. 为确保用电安全，必须采取一系列措施，如保护接零、保护接地、安装漏电保护、防雷、防电气火灾措施等。

思考练习

1. 根据耗用的能量种类的不同，电动机可分为哪两大类？
2. 简述三相笼型异步电动机的结构。
3. 旋转磁场是如何产生的？如何使三相异步电动机反转？
4. 试说明电动机型号 Y160L-4 的含义。
5. 三相异步电动机在正常运行时，如转子突然被卡住而不能转动，有何危险，为什么？
6. 绕线型异步电动机为什么不采用变极的方法调速？
7. 短路保护、过载保护、零电压和欠电压保护分别可以采用何种器件实现？
8. 分别说明自锁、互锁和双重联锁。
9. 在电气控制系统中，熔断器和热继电器的保护作用有何区别？
10. 试判断图 3.28 所示各控制电路是否正确，并说明原因。

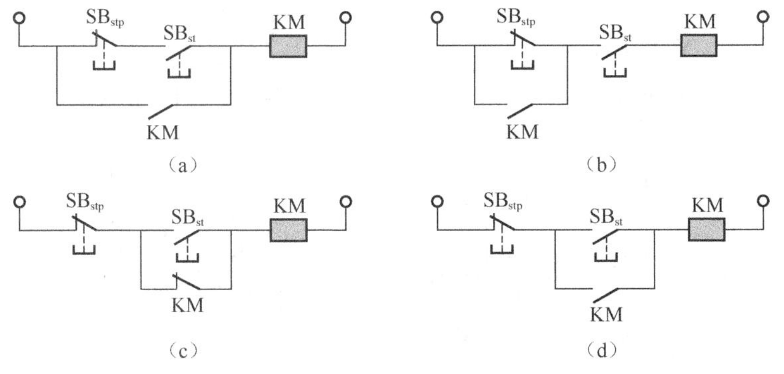

图 3.28 习题 10 图

11. 试分析图 3.29 中哪些能实现点动控制，哪些不能，说明原因。

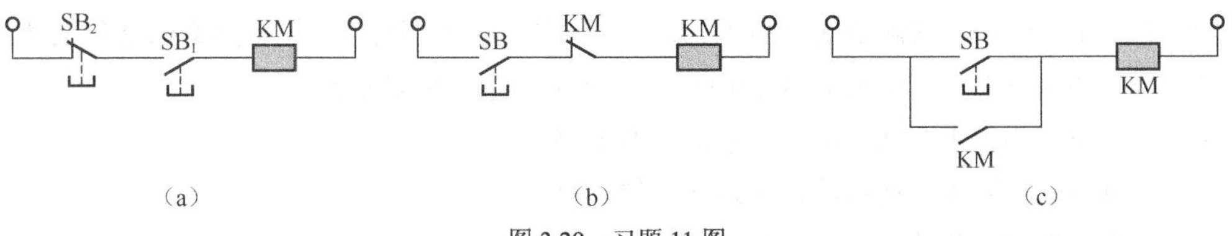

图 3.29 习题 11 图

12．试分析图 3.30 中电路是否具有自锁作用，说明原因。

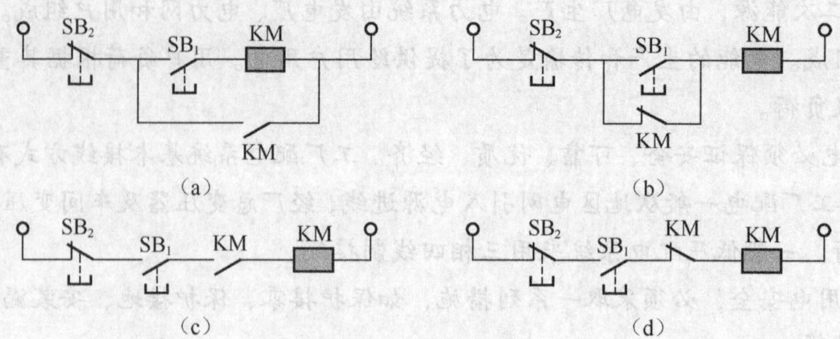

图 3.30　习题 12 图

13．分析图 3.31 所示的各电路有什么错误，工作时会出现什么问题。

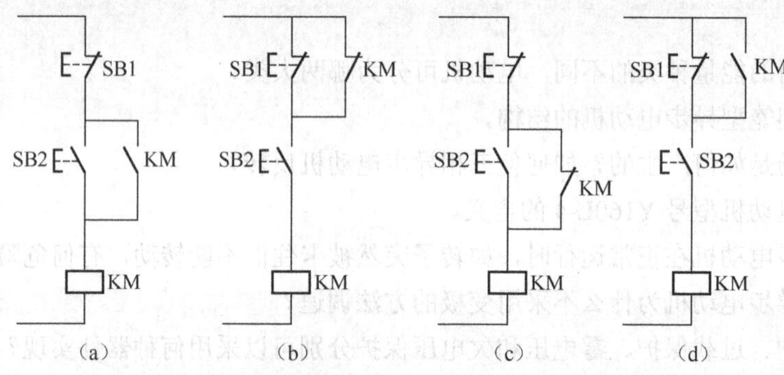

图 3.31　习题 13 图

14．试分析图 3.32 所示电气原理图的工作原理，并回答问题。

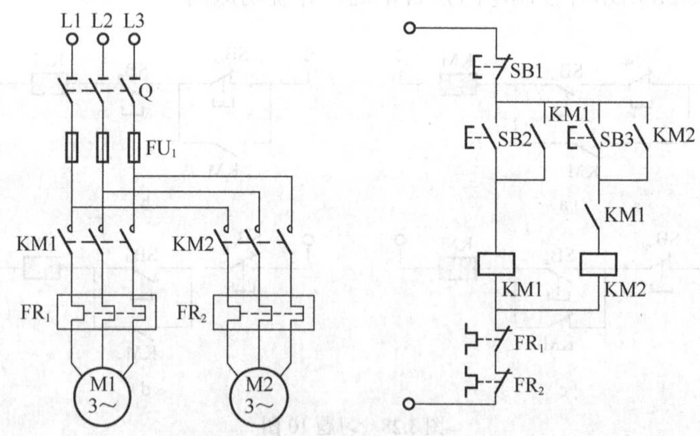

图 3.32　习题 14 图

（1）若电动机 M1 没有启动，直接按下按钮 SB2，电动机 M2 会不会启动？

（2）若在电路中错将接触器 KM2 的辅助动合触点接成了动断触点，电路会出现什么故障？

15．分析图 3.33 所示的各电路工作时会出现什么问题，说明原因。

16．试画出三相异步电动机的单向点动控制电路。

17．试画出三相异步电动机的连续运转控制电路。

18．电力系统由哪几部分组成，各部分的作用是什么？

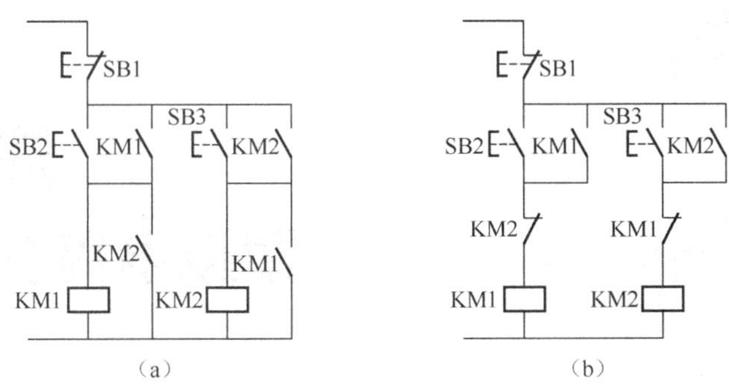

图 3.33 习题 15 图

19．用户负荷的等级是如何划分的？

20．输电线路的作用是什么，有哪几种形式？

21．工厂供配电的基本要求是什么？试说明工厂配电的一般过程。

22．试说明安全用电的意义及具体措施。

知识模块 4 模拟电路分析及应用

知 识 地 图

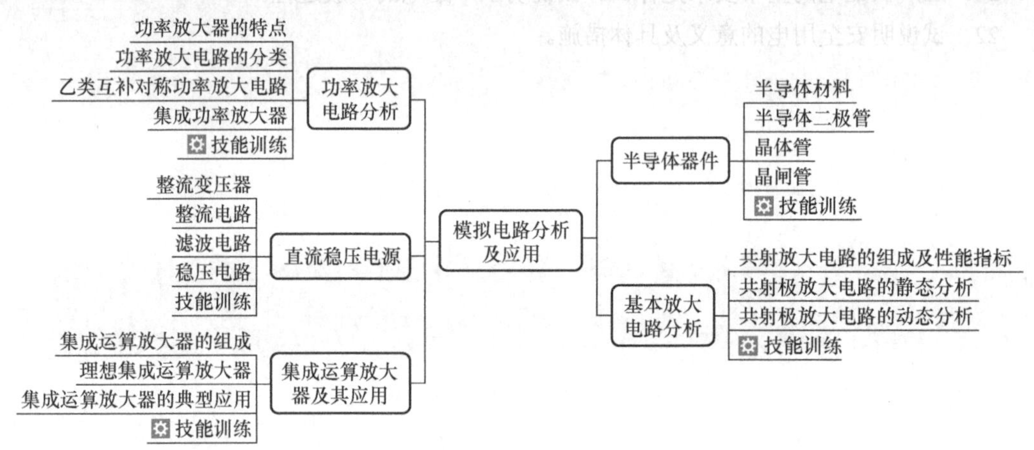

模 块 导 学

模拟电路是指用来对模拟信号进行传输、变换、处理、放大、测量和显示等工作的电路，其中模拟信号是指连续变化的电信号。模拟电路是电子电路的基础，主要包括放大电路、信号运算和处理电路、振荡电路、电源电路等。模拟电路是实现信号处理和分析的核心。

知识点 4.1　半导体器件

学习目标

- 能说出半导体材料的特点
- 能识别不同类型的半导体材料
- 能分析二极管及典型应用电路
- 能分析晶体管及典型应用电路
- 了解晶闸管的特点和工作原理

半导体器件

学习内容

通常将导电能力介于导体和绝缘体之间的物质称为半导体。用于制造半导体器件的材料主要有硅（Si）、锗（Ge）和砷化镓（GaAs）等，其中硅材料应用最多。半导体的导电能力受温度、光照影响

很大，同时通过掺杂可以控制其导电能力。半导体在现代科学技术中起着极为重要的作用。

4.1.1　半导体材料

用于制造半导体器件的纯硅和锗都是晶体，其原子最外层轨道上有四个电子（称为价电子），它们同属于四价元素。在此结构中原子形成排列整齐的晶格，价电子为相邻的原子所共有，形成图 4.1 所示的共价键结构，图中+4 代表四价元素原子核和内层电子所具有的净电荷。共价键中的价电子将受共价键的束缚。在室温或光照下，少数价电子可以获得足够的能量摆脱共价键的束缚成为自由电子，同时在共价键中留下一个空位（空穴），如图 4.1 所示。

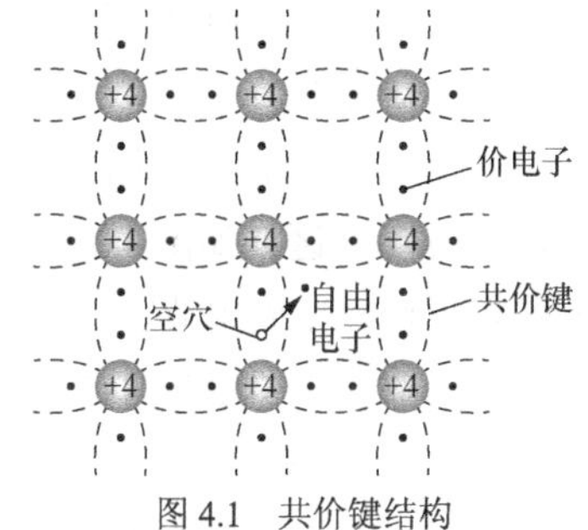

图 4.1　共价键结构

这种现象称为本征激发，这个空位称为空穴，可见本征激发产生的自由电子和空穴是成对的。原子失去价电子后带正电，可等效地看成空穴。空穴很容易吸引邻近共价键中的价电子去填补，使空位发生转移，这种价电子填补空位的运动可以看成空穴在运动，但其运动方向与价电子运动方向相反。

因此在半导体中存在两种带电粒子：一种是带负电的自由电子（简称电子），另一种是带正电的空穴。它们在外电场的作用下做定向运动，即都能运载电荷形成电流，通常称为载流子。金属导体内的载流子只有一种，就是自由电子，但数目很多，远远超过半导体中载流子的数量，所以金属导体的导体性能比半导体好。

1. 半导体类型

纯净的单晶半导体称为本征半导体，其内部空穴的数量和自由电子的数量相等，且数量极少。例如，硅、锗单晶体都是纯净的半导体。而在本征半导体中掺入某些特定的微量元素，可使内部载流子数量远比本征半导体多，导电性能显著改善，这种掺入杂质的半导体材料称为“杂质半导体”。

根据掺入杂质的不同，可分为 N（电子）型半导体和 P（空穴）型半导体。

（1）N 型半导体

N 型半导体又称电子型半导体，掺入了五价元素，如磷、砷等，其内部自由电子是多数载流子，而空穴是少数载流子。例如，在硅单晶体中加入微量的磷元素，可得到 N 型硅半导体。

（2）P 型半导体

P 型半导体又称空穴型半导体，掺入了三价元素，如硼、铝等，其内部空穴数量比自由电子数量多，即空穴是多数载流子，自由电子是少数载流子。例如，在硅单晶体中加入微量的硼元素，可得到 P 型硅半导体。

杂质半导体中的多数载流子浓度主要取决于掺杂的浓度，其值较大并稳定，因此杂质半导体导电性能得到显著的改善且受外界影响较小，同时控制掺杂浓度可有效改变其导电性能。杂质半导体中的少数载流子主要与本征激发有关，对温度和光照敏感，其数量随温度的升高和光照的增强而增多。

如果在硅或锗单晶基片上，加工成 P 型区和相邻的 N 型区，其 P 型区和 N 型区的结合部有一个特殊的薄层，称为 PN 结。PN 结是构成晶体二极管、晶体管等器件的核心。

2. PN 结及其电特性

（1）PN 结

PN 结是半导体器件的最基本单元结构之一，具有单向导电性。采用特定制造工艺，可在同一块半导体基片的两边分别形成 P 型和 N 型半导体。在没有外电场作用时，P 型和 N 型半导体交界面处就会形成一个极薄的空间电荷区，同时建立一内电场，方向由 N 区指向 P 区（N 为正、P 为负），如图 4.2 所示，该空间电荷区称为 PN 结。内电场的电压称为内建电位差，常温时硅材料为 0.5～0.7V，锗材料为 0.2～0.3V。由于空间电荷区中多数载流子耗尽了，所以 PN 结又称为耗尽区。

（2）PN 结的单向导电性

在 PN 结无外加电压的情况下，扩散运动和漂移运动处于动态平衡。如果在 PN 结两端加外部电压，情况会怎样?

外加于 PN 结上的电压称为偏置电压。当给 PN 结加正向偏置电压时，即外电源的正极接 P 区，负极接 N 区，如图 4.3（a）所示。此时外加电场与内电场方向相反，多数载流子在外加电压的作用下进入空间电荷区，使离子数量减小，PN 结变窄而削弱了内电场，有利于扩散运动的进行，使多数载流子顺利通过 PN 结，从而形成较大的正向电流。这时在 PN 结中有大量的载流子运动，所以 PN 结呈低电阻状态。

当给 PN 结两端施加反向偏置电压，即外电源的正极接 N 区，负极接 P 区时，如图 4.3（b）所示，外电场和内电场方向相同，在外电场的作用下将把多数载流子拉离 PN 结，结果使 PN 结变宽，内电场增强，多数载流子的扩散运动更难进行，但加强了少数载流子的漂移运动。由于少数载流子数量很小，能形成的反向电流很小，因此此时 PN 结呈高电阻状态。

但需要注意的是，反向电流不受外加电压的影响，但受外界条件的影响。因为少数载流子是由热激发产生的，环境温度越高、光照越强，少数载流子数量就越多，反向电流也就越大。因此温度对反向电流的影响很大。

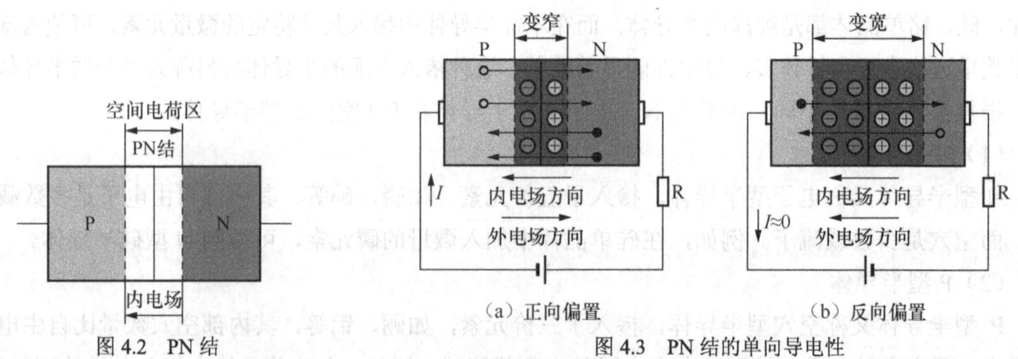

图 4.2　PN 结

（a）正向偏置　（b）反向偏置

图 4.3　PN 结的单向导电性

可见，PN 结正向偏置时有较大的正向电流流过，这种情况称为“导通”；而反向偏置时，反向电流很小（工程上常常略去），这种情况称为“截止”，PN 结所具有的这种特性称为“单向导电性”。

二极管的结构与类型

4.1.2　半导体二极管

1. 二极管的结构

半导体二极管是用 PN 结做成管芯，在 P 型区和 N 型区两侧各接上电极引线，用管壳封装而成的，如图 4.4（a）所示。其中 P 区的引出线称为二极管的阳极，接在 N 区的引出线称为二极管的阴极。二极管的电路符号如图 4.4（b）所示，箭头方向表示正向电流的方向。

按材料的不同，二极管可分为锗二极管和硅二极管，前者的工作温度较低，一般制成中、小

功率二极管；硅二极管允许的工作温度较高，可制成中、大功率二极管。

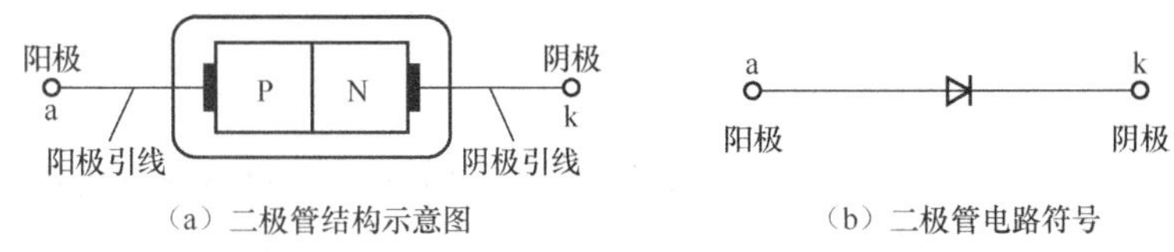

（a）二极管结构示意图　　（b）二极管电路符号

图 4.4　二极管的结构及符号

按结构的不同，二极管可分为点接触型和面接触型两类。点接触型二极管由于接触面很小，故不能通过很大的正向电流和承受较高的反向电压，但它的工作频率较高，适用于高频和小功率工作，常用作检波。面接触型二极管的 PN 结面积大，能通过较大的电流，也能承受较高的反向电压，所以可作为整流器件。

二极管的伏安特性

按用途的不同，二极管可分为整流二极管、稳压二极管、检波二极管、变容二极管和开关二极管等。

2. 二极管的伏安特性

二极管的种类虽然很多，但它们都具有相似的伏安特性。二极管的伏安特性反映加到二极管两端的电压与流过二极管的电流的关系。通常用横坐标表示电压 u_D（单位为伏，也可用毫伏），用纵坐标表示电流 i_D（单位为安培，也可用毫安），典型的二极管伏安特性曲线如图 4.5 所示。其中实线为硅二极管的特性，虚线为锗二极管的特性。在坐标轴右上方部分为它的正向特性曲线，左下方部分为它的反向特性曲线。

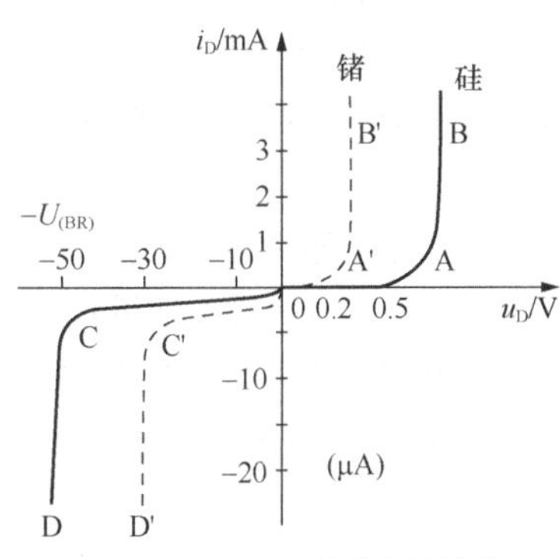

图 4.5　典型的二极管伏安特性曲线

（1）正向特性

当正向电压较小时，正向电流也小，曲线变化很平缓，二极管基本上处于截止状态，对外电路呈现的电阻很大。当正向电压达到一定数值后（硅管约 0.7V，锗管约 0.3V），电流迅速增大，二极管处于完全导通状态并呈现很小的电阻，此时正向电压称为导通电压，又称管压降，用 U_D 表示。

（2）反向特性

反向特性曲线靠近横轴，说明二极管外加反向电压时，反向电流很小，管子处于截止状态，呈现很大的电阻。由图 4.5 所示，反向电流具有一个重要特点：只要外加的反向电压在一定范围内，反向电流基本上不随反向电压的变化而变化，所以反向电流常被称为反向饱和电流。若反向电流大，则表明二极管的反向特性差。

当反向电压继续增大到一定数值后，反向电流突然增大，这种现象称反向击穿，如图 4.5 所示。二极管反向击穿时对应的电压称为反向击穿电压，用 $U_{(BR)}$ 表示。这种特性称为反向击穿特性，对应的曲线比较陡峭，表明只要反向电压稍有增加，反向电流就急剧增大。反向击穿时不仅破坏了其单向导电性，而且容易损坏二极管，一般应加以避免。

（3）硅二极管与锗二极管的差别

由图 4.5 可见硅管的导通电压比锗管大，反向饱和电流也远小于锗管。

（4）温度对二极管特性的影响

制作二极管的半导体材料的导电性能与温度有关，所以二极管的伏安特性也会随温度的变化而变化。通常，当温度升高 1℃时，硅和锗二极管的正向压降将减小 2mV 左右。此外，二极管的反向饱和电流随温度的升高而急剧增大。温度每升高 10℃，其反向电流约增加一倍，这对二极管的实际使用是不利的。

例题分析

例 4.1 已知二极管电路如图 4.6 所示，若图中各二极管正向导通压降为 0.6V，请分析 U_{AO} 为多少？各二极管工作于什么状态？

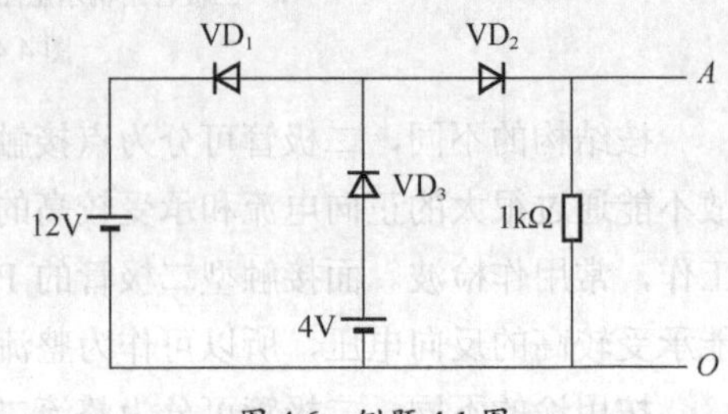

图 4.6 例题 4.1 图

解：以 O 点作为参考点，假定电路在电源接通的瞬时，电阻和各二极管中均无电流流过，此时电路中的 A 点、VD_3 阴极与 VD_1、VD_2 的阳极连接点均为 0 电位。

在电源作用下，VD_3 阳极电位高于阴极电位，所以 VD_3 导通，导通后其阴极电位为 3.4V。在此电位作用下，VD_2 阳极电位高于阴极电位，所以 VD_2 导通，导通后其阴极电位为 2.8V。在此电位作用下，1kΩ电阻中将有电流流过，VD_2 阴极电位也就是 A 点电位。而 VD_1 阴极电位为 12V，阳极电位为 3.4V，则 VD_1 截止。所以 U_{AO}=2.8V，VD_1 工作于截止状态，而 VD_2、VD_3 工作于导通状态。

3. 二极管的主要参数

二极管的电特性还可以用其参数来表示，这些参数反映其性能指标和使用特点，同时可以作为选择和使用二极管的主要依据。参数可以直接测量，很多参数还可以在半导体器件手册上查出。

（1）最大整流电流 I_{OM}

I_{OM} 是指二极管长期运行时允许通过的最大正向平均电流，它与制造时选用的材料、制造工艺和散热条件有关。如果在实际运用中流过二极管的平均电流超过 I_{OM}，则二极管将发热并可能烧坏 PN 结。因此，在选用二极管时，电路中的实际工作电流不应超过 I_{OM}，同时要注意满足散热条件。

（2）最大反向工作电压 U_{RM}

U_{RM} 是指保证二极管不被反向击穿所允许加的最大反向电压。为了确保二极管安全工作，通常取二极管反向击穿电压的 1/2 或 2/3 作为 U_{RM}。在选用二极管时，所加的反向电压峰值不应超过这个数值。

（3）最大反向电流 I_{RM}

这是指二极管加最大反向电压时的反向电流值。该电流数值越小，说明二极管的单向导电性越好。反向电流的大小与温度有关，使用二极管时应注意温度的影响。

（4）最高工作频率 f_M

二极管除具有单向导电性、反向击穿特性外，由于 PN 结外加电压变化的结果，还存在结电容，因此具有电容效应，它并接在结电阻两端。由于反偏时结电阻大，所以此时结电容作用比较明显。同时由于高频时容抗很小，故结电容的存在会使二极管的单向导电性变差，因此二极管的工作频率受到限制。

4. 二极管的典型应用

应用二极管主要是利用其单向导电性。当二极管导通时，可以等效为短路；当二极管截止时，

可等效为断路。

（1）开关电路

普通二极管常用来作为电子开关，如图 4.7 所示。图中 u_i 为交流信号（有用信息），是受控对象，其幅度一般很小，在几毫伏以下；E 为控制二极管 VD 通断的直流电压，其值最大可达几伏以上。

当 E=0 时，由于二极管的导通电压在 0.7V 左右，几毫伏的交流电压 u_i 不足以使其导通，因此二极管 VD 截止，近似为开路，输出电压 $u_o = 0$；当 E 为几伏以上时，二极管 VD 导通，近似为短路，输出交流电压（不计直流）$u_o = u_i$。可见，只要简单改变直流电压 E 值的大小，就可以很方便地实现对交流信号的开关控制。

（2）限幅电路

把输出信号幅度限定在一定的范围内，亦即当输入电压超过或低于某一参考值后，输出电压将被限制在某一电平（称作限幅电平），且再不随输入电压变化。

简单二极管上限幅电路如图 4.8 所示，假设 $0<E<U_M$，当 $u_i < E$ 时，二极管截止，$u_o = u_i$；当 $u_i > E$ 时，二极管导通，$u_o = E$。

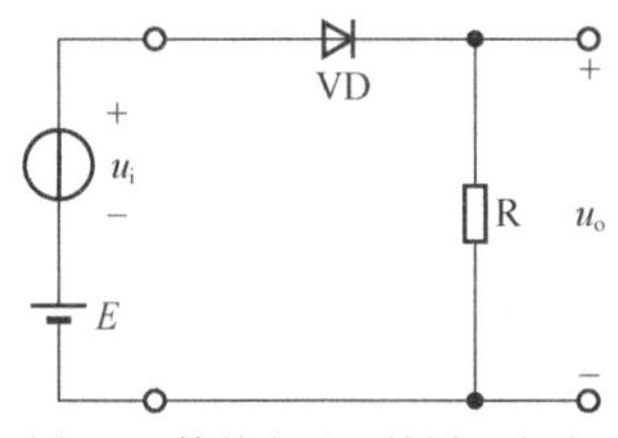

图 4.7　简单电子开关原理电路

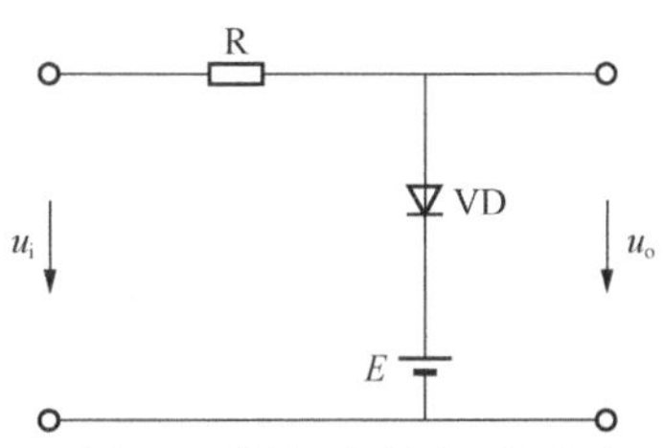

图 4.8　简单二极管上限幅电路

可见，该电路将输出电压的上限电平限定在某一固定值 E 上，所以称为上限幅电路。如将图中二极管极性对调，则得到将输出信号下限电平限定在某一数值上的下限幅电路。

（3）电平选择电路

从多路输入信号中选出最低电平或最高电平的电路，称为电平选择电路。一种二极管低电平选择电路如图 4.9 所示。

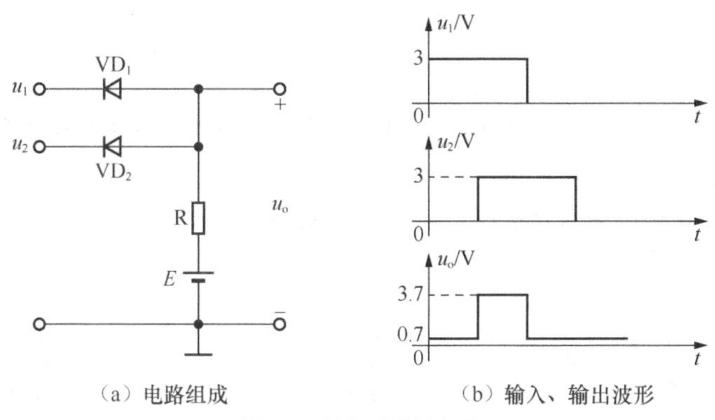

（a）电路组成　　（b）输入、输出波形

图 4.9　低电平选择电路

该电路能选出任意时刻两路信号中的低电平信号。图 4.9（b）画出了当 u_1、u_2 为方波时，输出端选出的低电平波形。

5. 稳压二极管

稳压二极管是一种特殊的半导体二极管，其结构与普通二极管没有什么不同。特殊之处在于它工作在反向击穿状态下。其在制造工艺上采取了适当的措施，保证在加上要求的反向电压时出现齐纳击穿。二极管工作在击穿状态下，同时采取一定的限流措施，使 PN 结温度不超过允许数值，可以避免出现热击穿而损坏。

当稳压二极管工作在击穿状态时，微小的端电压变化就会引起通过其电流的急剧变化，利用这种特性，其在电路中与适当的电阻配合就能起到稳定电压的作用，故称为稳压二极管。稳压二极管电路符号如图 4.10 所示。

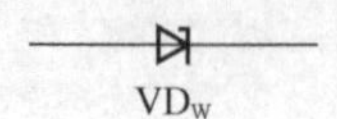

图 4.10 稳压二极管电路符号

（1）稳压二极管的伏安特性

稳压二极管的伏安特性与普通二极管基本相似，主要区别是稳压二极管的反向特性曲线比普通二极管更陡，如图 4.11 所示。

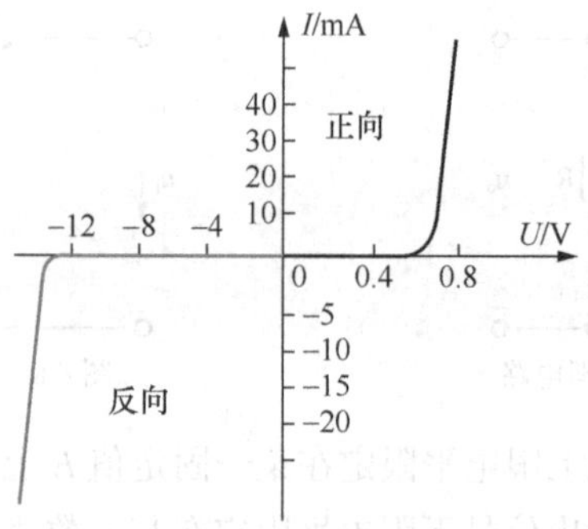

图 4.11 稳压二极管的反向特性曲线

从反向特性曲线可以看出，当反向电压比较小时反向电压在一定范围内变化，反向电流很小且基本不变；当反向电压增高到击穿电压时，反向电流会突然剧增，稳压二极管反向击穿。此后，电流虽然会有很大变化，但端电压变化很小。这种特性在电路中能起到稳压作用，应用广泛。

例题分析

例 4.2 利用两个 $U_Z = 3\text{V}$（稳定电压）、正向压降为 0.6V 的稳压二极管和限流电阻组合，可以构成几种输出电压不同的稳压电路？

解：可以构成 3 种不同的稳压电路，如图 4.12 所示。

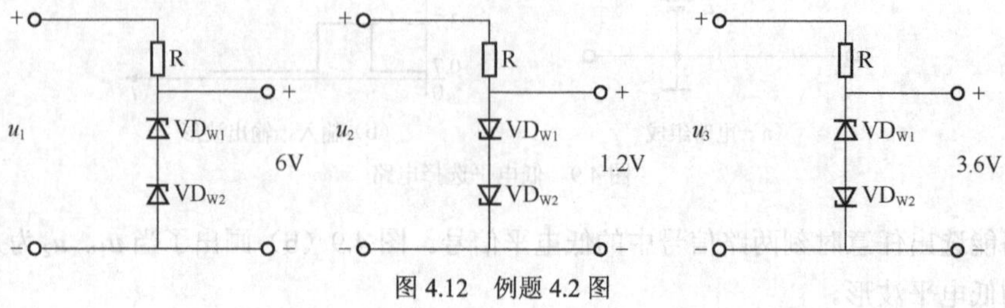

图 4.12 例题 4.2 图

（2）稳压二极管的主要参数

① 稳定电压U_Z。稳定电压是指稳压二极管正常工作时两端的电压值，通常为稳压二极管的反向击穿电压值。

② 稳定电流I_Z。稳定电流是指稳压二极管在正常工作情况下的电流，它的工作范围在最大稳定电流I_{Zmax}和最小稳定电流I_{Zmin}之间。当工作电流小于I_{Zmin}时，稳压效果差；当工作电流大于I_{Zmax}时，稳压二极管会被烧坏，使用时应加以注意。

③ 动态电阻r_Z。动态电阻是稳压二极管正常工作时两端电压的变化量和电流的变化量之比，即$r_Z=\dfrac{U_Z}{I_Z}$。当稳压二极管工作电流变化时，稳压二极管两端电压略有变化。显然，反向击穿特性越陡，动态电阻r_Z越小，稳压二极管的稳定性就越好。小功率稳压二极管的r_Z约为几欧至几十欧。

④ 最大额定功耗P_{ZM}。最大额定功耗是指稳压二极管正常工作时可承受的最大功率，$P_{ZM}=U_Z\cdot I_{Zmax}$。若已知额定功耗和稳定电压，可根据此式估算最大稳定电流I_{Zmax}。

6. 发光二极管

发光二极管（Light Emitting Diode，LED）是一种固态 PN 结器件，其电路符号如图 4.13（a）所示。半导体理论表明，半导体在外界能量（光、热）的激发下会产生微量的自由电子和空穴，当 PN 结加上正偏电压时，电子和空穴相遇而释放能量，与此同时产生电流，不同类型的半导体释放的能量以不同形式出现。由硅、锗半导体材料制成的 PN 结主要以热的形式释放能量，而由磷、砷、镓等化合物半导体材料制成的 PN 结则以光的形式释放出能量。发光二极管是由磷、砷、镓等半导体化合物制成的，它工作在正偏状态，在正向电流达到一定值时就发光，是直接将电能转换成光能的器件。

当发光二极管工作电流为 10～30mA 时，正向压降为 1.5～2.5V，如图 4.13（b）所示，这点在使用中值得注意。

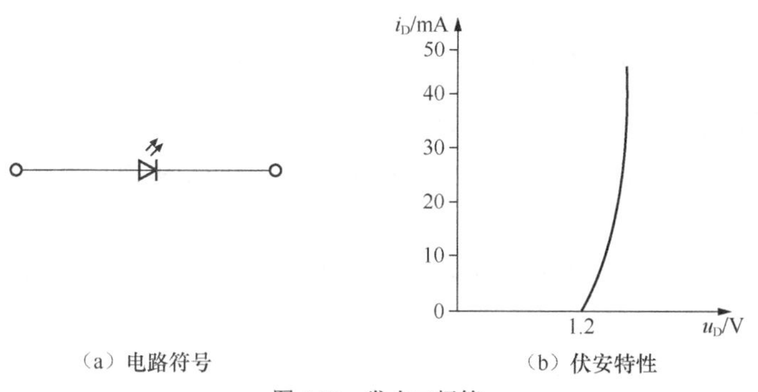

（a）电路符号　　（b）伏安特性

图 4.13　发光二极管

单个 PN 结可以封装成 LED，多个 PN 结可以按分段式封装成半导体数码管。发光二极管的用途很广泛，常用作计算机、音响设备、数控装置中的显示器件。

7. 光电二极管

光电二极管又称光敏二极管，其 PN 结工作在反偏状态，它是利用制造二极管的半导体材料所具有的光敏特性制造的光接收器件。

所谓光敏特性是指光照增强时，半导体的导电能力大大增强。当光电二极管的窗口受到光照射时，在外电路反向电压的作用下形成的反向电流增大，通过回路的外接电阻 R 可获得电信号，从而实现光电转换或光电控制。光电二极管的应用很广泛，主要用于需光电转换的自动探测等。

4.1.3 晶体管

晶体管是最重要的一种半导体器件，常用晶体管如图 4.14 所示。

1. 基本结构

最常见的晶体管结构有平面型和合金型，如图 4.15 所示。

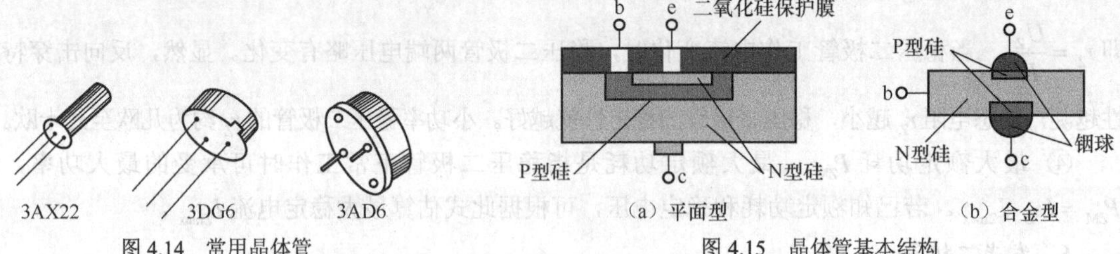

图 4.14 常用晶体管

图 4.15 晶体管基本结构

不论是何种类型的晶体管，内部都是由两个 PN 结所组成的，根据 P 区和 N 区的组成方式不同，晶体管分为 NPN 型和 PNP 型。图 4.16 是 NPN 型晶体管的结构示意图和电路符号，图 4.17 是 PNP 型晶体管的结构示意图和电路符号。

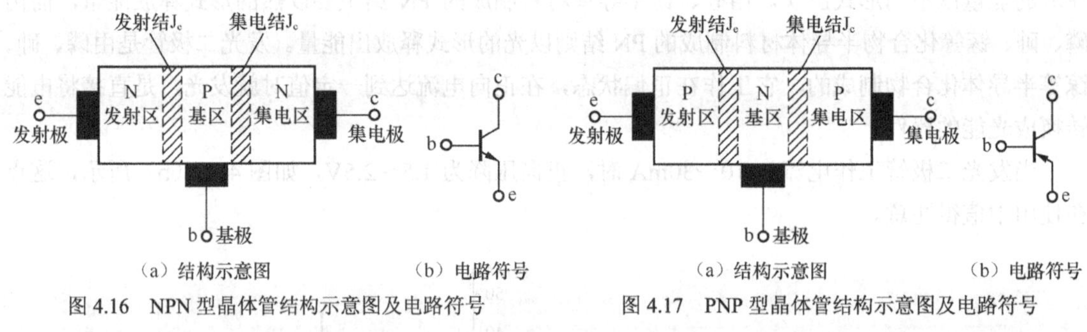

图 4.16 NPN 型晶体管结构示意图及电路符号

图 4.17 PNP 型晶体管结构示意图及电路符号

两个 PN 结所对应的三个中性区分别为发射区、基区、集电区，它们的电极引出连线分别称为发射极（e）、基极（b）、集电极（c）。发射区与基区之间的 PN 结称为发射结，集电区与基区之间的 PN 结称为集电结。

晶体管结构的主要特点：e 区掺杂浓度高，b 区掺杂浓度低且薄，c 区面积较大，e 区与 c 区不可调换使用。

2. 晶体管的电流分配与电流放大作用

为了进一步说明，可进行以下实验。

共射极放大电路如图 4.18 所示，基极电源 E_b、电阻 R_b、基极 b 与发射极 e 构成输入回路；集电极电源 E_c、电阻 R_c、集电极 c 和发射极 e 构成输出回路；发射极是输入回路和输出回路的公共端，所以此电路称共射极放大电路。

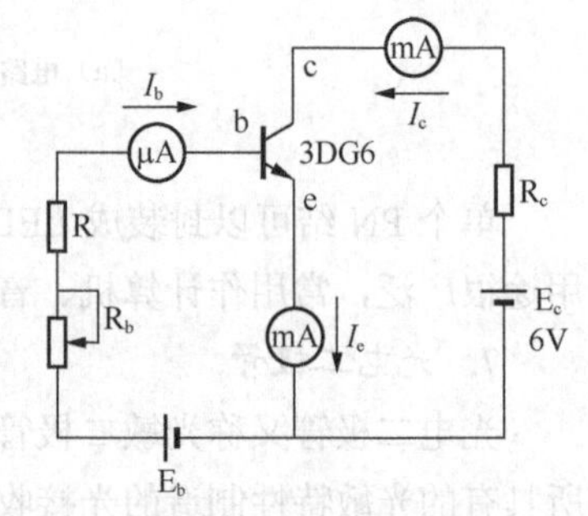

图 4.18 共射极放大电路

如图 4.18 所示，其中 $E_b \ll E_c$。电源极性的接法保证了发射结处于正向偏置，集电结处于反向偏置，这是晶体管实现电流放大作用的外部条件。

调整电阻 R_b，则基极电流 I_b、集电极电流 I_c、发射极电流 I_e 都会发生变化，测量结果如表 4.1 所示。

表 4.1 晶体管共射极放大电路测试数据

I_b/mA	0.01	0.015	0.02	0.03	0.04	0.05
I_c/mA	0.50	0.75	1.00	1.61	2.18	2.90
I_e/mA	0.51	0.765	1.02	1.64	2.22	2.95
I_c/I_b	50	50	50	54	55	58
$\Delta I_c/\Delta I_b$	—	50	50	61	57	

由以上实验测试结果可以得出结论。

① 晶体管各极电流关系满足：$I_e = I_b + I_c$，此关系符合基尔霍夫第一定律。

② I_c 远大于 I_b，一般为几十倍的关系。

③ I_b 的微小变化会引起 I_c 的很大变化，即基极电流对集电极电流具有控制作用，实质上就是晶体管的电流放大作用。

实际上，具有两个 PN 结的晶体管的偏置可能有四种情况：发射结正偏、集电结反偏，发射结反偏、集电结正偏，二结均正偏，二结均反偏。在放大电路中晶体管的偏置条件为第一种，即：发射结正偏、集电结反偏，通常简称为“射正极反”。

当 I_b 有微小变化时，就能引起 I_c 较大的变化，这种电流放大作用常用符号 β 来表示，称为共射极放大电路电流放大系数，即 $\beta = \dfrac{\Delta I_c}{\Delta I_b}$。

β 值的大小，除与管子的材料、结构有关外，还与晶体管的工作电流有关。本质上讲，晶体管是一种控制元件，其电流的放大作用实际上是小能量控制电源向负载提供大能量的过程，而并非放大能量。

例题分析

例 4.3 测得工作在放大状态的晶体管的两个电极电流如图 4.19（a）所示。（1）求另一个电极电流，并在图中标出实际方向；（2）标出 e、b、c 极，判断该管是 NPN 还是 PNP 型管；（3）估算其 β 值。

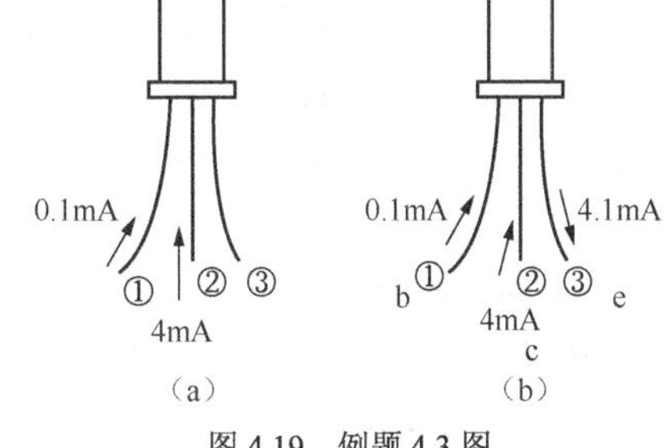

图 4.19 例题 4.3 图

解：（1）由于晶体管各电极满足节点电流定律，即流进管内和流出管外的电流大小相等，图中①脚和②脚的电流均为流进管内，因此③脚电流必然为流出管外，大小为 0.1+4=4.1mA。③脚电流的大小和方向示于图 4.19（b）。

（2）由于③脚电流最大，①脚电流最小，故③脚为 e 极，①脚为 b 极，则②脚为 c 极。该管的发射极电流流出管外，故它是 NPN 型管。e、b、c 极标在图 4.19（b）中。

（3）由于 I_b=0.1mA，I_c=4mA，I_e=4.1mA，故 $\beta = \dfrac{I_c}{I_b} = \dfrac{4}{0.1} = 40$。

3. 晶体管的特性和主要参数

晶体管的伏安特性曲线是描述各极电流和极间电压的关系曲线，通常有输入特性曲线和输出特性曲线 2 种，可用晶体管图示仪测得，也可用如图 4.20 描点法测试电路测得，其中共发射极特性曲线最为常用。

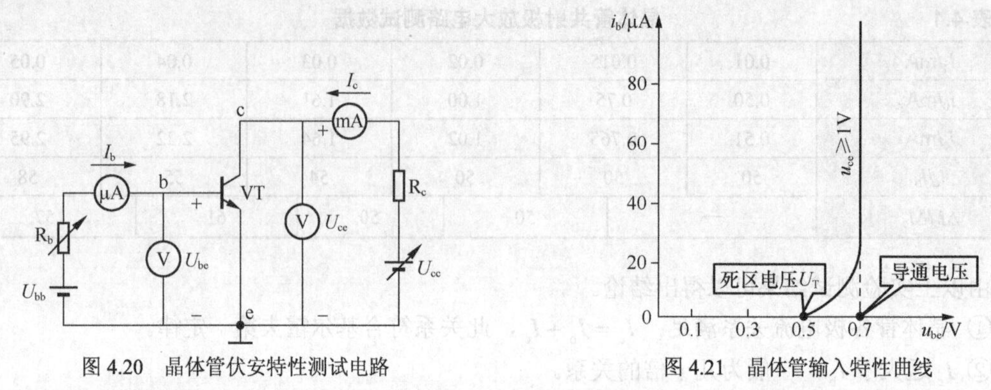

图 4.20 晶体管伏安特性测试电路

图 4.21 晶体管输入特性曲线

（1）输入特性曲线

输入特性曲线是反映晶体管输入回路电压和电流关系的特性曲线，是表示输出电压 u_{ce} 为常数时，输入电流 i_b 与输入电压 u_{be} 之间的关系曲线，如图 4.21 所示。

当输入电压 u_{be} 较小时，基极电流 i_b 很小，通常近似为 0。当 u_{be} 大于死区电压 U_T（硅管约为 0.5V，锗管约为 0.1V）后，基极电流 i_b 开始上升。晶体管正常导通时，硅管约为 0.7V，锗管约为 0.2V，此时 u_{be} 的值称为晶体管工作时的发射结正向导通压降。

（2）输出特性曲线

当晶体管的输入电流 i_b 为常数时，输出电流 i_c 与输出电压 u_{ce} 之间的关系曲线称为共射输出特性曲线，如图 4.22 所示。

输出特性曲线可分为截止区、放大区、饱和区 3 个区域，如图 4.22 所示。

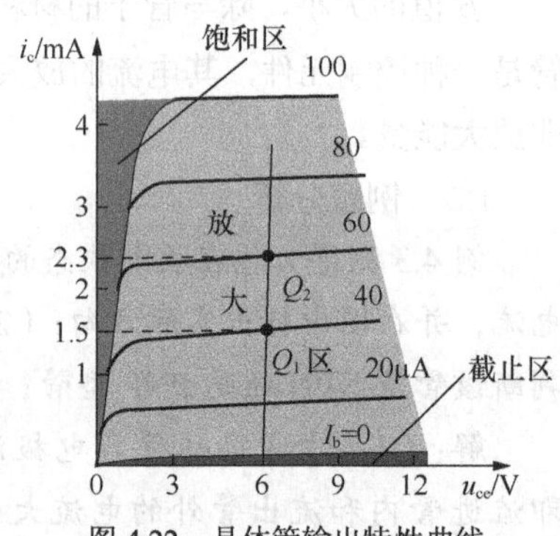

图 4.22 晶体管输出特性曲线

① 截止区。

一般将 $i_b=0$ 所对应的曲线以下的区域称为截止区。截止区满足发射结和集电结均反偏的条件，即 $u_{be}<0$ 和 $u_{bc}<0$（对于 PNP 管应为 $u_{be}>0$ 和 $u_{bc}>0$）的条件。此时，晶体管失去放大作用且呈高阻状态，e、b、c 极之间近似看作开路。

② 放大区。

所有曲线的平坦部分称为放大区。放大区满足发射结正偏和集电结反偏的条件，即 $u_{be}>0$ 和 $u_{bc}<0$（对于 PNP 管应为 $u_{be}<0$ 和 $u_{bc}>0$）的条件。在放大区，i_c 与 u_{ce} 基本无关，且有 $i_c=\beta i_b$，i_c 随 i_b 变化而变化，即 i_c 受控于 i_b（受控特性）；相邻曲线间的间隔大小反映出 β 的大小，即晶体管的电流放大能力。

③ 饱和区。

$u_{ce}<u_{be}$ 以下的所有曲线的陡峭变化部分称为饱和区。饱和区满足发射结和集电结均正偏的条件，即 $u_{be}>0$ 和 $u_{bc}>0$（对于 PNP 管应为 $u_{be}<0$ 和 $u_{bc}<0$）的条件。在饱和区，i_c 随 u_{ce} 变化而变化，却几乎不受 i_b 控制，即晶体管失去放大作用，$i_c=\beta i_b$ 不再成立。此时各极之间电压很小，而电流却较大，呈现低阻状态，各极之间可近似看成短路。

从上述分析可以看出，晶体管工作在饱和区和截止区时，具有“开关”特性，可应用于脉冲数字电路中；晶体管工作在放大区时，可应用在模拟电路中。所以晶体管具有“开关”和“放大”两大功能。

（3）主要参数

① 共射电流放大倍数 β 。

β 值是衡量晶体管放大能力的重要参数，过高的 β 值影响晶体管的线性度和稳定性，所以一般晶体管的 β 值在几十到上百之间。

直流电流放大倍数 $\bar{\beta}$： $\bar{\beta}=\dfrac{I_c}{I_b}$ 。

交流电流放大倍数 β：即动态时基极电流的变化增量引起集电极电流的变化增量，$\beta=\dfrac{\Delta I_c}{\Delta I_b}$ 。

② 反向饱和电流 I_{ceo} 。

质量高的晶体管的 I_{ceo} 比较小，而且与 β 值的大小也有关系，β 值越大 I_{ceo} 也越大，而且 I_{ceo} 受温度的影响很大，当温度上升时，I_{ceo} 增加很快，晶体管的稳定性就差，所以我们应该综合考虑晶体管的 β 值和 I_{ceo}，不应过分关注某个指标。

③ 集电极最大允许电流 I_{cm} 。

在放大电路中，一般不允许集电极电流超过 I_{cm} 。虽然超过后并不一定损坏晶体管，但因为电流超过 I_{cm} 时，晶体管的 β 值要下降，所以会使得晶体管线性放大作用被破坏。

④ 集-射极反向击穿电压。

在基极开路时，加在 c-e 之间的最大允许电压就是集-射极反向击穿电压 $U_{(br)ceo}$ 。当 U_{ce} 大于 $U_{(br)ceo}$ 时，将引起晶体管的击穿。要注意的是晶体管在高温条件下，$U_{(br)ceo}$ 值还要降低，使用时应特别注意。

⑤ 集电极最大允许耗散功率 P_{cm}。

由于电流通过晶体管产生的热量会使 PN 结温度升高，从而引起晶体管的参数发生变化，严重时会烧坏晶体管，故在使用中晶体管的平均功率不应超过 P_{cm} 。

4.1.4　晶闸管

晶闸管认知

晶闸管又称可控硅，是半导体器件从弱电进入强电领域，制造技术最成熟、应用最广泛的器件之一。它是一种大功率半导体器件，具有体积小、耐高压、容量大、控制灵敏等优点，主要用于整流、逆变、调压及开关等方面。

晶闸管分普通晶闸管和特种晶闸管，特种晶闸管有快速晶闸管、双向晶闸管、可关断晶闸管等，通常所说的晶闸管是指普通型晶闸管。

1. 晶闸管的外形与结构

晶闸管由三个 PN 结和四层半导体材料组成，如图 4.23 所示，管心由四层半导体（P1N1P2N2）构成，三个 PN 结分别为 J1、J2 和 J3，分别引出三个电极：为阳极（A）、阴极（K）、控制极（G）。晶闸管的符号与二极管相似，只是在其阴极处增加一个控制极，表明其导通的条件除了和二极管一样需要正向偏置的电压外，还需另外增加一个条件，那就是要有控制信号。

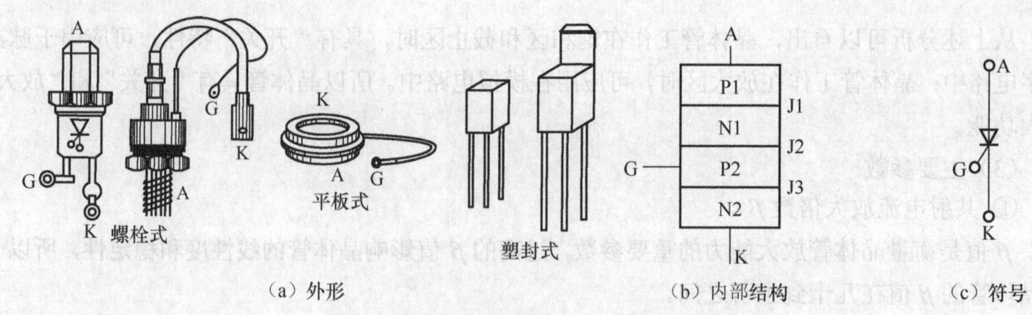

（a）外形　　（b）内部结构　　（c）符号

图 4.23　晶闸管的外形、内部结构和符号

2. 晶闸管的型号及命名

国产晶闸管的型号及命名规范主要由四部分组成，各部分的含义如下：第一部分用字母表示主名称为晶闸管；第二部分用字母表示晶闸管的类别；第三部分用数字表示晶闸管的额定通态电流值；第四部分用数字表示重复峰值电压级数。

晶闸管型号举例见表 4.2。

表 4.2　　晶闸管型号举例

型　　号	说　　明
KP1-2（1A 200V 普通反向阻断型晶闸管）	K—晶闸管
	P—普通反向阻断型
	1—通态电流 1A
	2—重复峰值电压 200V
KS5-4（5A 400V 双向晶闸管）	K—晶闸管
	S—双向管
	5—通态电流 5A
	4—重复峰值电压 400V

3. 晶闸管的工作原理

晶闸管可以理解为一个受控制的二极管，它也具有单向导电性，不同之处是除了应具有阳极与阴极之间的正向偏置电压外，还必须给控制极加一个足够大的控制电压。在这个控制电压作用下，晶闸管就可以导通进而控制电压，即使取消也不会影响其正向导通的工作状态。

晶闸管工作原理可用如图 4.24 所示的实验电路验证。

图 4.24（a）所示为晶闸管反向偏置情况，无论是否给控制极加电压，都无法使晶闸管导通，灯泡不发光。

图 4.24（b）所示为晶闸管加正向偏置电压，阳极 A 接高电位，阴极 K 接低电位，但控制极 G 没有接任何电压，晶闸管仍然处于关断状态，串联的灯泡不发光。

图 4.24（c）所示为晶闸管加正向偏置电压的基础上，给控制极 G 加一个幅度和一个宽度都足够大的正电压，此时晶闸管导通，串联的灯泡发光。

图 4.24（d）所示为晶闸管导通后，若去掉控制极的电压，晶闸管仍然能保持导通状态，灯泡仍然发光。

综上所述，要使晶闸管由阻断状态变为导通状态，必须在晶闸管上加正向电压的同时，在控制极上加适当的正向触发电压，这样才能使晶闸管导通，一旦晶闸管导通，控制极就失去了控制作用。

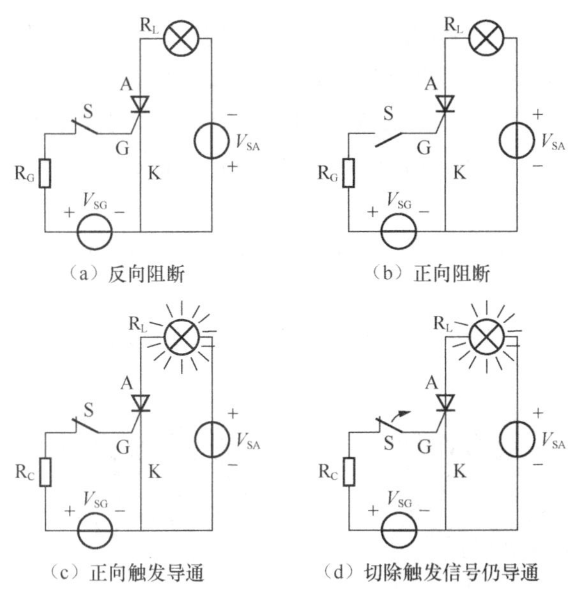

图 4.24　晶闸管特性验证电路

要注意的是，晶闸管导通后若阳极电流小于某一个很小的电流 I_H（称为维持电流）时，晶闸管也会由导通变为截止，一旦晶闸管截止，则必须重新触发才能再次导通。

4. 晶闸管的主要参数

要正确使用晶闸管不仅要了解晶闸管的特性，还要理解其主要参数的含义。

① 额定正向平均电流 I_T。

额定电流又称为通态平均电流，是在环境温度小于 40°C 和标准散热及全导通的条件下，晶闸管可以连续通过的工频正弦半波电流的平均值。

② 维持电流 I_H。

在室温且门极开路时，维持晶闸管继续导通的最小电流称为维持电流。当正向电流小于 I_H 时，晶闸管会自行关断。一般 I_H 值为几十到几百毫安。

③ 正向重复峰值电压 U_{DRM} 和反向重复峰值电压 U_{RRM}。

在门极断路和晶闸管正向阻断的条件下，可重复加在晶闸管两端的正（反）向峰值电压称为正（反）向重复峰值电压。

④ 额定电压 U_{Tn}。

通常取 U_{DRM} 和 U_{RRM} 中较小的，再取靠近标准的电压等级作为晶闸管的额定电压。在选用晶闸管时，额定电压应为正常工作峰值电压的 2～3 倍，以保证电路的工作安全。

⑤ 门极触发电流 I_G。

室温下，阳极电压为 6V 时，使晶闸管从阻断转变为导通时的最小门极电流称为门极触发电流，其值一般为几十到几百毫安。

⑥ 门极触发电压 U_G。

对应于触发电流的门极触发电压，一般为 3.5～5V。

5. 门极关断晶闸管

门极关断晶闸管（GTO）是晶闸管的一个衍生器件，可以通过门极施加负的脉冲电流使其关断，即当门极加反向触发信号时晶闸管能自行关断。GTO 是全控型器件。

GTO 和普通晶闸管一样，是 PNPN 四层半导体结构，外部引出阳极、阴极和门极。但和普通晶闸管不同的是，GTO 是一种多元的功率集成器件。虽然外部同样引出三个极，但内部包含数十个甚至数百个共阳极的小 GTO 单元，这些 GTO 单元的阴极和门极在器件内部并联，这是为了实现门极控制关断而设计的。并联结构增大了器件的容量，加快了开关速度，提高了器件承受通态电流临界上升率的能力，为实现门极关断提供了可能。

通态电流临界上升率指在规定条件下，晶闸管能承受而无有害影响的最大通态电流上升率。如果电流上升太快，则晶闸管刚一开通，就会有很大的电流集中在门极附近的小区域内，从而造成局部过热而使晶闸管损坏，这对器件的工艺性提出了高要求。图 4.25 为 GTO 的外形、断面结构示意图及电路符号。

（a）某GTO产品外观

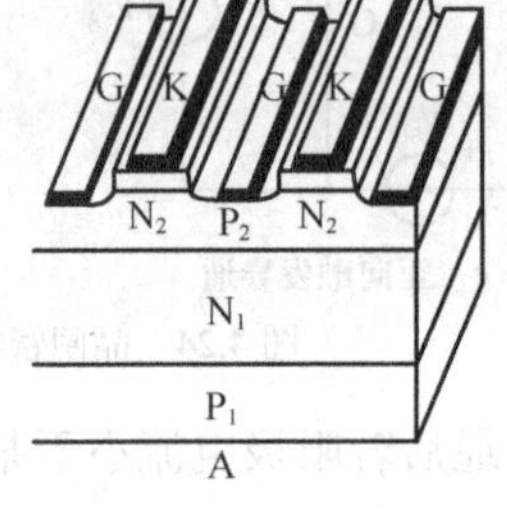

（b）GTO断面结构示意图

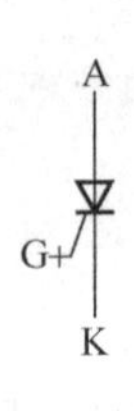

（c）电路符号

图 4.25　门极关断晶闸管的外观、断面结构示意图及电路符号

GTO 与普通晶闸管的触发导通原理相同，即当其阳极 A、阴极 K 两端加正向电压、门极 G 加正向触发电压时，晶闸管将导通，但两者的关断原理及关断方式截然不同。

在 GTO 的导通状态下，若在其门极 G 上加一个适当的负电压，就能使导通的晶闸管关断，而普通晶闸管在导通之后即处于深度饱和状态，若想关断就必须切断电源，使正向电流低于维持电流 I_H，或施以反向电压强迫关断。这就需要增加换向电路，不仅使设备的体积、质量增加，还会降低效率，并产生波形失真和噪声。GTO 克服了上述缺陷，既保留了普通晶闸管耐压高、电流大等优点，又具有自关断能力，使用方便，是理想的高压、大电流开关器件。

GTO 的参数与普通晶闸管大致相同，有较特殊的几个参数。

① 最大门极关断阳极电流。

最大门极关断阳极电流 I_{ATO} 是标称 GTO 额定电流的参数，这一点与普通晶闸管用通态平均电流标称额定电流是不同的。

② 电流关断增益。

电流关断增益定义为

$$\beta_{off} = \frac{I_{ATO}}{I_{GM}}$$

其中，I_{GM} 指门极负脉冲电流最大值。β_{off} 一般为 3～5，这是 GTO 的一个主要特点。一个 1000A 的 GTO，其关断门极负脉冲电流的峰值达 200A 左右。

③ 开通时间。

开通时间 t_{on} 指延迟时间与上升时间之和，延迟时间一般约为 1～2 μs，上升时间则随导通状态阳极电流值的增大而增大。

④ 关断时间。

关断时间指储存时间与下降时间之和，不包括尾部时间。t_{off} 随阳极电流的增大而增大，一般

小于 2 μs。

GTO 属于大容量器件。6kA/6kV 的 GTO 器件已实用化，并因其开关速度高于普通晶闸管，而受到广泛应用，主要应用于兆瓦级以上的大功率场合。

上海首批交流传动地铁车辆是 20 世纪 90 年代末从德国引进的，其核心部件采样的就是当时先进的 GTO 构成的主牵引逆变器。如今，随着电力电子技术的快速发展，性能优良的绝缘栅双极型晶体管（IGBT）模块应用广泛，其电压电流等级有了突破性提高。

知识小结

1. 半导体材料的导电性受外界条件的影响，尤其是受温度和光照的影响。利用热敏性和光敏性可以制造出许多元件，但也存在着影响半导体器件工作稳定性的问题。
2. PN 结具有单向导电性，正向偏置时导通，反向偏置时截止。二极管基本结构是 PN 结。
3. 整流电路利用二极管的单向导电性，将交流电转换为脉动的直流电。
4. 限幅电路可以将高于或低于指定电平值的电压波形削去。

技能训练

LED 节能照明电路的设计与制作

随着技术的革新，LED 照明灯已经全面推广使用。白色 LED 发光效率可达 120lm/W，器件寿命一般在 10 万小时以上，在普通民用照明领域充分实现了节能环保，是国家重点发展的产业。

通过实践训练，理解二极管整流电路的原理，以及 LED 的性能和使用方法。节能照明电路参考如图 4.26 所示。

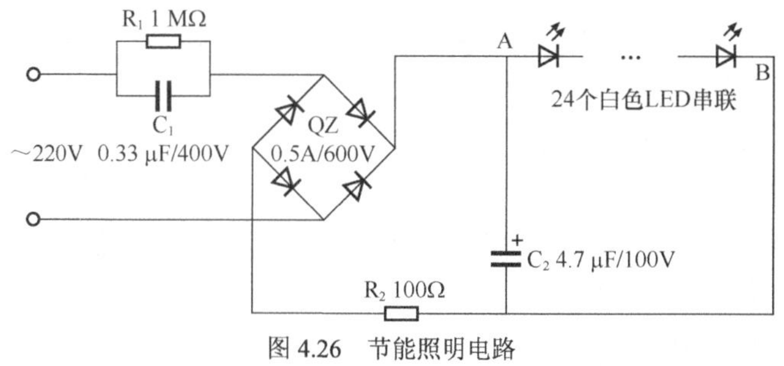

图 4.26　节能照明电路

实践训练任务书

任务内容	LED 节能照明电路的设计与制作
环节安排	4 课时　仿真设计与焊接制作
任务目的	制作 LED 照明电路，正确画出电路图，按照规范进行装焊及调测
具体要求	1. 完成电路装焊 2. 比对设计要求，优化改进工艺 3. 实现电路正常工作，记录测试结果
记录整理	1. 绘制电路原理图 2. 列出元器件清单 3. 焊接、安装 4. 调试电路功能，检测记录数据 5. 分析数据，记录结论

知识点 4.2　基本放大电路分析

📖　**学习目标**

- 能正确说出共射放大电路的结构与组成
- 了解基本放大电路的主要性能指标
- 能正确完成放大电路的静态分析
- 能正确完成放大电路的动态分析
- 能利用电路仿真软件实现放大电路并进行数据分析

📖　**学习内容**

放大电路的作用就是利用三极管的电流控制作用把微弱变化的电信号放大到所要求的数值，故放大电路中应至少有一个三极管。

所谓放大，表面上是将信号的幅度由小增大，但放大的实质是能量的转换，即由一个较小的输入信号控制直流电源，使之转换成交流能量输出，驱动负载。

放大的结果是交流能量的增加，交流能量的增加实际上是由直流电源的能量转换而来的，因此放大电路中必须外加直流电源才能工作。同时放大电路必须有电阻器、电容器等元件，以保证放大电路工作在正常状态。

放大电路的输出信号最后作用在负载上，负载可以是喇叭、继电器、显示器等。

共射极放大电路的组成

4.2.1　共射极放大电路的组成及性能指标

1. 电路组成

共射极连接的单管交流放大电路是晶体管放大电路的基本形式。下面以简单的共射电路为例，说明放大电路的组成。

图 4.27 为共射接法的基本放大电路。需要放大的交流信号从输入端 A、B 送入，放大以后的信号从输出端 C、D 取出。发射极是输入回路和输出回路的公共端，故该电路称为共射放大电路。

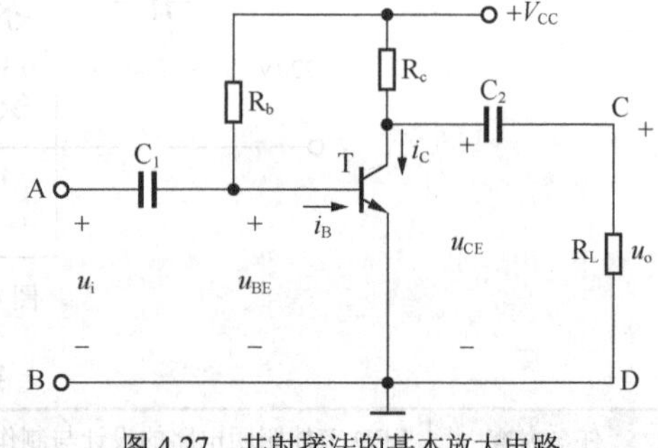

图 4.27　共射接法的基本放大电路

电路中各元件的作用如下。

T：NPN 晶体管，是整个放大电路的核心。

V_{CC}：直流电源。其作用一是为放大电路提供能量，二是保证晶体管处于放大状态。

R_b：基极偏置电阻。电源可通过其给晶体管发射结加以正向偏置电压。当 V_{CC} 一定时，通过改变 R_b 阻值可给基极提供一个合适的基极电流 I_B，这个电流通常称为偏置电流，简称偏流。只有具备合适的偏流，输出电压才不会失真。

R_c：集电极电阻。其将集电极 i_c 电流的变化转换为 c-e 之间电压 U_{CE} 的变化，实现电压放大。

C_1、C_2：分别称为输入端和输出端的耦合电容。利用电容对直流阻抗无穷大、对交流阻抗很小的特点，通过 C_1 把交流信号耦合到晶体管，同时隔断电路与信号源之间的直流通路；通过 C_2 从晶体管集电极把交变输出信号送给负载，同时隔离集电极与负载之间的直流通路。

需要注意的是：放大器一方面将微弱的输入电压 u_i 放大成幅值较大的输出电压 u_o，另一方面还使得输出电压和输入电压反相，即相位差 180°。

2. 主要性能指标

放大电路的功能是将信号源发射的微弱信号进行放大来驱动负载，因此对放大器的基本要求有：放大倍数要高，输出信号不失真，放大电路的稳定性好，对各种频率适应性要强，抗干扰性能强等。

放大电路的主要性能指标如下。

放大倍数又称增益，是衡量放大电路放大能力的指标，它定义为输出信号与输入信号的比值。由于信号有电压和电流两种形式，所以放大倍数（增益）也有电压放大倍数和电流放大倍数两种常用形式。

① 电压放大倍数。

电压放大倍数定义为输出电压与输入电压之比 $A_u = \frac{u_o}{u_i}$

在不考虑放大电路中的电抗因素的影响时，电压放大倍数可写成交流瞬时值或幅值之比

$$A_u = \frac{u_o}{u_i} = \frac{U_{om}}{U_{im}}$$

② 电流放大倍数。

电流放大倍数定义为输出电流与输入电流之比 $A_i = \frac{i_o}{i_i}$

同样，在不考虑放大电路中的电抗因素的影响时，电流放大倍数也可写成交流瞬时值或幅值之比 $A_i = \frac{i_o}{i_i} = \frac{I_{om}}{I_{im}}$

③ 功率放大倍数（或功率增益）。

有时要用到功率放大倍数 A_P，通常定义为输出功率与输入功率之比 $A_p = \frac{P_o}{P_i}$

工程上常用分贝（dB）来表示放大倍数的大小，常用的有

$$A_u(\mathrm{dB}) = 20\lg|A_u|$$

$$A_i(\mathrm{dB}) = 20\lg|A_i|$$

$$A_p(\mathrm{dB}) = 10\lg|A_p|$$

用 dB 来表示增益的大小，最初是为了适应人耳的听觉效应，即人耳对声音的感受与声音功率的对数（dB）成正比。而这种表示法在工程的计算上会带来很多方便，例如多级放大器的增益，如用倍数表示则是许多倍数的乘积，而用 dB 表示，则为各分量对数之和。

④ 输入电阻 R_i。

放大器对信号源所呈现的等效负载电阻用输入电阻 R_i 来表示，可写为：$R_i = \frac{u_i}{i_i}$。

⑤ 输出电阻 R_o。

对于负载来说，放大电路的输出端口相当于一个信号源，这个等效信号源的内阻就是放大器的输出电阻 R_o。或者说，输出电阻 R_o 就是从输出端口向放大器看进去的等效电阻。

应当注意，R_o 并不等于 u_o 与 i_o 之比。实际上，$u_o = i_o R_L$，因此，u_o 与 i_o 的比值恰恰是负载电阻 R_L，而不是输出电阻 R_o。

R_o越小，接上负载R_L后输出电压下降越小，说明放大电路带负载能力强。因此，输出电阻反映了放大电路带负载能力的强弱。

为了便于区别放大器电路中电流或电压的直流分量、交流分量、总量等概念，文字符号写法作如下规定。

直流分量用大写字母和大写下标的符号，如I_B表示基极的直流电流。

交流分量用小写字母和小写下标的符号，如i_b表示基极的交流电流。

总量是直流分量和交流分量之和，用小写字母和大写下标的符号，如$i_B = I_B + i_b$，即i_B表示基极电流的总量。

4.2.2 共射极放大电路的静态分析

共射极放大电路的静态分析

放大电路没加输入信号时，即u_i=0，电路所处的工作状态称为静止工作状态，简称静态，也就是放大电路的直流状态，这时电路仅有V_{CC}直流电源作用。

进行静态分析的目的是计算出静态时电路中的I_B、I_C、U_{CE}的数值，这些参数称为放大电路的静态工作点（Q点）。它设置得合理及稳定与否，将直接影响放大电路的工作状况及性能质量的高低。要分析一个给定放大电路的静态工作点，可利用其直流通路图用解析的方法来计算，也可以利用三极管的特性曲线图，用图解分析的方法求得。下面介绍解析分析法。

晶体管导通时，U_{BE}变化很小，可视为常数。一般硅管的$U_{BE} = 0.6 \sim 0.8\text{V}$，取0.7V；锗管的$U_{BE} = 0.1 \sim 0.3\text{V}$，取0.2V，这就是工程近似估算法的理论基础。如图4.28所示是基本放大电路的直流通路。

图4.28　基本放大电路的直流通路

根据放大电路的直流通路，可以估算出该放大电路的静态工作点。不难得出

$$I_B = \frac{V_{CC} - U_{BE}}{R_B}，\ I_C = \beta I_B，\ U_{CE} = V_{CC} - I_C R_C$$

例题分析

例4.4　在图4.27所示放大电路中，已知$R_b = 280\text{k}\Omega$，$R_c = 3\text{k}\Omega$，$V_{CC} = 12\text{V}$，$\beta = 50$，求放大电路的静态工作点。

解：由图4.28所示直流通路得

$$I_B = \frac{V_{CC} - U_{BE}}{R_B} = \frac{12 - 0.7}{280 \times 10^3} = 40\mu\text{A}$$

$$I_C = \beta I_B = 50 \times 40(\mu\text{A}) = 2\text{mA}$$

$$U_{CE} = V_{CC} - I_C R_C = 12 - 2 \times 3 = 6\text{V}$$

例4.5 在图4.27所示放大电路中，已知$R_b = 250\text{k}\Omega$，$R_c = 3\text{k}\Omega$，$V_{CC} = 10\text{V}$，$\beta = 50$，求放大电路的静态工作点。

解：由图4.28所示直流通路得

$$I_B = \frac{V_{CC} - U_{BE}}{R_B} \approx \frac{V_{CC}}{R_B} = \frac{10}{250}\text{mA} = 40\mu\text{A}$$

$$I_C = \beta I_B = 50 \times 40(\mu A) = 2mA$$

$$U_{CE} = V_{CC} - I_C R_C = 10 - 2 \times 3 = 4V$$

静态工作点是放大电路正常工作的重要保证，而静态工作点与电路参数有关。R_B、R_C、V_{CC}大小的变化，会影响交流信号的动态范围，或导致信号的正、负半周动态范围减小，容易引起截止失真和饱和失真。图 4.29 是静态工作点选择不同时的示波器显示波形，（a）为工作点选择合适，波形完整；（b）为工作点偏高时的波形；（c）为工作点偏低时的波形。

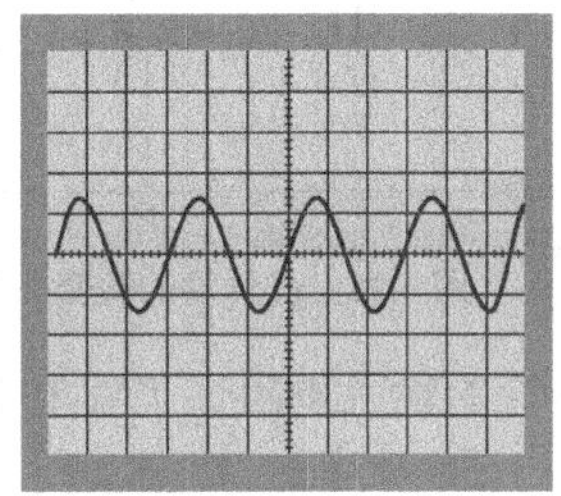

（a）静态工作点合适

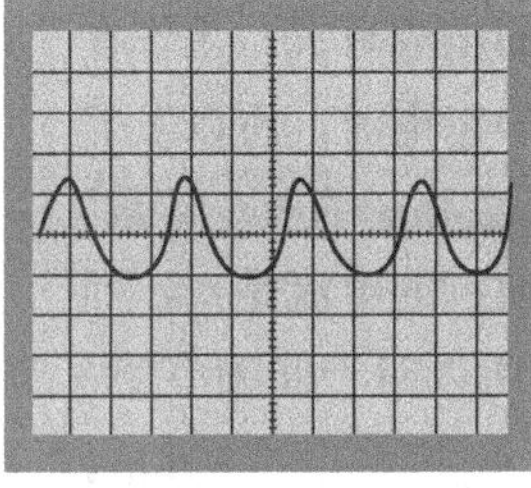

（b）静态工作点偏高

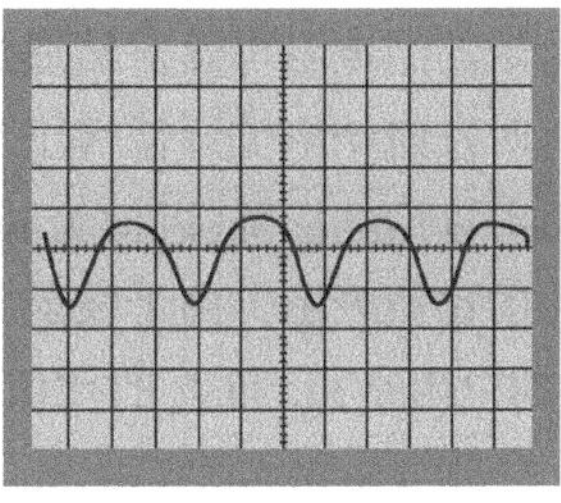

（c）静态工作点偏低

图 4.29　静态工作点选择不同时的示波器显示波形

4.2.3　共射极放大电路的动态分析

当电路有交变输入信号时，该信号参数将与静态参数叠加，使晶体管工作点随输入信号的变化而改变，从而引起晶体管 B-E 电压、基极电流、集电极电流、C-E 电压均随输入信号按一定比例变化。由于u_{CE}变化，输出电容器电压也随之变化，从而使负载电流和电压改变。较小的输入电压（也就是u_{BE}的变化量）变化，能导致较大的集电极电流变化，因此负载电流和电压可以比输入电压大得多。这实质上是利用输入信号的微弱能量改变晶体管发射结的宽度，进而引起集电结中载流子数量的变化来控制电源按输入信号的能量变化成比例地向负载提供能量。放大电路中信号的波形变化情况如图 4.30 所示。

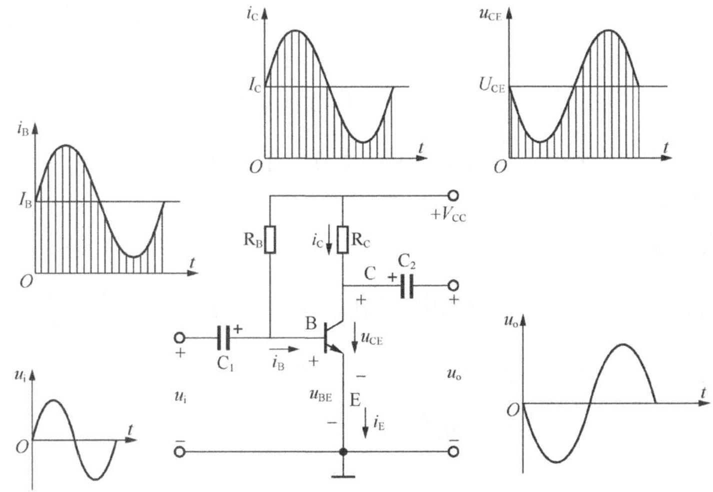

图 4.30　放大电路中信号的波形变化情况

当输入端加入信号u_i时，由于加进了输入信号，输入电流i_B是动态变化的，晶体管的工作状态也将不断变化，故又将加进输入交流信号时的状态称为动态。常用的放大电路的动态分析方法有图解法和晶体管的微变等效电路法，在此仅介绍晶体管的微变等效电路法。

1. 晶体管的微变等效电路

这里只讨论最常用的共射微变等效电路。晶体管工作于小信号条件下，用某些线性元件组合的电路模型来等效非线性的三极管，通常从晶体管的输入、输出特性两方面来讨论，如图 4.31 所示为晶体管的微变等效电路。

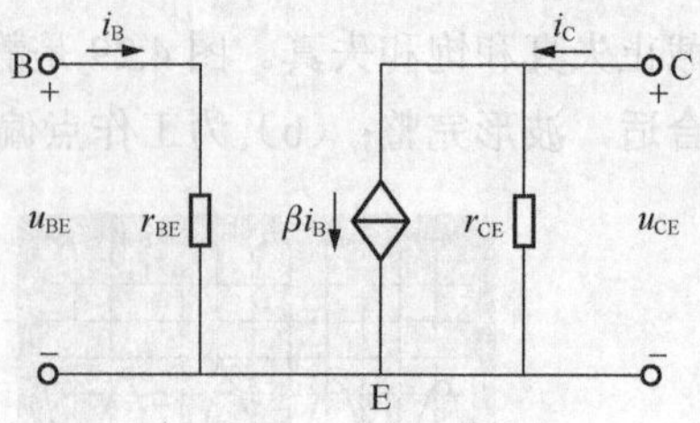

图 4.31　晶体管的微变等效电路

对于工作在低频小信号的晶体管，基区的内电阻约为 300 Ω，而发射区的体电阻相对于基区的体电阻可以忽略不计，发射结的结电阻与发射结通过的电流有关。工作在小信号状态时发射结电流近似等于其静态电流，所以发射结的结电阻可以用结压降（近似为等于 26mV 的一个常数）与静态电流的比值表示。由于发射结通过的电流是 i_E，而 B、E 之间的电阻是 u_{BE} 与 I_B 的比值，所以对于低频小功率晶体管的输入电阻，工程上常表示为

$$r_{BE} = 300 + (1+\beta)\frac{26\text{mV}}{I_E}(\Omega)$$

其中，r_{BE} 一般为几百欧至几千欧，是动态电阻。由于晶体管的 i_C 受 i_B 控制，因此晶体管的输出电路可用一个 $i_C = \beta i_B$ 的受控电流源来等效代替。

在交流情况下，由于直流电源内阻很小，常常忽略不计，故整个直流电源可视为短路。电路中耦合电容 C_1、C_2 在一定频率范围内的容抗 X_C 很小，也可视为短路，就可得到放大电路的微变等效电路，如图 4.32 所示。

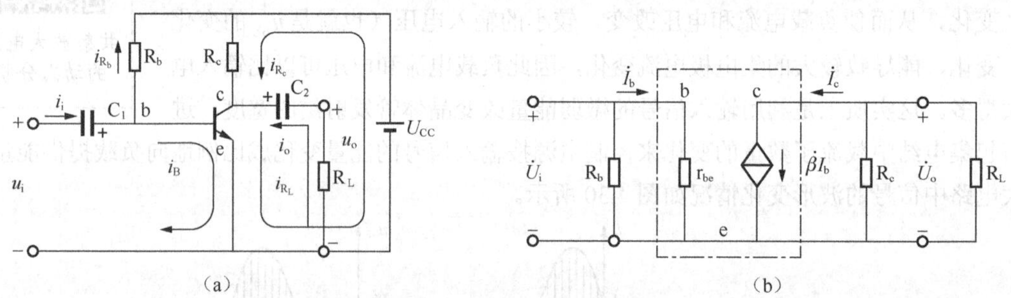

图 4.32　共射放大电路及其微变等效电路

设输入信号是正弦量，则电路中电压、电流都可用相量表示。

2. 放大指标计算

（1）电压放大倍数

电压放大倍数定义为输出电压与输入电压的比值，用 $\dot{A}_u$ 表示，即 $\dot{A}_u = \dfrac{\dot{U}_o}{\dot{U}_i}$

根据图 4.32 分析可知，$\dot{U}_o = -\beta \dot{I}_b R_L'$（$R_L' = R_C // R_L$）

故

$$\dot{A}_u = \frac{\dot{U}_o}{\dot{U}_i} = -\beta\frac{R_L'}{r_{be}}$$

如果输出末端未接负载，则 $R_L = \infty$，有 $R_L' = R_C$

$$\dot{A}_u = -\beta\frac{R_C}{r_{be}}$$

（2）输入电阻

放大电路对信号源（或对前级放大电路）来说是一个负载，可以用一个等效电阻来表示。这个电阻是从放大电路输入端看进去的等效电阻，称为输入电阻 r_i，即

$$r_i = \frac{\dot{U}_i}{\dot{I}_i} = R_B // r_{be} \approx r_{be} \quad （R_B \gg r_{be}）$$

为减轻信号源的负担并提高放大电路的净输入电压，通常希望输入电阻越大越好。很显然，这种基本放大电路受到小的 r_{be} 限制，其输入电阻不可能很大。

（3）输出电阻

放大电路是要带负载的。对负载而言，放大电路可以看成一个信号源，其内阻即为放大电路的输出电阻（从放大器输出端看进去的等效电阻），用 r_o 表示。

若 r_o 较大（可理解为电源内阻较大），则当负载变化时输出电压变化就大，即带负载能力较差，因此放大电路的输出电阻越小越好。

将信号源短路，从输出端看进去的电阻即输出电阻 r_o。如图 4.33 所示，此时受控电流源相当于开路，因此 $r_o \approx R_c$。

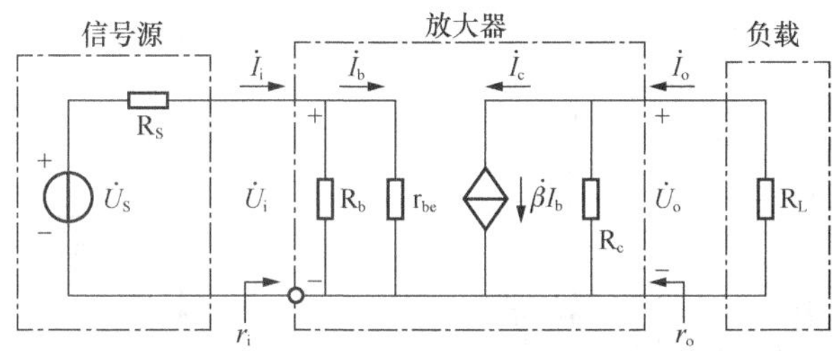

图 4.33 放大电路的输入电阻和输出电阻

例题分析

例 4.6 在图 4.27 所示放大电路中，已知 $V_{CC}=12V$，$\beta=37.5$，$R_b=300k\Omega$，$R_c=4k\Omega$，$R_L=4k\Omega$，求电压放大倍数、输入电阻及输出电阻。

解：

$$I_B = \frac{V_{CC}-U_{BE}}{R_b} \approx \frac{V_{CC}}{R_b} = \frac{12}{300\times10^3} = 0.04mA$$

$$I_E \approx I_C = \beta I_B = 37.5\times0.04mA = 1.5mA$$

$$r_{be} = 300+(1+\beta)\frac{26}{I_E} = 300+38.5\times\frac{26}{1.5} = 0.967k\Omega$$

$$R_L' = R_C // R_L = 2k\Omega$$

故

$$\dot{A}_u = \frac{\dot{U}_O}{\dot{U}_i} = -\beta\frac{R_L'}{r_{be}} = -\frac{37.5\times2}{0.967} = -77.6$$

$$r_i \approx r_{be} = 0.967k\Omega$$

$$r_o \approx R_c = 4k\Omega$$

知识小结

1. 放大电路的作用就是把微弱的电信号不失真地加以放大，而“失真”是指输入信号经过放大器输出后发生了波形畸变。

2. 放大电路的静态分析就是求解放大电路的静态工作点。利用放大电路的直流通路图，对基本放大电路使用基尔霍夫第二定律和欧姆定律就可以求出静态工作点的 3 个参数。

3. 放大电路的动态分析主要是求解用元件参数表示的电压放大倍数和输入、输出电阻等参数。当电路工作于低频小信号时，电压放大倍数、输入和输出电阻 3 个参数的求解表达式可以借助放大电路的微变等效电路图分析得出。

技能训练

小信号放大器的设计与制作

生活中经常遇到小信号需要放大处理的情况，例如话筒采集的声音需要放大、电子助听器中微弱的信号需要进行放大处理等。

本次训练以话筒信号放大处理为例进行实践训练，以加深对晶体管及其放大电路的性能和电路分析方法的理解。

放大器参考电路如图 4.34 所示。

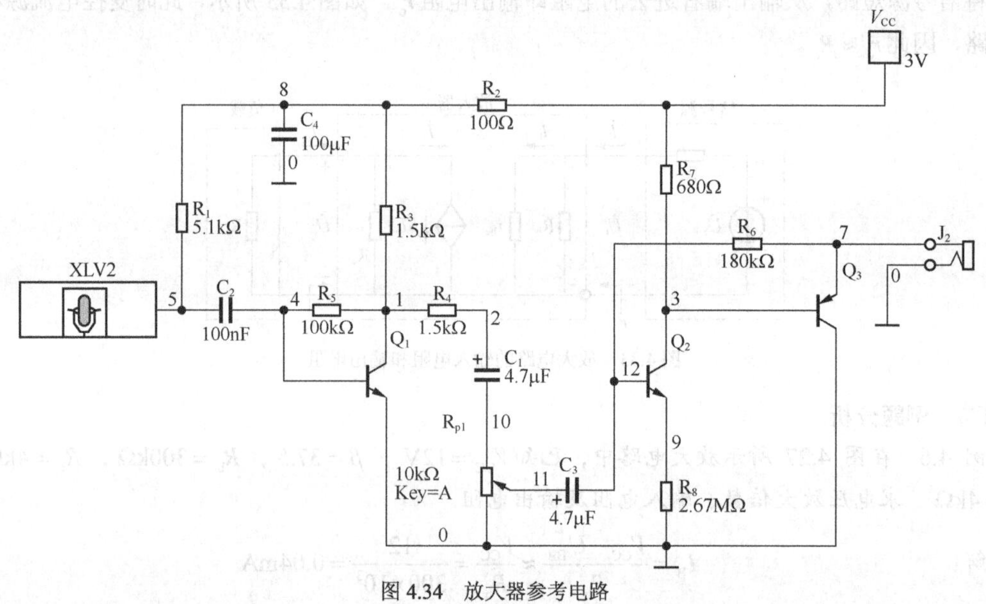

图 4.34　放大器参考电路

实践训练任务书

任务内容	小信号放大器的设计与制作
环节安排	4 课时　仿真设计与焊接制作
任务目的	制作小信号放大器，正确画出电路图，按照规范进行装焊及调测
具体要求	1．完成电路装焊 2．比对设计要求，优化改进工艺 3．实现电路正常工作，记录测试结果
记录整理	1．绘制电路原理图 2．列出元器件清单 3．焊接、安装 4．调试电路功能，检测记录数据 5．分析数据，记录结论

知识点 4.3　功率放大电路分析

📖 学习目标

- 能正确说出功率放大电路的特点与分类
- 了解功率放大电路的主要应用
- 能区分 OTL 和 OCL 电路
- 了解功放管的选用方法
- 能正确估算输出功率和效率

📖 学习内容

功率放大器是一种向负载提供功率的放大器。一般多级放大器总要带动一定的负载，如扬声器、继电器、仪表等，都需要输出一定的功率，故而一般多级放大器的最后一级都设置为功率放大器。功率放大器简称功放。

功率放大电路虽然听起来似乎很专业，但其实生活中常常见到，如手机、电视机、智能音箱等一切可以发出声音的电子产品中，都是利用功率放大电路驱动扬声器或耳机，进而还原输出声音的。放大器示意图如图 4.35 所示。

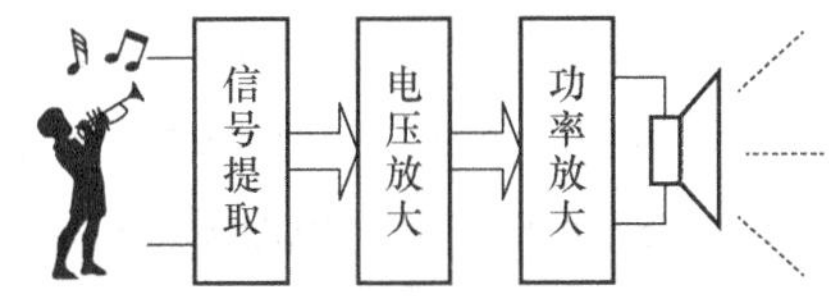

图 4.35　放大器示意图

功率放大器和电压放大器是有区别的。电压放大器的主要任务是把微弱的信号电压进行放大，一般输入及输出的电压和电流都较小，是小信号放大器。它消耗能量少，信号失真小，输出信号的功率小。功率放大器的主要任务是放大信号的功率，它的输入、输出电压和电流都较大，是大信号放大器。它消耗能量多，信号容易失真，输出信号的功率大。

4.3.1　功率放大器的特点

功率放大电路的特点与类型

1. 输出功率足够大

通常要求功率放大器有很大的电压和电流变化范围，其往往工作接近极限状态，以便获得足够大的输出功率。

输出功率 P_o 是指供给负载的功率。在输入正弦信号且输出不失真的情况下，负载上所获得的最大交流功率称为最大输出功率 P_{om}。

输出功率为输出电压与输出电流有效值的乘积

$$P_o = V_o I_o = \frac{V_{om}}{\sqrt{2}} \times \frac{I_{om}}{\sqrt{2}} = \frac{1}{2} I_{om}^2 R_L = \frac{1}{2} \frac{V_{om}^2}{R_L}$$

2. 工作效率要高

放大电路的实质都是将电源供给的直流功率转换为输出的交变功率（输出信号功率），这其实就要求提高能量转换的效率。对于功率放大电路而言，由于处理的是大信号，输出功率较大，因而效率问题就很重要。

设直流电源提供的输出功率为 P_V，功放管的损耗功率为 P_T，则

$$P_V = P_o + P_T$$

而效率则可表示为

$$\eta = \frac{P_o}{P_V}$$

3. 非线性失真小

功率放大器工作于大信号状态，电压、电流波动很大，容易超出放大管电特性的线性范围，

从而产生失真，实际应用中要采取措施减少失真。另外，功放管工作的电压高、电流大、温度高，因此还需要考虑散热及保护问题。

4.3.2 功率放大电路的分类

按功率放大电路中晶体管导通时间的不同，可分为甲类功率放大电路、乙类功率放大电路、甲乙类功率放大电路和丙类功率放大电路（常用于高频信号放大，在此不作分析），如图 4.36 所示。

甲类功率放大电路：输入信号的整个周期内晶体管均导通，有电流 i_c 流过，导通角为 360°，非线性失真小，但输出功率和效率低，波形如图 4.36（a）所示。甲类功放的静态工作点设置较高，始终有较大的直流电流 I_C，消耗一定的电源功率，因此效率较低，理想状态下的效率也只有 50%。实际的甲类功放效率通常在 10%以下。

乙类功率放大电路：输入信号的整个周期内，晶体管仅在半个周期内导通，导通角为 180°，电路无输入时静态电流为 0，功放管不消耗功率因而效率较高，但波形只输出一半，失真严重，如图 4.36（b）所示。只有当输入信号幅度超过 0.7V，即晶体管 b-e 极间获得正向偏置时才会进入放大状态，e 极才会有电流流过；若输入信号低于 0.7V（包括进入负半周期）时，晶体管截止，因此电路输出半波信号。

甲乙类功率放大电路，在输入信号的整个周期内，晶体管导通时间大于半个周期而小于全周，导通角为 $180° \leqslant \theta \leqslant 360°$。波形被切掉一部分，失真严重，但其效率较乙类低而高于甲类，波形如图 4.36（c）所示。

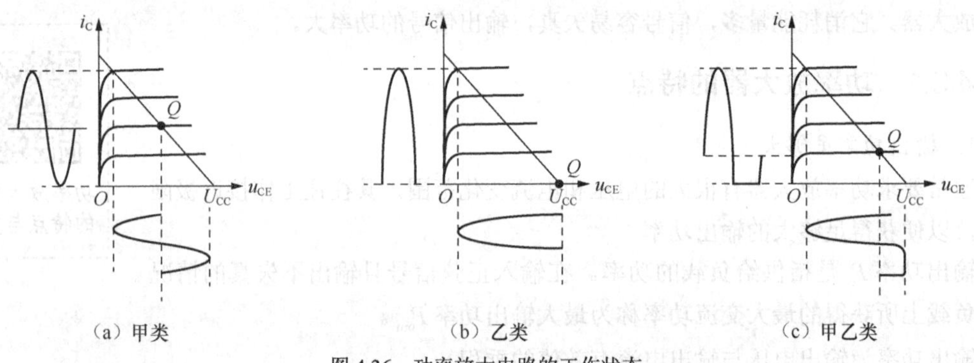

图 4.36 功率放大电路的工作状态

由于甲乙类和乙类功率放大电路的效率较高，因此实际应用中以这两种电路为主，图 4.37 为典型的乙类功放电路。

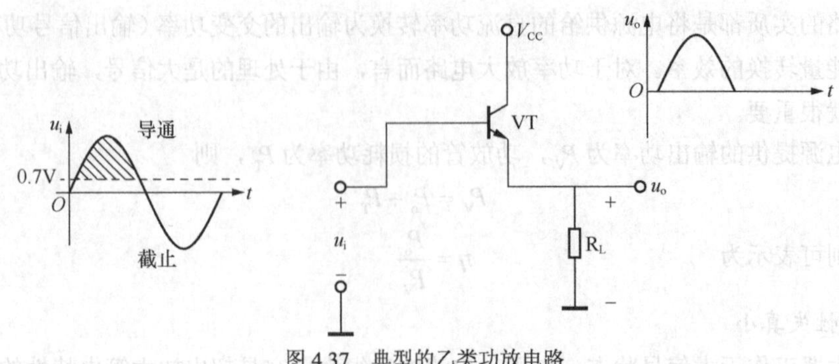

图 4.37 典型的乙类功放电路

4.3.3　乙类互补对称功率放大电路

乙类互补对称功率放大电路

乙类功率放大电路有多种形式，目前广泛使用的有无输出变压器的功率放大器（OTL 电路）、无输出电容器的功率放大器（OCL 电路），以及桥式推挽功率放大器（BTL 电路）。下面主要分析 OCL 电路。

1. OCL 电路组成

乙类放大电路输出信号只有半个波形，失真严重，但是管子小且效率较高，因此可利用两只管子组成如图 4.38（a）所示的乙类互补对称功率放大电路。电路中采用两个三极管，使之都工作在乙类放大状态，但一个在正半周期工作，而另一个在负半周工作，同时将两者的输出波形都加到负载上，从而在负载上可得到一个合成的完整波形。

OCL（无输出电容器）乙类互补对称功率放大电路如图 4.38（a）所示，由于电路的输出不经电容耦合而直接接至负载，故命名为 OCL 电路。

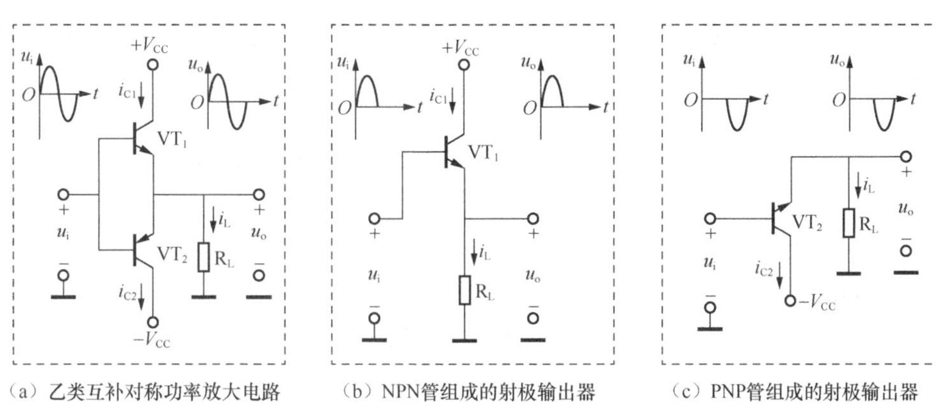

（a）乙类互补对称功率放大电路　（b）NPN管组成的射极输出器　（c）PNP管组成的射极输出器

图 4.38　乙类互补对称功率放大电路

电路中的 VT_1 和 VT_2 分别为 NPN 型管和 PNP 型管，两管参数相同，基极和发射极分别相互连接在一起，信号从基极输入，从发射极输出，R_L 为负载。这个电路可以看成是图 4.38（b）和图 4.38（c）两个射极输出器组合而成的。

2. 推挽工作

静态时，输入信号为零，VT_1、VT_2 均截止，输出电压也为零，负载无电流，电路无功耗。

动态时，当输入信号在正半周期间，VT_1 发射结正偏导通、VT_2 截止，负载获得正半周电流，等效电路如图 4.38（b）所示。当输入信号在负半周期间，VT_2 导通、VT_1 截止，负载获得负半周电流，等效电路如图 4.38（c）所示（共集电极电路）。两管轮流导通，互补对方的不足、工作性能对称，在负载上得到一个完整周期的输出信号电流，减小了非线性失真。

3. 性能指标

为方便分析，设晶体管为理想的，两管完全对称，导通压降 $u_{BE}=0$，饱和压降 $u_{CES}=0$。

① 最大不失真输出功率 P_{om}。

设输入为正弦波，放大器的最大输出电压为 V_{CC}，忽略晶体管的饱和压降，负载上的最大不失真功率为

$$P_{om}=\frac{1}{2}\times\frac{V_{om}^2}{R_L}\approx\frac{V_{CC}^2}{2R_L}$$

② 电源功率 P_V。

直流电源提供的功率为半个正弦波的平均功率，信号越大，电流越大，电源功率也越大。

$$P_V = V_{CC}I_{CC} = V_{CC}\frac{2}{2\pi}\int_0^{\pi} I_{om}\sin\omega t\,d(\omega t) = \frac{2}{\pi}\frac{V_{CC}V_{om}}{R_L}$$

显然，P_V 近似与电源电压的平方成比例。

③ 晶体管的管耗 P_T。

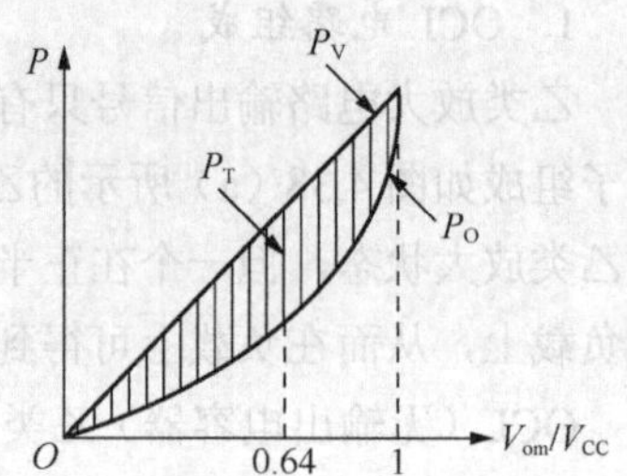

图 4.39　乙类互补功率放大电路的管耗

电源输入的直流功率有一部分通过三极管转换为输出功率，剩余的部分则消耗在晶体管上，形成管耗：$P_T = P_V - P_o = \frac{2}{\pi}\frac{V_{CC}V_{om}}{R_L} - \frac{V_{om}^2}{2R_L}$。

将 P_T 画成曲线，如图 3.39 所示。显然，管耗与输出幅度有关。图中阴影部分即代表管耗，P_T 与 V_{om} 呈非线性关系，有一个最大值。可用 P_T 对 V_{om} 求导的办法找出这个最大值。P_{Tmax} 发生在 $V_{om} = 0.64V_{CC}$ 处，将 $V_{om} = 0.64V_{CC}$ 代入 P_T 表达式，可得 P_{Tmax} 为

$$P_T = \frac{2}{\pi}\frac{V_{CC}V_{om}}{R_L} - \frac{V_{om}^2}{2R_L} = \frac{2V_{CC}\times 0.64V_{CC}}{\pi R_L} - \frac{(0.64V_{CC})^2}{2R_L} \approx 0.4P_{omax}$$

对一只晶体管而言，管耗为：$P_T \approx 0.2P_{omax}$。

④ 效率 η。

$$\eta = \frac{P_o}{P_V} = \frac{\pi}{4}\times\frac{V_{om}}{V_{CC}}$$

当 $V_{om} = V_{CC}$ 时效率最大，效率最高为

$$\eta = \frac{\pi}{4} \approx 78.5\%$$

例题分析

例 4.7　在图 4.38（a）所示乙类互补对称功率放大电路中，已知 $V_{CC} = 24\text{V}$，$R_L = 8\Omega$。试求：（1）估算其最大输出功率 P_{om}，最大输出功率时的 P_V、P_{VT1} 和电路效率 η；（2）放大电路在 $\eta = 0.6$ 时的输出功率 P_o 值。

解：（1）

$$P_{om} = \frac{V_{CC}^2}{2R_L} = 36\text{W}$$

此时

$$P_{Vm} = \frac{2}{\pi}\frac{V_{CC}^2}{R_L} \approx 1.27P_{om}$$

$$P_{VT1} \approx 0.2P_{om} = 0.2\times 36\text{W} = 7.2\text{W}$$

$$\eta = \frac{\pi}{4} \approx 78.5\%$$

（2）当 $\eta = 0.6$ 时

$$V_{om}=\frac{4V_{CC}\eta}{\pi}=\frac{4\times24\times0.6}{\pi}\approx18.3V$$

$$P_o=\frac{1}{2}\frac{V_{om}^2}{R_L}=\frac{1}{2}\times\frac{18.3^2}{8}\approx20.9W$$

4. 管耗功率与功率管的选用原则

每管的最大管耗和电路的最大输出功率具有关系：$P_{VT}\approx0.2P_{omax}$，这常用来作为乙类互补对称电路选择管子的依据。例如，若要求输出功率为 10W，则只要用两个额定管耗大于 2W 的管子就可以了。

功率 BJT 的选择必须考虑以下几点。

① 每只 BJT 的最大允许管耗 P_{CM} 必须大于 $0.2P_{om}$。

② 应选用击穿电压 $|V_{(BR)CEO}|>2V_{CC}$ 的晶体管。

③ 通过 BJT 的最大集电极电流为 V_{CC}/R_L，选择 BJT 的最大允许集电极电流 I_{CM} 一般不宜低于此值。

5. 交越失真

实际应用中，乙类互补对称电路并不能使输出波形很好地反映输入的变化，而是存在一定的波形失真。这主要是由于三极管没有静态电流，当输入信号低于三极管的阈值电压时，在输入电压正负半周交替处，三极管 VT_1 和 VT_2 都截止，i_{C1} 和 i_{C2} 基本为零，负载 R_L 上无电流通过，出现了一段死区，如图 4.40 所示，这种失真现象称为交越失真。

克服交越失真的方法是给三极管提供一个较小的基极偏置电流，使其在静态时处于微弱的导通状态，可采用二极管作为偏置电路的甲乙类双电源互补对称电路，在此不做介绍，读者可查阅资料研究学习。

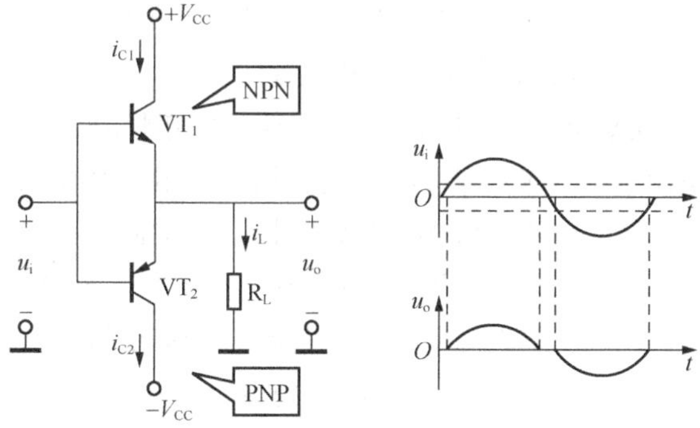

图 4.40　双电源互补对称电路的交越失真现象

拓展分析

前面所分析的 OCL 电路是双电源供电的，但在某些应用中会有不便。因此，可采用单电源供电的甲乙类功放，又称 OTL 电路。

OTL 电路由一对 NPN 型、PNP 型特性相同的互补三极管组成，在输出端负载支路中串接了一个大电容，如图 4.41 所示。

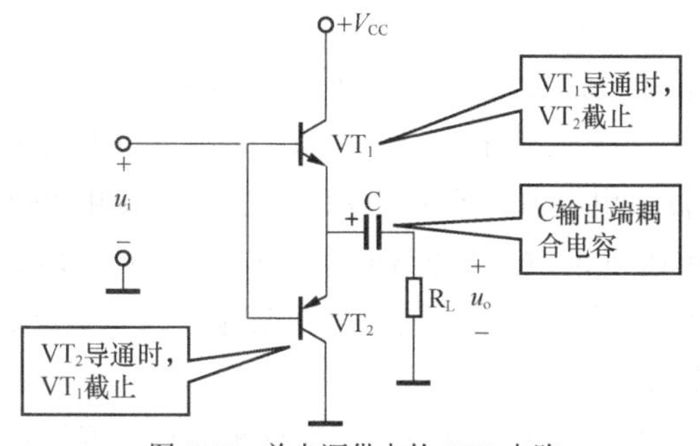

图 4.41　单电源供电的 OTL 电路

图 4.42 为 OTL 工作原理及波形。OTL 电路和双电源供电的乙类功放电路的计算方法基本一致，唯一区别在于电源电压要将原来的 V_{CC} 改为 $\frac{1}{2}V_{CC}$。

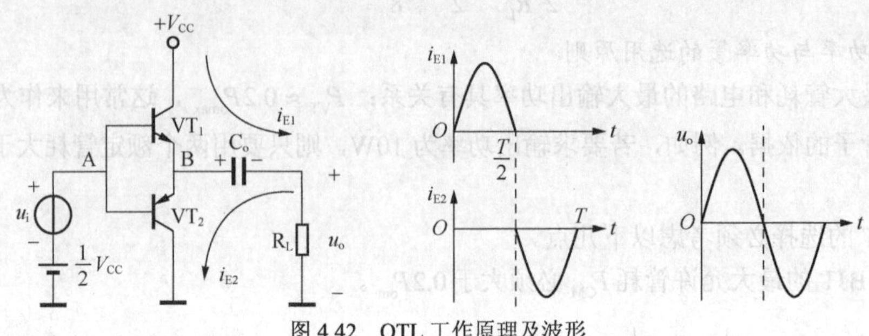

图 4.42　OTL 工作原理及波形

4.3.4　集成功率放大器

目前集成功率放大器已广泛应用。国内外的集成功率放大器产品种类繁多，额定输出功率从几瓦到几百瓦不等，但都具有体积小，工作稳定，易于安装和调试等优点，约 95%以上的音响设备中的功率放大器都采用集成电路。

集成功率放大器的主要性能指标有最大输出功率、电源电压范围、静态电源供给电流、电压增益、频带宽度、输入阻抗、总谐波失真等。常用的集成功率放大器有很多，下面简要介绍两种。

1. LM386 集成功率放大器

LM386 是最流行的低电压小功率音频放大器集成电路之一。它的突出优点是频响宽、功耗低、电源电压适应范围宽，外接元件很少。由于能够灵敏地使用于许多场合，通常又称为万用功放器。

图 4.43 是 LM386 引脚排列图，LM386 采用 8 脚双列直插式封装，其额定工作电压范围为 4～16V，当电源电压为 6V 时静态工作电流为 4mA，因而适合用电池供电。①和⑧脚之间用以外接电阻、电容元件以调整电路的电压增益。电路的频响范围较宽，可达到数百千赫。最大允许功耗为 660mW（25℃），使用时不需散热片。工作电压为 4V，负载电阻为 4Ω 时输出功率（失真为 10%）约 300mW；工作电压为 6V，负载电阻为 4Ω、8Ω、16Ω 时输出功率分别为 340mW、325mW、180mW。

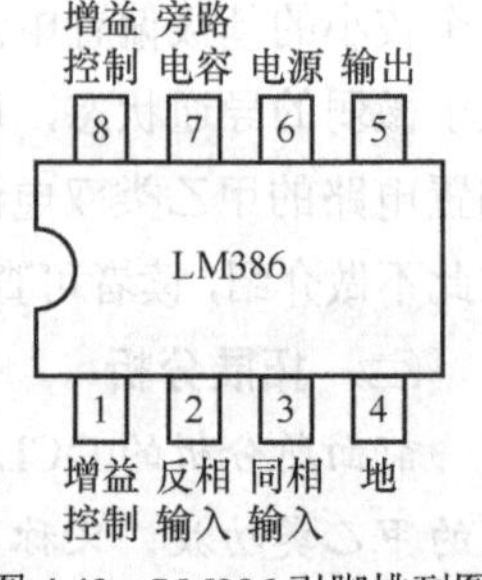

图 4.43　LM386 引脚排列图

LM386 有两个信号输入端，2 脚为反相输入端，3 脚为同相输入端。每个输入端的输入阻抗都为 50kΩ。输入端对地的直流电位接近于零，即使与地短路，输出直流电平也不会产生大的偏离，上述输入特性使 LM386 的使用显得灵活和方便，下面介绍它的两个应用电路实例。

如图 4.44 所示为收音机中 LM386 集成功率放大器的应用。

其中 C_1 为隔直电容；R_P 为音量调节电位器，通过调节它可以改变扬声器音量的大小；R_1、C_2 构成低通滤波器，用以滤去电源的高频交流成分；C_4 使①脚和⑧脚之间的交流等效电阻为 0，此时电压放大倍数最大，可达 200；C_5 为旁路电容，作用是保证有较高的电压放大倍数，并能消除自激振荡；R_2、C_6 起相位补偿作用，以消除自激振荡；C_7 为外接输出电容。

2. TDA2006 集成功率放大器

TDA2006 集成功率放大器是一种内部具有短路保护和过热保护功能的大功率音频功率放大

器集成电路。其电路结构紧凑，引出脚仅有 5 只，补偿电容全部在内部而外围元件少，使用方便。因此不仅在录音机、组合音响等家电设备中采用，也在一些自动控制装置中广泛使用。

TDA2006 采用 5 脚单边双列直插式封装结构，图 4.45 是其引脚排列图。①脚是信号输入端子；②脚是负反馈输入端子；③脚是接地端子，注意，其工作于双电源时即是负电源（$-V_{CC}$）端子；④脚是功率放大器的输出端子；⑤脚是正电源（$+V_{CC}$）端子。

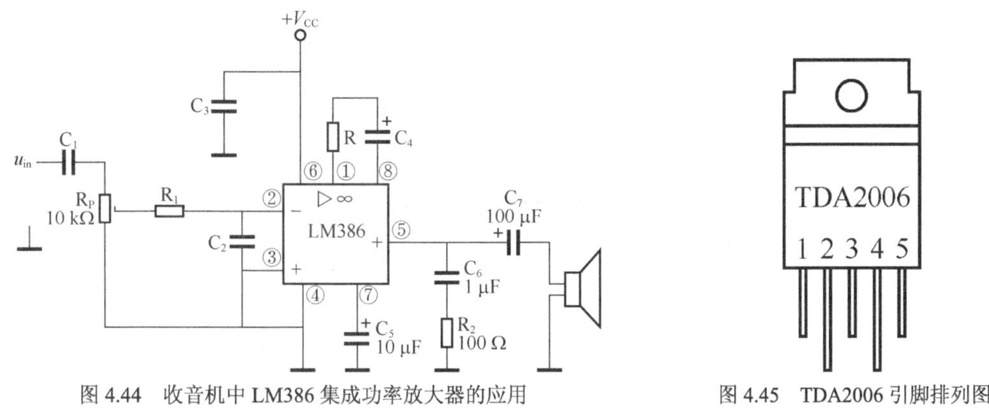

图 4.44　收音机中 LM386 集成功率放大器的应用　　　图 4.45　TDA2006 引脚排列图

图 4.46 所示电路是 TDA2006 集成电路组成的双电源供电的音频功率放大器，该电路应用于具有正、负双电源供电的音响设备。

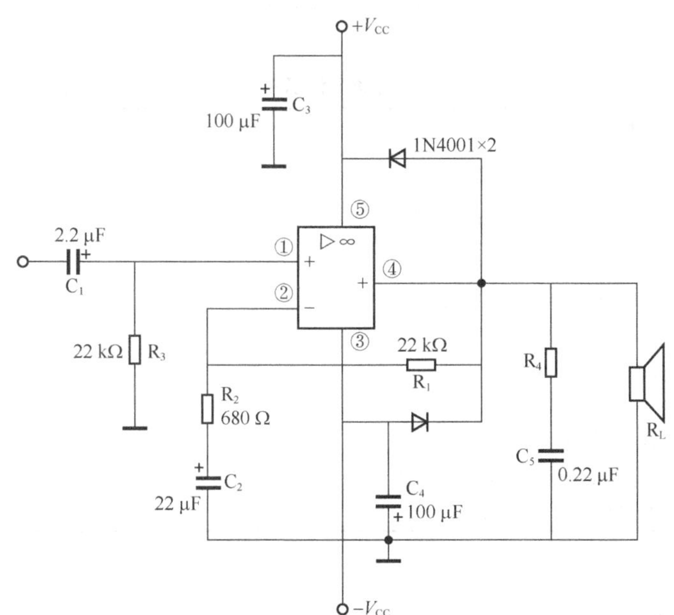

图 4.46　TDA2006 集成电路组成的双电源供电的音频功率放大器

音频信号经输入耦合电容 C_1 送至 TDA2006 的同相输入端（①脚），功率放大后的信号由 TDA2006 的④脚输出。由于采用了正、负对称的双电源供电，故输出端子（④脚）的电位等于零。因此电路中省去了大量的输出电容。

电阻 R_1、R_2 和电容器 C_2 构成负反馈网络；电阻 R_4 和电容 C_5 构成校正网络，以改善音响效果。其中二极管是 TDA2006 内大功率输出管的外接保护。

技能训练

在音频功放电路中，为较好实现功率放大功能，可由三极管与电容组成的复合管放大电路来实现，但其电路结构复杂，故通常使用集成功率器件来实现。

功率放大器参考电路如图 4.47 所示。

通过实践训练，进一步理解 OCL 电路和集成功率放大器的性能和使用方法。

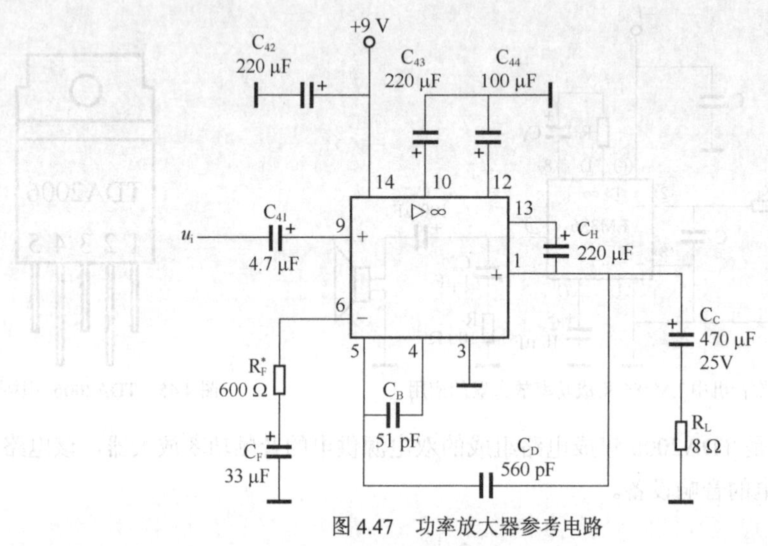

图 4.47　功率放大器参考电路

实践训练任务书

任务内容	音频功放电路的分析
环节安排	4 课时　仿真设计与焊接制作
任务目的	制作音频放大器，正确画出电路图，按照规范进行装焊及调测
具体要求	1. 完成电路装焊 2. 比对设计要求，优化改进工艺 3. 实现电路正常工作，记录测试结果
记录整理	1. 绘制电路原理图 2. 列出元器件清单 3. 焊接、安装 4. 调试电路功能，检测记录数据 5. 分析数据，记录结论

知识小结

1. 功率放大电路的工作重点是在允许一定失真的情况下，尽可能地提高输出功率和效率。

2. 根据电路功放管的导通时间不同，功率放大电路可分为甲类、乙类、甲乙类（丙类功放常用于高频信号的放大，在此不讨论）几种。

3. 与甲类功率放大电路相比，乙类互补对称功率放大电路的主要优点是效率高。其在理想情况下的最大效率约为 78.5%。

4. 由于 BJT 输入特性存在死区电压，故工作在乙类的互补对称电路存在交越失真，克服交越失真的方法是采用甲乙类（接近乙类）互补对称电路。通常可利用二极管或三极管 u_{BE} 扩大电

路进行偏置。

5. 集成功率放大器使用时，应注意了解其内部电路组成特点及各引脚作用，以便合理使用。

知识点 4.4　直流稳压电源

📖 学习目标

- 能正确陈述直流稳压电源的结构组成
- 理解直流稳压电源的工作原理
- 能分析整流电路、滤波电路工作原理
- 能正确选择相关元器件
- 理解三端集成稳压器的应用电路

📖 学习内容

所有的电子设备、各种自动控制装置中都需要稳定的直流电源供电。直流电源可以由直流发电机或电池提供，但更多的应用中需要将交流电网所提供的交流电转换为稳定的直流电。交流电经过整流、滤波后变成直流电，但由于电网电压的波动，会使整流后输出的直流电压也随之波动。而在使用中负载上的电流也是不断变动的，有的幅度很大，当它流过整流器内阻时就会在内阻上产生一个波动的电压降，导致输出电压也随之波动。负载电流小则输出电压就高；负载电流大则输出电压就低。这种波动会引起电路工作的不稳定，尤其是对于精密的测量仪器、自动控制或电子计算装置等，会造成测量计算的误差，甚至无法正常工作。因此实际应用中需要电压稳定的直流稳压电源供电。

稳压电源类型按输出可分为直流稳压电源和交流稳压电源，按稳压电路与负载连接方式可分为串联稳压电源和并联稳压电源，按调整管工作状态可分为线性稳压电源和开关稳压电源，按电路类型可分为简单稳压电源和反馈稳压电源等。简单的电子设备使用线性稳压电源，例如收音机、音响等；复杂的电子设备使用开关稳压电源，例如电视机、计算机等。

直流稳压电源一般由 4 个部分组成，其原理框图如图 4.48 所示。

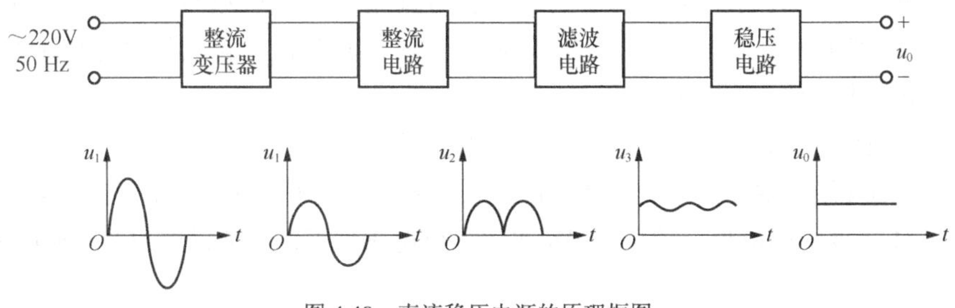

图 4.48　直流稳压电源的原理框图

① 整流变压器。其将正弦工频交流电（220V 交流信号）降压处理，变换为符合电子设备所需的电压。同时，变压器可以实现交流电网与整流电路之间的电隔离。

② 整流电路。其利用具有单向导电性的元件（半导体二极管、晶闸管等）将正负交替变化的正弦交流电压变换为单向脉动电压。这种单向脉动电压中包含较大的直流成分流，但同时也包含很大的交流成分，需要进一步滤除交流量。

整流电路可分为单相电路和三相电路；按照电路结构可分为零式电路（又称半波电路）和桥式电路（又称全波电路）；按照控制方式还可分为相控式电路和斩波式电路。其中斩波式电路具有效率高、体积小、质量轻和成本低等优点，广泛应用于直流牵引的变速拖动中，如城市地铁、电车等。

③ 滤波电路。为尽可能减小电压的脉动（减小交流分量），通过低通滤波器使输出电压平滑。理想情况下，交流分量会被全部滤除，滤波电路的输出电压仅有直流电压。但由于滤波电路为无源电路，故接入负载后势必影响其滤波效果。

对电源电压稳定性要求不高的电子电路，整流、滤波后的直流电压可作为供电电源；但对于电源稳定性要求较高的电路还需要有进一步的稳压措施。

④ 稳压电路。采用措施使输出的直流电压基本不受电网电压波动和负载电阻变化的影响，保证足够的稳定性。

4.4.1 整流变压器

整流变压器用于向整流器提供交流电源，整流电路再将交流电变换为直流电。整流变压器应用于变频、牵引、传动、直流输电、充电、励磁及一般工业用的整流电源等，其原理和普通变压器的作用原理相同。整流变压器的一次侧接交流电力系统，称为网侧；二次侧接整流器称为阀侧。

1. 整流变压器的特点

① 由于整流变压器二次绕组的导电时间只占一个导通周期的一部分，导致整流变压器利用率不高，因此与普通变压器相比，在相同条件下，整流变压器的体积和质量都较大。

② 普通变压器一次、二次功率相等（忽略损耗），变压器的容量就是一次绕组（或二次绕组）的容量。而对于整流变压器而言，一次、二次绕组的功率有可能是不等的，比如当一次、二次侧的电流波形不同（例如半波整流电路）时，整流变压器的容量是一次、二次侧的视在功率的平均值，称为等值容量。

③ 与普通变压器相比，整流变压器的耐受短路电动力的能力必须严格符合要求。其产品的短路电动力的稳定性如何是设计、制造中的重要指标。

④ 整流变压器广泛用于城市轨道交通牵引用直流电源或城市轨道交通电力列车的直流电网。这类变压器的温升限值和电流密度均取得较低，其阻抗比相应的电力变压器大。

2. 轨道交通中的整流变压器

城市轨道交通几乎都采用直流供电制式，主要由于以下方面。

① 城市轨道交通运输的列车功率并不是很大，供电半径（范围）较短，供电电压不需太高。由于直流供电不需要大的电抗，故相同等级电压的供电条件下，直流供电的电压损耗明显低于交流供电。

② 轨道交通设施均处于人口密集的中心地区，供电电压不宜太高，直流供电可实现在满足轨道交通用电要求前提下的较低电压供电。目前国际电工委员会拟定的供电电压标准为600V、750V和1500V三种，我国国标也规定轨道交通的供电电压为750V和1500V两种，如北京地铁采用的是750V直流供电电压，上海地铁采用的是1500V 直流供电电压。

③ 随着电力电子技术的飞速发展及大功率半导体整流器件（晶闸管）的使用，在直流电动车辆上采用以晶闸管为主的快速电子开关（斩波器），可对大电流串励牵引电动列车进行调压调速。

④ 近年来发展起来的快速晶闸管等组成的逆变器，不仅可以将直流电逆变成交流电，而且可

以实现频率调节，使异步牵引电动机的性能满足了列车牵引特点的要求。

目前，国内整流变压器的产品主要包括 SCB10 和 ZQSC 系列干式整流变压器，如图 4.49 和图 4.50 所示。

图 4.49　SCB10 系列干式整流变压器

图 4.50　ZQSC 系列干式整流变压器

4.4.2　整流电路

1. 单相半波整流电路

单相半波整流电路是最简单的整流电路，如图 4.51 所示，由整流变压器 T、整流元件 VD（二极管）及负载电阻 R_L 组成。

假设变压器二次侧电压为

$$u_2 = \sqrt{2}U\sin\omega t$$

波形如图 4.52（a）所示。电路中二极管具有单向导电性，在电压 u_2 的正半周期时，电路中 a 点电位高于 b 点电位，二极管两端满足正向偏置而导通。此时负载 R_L 的电压为 u_o，流过的电流为 i_o。在电压 u_2 的负半周期时 a 点电位低于 b 点电位，二极管反向截止，负载 R_L 的电压为零，故负载上形成半波电压 u_o。

由于二极管导通压降很小，可以忽略不计，因此输出的半波电压 u_o 与变压器二次侧的电压 u_2 正半波相同，如图 4.52（b）所示。最终负载电阻上得到的整流电压 U_o 是大小变化的单向脉动直流电压，其大小可以用一个周期的平均值表示

$$U_o = \frac{1}{2\pi}\int_0^{\pi}\sqrt{2}U_2\sin\omega t\mathrm{d}\left(\omega t\right) = \frac{\sqrt{2}}{\pi}U_2 \approx 0.45U_2$$

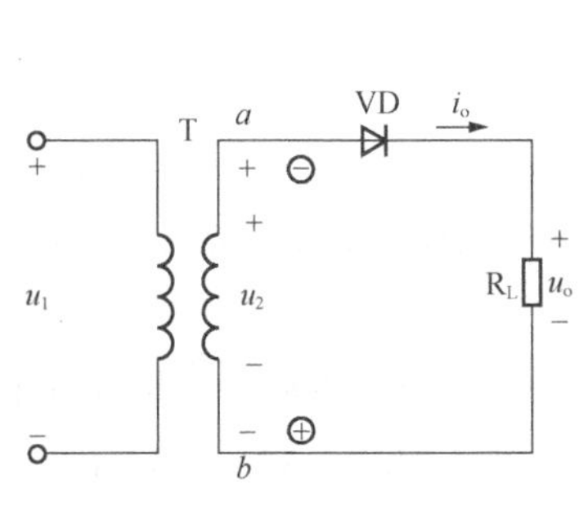

图 4.51　单相半波整流电路

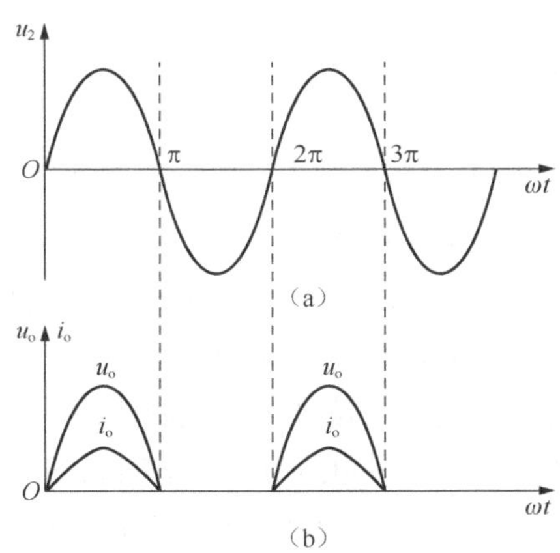

图 4.52　单相半波电路波形图

由整流电压平均值（U_o）与变压器二次侧电压有效值U_2的关系可以得出流过负载电阻R_L的整流电流i_o的平均值为

$$I_o = \frac{U_o}{R_L} = 0.45\frac{U_2}{R_L}$$

组成单相半波整流电路时，除根据负载所需要的直流电压（即U_o）和直流电流（即I_o）选择整流元件外，还要考虑元件截止时所承受的最高反向电压U_{DRM}。显然，单相半波整流电路中二极管截止时承受的最高反向电压就是变压器二次侧交流电压的幅值U_{2m}，即

$$U_{DRM} = U_{2m} = \sqrt{2}U_2$$

变压器二次侧电流i_2与整流输出电流i_o相同，其有效值I_2与i_o的平均值I_o关系为（推导过程略去）

$$I_2 = 1.57I_o$$

例题分析

例 4.8　已知一个单相半波整流电路接到 220V 的工频正弦交流电源上，如图 4.51 所示。若负载电阻$R_L = 450\Omega$，变压器二次侧电压有效值为$U_2 = 10V$，试求U_o、I_o、U_{DRM}和I_2，并分析所用二极管、变压器的变比及容量（变压器损耗忽略）。

解：

$$U_o = 0.45U_2 = 9V$$

$$I_o = \frac{U_o}{R_L} = 0.45\frac{U_2}{R_L} = \frac{9}{750}A = 12mA$$

$$U_{DRM} = U_{2m} = \sqrt{2}U_2 = 20\sqrt{2}V = 28.3V$$

$$I_2 = 1.57I_o = 1.57 \times 0.012A = 0.018\ 84A$$

查找二极管手册，可知二极管选用 2AP4（16mA，50V）。为了使用安全，二极管的反向工作峰值电压要选用比U_{DRM}大一倍左右。

变压器的变比　$\frac{U_1}{U_2} = \frac{220}{20} = 11$

变压器的容量为　$S = U_2I_2 = 20 \times 0.018\ 84V \cdot A = 0.38VA$，取 0.5VA

2. 单相全波整流电路

单相全波整流电路及波形如图 4.53 所示，电路中负载和整流二极管上的电压和电流关系如下。

负载电压　$U_L = 0.9U_2$

负载电流　$I_L = 0.9U_2 / R_L$

二极管承受的反向最高电压$U_{DRM} = 2\sqrt{2}U_2$

3. 单相桥式整流电路

单相半波整流电路元件少、结构简单，但整流输出的电压脉动较大，且变压器存在单向磁化等问题。而单相桥式整流电路克服了这些缺点，一般由 4 个二极管接成电桥形式构成，如图 4.54 所示为单相桥式整流电路的两种常见画法。

以图 4.54 的第一种电路为例进行介绍。设电源变压器二次侧电压$u_2 = \sqrt{2}U_L\sin\omega t(V)$，则波形如图 4.55 所示。电路中 4 个二极管分别工作在u_2的正、负半周期（VD_1、VD_3在正半周导通，VD_2、VD_4在负半周导通），当u_2变化一个周期时，在负载电阻R_L上形成的电压u_o和电流i_o均是

单向全部脉动信号。

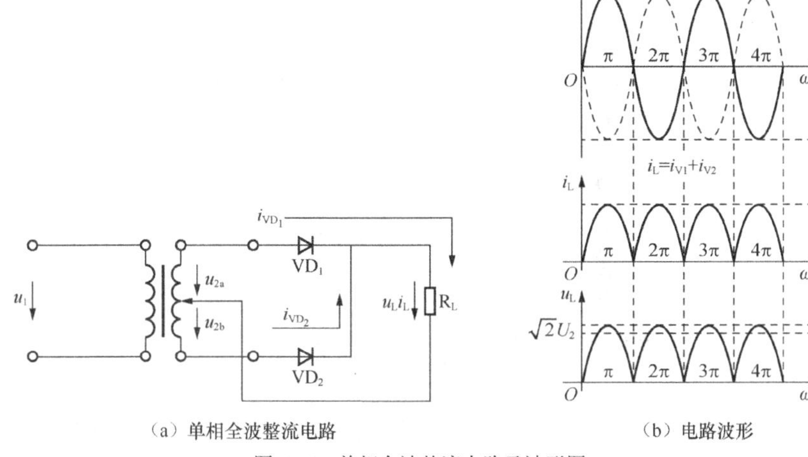

（a）单相全波整流电路　　　　（b）电路波形

图 4.53　单相全波整流电路及波形图

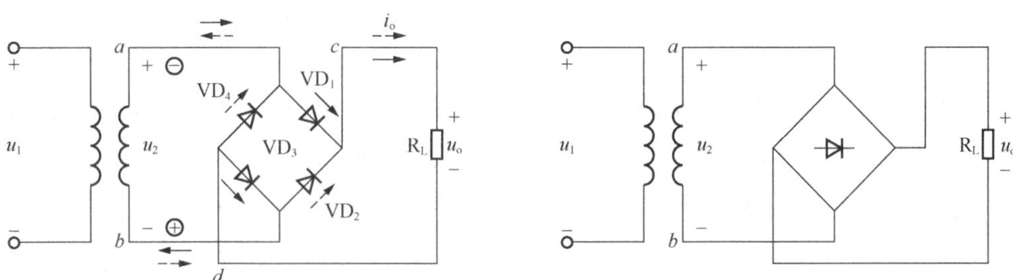

图 4.54　单相桥式整流电路的两种常见画法

由图 4.55（a）和（b）比较可见，单相桥式整流电路的输出电压平均值 U_o 比半波时增加一倍

$$U_o = 2\frac{\sqrt{2}U_2}{\pi} = 0.9U_2$$

负载中电流 i_o 的均值为 $I_o = \frac{U_o}{R_L} = 0.9\frac{U_2}{R_L}$

在此电路中每两个二极管串联导通半个周期，一个周期内负载电阻均有电流流过且方向相同。每个二极管流过的电流平均值 I_{VD} 是负载电流 I_o 的一半，即 $I_{VD} = \frac{1}{2}I_o$。

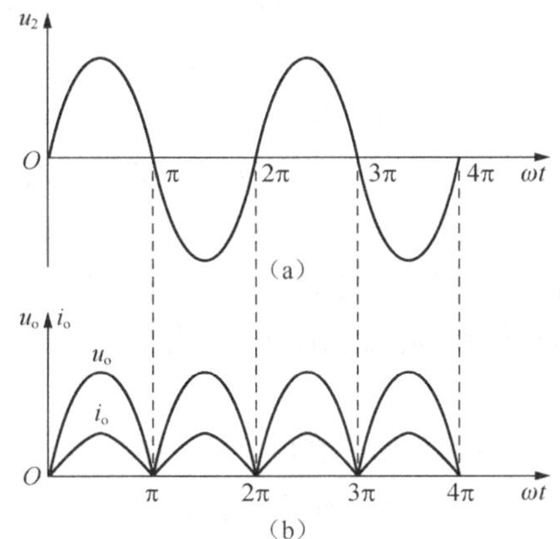

图 4.55　单相桥式整流电路输出波形

单相桥式整流电路中二极管在截止时承受的最高反向电压 $U_{DRM} = \sqrt{2}U_2$，变压器二次侧电流有效值 I_2 与整流输出平均电流 I_o 的关系为 $I_2 = 1.11I_o$。

4. 晶闸管整流电路

晶闸管（SCR）是一种大功率半导体可控器件。其体积小、质量小、寿命长、容量大（正向平均电流达几千安、正向耐压可达数千伏），主要用于整流、逆变、调压、开关等功能。应用最多的是晶闸管整流，其具有输出电压可调等特点。

晶闸管的种类很多，如普通晶闸管、门极关断晶闸管、光控晶闸管等。以普通晶闸管为例，如图 4.56 所示为螺栓式与平板式晶闸管的外形。

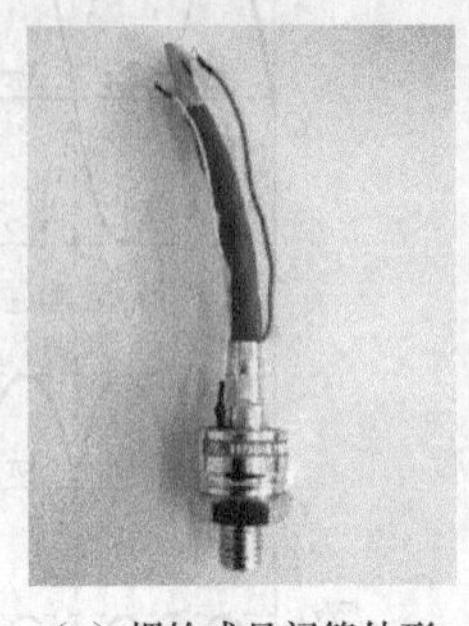

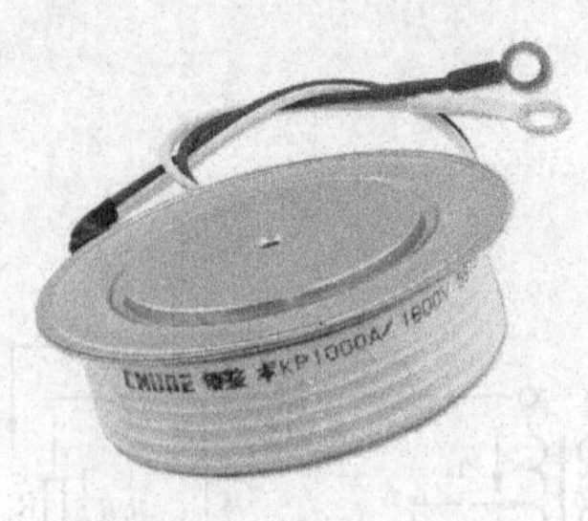

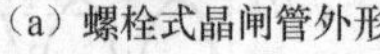

（a）螺栓式晶闸管外形　　（b）平板式晶闸管外形

图 4.56　晶闸管的外形及电路符号

在城市轨道交通供电系统中经常要用电压可调的直流电源，如直流电动机的调速、同步电动机的励磁等。用晶闸管构成的整流电路可以把工频交流电转变成电压可调的直流电，但不同的电路、不同性质的负载，都会具有不同的特点，而由于用电设备的容量、电压等级及电力拖动的要求不同，所用的整流电路的形式也不相同。

为了熟悉轨道交通设备所需的整流装置，首先学习最常用的晶闸管整流电路，理解其工作原理，在波形分析的基础上分析各种整流电路的特点和应用范围，这样能更好地整理归纳如何根据生产机械和电气设备的要求恰当选择整流电路和元件，以及调试和维护晶闸管整流装置。

可控整流电路是利用晶闸管的单向导电可控特性，把交流电变成大小能控制的直流电的电路，通常称为主电路。在单相可控整流电路中，最简单的是单相半波可控整流电路，应用最广泛的是单相桥式半控整流电路。

将普通单相半波整流电路中的二极管换成晶闸管，即成为单相半波可控整流电路。电路如图 4.57（a）所示，与普通单相桥式整流电路相比，晶闸管构成的半波可控整流电路只是将其中两个桥臂中的二极管用晶闸管 VD_1 、 VD_2 所取代。其工作原理如下。

接上电源，在电压 v_2 正半周开始时，如果电路中 a 点为正，b 点为负，则对应在图 4.57（b）的 α 角范围内。此时晶闸管 VD_1 两端具有正向电压，但是由于晶闸管的控制极上未触发电压 v_G ，因此晶闸管不能导通。经过 α 角度后，在晶闸管的控制极上加上触发电压 v_G 。晶闸管 VD_2 被触发导通，负载电阻中开始有电流通过，负载两端形成电压 v_o 。在 VD_1 导通期间，晶闸管压降近似为零。

α 角称为控制角（又称移相角），是晶闸管阳极从开始承受正向电压到出现触发电压 v_G 之间的角度。改变 α 角度，就能调节输出平均电压的大小。α 角的变化范围称为移相范围，通常要求移相范围越大越好。

经过 π 时刻以后，v_2 进入负半周，此时电路 a 端为负，b 端为正，晶闸管 VD_1 两端承受反向电压而截止，所以 $i_o = 0$ ，$v_o = 0$ 。

电路输出电压平均值比单相半波可控整流的大一倍。即

$$V_o = 0.9V_2 \cdot \frac{1+\cos\alpha}{2}$$

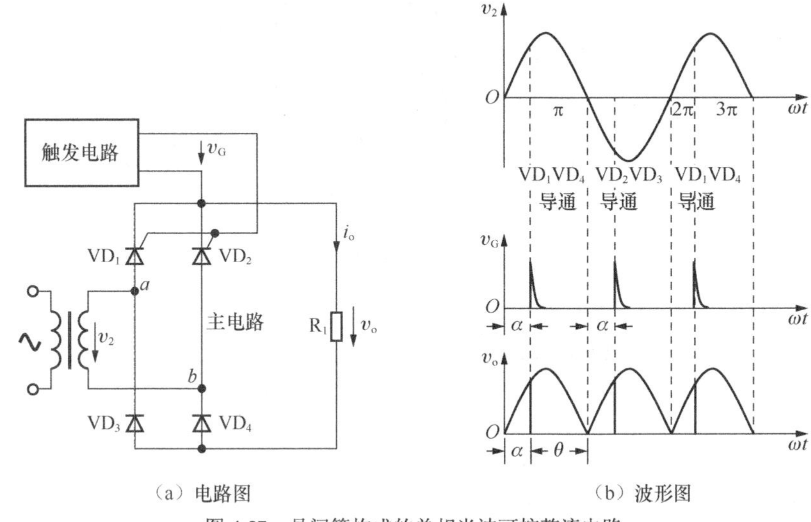

（a）电路图　　（b）波形图

图 4.57　晶闸管构成的单相半波可控整流电路

当 $\alpha = 0$ 时（$\theta = \pi$）晶闸管在半周内全导通，$V_o = 0.9V_2$，输出电压最高，相当于不可控二极管单相桥式整流电压。若 $\alpha = \pi$，$V_o = 0$，此时 $\theta = 0$，晶闸管全关断。

根据欧姆定律，负载电阻 R_L 中的直流平均电流为

$$I_o = \frac{V_o}{R_L} = 0.9\frac{V_2}{R_L} \cdot \frac{1+\cos\alpha}{2}$$

流经晶闸管和二极管的平均电流为

$$I_T = I_D = \frac{1}{2}I_o$$

晶闸管和二极管承受的最高反向电压均为 $\sqrt{2}V_2$。

综上所述，可控整流电路是通过改变控制角的大小来实现调节输出电压大小的目的。因此，可控整流电路也称为相控制整流电路。

5. 整流堆

将整流器件封装在一个壳内的组合件称为整流堆，也称为整流桥堆。整流堆作为一种功率器件应用非常广泛，常用于各种电源设备。

常用的整流组合元件有半桥堆和全桥堆。半桥堆的内部由 2 个二极管组成，而全桥堆的内部由 4 个二极管组成。半桥堆内部的 2 个二极管连接方式如图 4.58（a）所示，全桥堆内部的 4 个二极管连接方式如图 4.58（b）所示。

图中标有符号～的引脚使用时接变压器副绕组或交流电源。标有符号+的引脚是整流后输出电压的正极，标有符号-的引脚是整流后输出电压的负极，全桥堆的这两个引脚接负载或滤波稳压电路的输入端。

半桥堆有一对交流输入引脚但只有一个直流电压输出引脚，它必须与具有中心抽头的变压器配合使用，两个交流输入引脚接变压器两个副绕组的非中心抽头端，直流引脚和变压器中心抽头组成整流后直流电压输出端，用于接负载或滤波稳压电路输入。

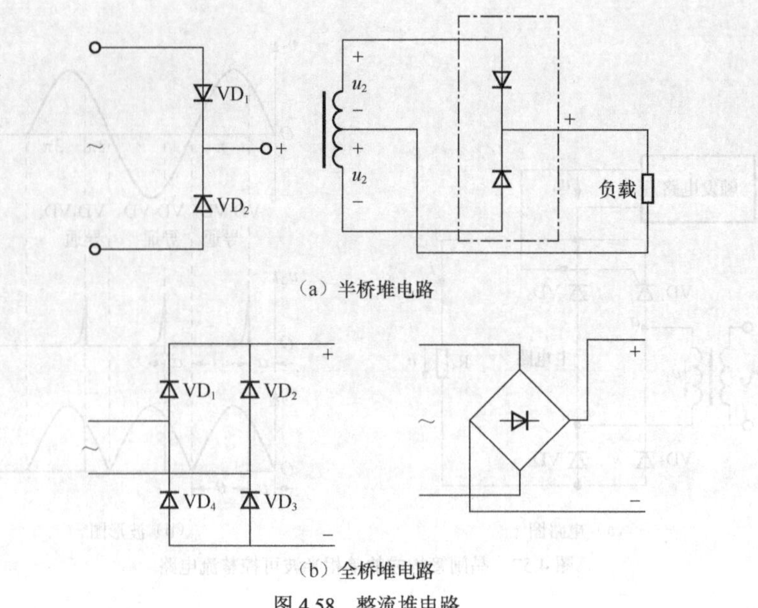

图 4.58　整流堆电路

4.4.3　滤波电路

各种整流电路输出的电压都是单向脉动直流信号，含有直流和交流分量，这样的信号如果直接作为多数电子设备的电源将会产生不良影响。在整流电路之后，需要加接滤波电路减小输出电压中的交流分量，以接近理想直流电压。常用的滤波电路有电容滤波、电感滤波。

1．电容滤波电路

电容滤波电路如图 4.59 所示。由于电容器的容量较大，所以一般采用电解质电容器。电解质电容器具有极性，使用时应注意。若极性接反，电容器的容量会降低，甚至造成电容器爆裂损坏。选择电容器时，既要考虑其容量，又要考虑其耐压。将合适电容器与负载电阻 R_L 并联，负载电阻上就能得到较为平滑的输出电压。

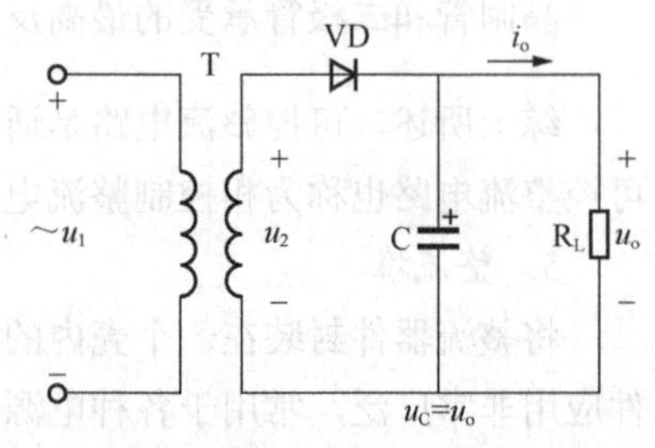

图 4.59　电容滤波电路

在图 4.59 所示的电路中，由于电容 C 并联在负载电阻 R_L 上，故电容 C 两端的电压 u_C 就是负载两端的电压 u_o。

交流电压 u_2 的波形如图 4.60（a）所示。假设电路接通时恰恰在电压 u_2 由负到正过零的时刻，二极管开始导通，电压通过二极管向电容 C 充电。由于二极管的正向电阻很小，所以充电时间常数很小，电压 u_o 将随电压 u_2 按正弦规律逐渐升高，如图 4.60（b）所示。

当 u_2 增大到最大值时，u_C 也随之上升到最大值，然后 u_2 开始下降，u_C 也开始下降，但它们按不同规律下降：交流电压 u_2 按正弦规律下降，除了刚过最大值的一小段外，u_2 下降较快；而电容 C 则通过负载电阻 R_L 放电，电容端电压 u_C 按指数规律下降。由于放电时间常数（$\tau = R_L \cdot C$）较大，u_C 下降较慢。除了刚过最大值的一小段时间内，有 $u_C = u_2$ 的关系外，从图 4.57（b）中的 m 点开始，出现 $u_2 < u_C$ 的情况，使二极管承受反向电压而截止。

电压 u_C 按指数规律下降到 $\omega t = 2\pi$ 以后，虽然电压 u_2 又为正值，但由于 $u_2 < u_C$ 故二极管仍无法导通。直到 $u_2 > u_C$ 后二极管才导通，电容 C 由放电状态重新变为充电状态，u_C 随 u_2 上升。照

此变化下去，u_C 即 u_o 变得较为平滑。

若是电容滤波电路接在桥式整流电路之后，在交流电压的一个周期内，电容有两次充放电，则放电时间比半波整流后接的电容滤波电路中的时间短，从而输出电压会更加平滑。

在整流电路后并接滤波电容器，由于二极管的导通角减小，而负载所需的能量和电容器充电所需的能量均要通过二极管提供，因此二极管中通过的冲击电流很大。在选择二极管时要考虑其最大整流电流稍大一些，最好选择硅管。

实际应用中，若整流电路内阻很小而滤波电容又很大，则可在整流电路中串联一个限流电阻，以限制瞬间的冲击电流。

整流电路接有滤波电容时负载上的直流电压平均值可按照下面公式计算。

半波整流电路中　　　　　$U_o = U_2$

全波整流电路中　　　　　$U_o = 1.2U_2$

电容滤波电路的输出电压脉动程度与电容充放电时间常数 $\tau = R_L C$ 有关系，τ 越大脉动越小。为保证输出电压平滑，一般要求 $\tau \geqslant (3\sim5)\dfrac{T}{2}$。其中，$T$ 为电源电压的周期。滤波电容的值一般为几十微法至几千微法，视负载电流大小而定。

电容滤波电路简单，输出电压平均值较高、脉动较小；但是外特性较差，而且二极管中有较大的冲击电流。因此，电容滤波电路一般适用于输出电压较高、负载电流较小并且变化也较小的场合。

2. 电感滤波电路

电感滤波电路主要适用于负载功率较大（即负载电流很大）的情况。在整流电路的输出端和负载电阻 R_L 之间串联一个电感量较大的铁芯线圈 L。当电感中流过的电流发生变化时，线圈中产生自感电动势以阻碍电流的变化。当电流增加时，自感电动势的方向与电流方向相反，自感电动势阻碍电流的增加，同时将能量储存起来，使电流增加缓慢。反之，当电流减小时自感电动势的方向与电流的方向相同，自感电动势阻止电流的减小，同时释放出能量，使电流减小缓慢，因而使负载电流和负载电压脉动大为减小。电感滤波电路如图 4.61 所示。

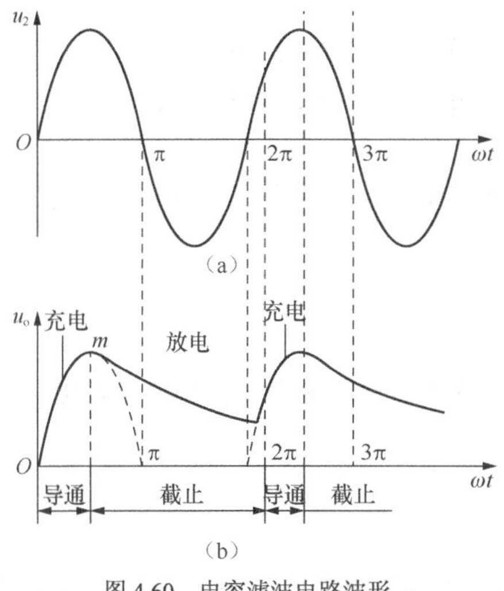

图 4.60　电容滤波电路波形

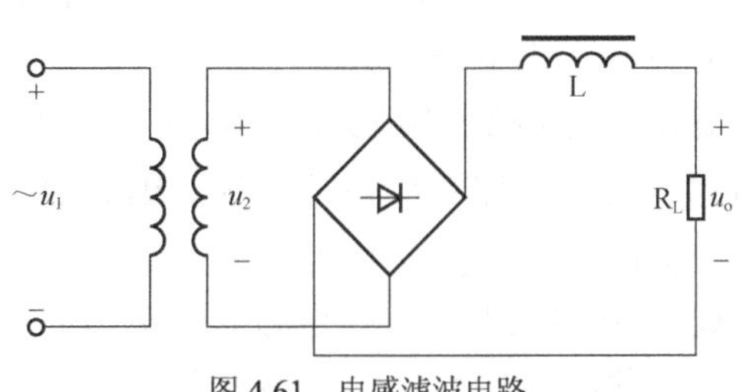

图 4.61　电感滤波电路

电感线圈滤波原理还可以这样理解：因为电感线圈对整流电流的交流分量具有阻抗（即感抗），且谐波频率越高，阻抗越大，所以可以滤除整流电压中的交流分量。感抗比 R_L 大得越多，滤波效果越好。

电感滤波电路由于自感电动势的作用，使二极管的导通角比电容滤波电路时增大，流过二极管的峰值电流减小，外特性较好，带负载能力较强。但是电感量较大的线圈，因匝数较多，体积大而笨重，直流电阻也较大，因而会造成输出电压的下降，桥式整流电感滤波电路输出电压平均值 U_o 的大小一般按公式计算为

$$U_o = 0.9U_2$$

如果要求输出电流较大，输出电压脉动很小，可在电感滤波电路之后再加接电容，组成 LC 滤波电路，如图 4.62 所示。电感滤波之后，利用电容再一次滤掉交流分量，便可得到更为平滑的直流输出电压信号。

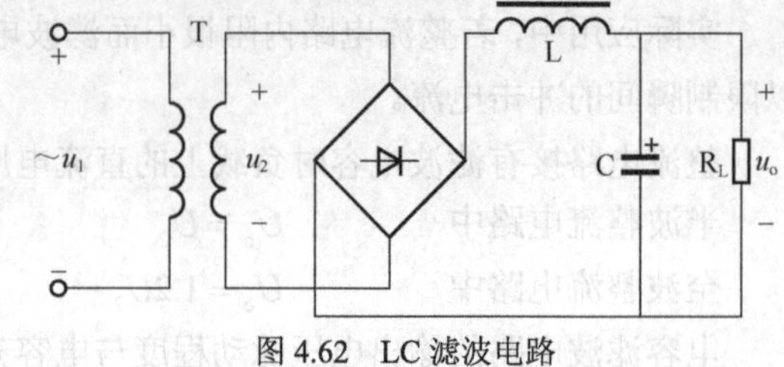

图 4.62　LC 滤波电路

4.4.4　稳压电路

通过整流滤波电路所输出的直流电压是比较稳定的，但当电网电压波动或负载电流变化时输出电压还是会随之变化，这对电子设备影响较大，因此必须进行稳压。目前，中小功率设备中广泛采用的稳压电路主要有以下几种。

① 稳压二极管稳压电路。

这种稳压电路利用稳压二极管的稳压特性，实现直流工作电压的稳压输出。其稳压特性一般，往往只用于稳定局部的直流电压，在整机电源电路中一般不用。

② 串联调整管稳压电路。

这种稳压电路利用晶体管集电极与发射极之间阻抗随基极电流大小变化而变化的特性实现直流输出电压的自动调整，从而保证直流输出电压的稳定。在这种稳压电路中的晶体管（调整管）一直处于导通状态。

③ 开关型稳压电路。

这是一种高性能的直流稳压电路，其稳压原理比较复杂。在这种电路中的晶体管（开关管）处于导通、截止两种状态的转换中，即工作在开关状态，故开关型稳压电路由此得名。

④ 三端集成稳压电路。

这是一种集成电路的稳压电路，其功能是稳定直流输出电压。这种集成电路有三根引脚，使用很方便，应用广泛。

下面介绍稳压二极管稳压电路和线性集成稳压器。

1. 稳压二极管稳压电路

稳压二极管稳压电路如图 4.63 所示，由稳压管 VD_Z 和限流电阻 R 组成，稳压管在电路中反向连接，与负载电阻 R_L 并联后再与限流电阻串联。

下面简单分析电路的工作原理。

① 负载电阻 R_L 不变、电源电压波动时。

当负载电阻不变，交流电源电压增加时，整流滤波电路的输出电压 $U_o = U_C$ 随之增加，负载电压 U_L 也将变大，而 U_L 就是稳压管两端的反向电压。由稳压管的伏安特性可知，当 U_Z 稍有增加

时，稳压管的电流 I_Z 会显著增加，从而使通过限流电阻 R 的电流 I_R 增大，使得 R 上的压降增加，因此使得增大了的负载电压 U_L 对应减小。如果电阻 R 的阻值选择适当，则最终可使 U_L 基本保持不变。反之亦然。

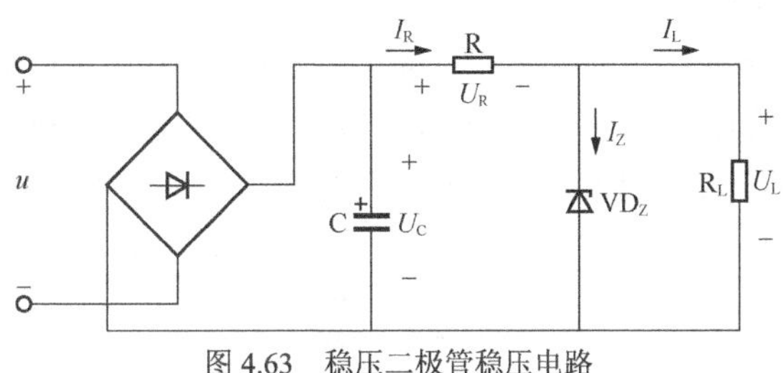

图 4.63　稳压二极管稳压电路

稳压过程可表述为

$$u\uparrow \to U_o\uparrow \to U_L\uparrow \to I_Z\uparrow \to I_R\uparrow$$
$$U_L\downarrow \leftarrow U_R\uparrow \leftarrow\text{---}\lrcorner$$

②电源电压不变、负载 R_L 变化时。

假设电源电压保持不变，而负载电阻变小，负载电阻 R_L 的端电压 U_L 会下降。U_L 下降一点，稳压管的电流 I_Z 就显著减小，通过限流电阻 R 的电流 I_R 和 R 的压降 U_R 就减小，使已经降低的负载电压 U_L 回升，从而 U_L 基本保持不变。反之亦然。此稳压过程可表示为

$$R_L\downarrow \to U_L\downarrow \to I_Z\downarrow \to I_R\downarrow$$
$$U_L\uparrow \leftarrow U_R\downarrow \leftarrow\text{---}\lrcorner$$

综上分析可知，稳压二极管稳压电路是利用稳压管的电流调节作用和限流电阻 R 的电压调节作用互相配合来实现稳压的。

集成稳压器及应用

2. 线性集成稳压器

随着集成电路的发展，技术上可将功率调整管、取样电阻及基准稳压源、误差放大器、启动和保护电路等全部集成在一个芯片中，形成一种串联型集成稳压电路。它具有体积小、可靠性高、使用灵活、价格低廉等优点，得到了广泛应用。尤其以三端集成封装的稳压器最为典型，如图 4.64 所示为三端固定式稳压器。

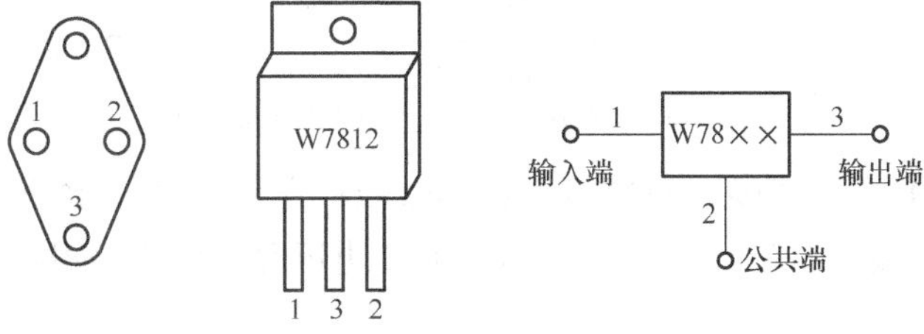

图 4.64　三端固定式稳压器

目前常见的三端集成稳压器按性能和用途可分为以下两大类。

① 三端固定输出稳压器。

所谓三端是指电压输入端、电压输出端和公共接地端，可分为输出正电压（W78××系列）和输出负电压（W79××系列）。如 W7805 即表示稳压输出为+5V，W7815 即表示稳压输出为+15V，

W7912 即表示稳压输出为–12V 等。

图 4.65 所示为 W78××系列构成的典型直流稳压应用电路，正常工作时稳压器的输入、输出电压差为 2～3V。

② 三端可调输出稳压器。

此处的三端是指电压输入端、电压输出端和电压调整端。在电压调整端外接电位器后可对输出电压进行调节，其主要特点是使用灵活。如 W×17 系列可调式三端稳压器，包括 W117、W217、W317，它们具有相同的外形、引出端及相似的内部电路，差别主要在于工作的温度范围不同。

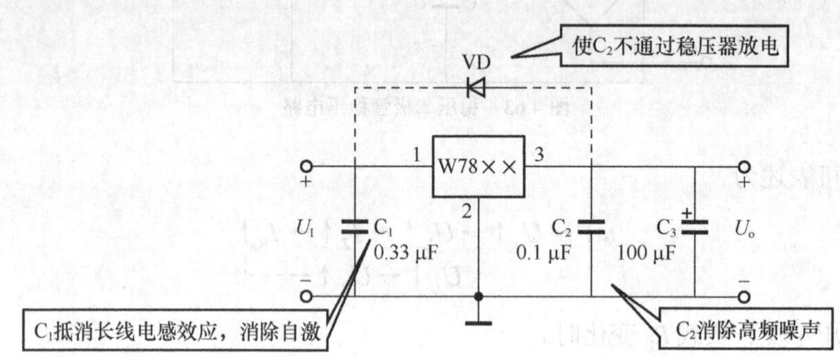

图 4.65 W78××系列构成的典型直流稳压电路

如图 4.66 所示是可调式三端稳压器的典型应用电路。W×17 系列三端稳压器的输出端和调整端之间的电压为 1.25V，称为基准电压，即电阻 R_1 两端电压是 1.25V。输出最大电流可达 1.5A，输出电压为

$$U_o = \left(1 + \frac{R_2}{R_1}\right) \times 1.25\text{V}$$

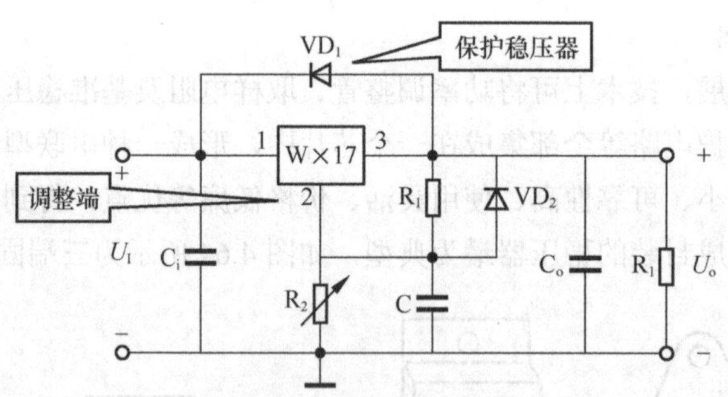

图 4.66 可调式三端稳压器的典型应用电路

因此，调节电阻 R_2 阻值的大小可以调节输出电压 U_o 的大小。W×17 的调整端没有连接到直流接地，而是在 R_2 的端电压之上，这样就能实现输出电压远高于固定稳压器的输出电压。

技能训练

电源适配器的实现

许多小型电子设备和电子电器都配有电源适配器，电源适配器是其供电电源变换装置。适配器接到 220V 电源插座上就可以向电器提供直流电。

现根据负载要求，需利用 LM7805、LM7812 和 LM7912 组成可同时输出三组不同的正、负电压的稳压电路，参考电路如图 4.67 所示。

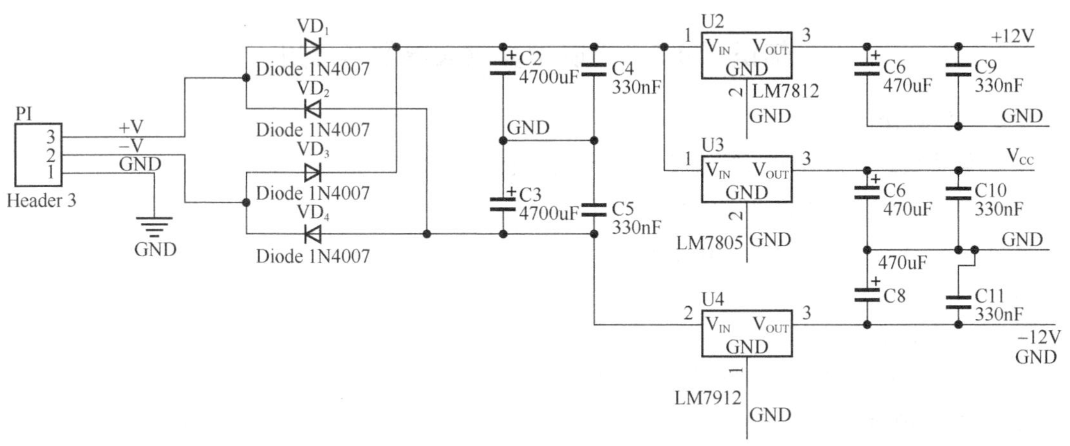

图 4.67　电源适配器电路图

实践训练任务书

任务内容	电源适配器的实现
环节安排	4 课时　仿真设计与焊接制作
任务目的	制作电源适配器，正确画出电路图，按照规范进行装焊及调测
具体要求	1．完成电路装焊 2．比对设计要求，优化改进工艺 3．实现电路正常工作，记录测试结果
记录整理	1．绘制电路原理图 2．列出元器件清单 3．焊接、安装 4．调试电路功能，检测记录数据 5．分析数据，记录结论

通过实践训练，进一步理解稳压电路原理和三端集成稳压器的使用方法。

知识小结

1. 在电子系统中，经常需要将电网的交流电压转换为稳定的直流电压，这需要通过整流、滤波和稳压等环节来实现。

2. 在整流电路中，利用二极管的单向导电性将交流电转变为脉动的直流电。单相半波整流电路输出电压平均值与副绕组电压有效值的关系是 $U_o = 0.45U_2$；单相桥式整流电路的输出电压平均值与副绕组电压有效值的关系是 $U_o = 0.9U_2$。

3. 采用稳压二极管稳压电路时要注意，必须与稳压二极管串联限流电阻。可根据稳压二极管的稳定电压应等于负载电压、最大稳定电流等于 2 倍负载最大电流的关系，选择合适的稳压二极管。

4. 为抑制输出电压中的纹波，通常在整流电路后接有滤波环节。滤波电路一般可分为电容式和电感式两大类。在直流输出电流较小且负载变化不大的场合，宜采用电容式滤波器；而负载电流大的大功率场合，宜采用电感式滤波器。

5. 为保证输出电压不受电网电压、负载和温度的变化而产生波动，需再通过稳压电路。在小功率系统中，多采用串联反馈式稳压电路，而中大功率稳压电源一般采用开关式稳压电路。

6. 三端集成稳压器由于体积小、可靠性高以及温度特性好等优点得到了广泛应用。三端稳压器有输出正电压和负电压两种，又可分为固定输出电压和可调输出电压两种。

知识点 4.5　集成运算放大器及其应用

学习目标

- 理解集成运算放大电路的组成、主要参数及传输特性
- 能区分工作于线性区和非线性区的特点，能分析具体应用
- 能分析基本比较电路的工作原理
- 能分析几类求和放大器的工作原理
- 理解理想集成运放的特性
- 能独立分析集成运放的典型应用电路

学习内容

在半导体制造工艺的基础上，把整个电路中的元器件制作在一块硅基片上，构成特定功能的电子电路模块，称为集成电路（Integrated Circuit，IC）。如图 4.68 所示为某主板中的集成电路。

集成电路按其功能来分，有数字集成电路、模拟集成电路和数模混合集成电路，甚至一个芯片就是一个电子系统。模拟集成电路种类繁多，有运算放大器、宽频带放大器、功率放大器、模拟乘法器、模拟锁相环、模数和数模转换器、稳压电源和一些专用集成电路等。其中，运算放大器中的集成运算放大器是应用最为广泛的、最基础的一种集成电路。

图 4.68　某主板中的集成电路

4.5.1　集成运算放大器的组成

最初的集成运放器件主要用于模拟计算机中的数值运算，因此也简称为“运算放大器”，虽然发展至今集成运算放大器的应用早已超出了模拟运算的范畴，但依然保留了该名称。目前，集成运算放大器技术上仍不断提高，向更低的漂移、噪声及功耗，更大的增益及输出功率等方面持续发展。

集成运算放大器的组成与分类

常见的集成运算放大器外形如图 4.69 所示，有双列直插式、贴片式等。

图 4.69　常见的集成运算放大器的外形

1. 组成与结构

集成运算放大器实际是一种放大倍数很高的直接耦合放大电路，在信号处理、波形转换、自动控制等领域有着广泛的应用。其一般由输入级、中间级、输出级和偏置电路等四部分组成，如图 4.70 所示。

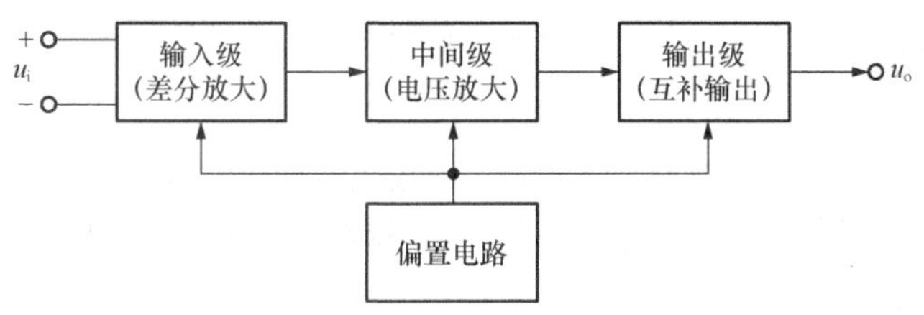

图 4.70　集成运放的组成框图

① 输入级：一般是差分式放大电路，利用它的对称特性可以提高整个电路的共模抑制比和其他方面的性能，它的两个输入端构成整个电路的反相输入端和同相输入端。输入级是提高运放质量的关键部分，要求其输入电阻高。

② 中间级：通常是共射极放大电路，主要提供足够大的电压放大倍数，它可由一级或多级放大电路组成，其本身要求具有较高的电压增益。

③ 输出级：主要作用是输出足够的电流以满足负载需求，一般由电压跟随器或互补电压跟随器组成，以降低输出电阻，提高带负载能力。

④ 偏置电路：其作用是为各级提供合适的工作电流，一般由恒流源电路组成。

此外，为获得电路性能的优化，还会有一些辅助环节，如电平移动电路、过载保护电路及高频补偿环节等。

2. 电路符号

集成运算放大器的电路符号可表示为如图 4.71 所示的符号，图 4.71（a）为习惯通用符号，图 4.71（b）为国际标准符号。在图 4.71 中，把电源端、调零端、补偿端（内补偿时则无补偿端）等省去了，其中的–、+分别表示反相输入端和同相输入端。

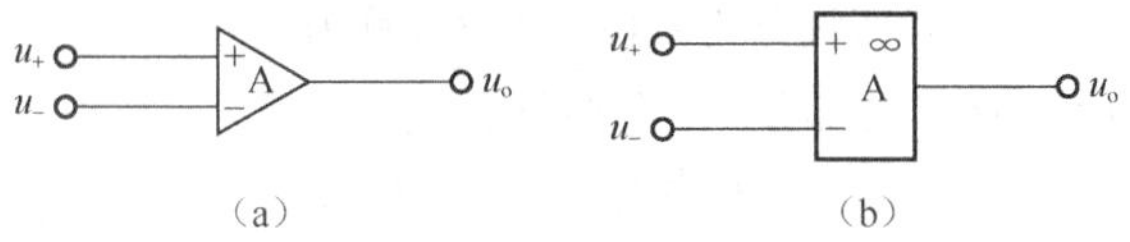

图 4.71　集成运算放大器的电路符号

3. 主要参数

评价集成运算放大器性能优劣的依据是其主要参数，可以利用各参数正确挑选和使用集成运算放大器。

① 差模电压增益 A_{ud}。

当集成运算放大器工作在线性区时，输出开路电压 u_o 与输入差模电压 $u_{id}=u_P-u_N$ 的比值，即为 A_{ud}。A_{ud} 越大运算精度越高，理想值为无穷大。

② 共模抑制比 K_{CMR}。

集成运算放大器的差模电压放大倍数与共模电压放大倍数的比值称为共模抑制比，用对数表示

$$K_{CMR}=20\lg\left|\frac{A_{ud}}{A_{uc}}\right|$$

K_{CMR} 表示集成运算放大器对共模信号的抑制能力，越大越好。

③ 差模输入电阻 r_{id} 和差模输出电阻 r_o。

差模输入电阻 r_{id} 指集成运算放大器对差模信号所呈现的电阻，即集成运算放大器两输入端之间的电阻。

差模输出电阻 r_o 是在开环状态下输出端电压变化量与输出电流变化量的比值，它能反映集成

运算放大器带负载的能力，r_o越小，带负载能力越强。

④ 输入失调电压U_{IO}。

在输入电压和输入端外接电阻为零时，为了使集成运算放大器输出失调电压为零，在输入端之间所加的补偿电压，就是输入失调电压。U_{IO}越小越好，表明电路匹配越好。

⑤ 输入失调电流I_{IO}。

当集成运算放大器的输出失调电压为零时，两输入端静态偏置电流之差，称为输入失调电流，即$I_{IO}=I_{BP}-I_{BN}$。I_{IO}实际上为两输入端所加的补偿电流，它越小越好。

⑥ 输入偏置电流I_{IB}。

集成运算放大器反相输入端和同相输入端的静态偏置电流I_{BP}和I_{BN}的平均值，称为输入偏置电流，即$I_{IB}=(I_{BP}+I_{BN})/2$。输入偏置电流越小越好，通用型集成运算放大器的I_{IB}一般约为几微安数量级。

此外，集成运算放大器还有最大差模输入电压U_{idmax}、最大共模输入电压U_{icmax}、最大输出电压U_{omax}及最大输出电流I_{omax}等参数。

4.5.2 理想集成运算放大器

1. 集成运算放大器的电压传输特性

集成运算放大器的输出电压与输入电压差（即同相输入端与反相输入端之间的电压差）之间的关系曲线称为电压传输特性。

$$u_o=f(u_+-u_-)$$

对于正、负两路电源供电的集成运算放大器，电压传输特性如图 4.72 所示。

从图 4.72 中可知，其电压传输特性分为线性放大区（称为线性区）和非线性区（称为饱和区）两部分。在线性区，输出电压与输入电压呈线性关系，其斜率即为开环差模电压放大倍数A_{od}；在非线性区，输出电压只有两种可能值：$+U_{OM}$或$-U_{OM}$。一般而言A_{od}值可达10^5左右，因此集成运算放大器的线性区很窄。

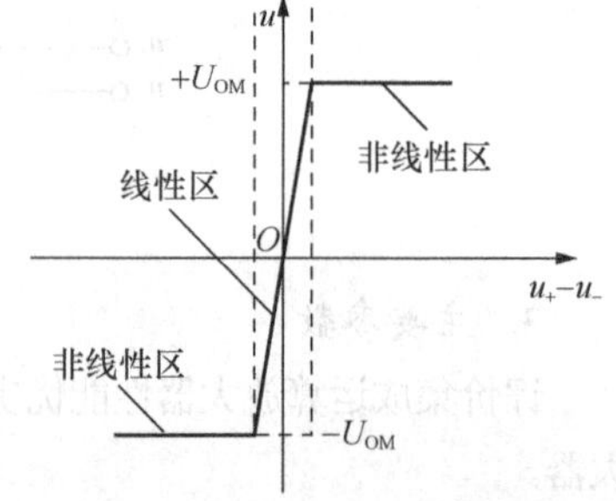

图 4.72 集成运算放大器电压传输特性

集成运算放大器的应用主要有线性应用和非线性应用。线性应用主要用于实现模拟信号间的各种运算（如比例运算电路、加法电路、积分电路等），以及信号处理中的应用（如有源滤波、采样保持电路等）。非线性应用主要是产生非正弦信号、电压比较器等。

2. 理想集成运算放大器

通常在低频应用中，近似把集成运算放大器看成理想的。

集成运算放大器的理想化指标如下。

差模电压增益：$A_{ud}=\infty$。

差模输入阻抗：$r_i=\infty$。

差模输出阻抗：$r_o=0$。

共模抑制比：$K_{CMR}=\infty$。

此外，失调与漂移等均为零。

理想集成运算放大器在线性应用时的两个重要特性。

① 输出电压U_o与输入电压之间满足关系式$U_o=A_{ud}(U_+-U_-)$。

由于 $A_{ud}=\infty$，而 U_o 为有限值，因此，$U_+-U_-\approx 0$，即 $U_+\approx U_-$，即反相端与同相端的电压几乎相等，近似于短路但并非真正短路，因此称为虚短路，简称“虚短”。

另外，当同相端接地时使得 $U_+=0$，则有 $U_-\approx 0$。说明同相端接地时反相端电位也接近地电位，此时称反相端“虚地”。

② 由于 $r_i=\infty$，故流进运放两个输入端的电流可视为零，即 $i_+=i_-\approx 0$，这表明流入集成运放同相端和反相端的电流均几乎为零，因此称为虚断路，简称为“虚断”。

上述两个特性是分析理想集成运算放大器应用电路的基本原则，可简化集成运算放大器电路的分析计算。

反相比例运算电路

4.5.3　集成运算放大器的典型应用

现在的集成运算放大器都是线性集成电路，使用时需要的电源供电电压较低，且可靠性好又经济。以下主要介绍几种典型的应用电路。

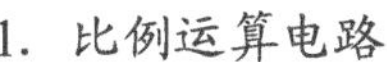

1. 比例运算电路

（1）反相比例运算电路。

图 4.73 所示为反相比例运算电路，输入信号送入反相端，反馈电阻 R_f 跨接在输出端与反相端之间，其作用是使电路工作在线性区。

由于 $i_+=0$，即虚断，故 $u_+=0$，根据虚短可知 $u_-=u_+=0$，因此反相端此时“虚地”，即 N 点电位为 0。

由于 $i_-=0$，得 $i_1=i_f$，因此

$$\frac{u_i}{R_1}=\frac{-u_o}{R_f}$$

所以

$$u_o=\frac{-R_f}{R_1}u_i$$

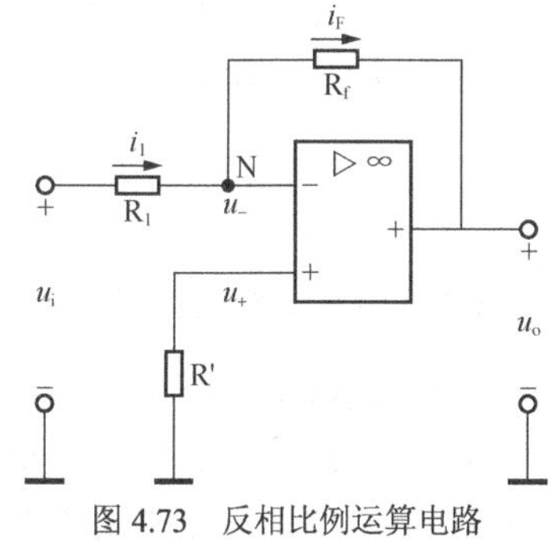

图 4.73　反相比例运算电路

上式表明 u_o 与 u_i 之间成比例关系，比例系数为 $\frac{R_f}{R_1}$。式中负号表示输出电压与输入电压反相，这就是反相比例运算电路名称的由来。同时，看到 u_o 与 u_i 之间的比例与集成运算放大器本身的参数无关，仅与外部电阻 R_1 和 R_f 有关。只要电阻的精度和稳定性很高，电路的精度和稳定性就可以保证。

在电路中，同相输入端的外接电阻 R' 为平衡电阻，其作用是保证运算放大器差动输入级输入端静态电路的平衡。运算放大器工作时，它的两个输入端静态基极偏置电流将在电阻 R_1 和 R' 上分别产生压降，从而影响差动输入级的输入端电位，使得运算放大器的输出端产生附加偏移电压，即当外加信号 $u_i=0$ 时输出信号将不为零。平衡电阻 R' 的作用就是当 $u_i=0$ 时使输出信号也为零。

当 $u_i=0$，$u_o=0$ 时，电阻 R_1 和 R_f 相当于并联，因此反相输入端与“地”之间的等效电阻为 $R_1 // R_f$，故平衡电阻应为 $R'=R_1 // R_f$。

（2）同相比例运算电路。

如图 4.74 所示为同相比例运算电路，输入信号加到运算放大器的同相输入端，电阻跨接在输出端与反相输入端之间，使电路工作在闭环状态。

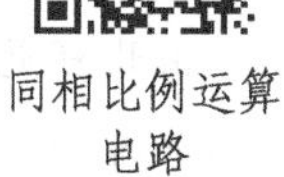

同相比例运算电路

由图 4.74 分析可知，$u_+ = u_-$，$i_1 = i_f$，$u_i = u_+ = u_-$，代入关系得

$$-\frac{u_i}{R_1} = \frac{u_i - u_o}{R_f}$$

整理得
$$u_o = \left(1 + \frac{R_f}{R_1}\right) u_i$$

上式表明 u_o 与 u_i 之间呈比例关系，比例系数为 $1+\frac{R_f}{R_1}$，且 u_o 与 u_i 同相。为保证差动输入级的静态平衡，平衡电阻也应满足：$R_2 = R_1 // R_f$。

值得注意的是，若此电路中 $R_1 = \infty$（即断开 R_1），此时输出电压 u_o 等于输入电压 u_i，电路则称为“电压跟随器电路”，如图 4.75（a）所示。电压跟随器电路有极高的输入电阻和极低的输出电阻，能起到良好的隔离作用。假如再令 $R_2 = R_f = 0$，则电路成为另一种形式的电压跟随器，如图 4.75（b）所示。

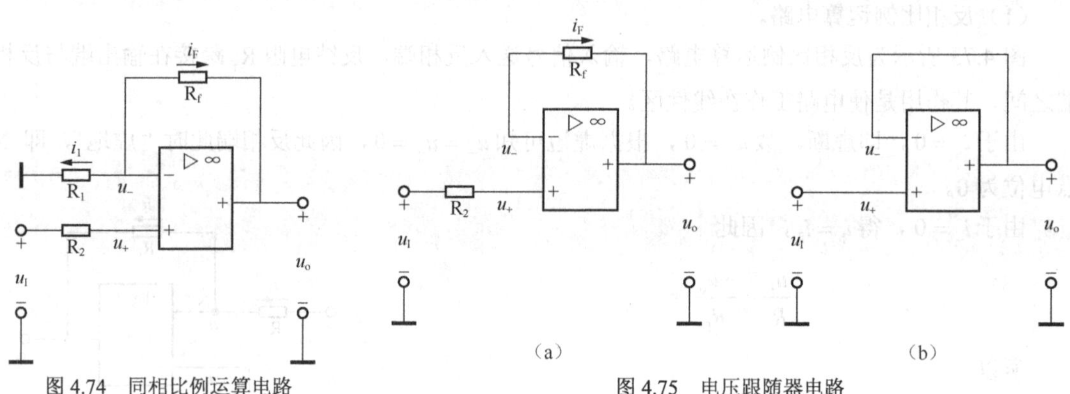

图 4.74　同相比例运算电路

图 4.75　电压跟随器电路

拓展分析

例 4.9　某电子仪器采用 15V 直流电源供电，电路中需要一个 7.5V 的内阻不大于 500Ω 的基准电压源为某负载电路提供基准电压。试用简单的方法制作一个符合要求的基准电压源。

解：通过 2 个阻值相同的电阻可对 15V 直流电源分压获得 7.5V 的基准电压，但其内阻为千欧级，当其连接电路时，由于负载电路输入阻抗的作用，将会使得分压值发生改变，从而不能满足作为基准电压使用的要求，原因就是分压电路的输出阻抗太大。

最简单解决的方法，就是在分压电路与负载之间增加一个高输入阻抗、低输出阻抗的匹配电路，如运算放大器构成的电压跟随器，电路如图 4.76 所示。

电源电压+15V 经 2 个 15kΩ的电阻分压后，获得所需要的 7.5V 电压值，将其作为电压跟随器的输入电压，在其输出端得到了 7.5V 的输出电压，而其输出阻抗仅为几十欧，远小于 500Ω。所以，将其作为基准电压源是完全能够满足需要的。

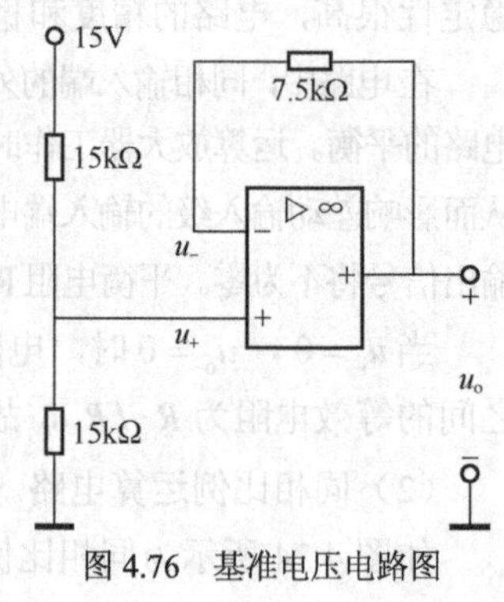

图 4.76　基准电压电路图

由此可见，u_o 只与电源电压和分压电阻有关，只要分压电阻和电源稳定，构成的电路的精度和稳定性就较高，可用作基准电压。

2. 加法运算电路

在自动控制电路中常常需要将多个采样信号按一定比例叠加后输入放大电路中，此时就需要用到加法运算电路，如图 4.77 所示为有两个输入信号相加的运算电路。

由图 4.77 可知　$i_1 = \frac{u_{i1}}{R_1}$，$i_2 = \frac{u_{i2}}{R_2}$，$i_f = i_1 + i_2$，$i_f = -\frac{u_o}{R_f}$

整理可得

$$u_o = -\left(\frac{R_f u_{i1}}{R_1} + \frac{R_f u_{i2}}{R_2}\right)$$

上式中若 $R_f = R_1 = R_2$，则有 $u_o = -(u_{i1} + u_{i2})$，输出电压等于输入电压的代数和，其中负号表示输出电压与输入电压相位相反。

此电路中的平衡电阻 $R' = R_1 // R_2 // R_f$。

加法运算电路在调整一路输入端电阻大小时，不会影响其他支路信号形成的输出值，因而调节方便，得到广泛的应用。

3. 差分运算电路

在自动测控系统中，常有传感器与电阻构成电桥，以实现对各种物理量的测量，如压力测量电桥电路、温度测量电路等。这类电路的输出端有两个，没有公共参考端口，与其连接的放大电路的两个输入端均不可作为公共参考端。如何解决这类电路的配接问题？其实，电桥的两个输出端与公共端间相当于一个信号源，因此可以用差分输入电路来实现连接。图 4.78 所示是一种常用的差分输入运算电路。

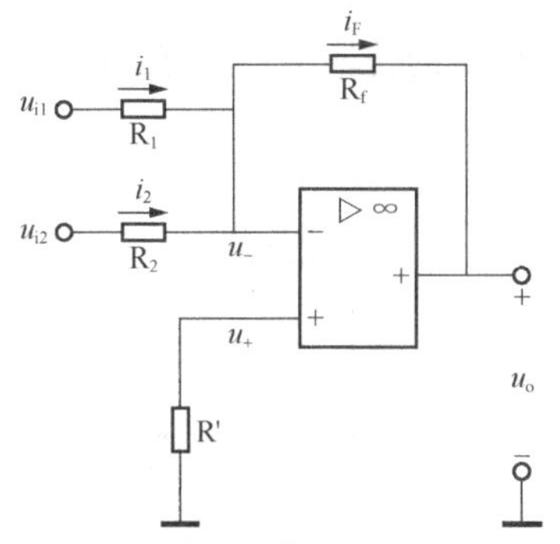

图 4.77　两个输入信号相加的运算电路

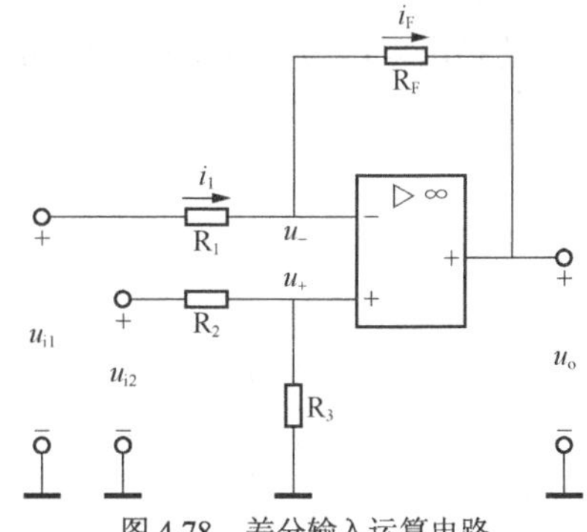

图 4.78　差分输入运算电路

通常电路中电阻 R_1、R_2 的取值相同，接入 R_3 的作用是使两个输入端的电流平衡，一般 $R_3 = R_f$。根据电路的连接关系可知

$$u_- = u_+ = \frac{R_3 u_{i2}}{R_2 + R_3}$$

$$i_1 = i_f，\ i_1 = \frac{u_{i1} - u_-}{R_1}，\ i_f = \frac{u_- - u_o}{R_f}$$

整理得

$$u_o = \frac{R_3 u_{i2}}{R_2 + R_3}\left(1 + \frac{R_f}{R_1}\right) - \frac{R_f}{R_1} u_{i1}$$

当$R_3 = R_f$，$R_1 = R_2$时

$$u_o = \frac{R_f}{R_1}(u_{i2} - u_{i1})$$

可见，此时输出电压u_o与输入电压的差值成正比。在$R_3 = R_f$，$R_1 = R_2$的条件下，电路满足了两个输入端对平衡的要求。差分输入电路在测控系统中广泛应用。

4. 简单电压比较器

当理想集成运算放大器工作在开环或正反馈状态时，集成运算放大器的增益很高，在非负反馈状态下，其线性区的工作状态是极不稳定的，因此集成运算放大器主要工作在非线性区。

理想集成运算放大器工作在非线性区时由于集成运算放大器的输入电阻高、输入偏置电流小，仍可用“虚断”的概念，即$i_+ = i_- = 0$。但不具有“虚短”的特点，输出电压和输入电压不成线性关系，输出电压只有两种可能性：

若$u_+ > u_-$，运放输出为高电平U_{OH}；

若$u_+ < u_-$，运放输出为低电平U_{OL}。

电压比较器将输入的模拟信号和基准电压（参考电压U_{REF}）进行比较，其结果通常用输出高电平U_{OH}或低电平U_{OL}来表示。很显然，这与数字量的表示相符：输出“1”或“0”。因此比较器广泛应用于模/数信号变换、数字仪表、自动控制及自动检测等领域，同时也是波形产生和变换的基本单元。

简单电压比较器的电路如图 4.79 所示，其反相输入端接参考电压U_{REF}。同相输入端接输入信号u_I，该电路是同相输入电压比较器。显然电路中的运放工作在开环状态，开环电压增益很高，受电源电压的限制。这时，只要$u_I < U_{REF}$，输出即为低电平$u_O = U_{OL}$；只要$u_I > U_{REF}$，输出即为高电平$u_O = U_{OH}$。

比较器的输出电压与输入电压之间的对应关系称为比较器的传输特性，可用曲线表示，如图 4.80 所示。

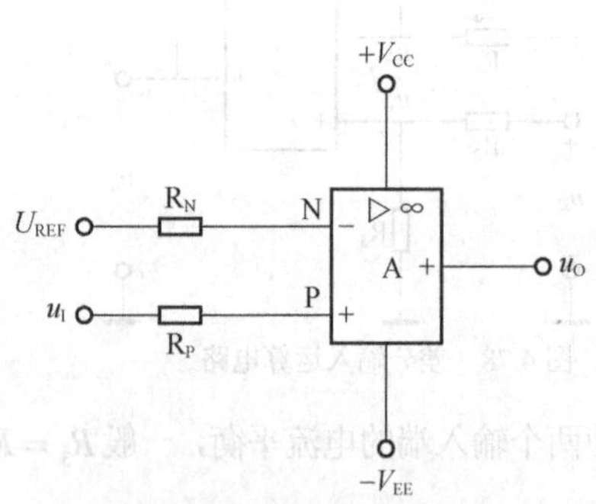

图 4.79 简单电压比较器的电路

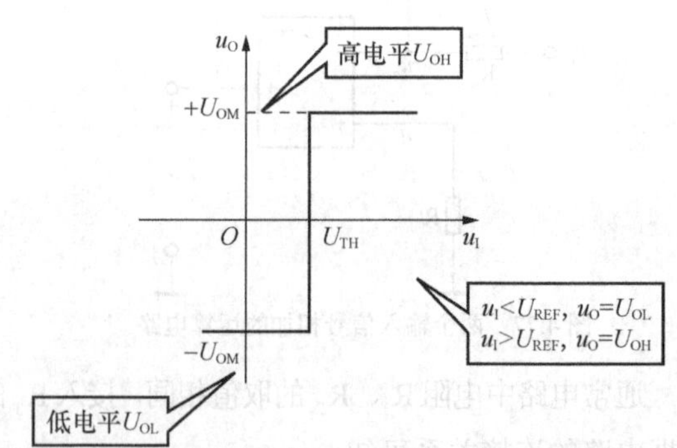

图 4.80 电压比较器的传输特性曲线

在电压比较器中，通常把使输出电压从一个电平跳变到另一个电平时对应的临界输入电压称为阈值电压或门限电压，简称为阈值，用符号U_{TH}表示。对简单比较器，有$U_{TH} = U_{REF}$。简单电压比较器的特点是输入信号每次经过阈值电压时输出都要跳变。

拓展阅读

在电压比较器中，若设置参考电压为 0，那么输入电压只要大于 0 输出电压就会产生一次跳变，这种比较器叫做过零比较器。利用过零比较器可以将输入的任意波形变换为矩形波输出。如图 4.81 所示的电路，同相输入端输入信号后，经过与反相端的 0V 比较后输出矩形波信号。

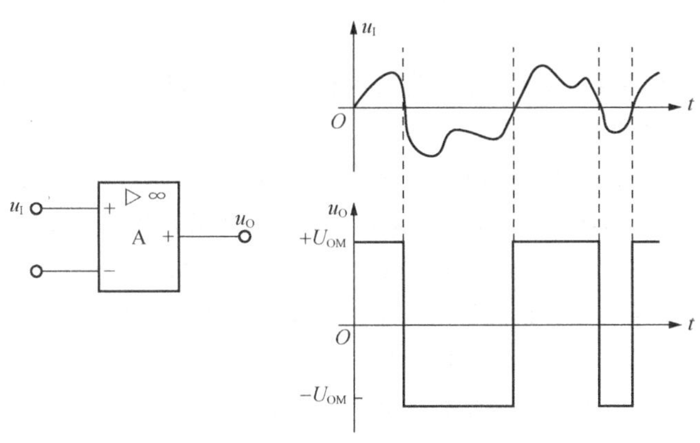

图 4.81　波形变换电路图

技能训练

锂电池电压测量电路的实现

锂电池的用途很广泛，在电子产品、电动自行车、医学产品等各行业、各领域中均有应用，如手机、笔记本电脑、数码相机等。锂电池的使用中需要注意规范充电方法，在一些应用场合中有时需要对其电压进行采集监测，以保证使用安全。

请根据如图 4.82 所示的参考电路，制作和实现锂电池的电压测量电路。

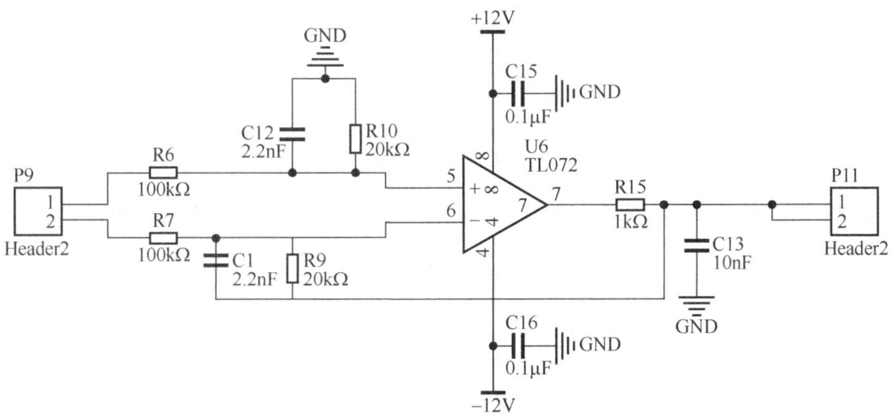

图 4.82　锂电池电压测量电路图

实践训练任务书

任务内容	锂电池电压测量电路的实现
环节安排	4 课时　仿真设计与焊接制作
任务目的	制作锂电池电压测量电路，正确画出电路图，按照规范进行装焊及调测
具体要求	1. 完成电路装焊 2. 比对设计要求，优化改进工艺 3. 实现电路正常工作，记录测试结果
记录整理	1. 绘制电路原理图 2. 列出元器件清单 3. 焊接、安装 4. 调试电路功能，检测记录数据 5. 分析数据，记录结论

知识小结

1. 集成运算放大器具有高放大倍数、高输入阻抗，低输出阻抗的特性。集成运算放大器有两个工作状态：线性状态和非线性状态。

2. 基本运算电路是由集成运算放大器接成负反馈的电路形式而实现的，可实现加、减、积分等多种模拟信号的运算，此时集成运算放大器工作在线性工作区域内。分析这类电路可利用“虚短”和“虚断”两个重要概念，以分析求出输出与输入之间的关系。

3. 比较器通常是由集成运算放大器接成开环或正反馈的电路形式而实现的，此时集成运算放大器工作在非线性工作区域内，输出电压受电源电压限制，通常为二值电平（非高即低）。比较器常用于比较信号大小、开关控制、波形整形和非正弦波信号发生器等电路中。

思考练习

1．什么是半导体二极管的死区电压？硅管和锗管的死区电压分别是多少？

2．能否用两个二极管连接成一个晶体三极管，为什么？

3．二极管电路如图 4.83 所示，分析并说明各图中二极管是导通还是截止。各电路输出电压值为多少？（设二极管为理想二极管）

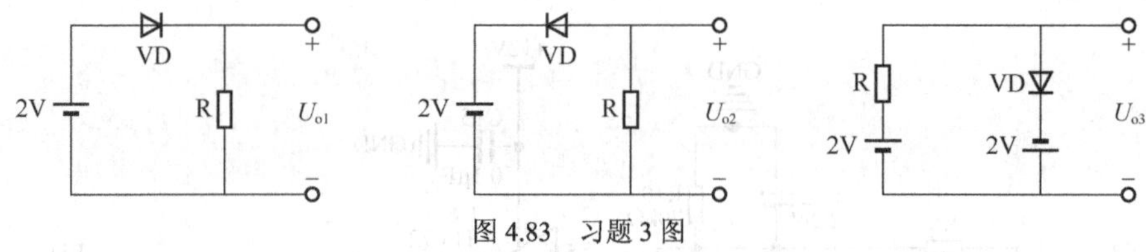

图 4.83　习题 3 图

4．二极管电路如图 4.84 所示，试判断二极管（设为理想的）的状态是导通还是截止。端电压 U_{AO} 是多少？

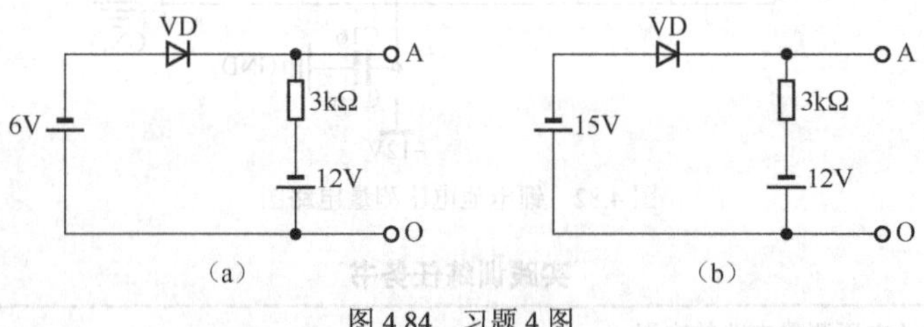

图 4.84　习题 4 图

5．电路如图 4.85 所示，若输入信号为交流电压 $u_i = 20\sin\omega t(\text{V})$，稳压二极管的稳定电压 $U_Z = 5\text{V}$，负载 R_L 为开路，分析输出信号 u_o 画出其波形。

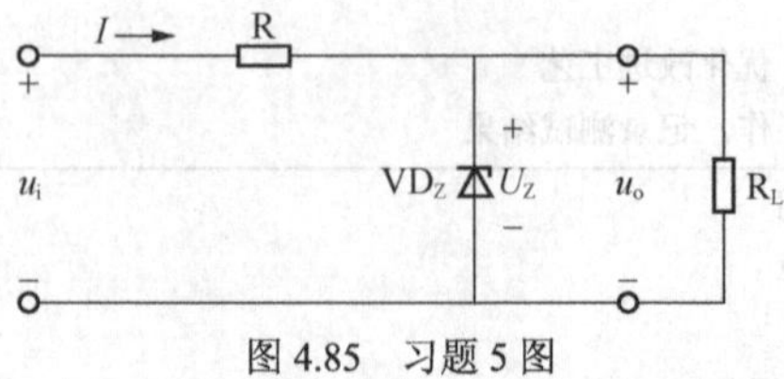

图 4.85　习题 5 图

6．电路如图 4.86 所示，若所有稳压二极管均为硅管（正向导通压降为 $U_D = 0.7\text{V}$），且稳定

电压为 $U_Z = 8V$，已知 $u_i = 10\sin\omega t(V)$，试画出 u_{o1} 和 u_{o2} 的波形。

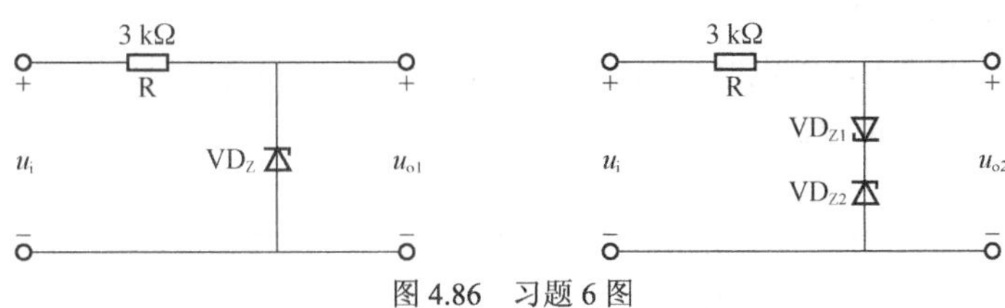

图 4.86 习题 6 图

7．要使晶体管起放大作用，其发射结和集电结的偏置电压应如何连接？

8．已知三极管的 $\beta = 99$，若 $I_B = 10\mu A$，则该管的 I_C 和 I_E 各为多少（忽略 I_{CEO}）

9．已知三极管的 $I_C = 2mA$，$\beta = 50$，则 I_B、I_E 各为多少？（忽略 I_{CEO}）

10．晶体管放大电路如图 4.87 所示，已知 $V_{CC} = 12V$，$\beta = 40$，$R_B = 240k\Omega$，$R_C = 3k\Omega$。求（1）直流通路的静态工作点；（2）在静态时（$u_i = 0$）电容 C_1 和 C_2 上的电压各为多少？

11．功率放大器的功能是什么？与电压放大器相比主要有哪些异同点？

12．功率放大器中，甲类、乙类、甲乙类三种工作状态下的静态工作点选取分别在三极管伏安特性曲线中什么位置？在输入信号一个周期内，三种工作状态下，三极管导通角度有何差别？

13．双电源互补对称电路如图 4.88 所示，已知 $V_{CC} = 12V$，$R_L = 16\Omega$，u_i 为正弦波。求：

（1）在 BJT 的饱和压降 U_{CES} 忽略不计的条件下，负载上可能得到的最大输出功率 P_{om}。

（2）每个管子允许的管耗 P_{CM} 至少应为多少？

（3）每个管子的耐压 $\left|U_{(BR)CEO}\right|$ 应大于多少？

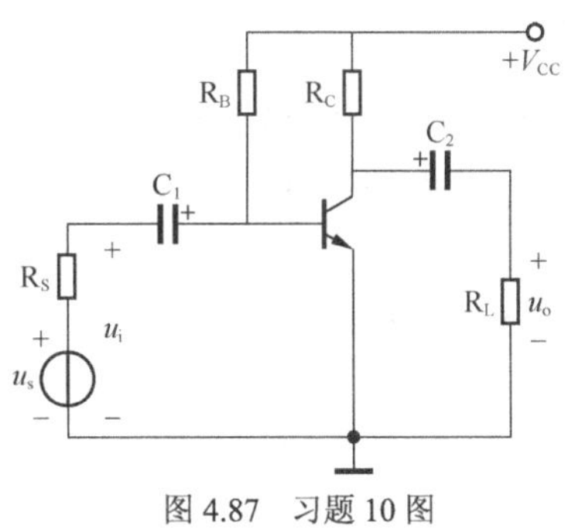

图 4.87 习题 10 图

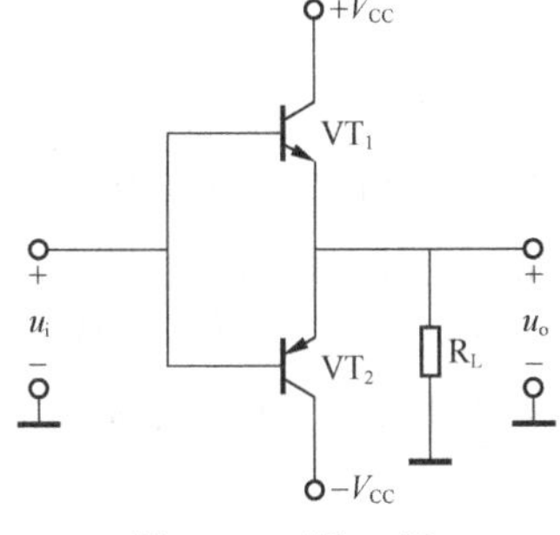

图 4.88 习题 13 图

14．在图 4.89 所示电路中，设 u_i 为正弦波，$R_L = 8\Omega$，要求最大输出功率 $P_{om} = 9W$。BJT 的饱和压降 U_{CES} 可以忽略不计，试求：

（1）正、负电源 V_{CC} 的最小值。

（2）根据所求 V_{CC} 最小值，计算相应的最小值 I_{CM}、$\left|U_{(BR)CEO}\right|$。

15. 在图 4.88 所示电路中，已知 $V_{CC} = 16V$，$R_L = 4\Omega$，VT$_1$ 和 VT$_2$ 管的饱和管压降 $U_{CES} = 2V$，输入电压足够大。试问：

（1）最大输出功率 P_{om} 和效率 η 各为多少？

（2）三极管的最大功耗 P_{Tm} 为多少？

（3）为了使输出功耗达到 P_{om}，输入电压的有效值约是多少？

16．在整流滤波电路中，采用滤波电路的主要目的是什么？电容滤波器和电感滤波器各有什么特点？各应用于什么场合？

17．在图 4.89 电路中，若电路出现如下故障，请分析电路会出现什么现象。①二极管 VD_1 的阴阳极性接反；② VD_1 击穿短路；③ VD_1 开路。

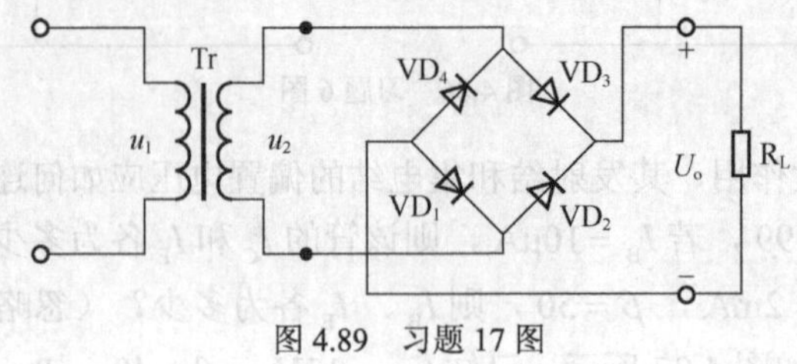

图 4.89　习题 17 图

18．图 4.90 所示为一小功率稳压电源，试说明整流、滤波和稳压各部分电路分别由哪些元件构成，并说明具体作用。

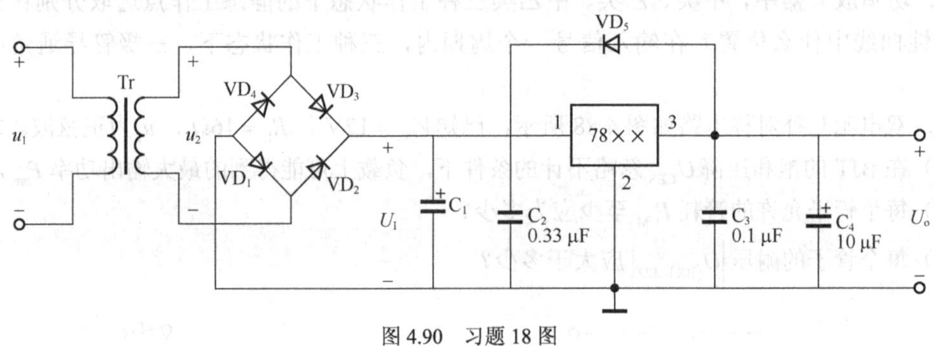

图 4.90　习题 18 图

19．如何定义共模抑制比？K_{CMR} 作为重要性能指标之一，其值的高低各表示什么物理意义？

20．集成运放的输入级为什么采用差分式放大电路？对集成运放的中间级和输出级各有什么要求？一般采用什么样的电路形式？

21．图 4.91 所示为一恒流电路，试求输出电流 i_o 与输入电压 U 的关系。

22．求图 4.92 所示电路中 u_o 与 u_i 的关系。

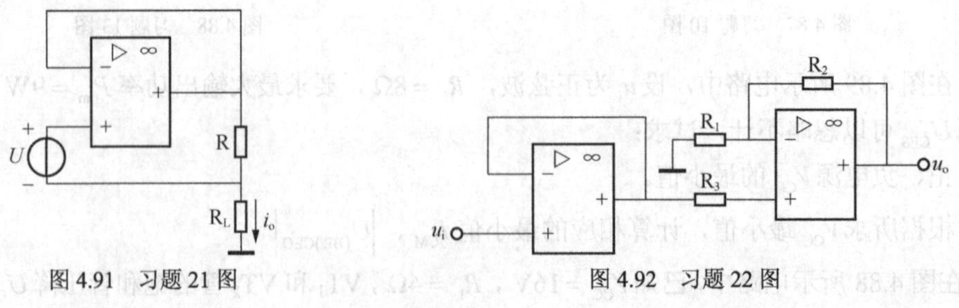

图 4.91　习题 21 图　　图 4.92　习题 22 图

23．试分析图 4.93（a）、图 4.93（b）所示电路，写出 u_o 与 u_{i1}、u_{i2} 的关系式。

24．由理想运算放大器构成的两个电路如图 4.94 所示，试计算输出电压 u_o 的值。

25．理想运算放大器组成的电压比较器（其中 VD_1、VD_2 为保护二极管），输入信号 u_i 的波形如图 4.95 所示，试画出输出信号 u_o 的波形图。

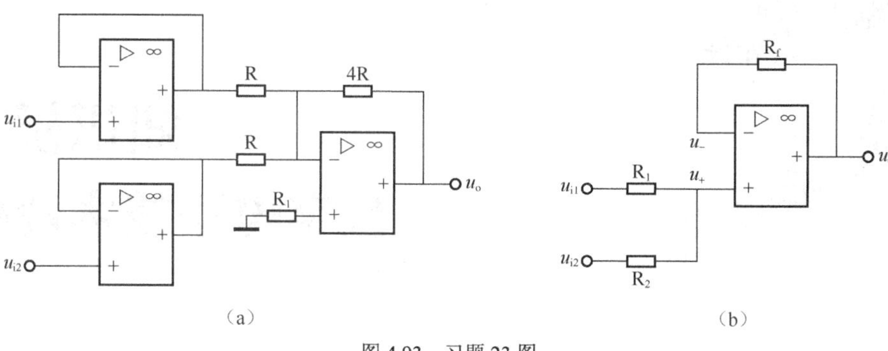

图 4.93　习题 23 图

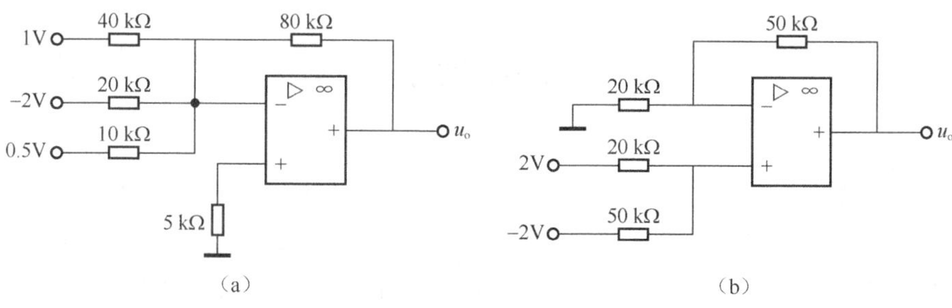

图 4.94　习题 24 图

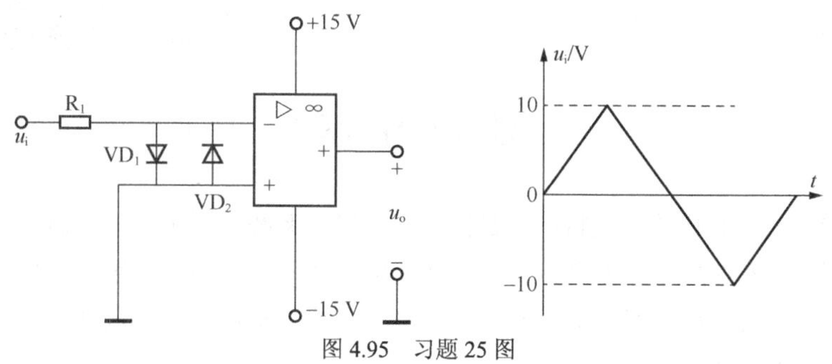

图 4.95　习题 25 图

知识模块 5 数字电子技术及应用

知识地图

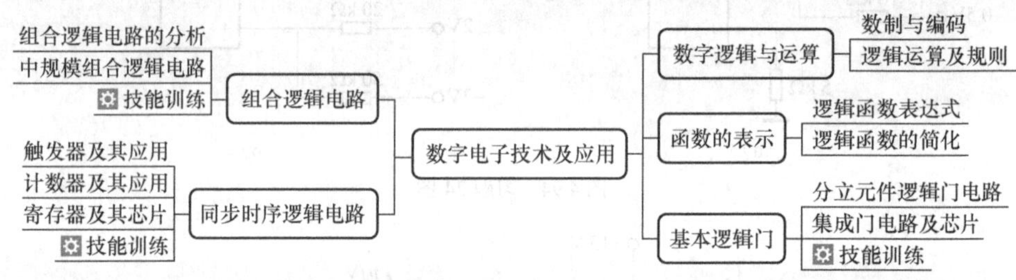

模块导学

互联网时代、智慧时代的最大特征就是网络、计算机系统无所不在，交通工具、家居家电、视听设备等生活用品和装置中都有芯片，几乎所有的信息基本上都是以数字化形式存在的。当今世界在飞速发展，某种程度上是因为信息接收、处理方式的迅速革新，从技术上讲就是数字化信息及其处理的设备取代了模拟制式。

在各技术领域，如通信技术、芯片技术、控制技术、软件技术、网络技术等，均以数字化为核心。因此，理解和熟悉数字电子技术是必要的知识和技能基础。

知识点 5.1　数字逻辑与运算

学习目标

- 能进行不同数制之间的转换
- 能实现数制与基本编码之间的转换
- 能利用逻辑定律及法则完成逻辑代数运算
- 熟练掌握基本逻辑关系、基本逻辑门电路

学习内容

数字电路用于处理具有离散特征的信号（即数字信号），常采用的计数数制有二进制、十六进制等。

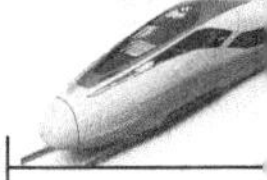

5.1.1　数制与编码

1. 数制

数制是对数量计数的一种统计规则。生活中使用最多的数制是十进制（Decimal），而在数字系统中多采用二进制（Binary）、八进制（Octal）和十六进制（Hexadecimal）。

数制与编码中的二进制与十进制的转换

每种进制都包含两种基本要素：基数、位权。

① 基数。基数是计数制中所用到的数码的个数，常用 R 表示。如十进制中，包含从 0 到 9 的 10 个数码，所以它的基数 R=10。

② 位权。任意进制数中每一位都有相应固定常数，此常数与相应数码相乘所得结果即为这一位的数值，通常将此固定常数称为位权值，或位权。如十进制中，23_D 个位的权是 $10^0=1$，十位的权是 $10^1=10$，因此其数值即为 2×10+3×1=23。

（1）二进制数

二进制数是数字系统中用得最多的数制，由 0、1 两个数码组成，因此其基数 R=2，第 i 位的权为 2^i，其进借位规则是“逢二进一，借一当二”。

二进制数转换为十进制数时，只要将二进制数按位权展开，然后将所有各项按十进制数相加，就可以得到等值的十进制数，如

$$1101.01_B = 1\times2^3 + 1\times2^2 + 0\times2^1 + 1\times2^0 + 0\times2^{-1} + 1\times2^{-2}$$
$$= 8+4+1+0.25 = 13.25_D$$

（2）十六进制数

十六进制数由 0、1、2、3、4、5、6、7、8、9、A、B、C、D、E、F 十六个数码组成，因此其基数 R=16，第 i 位的权为 16^i，其进借位规则是“逢十六进一、借一当十六”。

十六进制数转换为十进制数同样按位权展开，如

$$(2E6)_H = 2\times16^2 + 14\times16^1 + 6\times16^0 = 742_D$$

不同进制数之间为了相互区分，通常在数后添加一个下标以便区分。十进制用 D、二进制用 B、八进制用 O 而十六进制用 H 来表示。例如，十进制数 10.1 可表示为 10.1D 或 10.1_D，二进制数 10.1 可表示为 10.1B 或 10.1_B，以此类推。

2. 编码

编码就是用数字或某种文字和符号来表示某一对象或信号的过程，数字电路中一般采用二进制数。用二进制数表示十进制数的编码方法称为二—十进制编码，如 BCD 码。

数制与编码中的 BCD 码

常用的 BCD 码有 8421 码、5421 码、2421 码等方式。以 8421 码为例，8421 分别代表对应二进制位的权。常用 BCD 码见表 5.1，表 5.1 给出了各编码与十进制数之间的对应关系。

表 5.1　　常用 BCD 码

十进制数	8421 码	2421 码	4421 码	5421 码	余 3 码
0	0000	0000	0000	0000	0011
1	0001	0001	0001	0001	0100
2	0010	0010	0010	0010	0101
3	0011	0011	0011	0011	0110
4	0100	0100	0100	0100	0111
5	0101	0101	0101	1000	1000

续表

十进制数	8421 码	2421 码	4421 码	5421 码	余 3 码
6	0110	0110	0110	1001	1001
7	0111	0111	0111	1010	1010
8	1000	1110	1100	1011	1011
9	1001	1111	1101	1100	1100

4 位二进制数共有 16 种组合，而 BCD 编码中用于表示十进制数时，通常只用到 10 种组合，剩下的 6 种组合通常被称为无效码。例如 8421BCD 码中有效码范围是 0000，0001，…，1001，无效码范围是 1010，1011，…，1111。

逻辑运算中的逻辑规则与定律_v1

5.1.2 逻辑运算及规则

1. 基本运算

（1）与运算

与运算又称为逻辑乘。下面以图 5.1 所示的串联开关电路为例来加以说明。

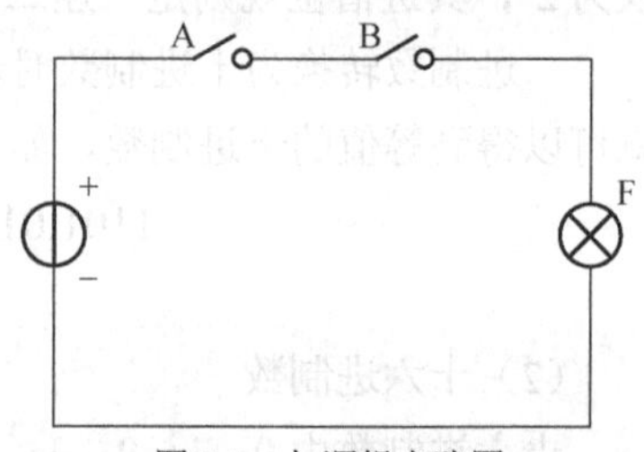

图 5.1 与逻辑电路图

图 5.1 中，开关 A 和开关 B 全部接通时，灯 F 亮，否则灭。输入量 *A*、*B* 与输出量 *F* 存在着与逻辑关系

$$F = A\cdot B$$

式中“·”表示“与”的意思，在表达式中常被省略，读作“与”或“逻辑乘”。若用 1 来表示开关闭合和灯亮，而用 0 来表示开关断开和灯灭，则可将与逻辑所有的组合用列表来表示，通常将这种列表称为真值表。

通过表 5.2，与逻辑可简记为：“全 1 出 1，有 0 出 0”。为了方便逻辑电路的分析与设计，与逻辑还可用逻辑符号表示，如图 5.2 所示。

表 5.2 与逻辑真值表

A	B	F
0	0	0
0	1	0
1	0	0
1	1	1

（2）或逻辑

或运算又称为逻辑加。下面以如图 5.3 所示的串联开关电路来加以说明。

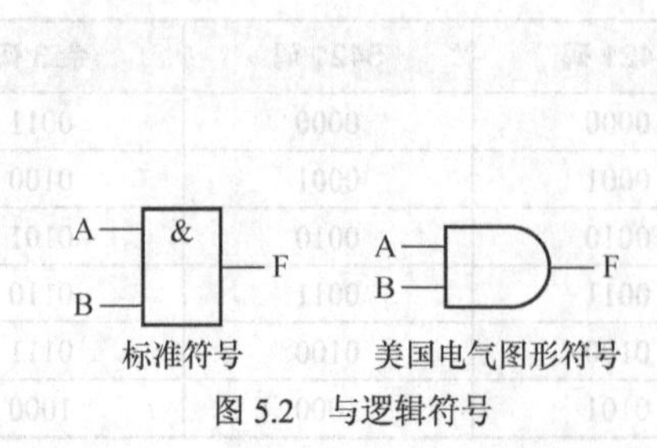

图 5.2 与逻辑符号

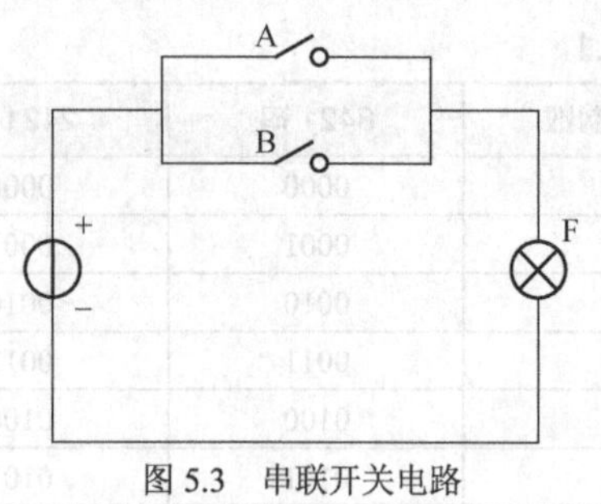

图 5.3 串联开关电路

图 5.3 中，开关 A 和开关 B 只要有一个接通时，灯 F 亮，否则灯 F 灭。输入量 A、B 与输出量 F 存在着与逻辑关系

$$F = A + B$$

式中“+”表示“或”的意思，在表达式中常被省略，读作“或”或“逻辑加”。若用 1 来表示开关闭合和灯亮，而用 0 来表示开关断开和灯灭，若用真值表表示或逻辑则如表 5.3 所示。

表 5.3　　或逻辑真值表

A	B	F
0	0	0
0	1	1
1	0	1
1	1	1

或逻辑可简记为：“有 1 出 1，全 0 出 0”。为了方便逻辑电路的分析与设计，或逻辑还可用逻辑符号表示，如图 5.4 所示。

（3）非运算

非逻辑又称逻辑反。输入量 A 与输出量 F 存在非逻辑关系

$$F = \overline{A}$$

这里“–”表示“非”的意思，读作“非”或“反”。其真值表如表 5.4 所示，符号如图 5.5 所示

表 5.4　　非逻辑真值表

A	F
0	1
1	0

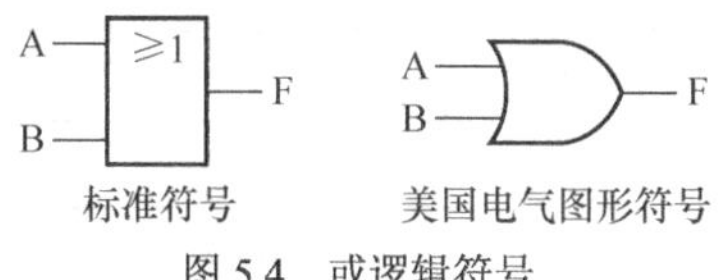

图 5.4　或逻辑符号

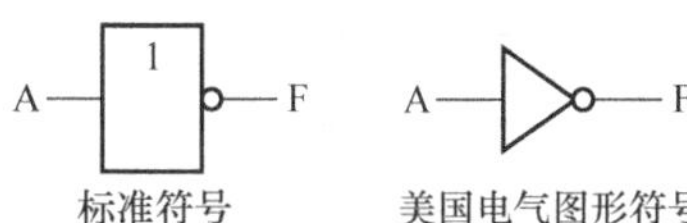

图 5.5　非逻辑符号

（4）复合逻辑运算

复合逻辑运算可由与、或、非三种基本逻辑运算组合而成，在数字电路中被广泛采用的有与非、或非、与或非、异或及同或等运算，所对应的表达式及逻辑符号如表 5.5 所示。

表 5.5　　复合逻辑运算表达式及逻辑符号

复合逻辑运算	复合逻辑表达式	标准符号	美国电气图形符号
与非	$F = \overline{AB}$	A B & F	A B F
或非	$F = \overline{A + B}$	A B ≥1 F	A B F

续表

复合逻辑运算	复合逻辑表达式	标准符号	美国电气图形符号
与或非	$F=\overline{AB+CD}$	A, B, &, ≥1, C, D, F	A, B, C, D, F
异或	$F=A\overline{B}+\overline{A}B$	A, =1, B, F	A, B, F
同或	$F=AB+\overline{A}\overline{B}$	A, =1, B, F	A, B, F

其中，较为特别的是异或和同或运算。异或运算可以描述为：2 个输入不同时，输出为 1；2 个输入相同时，输出为 0。异或运算也可以用下式来表示

$$F=A\oplus B$$

同或运算可以描述为：2 个输入相同时，输出为 1；2 个输入不同时，输出为 0。异或运算可以用下式来表示

$$F=A\odot B$$

读者可通过表 5.5 中，异或和同或的表达式推导其真值表，可以发现两者之间存在互为反函数的关系。

2. 常用公式和规则

逻辑代数作为一种代数，有相应的基本定律和运算规则，下面介绍逻辑代数的基本定律、规则和公式。

（1）逻辑代数的基本定律

逻辑代数的基本定律如表 5.6 所示。

表 5.6　逻辑代数的基本定律

名　称	表达式	
0-1 律	$A\cdot 0=0$	$A+1=1$
自等律	$A\cdot 1=A$	$A+0=A$
重叠律	$A\cdot A=A$	$A+A=A$
互补律	$A\cdot\overline{A}=0$	$A+\overline{A}=1$
交换律	$A\cdot B=B\cdot A$	$A+B=B+A$
结合律	$A\cdot(BC)=(AB)\cdot C$	$A+(B+C)=(A+B)+C$
分配律	$A\cdot(B+C)=AB+AC$	$A+(BC)=(A+B)\cdot(A+C)$
吸收律	$A(A+B)=A$	$A+ABC=A$
反演律	$\overline{AB}=\overline{A}+\overline{B}$	$\overline{A+B}=\overline{A}\overline{B}$
非非律	$\overline{\overline{A}}=A$	

在逻辑代数的运算、化简及变换中，还经常用到下列公式：

$$AB+\overline{A}B=A$$

$$A+\overline{A}B=A+B$$

$$AB+\overline{A}C+BC=AB+\overline{A}C$$

$$\overline{A}B+A\overline{B}=\overline{AB+\overline{A}\overline{B}}\text{（即 }A\oplus B=\overline{A\odot B}\text{）}$$

（2）逻辑代数的基本运算规则

① 代入规则

在任意逻辑代数等式中，如果等式两边所有出现某一个变量的位置都代以一个逻辑函数，则等式成立。

代入规则可以用来扩展定理的应用范围，因为将已知等式某一个变量用任意一个函数代替后，就得到一个新的等式。

例如，反演律 $\overline{AD}=\overline{A}+\overline{D}$，若令 D=BC，则有 $\overline{ABC}=\overline{A}+\overline{BC}=\overline{A}+\overline{B}+\overline{C}$。

反复使用代入规则，可将反演律扩展为

$$\overline{A_1+A_2+\cdots+A_n}=\overline{A_1}\cdot\overline{A_2}\cdots\overline{A_n}$$

$$\overline{A_1\cdot A_2\cdot\cdots\cdot A_n}=\overline{A_1}+\overline{A_2}+\cdots+\overline{A_n}$$

反演函数与对偶函数

② 反演规则

已知逻辑函数 F，求其反函数 $\overline{F}$ 时，只要将 F 中所有的原变量变为反变量，反变量变为原变量，“·”变为“+”，“+”变为“·”，“0”变为“1”，“1”变为“0”，就得到 $\overline{F}$，这就是反演规则。

在变换过程中应注意：两个以上变量的公用“非”号应该保持不变；运算的优先顺序为先算括号，然后算逻辑乘，最后进行逻辑加运算。

③ 对偶规则

对于任何一个逻辑表达式 F，如果将式中所有的“·”变为“+”，“+”变为“·”，“0”变为“1”，“1”变为“0”，而变量保持不变，就得到表达式 F'，这个表达式称为 F 的对偶式，这一变换方式称为对偶规则。

对偶函数与原函数有如下特点：对偶函数与原函数互为对偶函数；两个逻辑函数相等，则它们各自的对偶式也相等。

知识点 5.2　函数的表示

学习目标

- 能正确描述数字逻辑函数
- 能正确用不同方法表示逻辑函数
- 能正确化简逻辑函数

学习内容

数字逻辑函数的基本表达方式有函数表达式、逻辑真值表、逻辑电路图等，其中函数表达式是最常用的表示方法。

5.2.1　逻辑函数表达式

逻辑函数表达式可以分为一般表达式和标准表达式两类。

一般表达式又可以分为“与或”表达式、“或与”表达式和混合表达式。如式 5.1 是典型的“与或”表达式，式 5.2 是典型的“或与”表达式，式 5.3 则具有混合表达式的特点。

$$F(A,B,C)=A\overline{B}+\overline{A}\overline{B}\overline{C}+C \tag{5.1}$$

$$F(A,B,C)=\left(A+\overline{B}+\overline{C}\right)\left(A+C\right) \tag{5.2}$$

$$F(A,B,C)=\left(A+\overline{B}\right)C+\left(\overline{B}+\overline{C}\right)+\overline{A} \tag{5.3}$$

标准表达式可以分为最小项表达式和最大项表达式，其中最小项表达式应用最为广泛，本书将着重介绍。

什么是最小项

最小项表达式

1. 最小项表达式

最小项表达式是由若干个最小项构成的“与或”表达式。

最小项是指这样一种“与”项，设有 n 个变量，由它们所组成的具有 n 个变量的“与”项中，每个变量或以原变量或以反变量的形式出现一次，且仅出现一次。

例如，3 个变量 A，B，C 所包含的最小项有：$\overline{A}\overline{B}\overline{C}$，$\overline{A}\overline{B}C$，$\overline{A}B\overline{C}$，$\overline{A}BC$，$A\overline{B}\overline{C}$，$A\overline{B}C$，$AB\overline{C}$，$ABC$，共有 8 个。所以函数 $F_1\left(A,B,C\right)=A\overline{B}C+\overline{A}B\overline{C}+\overline{A}BC$ 是最小项表达式，而函数 $F_2\left(A,B,C\right)=A\overline{B}C+\overline{A}B$ 则不是最小项表达式。

对于 n 个变量的函数，最小项的个数共有 2^n 个。函数的最小项表达式中，既可包含部分最小项，也可包含全部最小项。

为了方便使用，通常将最小项记作 m_i。i 可以通过以下方式确定：将最小项中的原变量记作“1”，反变量记作“0”，把每个最小项表示成为一个二进制数，这个数所对应的十进制数就是 i 的值。如最小项 $\overline{A}B\overline{C}$ 可表示为“010”，因此可记作 m_2。四变量函数的最小项对应关系如表 5.7 所示。

表 5.7　　四变量函数的最小项对应关系表

最小项	最小项编号	最小项	最小项编号
$\overline{A}\overline{B}\overline{C}\overline{D}$	m_0	$A\overline{B}\overline{C}\overline{D}$	m_8
$\overline{A}\overline{B}\overline{C}D$	m_1	$A\overline{B}\overline{C}D$	m_9
$\overline{A}\overline{B}C\overline{D}$	m_2	$A\overline{B}C\overline{D}$	m_{10}
$\overline{A}\overline{B}CD$	m_3	$A\overline{B}CD$	m_{12}
$\overline{A}B\overline{C}\overline{D}$	m_4	$AB\overline{C}\overline{D}$	m_{12}
$\overline{A}B\overline{C}D$	m_5	$AB\overline{C}D$	m_{13}
$\overline{A}BC\overline{D}$	m_6	$ABC\overline{D}$	m_{14}
$\overline{A}BCD$	m_7	$ABCD$	m_{15}

2. 最小项的重要性质

① 对于任何一个最小项，只有对应一组变量取值，才能使其值为“1”。即取值为“1”的概率最小，最小项由此得名。

② 任意两个最小项 m_i 和 $m_j\left(i\neq j\right)$，其逻辑“与”为“0”。

③ n 个变量的全部最小项之和恒等于“1”。

④ 某一个最小项若不包含在原函数 F 中，则必包含在反函数 $\overline{F}$ 中。

⑤ 具有相邻性的两个最小项之和可以合并成一项，并消去一个变量。所谓相邻性即是指两个

最小项只有一个因子不同。如 $A\bar{B}C$ 和 ABC 具有相邻性，则 $A\bar{B}C+ABC=AC$，消去变量 B。

5.2.2　逻辑函数的简化

1. 逻辑函数的公式法化简

所谓公式法化简法，就是运用逻辑代数中的基本定律、公式及运算规则进行化简。

例题分析

例 5.1　利用公式 $A+AB=A$ 消去多余的乘积项。

$$
\begin{aligned}
F &= \overline{B+CD}+\bar{B}\bar{C}+\bar{C} \\
&= \overline{B+CD}+\bar{C} \\
&= \bar{B}\bar{C}D+\bar{C}=\bar{C}
\end{aligned}
$$

例 5.2　利用公式 $A+\bar{A}=1$ 两项合并消去一个变量。

$$
\begin{aligned}
F &= \bar{A}\bar{B}C+\bar{A}BC+A\bar{B}C+ABC+\bar{C} \\
&= \left(\bar{A}\bar{B}+AB\right)C+\left(A\bar{B}+\bar{A}B\right)C+\bar{C} \\
&= \left[\left(\bar{A}\bar{B}+AB\right)+\left(A\bar{B}+\bar{A}B\right)\right]C+\bar{C} \\
&= C+\bar{C} \\
&= 1
\end{aligned}
$$

可见，公式法化简对逻辑代数公式、定律及化简技巧要求较高，因此通常采用下面介绍的卡诺图法对逻辑函数进行化简。

2. 逻辑函数的卡诺图化简

卡诺图化简法相对上面介绍的公式法化简，更为简便直观、容易掌握，在数字逻辑电路设计中得到广泛应用。

卡诺图（Karnaugh map）是一种矩阵式的真值表，因此两个变量函数的卡诺图由 4（2^2）个方格构成，三个变量函数由 8（2^3）个方格构成，四个变量函数由 16（2^4）个方格构成，如图 5.6 所示，四个以上变量的卡诺图本书不予讨论。

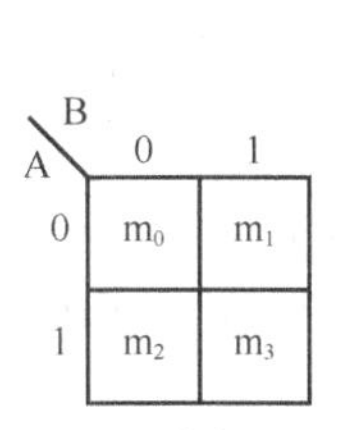

（a）

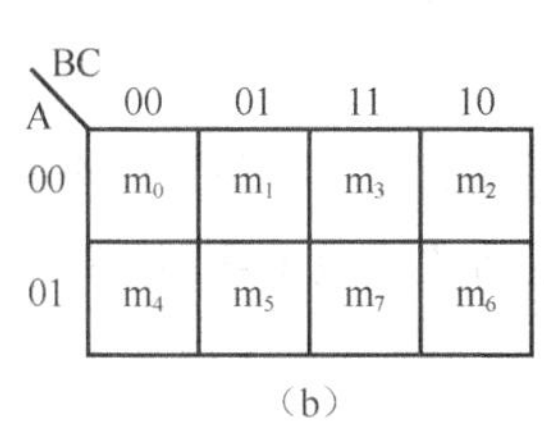

（b）

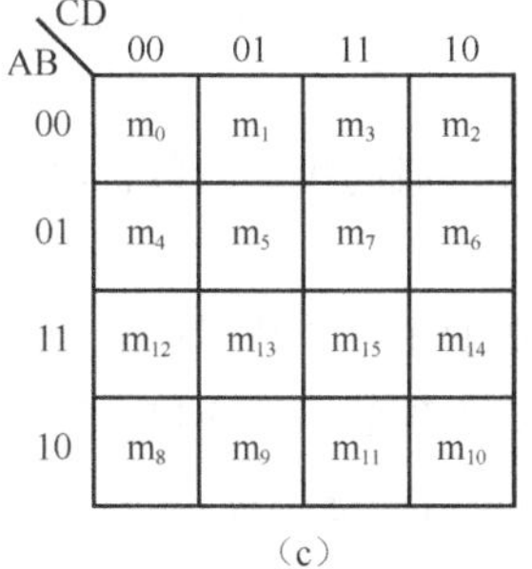

（c）

图 5.6　两变量、三变量和四变量的卡诺图

卡诺图中每个方格对应一组输入变量，相邻方格所对应的变量组合只有一个变量发生变化，因此输入变量不能按照二进制数的顺序排列，而是按照循环码的顺序排列。卡诺图具有以下性质。

① n 个变量的卡诺图有 2^n 个方格，每个方格对应一个最小项。

② 每个变量与反变量将卡诺图等分为两个部分，并且各占的方格个数相同。

③ 卡诺图上两个相邻的方格所代表的最小项只有 1 个变量相异。

相邻的含义除了位置相邻外，还包括首尾相邻，如图 5.6（c）中 m_1 和 m_3 属于位置相邻，而 m_2 和 m_{10}，m_0 和 m_2 属于首尾相邻。

（1）最小项表达式的填入

因为卡诺图中的每个方格都对应一个最小项，所以只要将构成函数的每个最小项相应的方格填 1，其余的方格填 0 即可，如图 5.7（a）所示。

（2）非标准表达式的填入

如果是“与或”表达式，将每个“与”项中的原变量用 1 表示，反变量用 0 表示，在卡诺图中找出交叉的方格填 1，每个与项都填完后，剩余的方格填入 0，如图 5.7（b）所示。如果是“或与”表达式，则找出使各“或”项为 0 的变量组合对应的方格填 0，每个或项都填完后，剩余的方格填“1”。

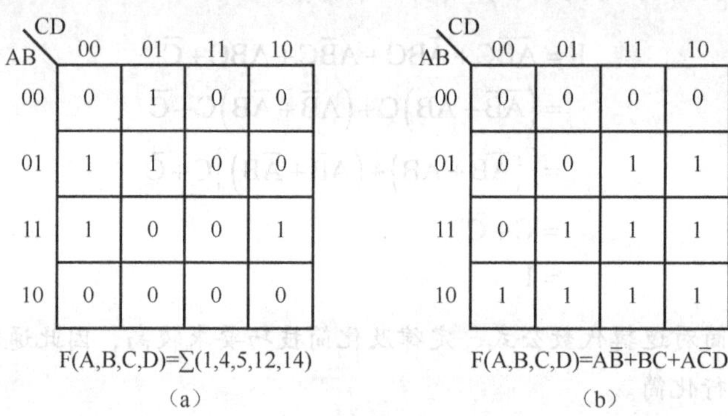

F(A,B,C,D)=∑(1,4,5,12,14)

（a）

$F(A,B,C,D)=A\overline{B}+BC+A\overline{C}D$

（b）

图 5.7　卡诺图填入的两种情况

卡诺图化简的依据就是相邻最小项可以合并成一项并消去 1 个发生变化的变量。由于在卡诺图上几何位置相邻与逻辑上的相邻性是一致的，因而从卡诺图上能直观地找出那些具有相邻性的最小项并将其合并化简。

在卡诺图化简过程中，如果有 2^n 个相邻项，则可以合并成一项，并且消去 n 个变量（n=1，2，…），只剩下公共因子。

用卡诺图化简函数时，需找出相邻的最小项，并将这些最小项按 2^n 一组构成一个矩形，选择最小项时应按照以下原则。

① 每个相邻最小项构成的矩形应包含尽可能多的最小项，保证化简后每个“与”项包含的变量个数最少。

② 相邻最小项构成的矩形个数尽可能少，保证化简后的“与”项个数最少。

③ 所选择的相邻最小项的矩形应包含所有构成函数的最小项，并且每个相邻最小项构成的矩形中至少有 1 个最小项没有被选择过。

例题分析

例 5.3　化简函数 $F(A,B,C,D)=\overline{A}B+\overline{C}D+A\overline{C}\overline{D}$。

解：将函数填入卡诺图，如图 5.8（a）所示。

化简卡诺图，如图 5.8（b）所示。找到卡诺图中的 1 方格，将相邻的 2^n 个 1 构成矩形，最多有 4 个 1 方格相邻，分别将它们用矩形框起来，共可以构成 3 个矩形。检查是否将每个 1 方格都框起来了，并保证每个矩形中至少有 1 个 1 方格是没有被其他矩形框过的。如图 5.8（c）中虚线

矩形中所有的 1 方格都被其他矩形框过了，因此是多余的。

写出最简表达式：$F(A,B,C,D)=\bar{A}B+\bar{C}D+A\bar{C}$

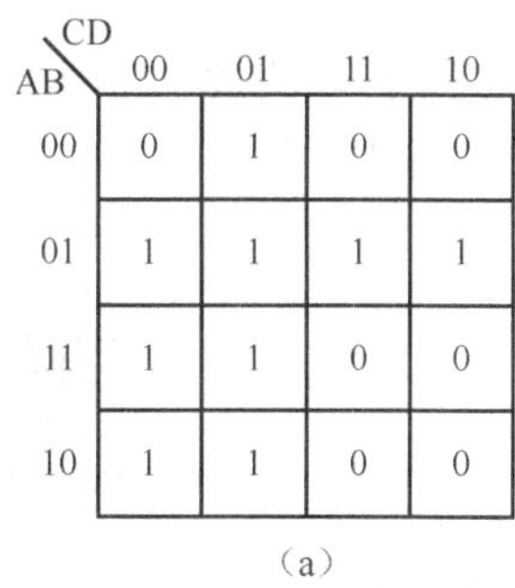

（a）

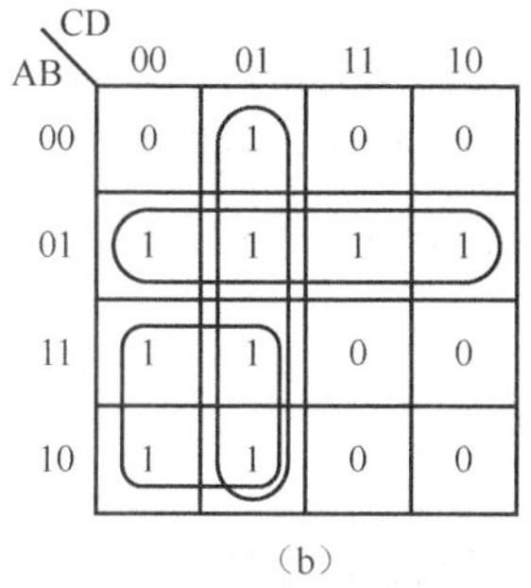

（b）

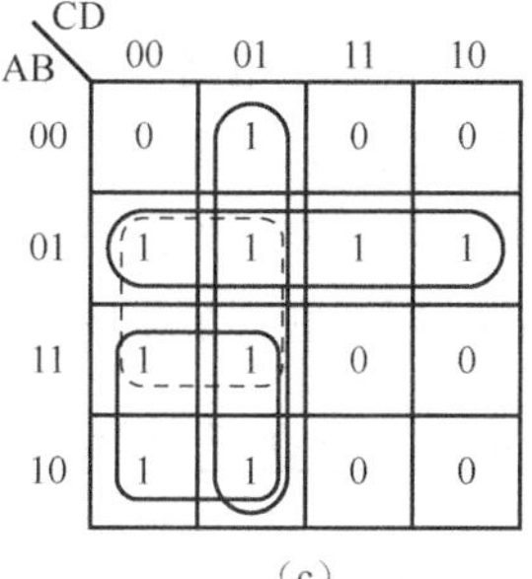

（c）

图 5.8　例 5.3 的卡诺图化简

（3）具有无关项的函数化简

在分析某些具体的逻辑函数时，某些变量组合对逻辑函数的结果不产生影响，也可能输入变量的所有组合中某些变量组合不可能出现，这些变量组合对应的最小项称为无关项。通常无关项分为约束项和任意项两类。在某个逻辑函数中，输入变量的取值不是任意的，那些不能输入的变量组合称为约束项。在某些逻辑函数中，在输入某些变量的取值下，函数值是 1 或 0 皆可，通常在卡诺图中用×表示，不影响逻辑函数结果，这些变量组合称为无关项。

例如，输入变量为 8421BCD 码的逻辑函数问题中，输入变量的取值范围是 0000～1001，而变量组合 1010～1111 不可能出现，因此 1010～1111 这 6 种情况对应的最小项属于约束项。

例题分析

例 5.4　化简具有约束的逻辑函数 $F(A,B,C,D)=\sum m(1,4,5,12,14)+\sum m_{\times}(0,2,7,8,10)$

解：本例的卡诺图如图 5.9 所示。

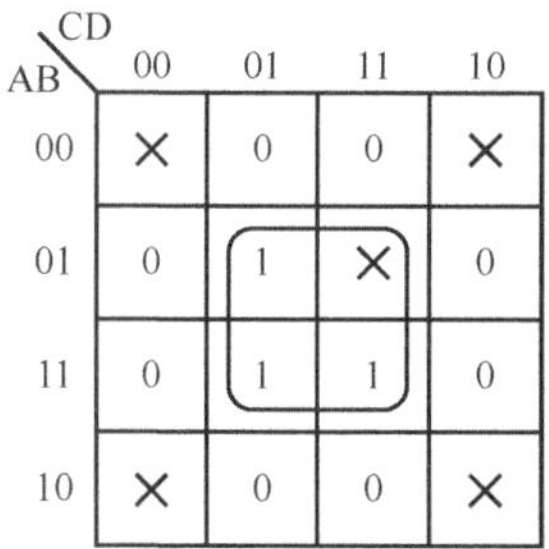

图 5.9　例 5.4 的卡诺图化简

本例中，为了使 1 方格能够构成最大相邻矩形，将无关项 m_7 看作 1；而剩余的四个无关项 m_0，m_2，m_8，m_{10} 看作是 0。化简结果如下。

$$F(A,B,C,D)=BD$$

知识点 5.3　基本逻辑门

学习目标

- 能分析基本门电路工作原理
- 能分析二极管、晶体管构成的门电路功能

• 能熟练分析基本门电路的应用电路

• 能分析集成门电路的应用电路

📖 学习内容

门电路是数字电路的基本逻辑单元，其通常可以分为分立元件门电路和集成电路两类。随着集成电路的发展，分立元件门电路逐步被集成电路所取代，但功能再强大、结构再复杂的集成门电路，都是以分立元件门电路为基础演变而来的。了解分立元件门电路的工作原理有助于学习和理解集成门电路。

分立元件逻辑门电路

5.3.1 分立元件逻辑门电路

不同于模拟电路，数字电路中的二极管、晶体管大多数工作于饱和区和截止区，作用相当于开关，只有“导通”和“断开”两种状态。

1. 二极管与门

二极管与门电路如图 5.10（a）所示。由图可知，在输入 A、B 中只要有一个（或一个以上）信号为低电平，则与其相连的二极管必然因获得正偏电压而导通，使输出 F 为低电平。只有所有输入（A，B，…）同为高电平时，输出 F 才是高电平。可见输入对输出呈现“与逻辑”关系，即 $F=AB$，其逻辑符号如图 5.10（b）所示。

输入端的信号数可以多于两个，有几个输入端就有几个二极管。

2. 二极管或门

二极管或门电路如图 5.11（a）所示。只要输入 A、B 中有一个为高电平，相应的二极管就会导通，输出 F 就是高电平；只有输入 A、B 同时为低电平，F 才是低电平。显然 F 和 A、B 间呈现“或逻辑”关系，表示为 F=A+B。逻辑电路符号如图 5.11（b）所示。

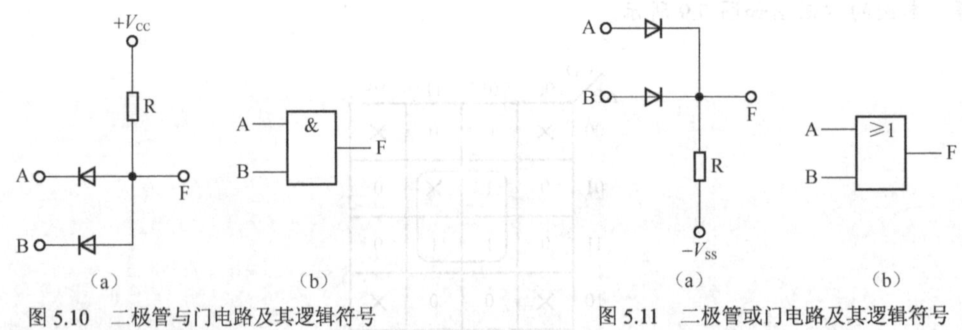

图 5.10 二极管与门电路及其逻辑符号　　图 5.11 二极管或门电路及其逻辑符号

3. 晶体管非门

对图 5.12（a）所示晶体管开关电路分析可知：当输入为高电平时，输出为低电平；当输入为低电平时，输出为高电平，所以输出与输入之间呈现“非逻辑”关系，即非门，也称为反相器。

在实际电路中，为了使输入低电平时二极管开关能可靠地截止，一般采用图 5.12（a）所示电路形式。只要电阻 R_1， R_2 和负电源电压 $-V_{SS}$ 参数配合适当，当输入为低电平信号时，晶体管的基极就可以是负电位，发射结反偏、晶体管将可靠截止，使输出为高电平，从而实现非运算。其逻辑电路符号如图 5.12（b）所示。

4. 与非门

将二极管与门和反相器连接起来可以构成与非门电路，如图 5.13（a）所示，电路符号如

图 5.13（b）所示。

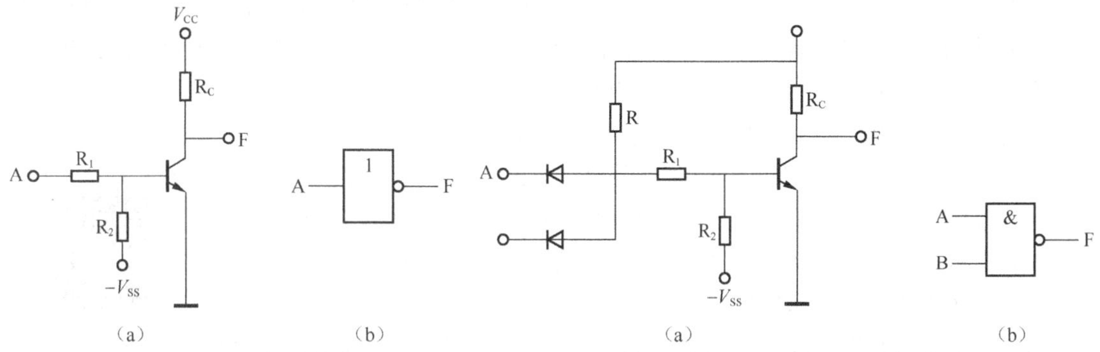

图 5.12　晶体管非门电路及其逻辑符号　　　图 5.13　晶体管与非门电路及其逻辑符号

5. 或非门

将二极管与门和反相器连接起来还可以构成或非门电路，如图 5.14（a）所示，电路符号如图 5.14（b）所示。

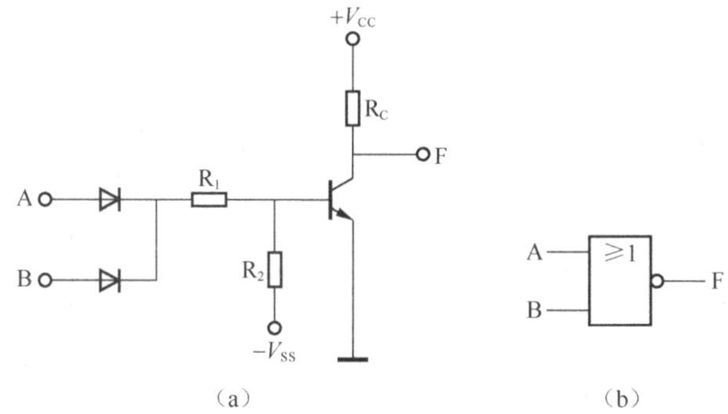

图 5.14　晶体管或非门电路及其逻辑符号

5.3.2　集成门电路及芯片

集成门电路具有微型化、可靠性高等优点，数字集成电路最典型的就是 TTL 与非门。

1. TTL 与非门

与非门是 TTL 门电路中结构最典型的一种。图 5.15 中给出了 TTL 与非门的典型电路，它由 3 个部分构成：VT_1、R_1组成输入级，VT_2、R_2、R_3组成中间级，VT_3、VT_4、R_4和 VD 组成输出级。设输入信号的高、低电平分别为 $U_{IH}=3.4V$，$U_{IL}=0.2V$。

TTL 与非门电路原理

（1）工作原理

为简化分析，PN 结的伏安特性可以用折线化的等效电路来代替，并假设开启电压 $U_{ON}=0.7V$。

当$U_A=U_B=U_{IH}$时，如果不考虑VT_2的存在，则VT_1的基极电位$U_{B1}=U_{IH}+U_{ON}=4.1V$。显然存在$VT_2$和$VT_4$的情况下，$VT_2$和$VT_4$的发射结必然导通。一旦$VT_2$和$VT_4$导通后，$VT_1$基极的电位$U_{B1}$就被钳位在 2.1V，所以$U_{B1}$实际上不可能等于 4.1V，只能是 2.1V 左右。VT_2的导通使U_{C2}降低而U_{E2}升高，导致VT_3截止、VT_4导通，输出F变为低电平U_{OL}。

当输入中至少有一个为低电平时，三极管VT_1的发射结正偏导通，从而使其基极电位被钳制在$U_{BI}=U_{IL}+U_{ON}=0.9V$。因此，$VT_2$的发射结不会导通。由于$VT_1$的集电极回路电路是$R_2$和$VT_2$的集电极反向电阻之和，阻值非常大，因而$VT_1$工作在深度饱和状态，使$U_{CE(sat)}\approx 0.3V$。这时$VT_1$的集电极电流极小，在定量计算时可以忽略不计。$VT_2$截止后$U_{C2}$为高电平，而$U_{E2}$为低电平，从而使$VT_3$导通，$VT_4$截止，输出F为高电平$U_{OH}$。

可见输出和输入之间为与非逻辑关系，即$F=\overline{AB}$。

由上面的分析可知，输出级的特点是在稳定状态下VT_3和VT_4总是交替导通和截止，这就有效地降低了输出级的静态功耗并提高了驱动负载的能力。此外，为了确保VT_3饱和和导通时VT_4可靠地截止，又在VT_4的发射极下面串接了二极管VD。

TTL 与非门电路特性分析

（2）TTL 与非门电压传输特性

电压传输特性是指输出电压随输入电压变化的关系曲线$u_o=f(u_I)$。图 5.16 所示为 TTL 与非门的电压传输特性曲线，它显示了与非门的逻辑关系。当输入为低电平时，输出为高电平，如图中*AB*段；输入为高电平时，输出为低电平，如图中*DE*段；在输入由低电平向高电平过渡的过程中，输出也由高电平向低电平转化，如图中*BC*和*CD*段。

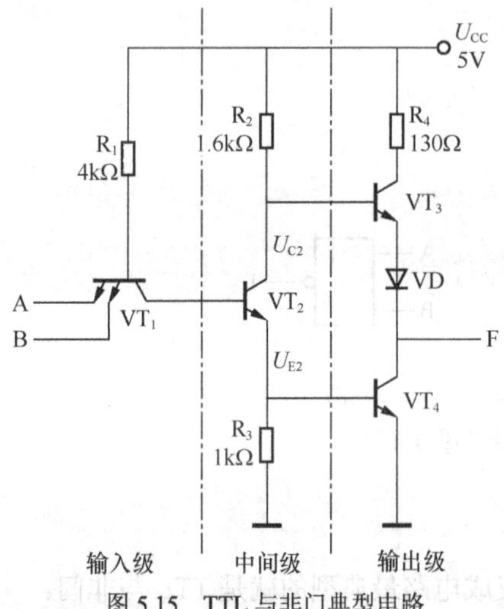

图 5.15　TTL 与非门典型电路

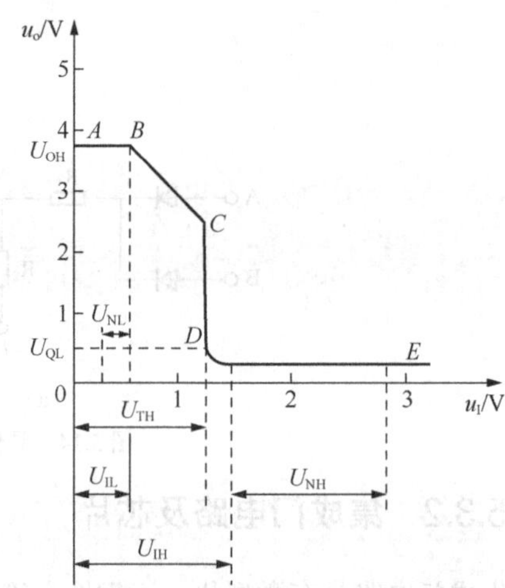

图 5.16　TTL 与非门电压传输特性曲线

从图 5.16 中可以看出电压传输特性曲线可以分为 4 个部分。

*AB*段中，因为输入电压$U_I<0.6V$，所以$U_{BI}<1.3V$，VT_2和VT_4截止而VT_3导通，故输出为高电平$U_{OH}\approx U_{CC}-U_{BE3}-U_D\approx 3.4V$，此段通常被称为截止区。

*BC*段中，由于U_I高于 0.7V 但低于 1.3V，所以VT_2导通而VT_4继续截止。这时VT_2工作在放大区，随着U_I的升高U_{C2}和U_o线性地下降，此段通常被称为线性区。

*CD*段中，当U_I大于 1.4V 时，$U_{B1}\approx 2.1V$，这时VT_2和VT_4同时导通，VT_3截止，输出电压急剧下降到低电平，此段通常称为转折区。转折区中点对应的输入电压称为阈值电压或门槛电压，用U_{TH}来表示。

*DE*段中，随着U_I继续增大，U_o不再变化，此段通常被称为饱和区。

（3）输出特性曲线中的重要参数

① 阈值电压U_{TH}。

在电压传输特性曲线上，通常将*C*点对应的U_I称为关门电平U_{OFF}，*D*点对应的U_I称为开门电

平U_{ON}，则阈值电压$U_{TH}=\frac{1}{2}(U_{OFF}+U_{ON})$。由于$U_{OFF}\approx U_{ON}$，因此可以近似认为$U_{TH}\approx U_{OFF}\approx U_{ON}$。$U_{TH}$也称为门槛电压，它决定了与非门状态的转换，是电路截止和导通的分界值，也是输出高、低电平的分界值。

② 输入端噪声容限。

从电压传输特性曲线上可以看出，输入电压在偏离标准低电平输入U_{IL}时，输出高电平并未立即改变。同样输入电压在偏离标准高电平输入U_{IH}时，输出低电平也未立即改变。由此可见，输入高、低电平允许有一个波动范围。在保证输出高、低电平基本不变（或在允许范围内波动）的前提下，输入电平的允许波动范围称为输入端噪声容限。

通常噪声容限分为输入高电平噪声容限U_{NH}和输入低电平噪声容限U_{NL}。

输入高电平噪声容限U_{NH}指在保证输出低电平时，允许叠加在输入高电平上的噪声电压，即

$$U_{NH}=U_{IH}-U_{ON}$$

输入低电平噪声容限U_{NL}指在保证输出高电平时，允许叠加在输入低电平上的噪声电压，即

$$U_{NL}=U_{OFF}-U_{IL}$$

很显然，U_{NH}和U_{NL}都是用来衡量门电路抗干扰能力的特性指标，值越大，门电路抗干扰能力越强。同时，为了保证在输入高、低电平时，输出都能在允许范围内，通常选取U_{NH}和U_{NL}中较小的值作为门电路的噪声容限。

（4）输入负载特性

输入负载特性是指在输入端介入一个电阻R_I后，输入电压U_I随电阻R_I的变化关系。测量电路和特性曲线如图 5.17 所示。

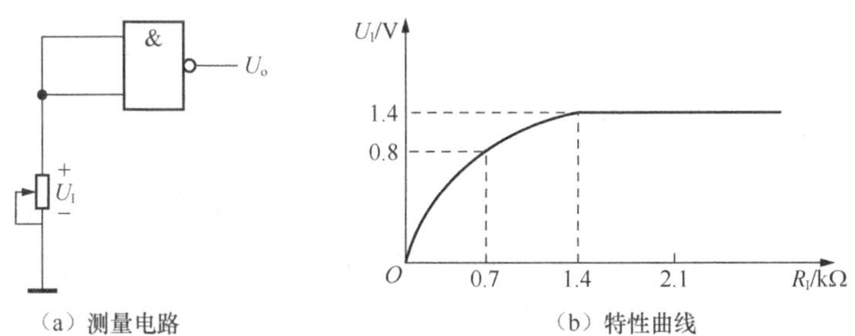

（a）测量电路　　（b）特性曲线

图 5.17　测量电路和特性曲线

当R_I在 0～1.4kΩ区域时，U_I随R_I的增大而上升；当R_I达到 1.4kΩ左右时，尽管输入没有加任何电压，但输入端也相当于加了一个高电平电压。所以对于 TTL 电路的输入来说，输入悬空相当于输入高电平。当$R_I=0.7\text{k}\Omega$时，$U_I=0.8\text{V}$，近似于允许输入低电平电压的最大值，故当输入电阻$R_I<0.7\text{k}\Omega$时，输入端相当于低电平。

（5）输出特性曲线

输出特性是指输出电压U_o随输出电流I_L的变化关系。TTL 与非门输出高电平和输出低电平时，输出特性曲线是不同的。

① 带拉电流负载（输出高电平）。

TTL 与非门输出高电平时等效电路如图 5.18（a）所示，负载特性曲线如图 5.18（b）所示。由于负载电流是由输出端流向负载，故称为拉电流负载。

随着负载电流I_L的增大，R_4上的压降随之增大，最终使VT_3的集电结正偏，VT_3进入饱和

状态。这时 VT_3 失去射极跟随器功能，从而使输出 U_o 随 I_L 绝对值的增大近似线性下降。

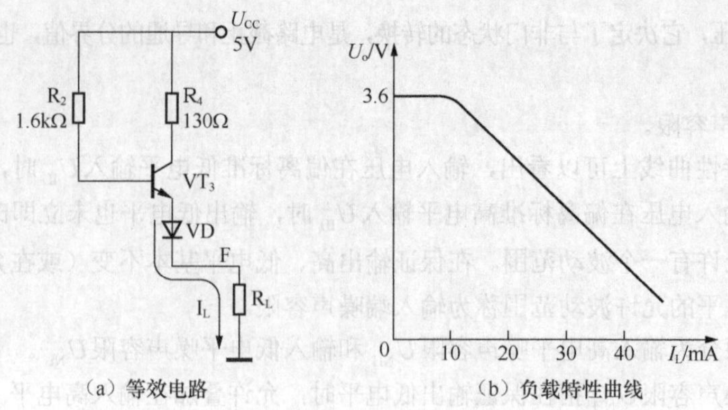

（a）等效电路　　（b）负载特性曲线

图 5.18　TTL 与非门输出高电平时等效电路及负载特性曲线

② 带灌电流负载（输出低电平）。

TTL 与非门输出低电平时等效电路如图 5.19（a）所示，负载特性曲线如图 5.19（b）所示。由于负载电流是由负载流向输出端，故称为灌电流负载。

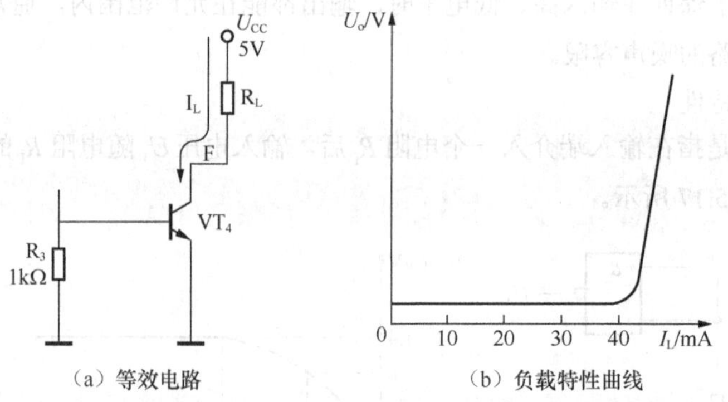

（a）等效电路　　（b）负载特性曲线

图 5.19　TTL 与非门输出低电平时等效电路及负载特性曲线

当输出为低电平时，图 5.15 中门电路输出级的 VT_3、VD 截止，VT_4 导通，输出端的电路可等效为图 5.19（a）形式。由于 VT_4 饱和导通时，集电极与发射极间的内阻很小，所以负载电流 I_L 增大时输出的低电平几乎不变，但 I_L 过大时，输出电压急剧变大。

（6）扇出系数

根据 TTL 与非门输出负载特性，可以看出 TTL 与非门的输出端接负载后，此负载可能是灌电流负载，也有可能是拉电流负载，如图 5.20 所示。TTL 与非门带同类型门电路负载的数量，被称为扇出系数 N_O。

如图 5.20 所示，门 G 高电平输出电流 I_{OH}，低电平输出电流为 I_{OL}，每个非门高电平输入电流为 I_{IH}，低电平输入电流为 I_{IL}，则门 G 输出高电平时的扇出系数 N_{OH} 为

$$N_{OH}=\frac{I_{OH}}{I_{IH}}$$

门 G 输出低电平时的扇出系数 N_{OL} 为

$$N_{OL}=\frac{I_{OL}}{I_{IL}}$$

如果 $N_{OH} \neq N_{OL}$，则 $N_O = \min(N_{OH}, N_{OL})$。

2. OC 门

OC 逻辑功能

OC 门内部电路如图 5.21（a）所示，逻辑符号如图 5.21（b）所示。与 TTL 与非门电路相比，OC 门取消了 R_4、VT_3 和 VD，使得 VT_4 集电极开路，因此 OC 门又被称为集电极开路门。为保证 OC 门的正常使用，通常 OC 门的输出端通过一个上拉电阻与电源相接。

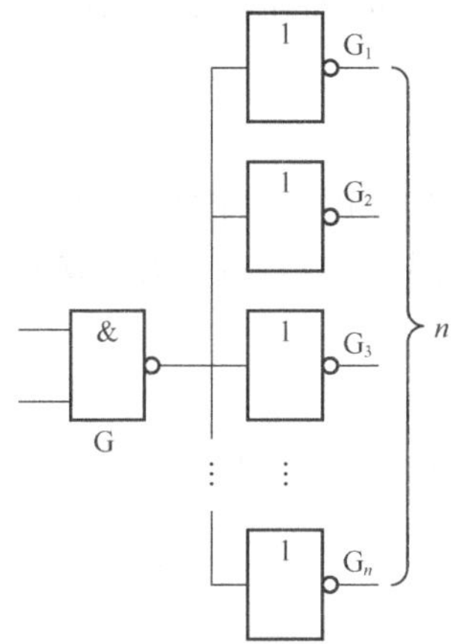

图 5.20　TTL 与非门负载示意图

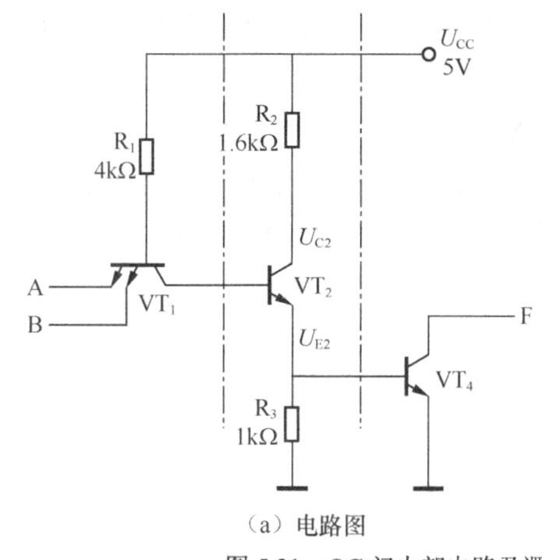

（a）电路图

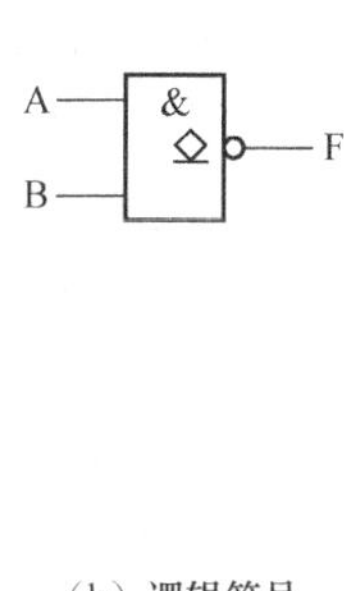

（b）逻辑符号

图 5.21　OC 门内部电路及逻辑符号

OC 门的主要用途如下。

① 实现“线与”。所谓“线与”，就是将若干个 OC 门的输出直接连在一起，输出为这些 OC 门原输出的逻辑与，而普通 TTL 门电路是不能这样并接处理的。如图 5.21（a）所示，电路的逻辑功能是 $F = \overline{AB} \cdot \overline{CD}$。注意：“线与”仅适用于 OC 门，普通 TTL 门电路如将输出端并接，将有可能损坏电路。

② 作为驱动器。OC 门可以用来驱动不同的负载，例如脉冲变压器、继电器、发光二极管等，如图 5.22（b）所示。

③ 实现电平转换。OC 门输出端所接电源 U_{CC} 电压可以不同于门电路本身的电源电压，只要根据需要选择 U_{CC} 就可以得到所需要的高电平值。因此，OC 门经常用于系统接口部分的电平转换。

3. 三态门

三态门除了前面讲的高电平输出、低电平输出外，还有一个高阻状态，也称悬浮态。

与 OC 门一样，有各种逻辑功能的三态门，如三态与门、三态非门等。图 5.23 所示为三态与非门的电路符号，其中 $\overline{EN}$ 为控制端。三态门常被用于总线结构中。

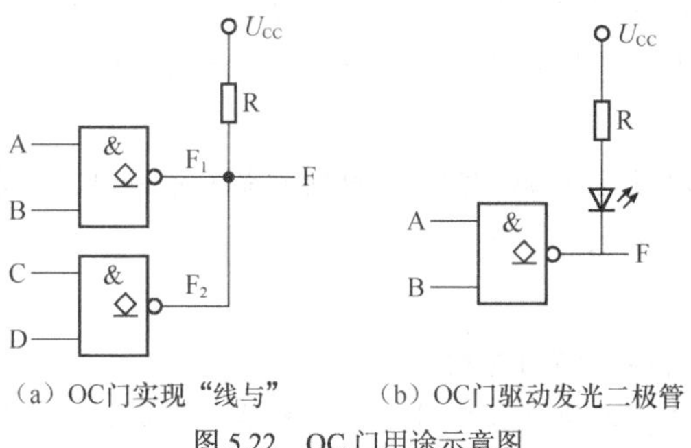

（a）OC门实现“线与”　（b）OC门驱动发光二极管

图 5.22　OC 门用途示意图

三态门的应用

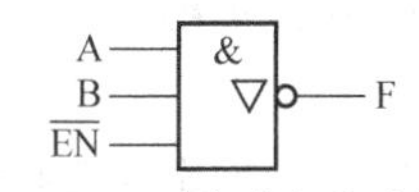

图 5.23　三态与非门电路符号

4. 常用集成电路芯片

集成电路按照其结构可分为 TTL 集成电路，ECL 集成电路和 CMOS 集成电路等。常用的集成电路系列如下。

TTL 集成电路系列有 74，74H，74S，74AS，74LS，74ALS，74FAST 等。

ECL 集成电路系列有 ECL 10K，ECL 100K。

CMOS 集成电路系列有标准 CMOS，4000B 系列，4500B 系列，高速 CMOS，40H 系列。

新型高速型 CMOS 有 74HC 系列（与 74LS 系列功能引脚兼容），74HC4000 系列，74HC4500 系列，74HCT 系列（输入输出与 TTL 电平兼容）。

超高速 CMOS 有 74AC 系列，74ACT 系列。

上述系列的通用集成电路一般都包括了数字电路的基本部件：各类门电路、各类触发器及其他数字部件，包括运算器、计数器、寄存器等。它们都可以作为独立部件选用，或扩展组成更复杂的数字电路。

TTL 数字集成电路族中，54/74 族是标准化、商品化、使用最广泛的系列产品。其中 54 族为军品（工作温度–55℃～125℃），74 族为民品（工作温度 0℃～70℃），由美国 Texas 仪器公司最早开发，现已形成系列。

TTL 系列产品及特性见表 5.8。

表 5.8　　TTL 系列产品及特性

名　称	特　性
74 系列	最早产品，中速器件，目前仍在使用
74H 系列	74 系列改进型，功耗较大，很少使用
74S 系列	速度较高，品种较 74LS 少
74LS 系列	低功耗系列，品种多、价格低，市场主要产品
74ALS 系列	74LS 后继产品，速度、功耗方面较好，但价格较高
74AS 系列	74S 后继产品，速度功耗有改进
74FAST 系列	与 74LS 及 74AS 系列类似，高速型，但目前产品较少

知识小结

1. 数字电路中常用的数制是二进制和十六进制。二进制数换算成十进制数，可以用二进制数各位的权与相应位上的数的乘积和获得。

2. 逻辑代数的运算法则有：基本运算法则、交换律、结合律、分配律、吸收律、反演律。

3. 与门和或门可以由二极管构成，非门要由三极管构成。与非门和或非门，是与门、非门和或门、非门的组合。对于与门，只要有一个输入端为低电平，输出就为低电平；只有各输入端均为高电平，输出才为高电平。对于或门只要有一个输入端为高电平，输出就为高电平，只有各输入端均为低电平，输出才为低电平。

4. 在电路中实际应用的门电路基本上都是集成电路，TTL 门电路就是其中一种，在选用 TTL 门电路时要注意它的主要参数，必符合电路的要求。

技能训练

基本逻辑门电路的功能测试

为理解和熟练掌握基本逻辑门电路的功能，本次任务中对常用门电路进行功能测试和分析，

参考电路如下。

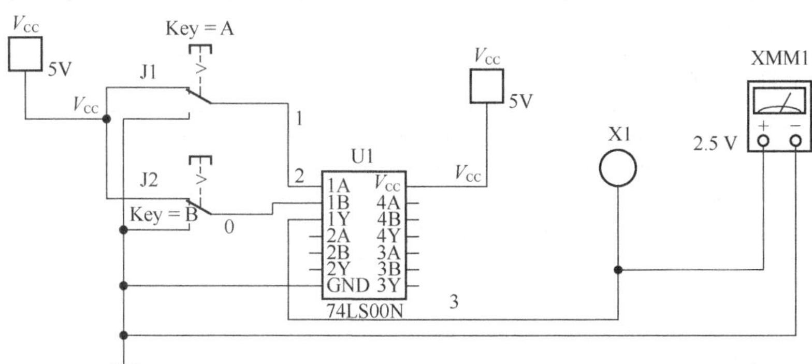

74LS00N逻辑运算功能测试

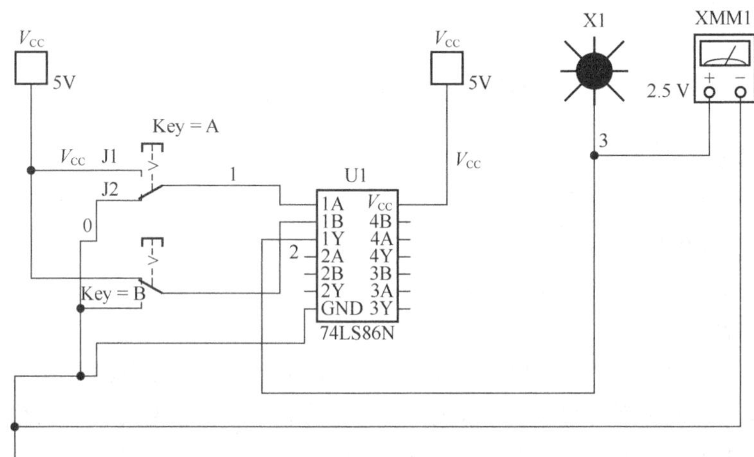

74LS86N逻辑运算功能测试

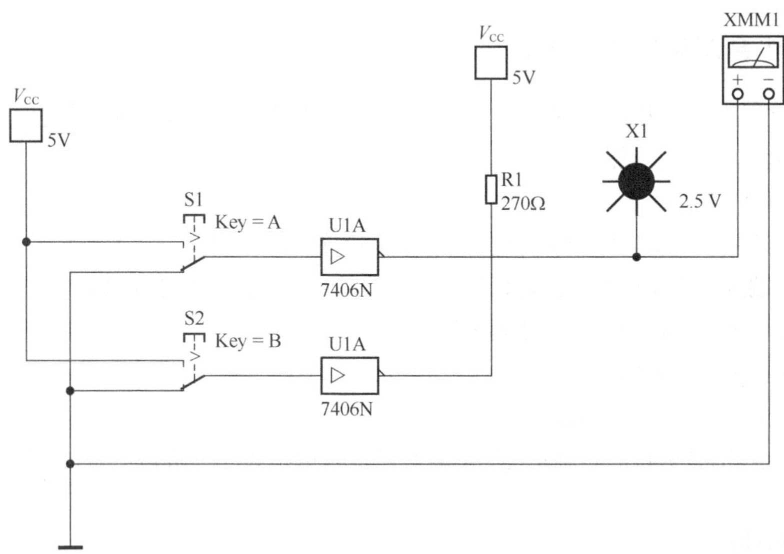

74LS06N“线与”功能测试

通过实践训练，理解基本门电路的功能，以及 OC 门、三态门的特性和使用方法。

实践训练任务书

任务内容	基本逻辑门电路的功能测试
环节安排	4 课时　仿真设计与焊接制作
任务目的	测试基本门电路的逻辑功能，正确画出电路图，按照规范进行仿真、测试
具体要求	1．完成电路连接 2．实现电路正常工作，详细记录测试结果
记录整理	1．绘制电路原理图 2．列出元器件清单 3．仿真验证 4．调试电路功能，检测记录数据 5．分析数据，记录结论

知识点 5.4　组合逻辑电路

学习目标

- 能复述组合逻辑电路的特点
- 能分析组合逻辑电路的功能
- 能应用中规模组合电路实现逻辑功能

学习内容

数字电路可分为两种类型：一种是组合逻辑电路，另一种是时序逻辑电路。组合逻辑电路任何时刻的输出均只与该时刻的输入状态有关，而与先前的输入状态无关。时序逻辑电路则不同，在任何时刻的输出不仅与该时刻的输入状态有关，还与之前的输入状态有关。

常用的组合逻辑电路有半加器、全加器、编码器、译码器、比较器、多路选择器等。

5.4.1　组合逻辑电路的分析

组合逻辑电路的分析指给定逻辑电路图，分析其逻辑功能，并写出逻辑表达式和真值表，最后用文字描述逻辑电路的功能。

分析步骤如下。

① 分别用符号在逻辑电路图上标明各级门电路的输入和输出。

② 从输入端到输出端逐级写出逻辑表达式，最后列出输出函数表达式。

③ 化简逻辑表达式，得到最简逻辑表达式。

④ 列出输出函数的真值表。

⑤ 说明给定电路的逻辑功能。

组合逻辑电路的分析

组合逻辑电路的分析目的是确定电路的逻辑功能，或检查和评价该电路设计得是否合理、经济等。

例题分析

例 5.5　如图 5.24 所示逻辑电路图，请分析其逻辑功能。

解：（1）用 T_1，T_2，T_3 表示中间变量，如图 5.24 所示。

（2）从输入端到输出端逐级写出逻辑表达式。

$$T_1 = \overline{AB}$$
$$T_1 = \overline{AT_1} = \overline{A} + B$$
$$T_2 = \overline{BT_1} = A + \overline{B}$$
$$S = \overline{T_2 T_3} = AB + \overline{A}\,\overline{B}$$
$$C = \overline{T_1} = AB$$

（3）列出输出函数的真值表，如表 5.9 所示。

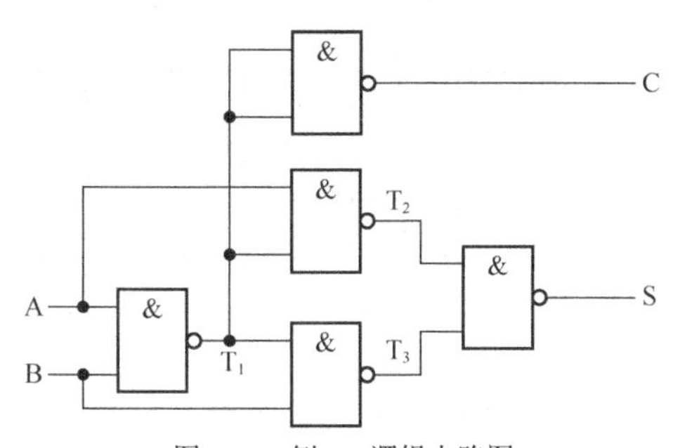

图 5.24　例 5.5 逻辑电路图

表 5.9　　例 5.5 的逻辑真值表

A	B	C	S
0	0	0	0
0	1	0	1
1	0	0	1
1	1	1	1

通过真值表可看出本电路实现了一位半加器的功能，其中输入 A、B 为加数和被加数，输出 S 为本位和，输出 C 为进位信号。

5.4.2　中规模组合逻辑电路

一些组合逻辑电路在各类数字电路系统中经常被大量地使用，为了使用方便，将这些电路的设计标准化，并由厂家制成了中、小规模单片集成电路产品，包括编码器、译码器、数据选择器、运算器、比较器、奇偶校验器/发生器等。这些集成电路具有通用性强、兼容性好、功耗小、工作稳定等优点，应用广泛。

编码器原理

1. 编码器

将输入信息用特定的二进制码来表示的过程称为编码，实现编码的电路称为编码器。

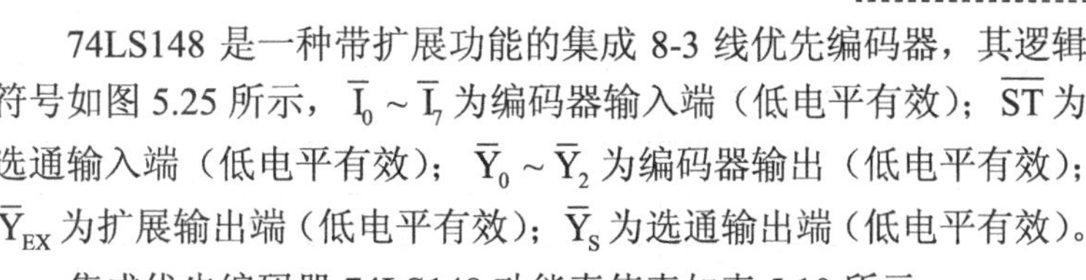

74LS148 是一种带扩展功能的集成 8-3 线优先编码器，其逻辑符号如图 5.25 所示，$\overline{I}_0 \sim \overline{I}_7$ 为编码器输入端（低电平有效）；$\overline{ST}$ 为选通输入端（低电平有效）；$\overline{Y}_0 \sim \overline{Y}_2$ 为编码器输出（低电平有效）；$\overline{Y}_{EX}$ 为扩展输出端（低电平有效）；$\overline{Y}_S$ 为选通输出端（低电平有效）。

图 5.25　74LS148 逻辑符号

集成优先编码器 74LS148 功能真值表如表 5.10 所示。

表 5.10　　74LS148 功能真值表

$\overline{ST}$	$\overline{I}_7$	$\overline{I}_6$	$\overline{I}_5$	$\overline{I}_4$	$\overline{I}_3$	$\overline{I}_2$	$\overline{I}_1$	$\overline{I}_0$	$\overline{Y}_2$	$\overline{Y}_1$	$\overline{Y}_0$	$\overline{Y}_{EX}$	$\overline{Y}_S$
1	×	×	×	×	×	×	×	×	1	1	1	1	1
0	1	1	1	1	1	1	1	1	1	1	1	1	0
0	0	×	×	×	×	×	×	×	0	0	0	0	1
0	1	0	×	×	×	×	×	×	0	0	1	0	1
0	1	1	0	×	×	×	×	×	0	1	0	0	1
0	1	1	1	0	×	×	×	×	0	1	1	0	1

续表

$\overline{ST}$	$\overline{I}_7$	$\overline{I}_6$	$\overline{I}_5$	$\overline{I}_4$	$\overline{I}_3$	$\overline{I}_2$	$\overline{I}_1$	$\overline{I}_0$	$\overline{Y}_2$	$\overline{Y}_1$	$\overline{Y}_0$	$\overline{Y}_{EX}$	$\overline{Y}_S$
0	1	1	1	1	0	×	×	×	1	0	0	0	1
0	1	1	1	1	1	0	×	×	1	0	1	0	1
0	1	1	1	1	1	1	0	×	1	1	0	0	1
0	1	1	1	1	1	1	1	0	1	1	1	0	1

当 $\overline{I}_7 = 0$ 时，无论其他输入端的输入电平是否有效，输出只给出了 $\overline{I}_7$ 所对应的编码，即 $\overline{Y}_2\overline{Y}_1\overline{Y}_0 = 000$。当 $\overline{I}_7 = 1$，$\overline{I}_6 = 0$ 时，无论其他输入电平是否有效，输出只给出 $\overline{I}_6$ 所对应的编码，即 $\overline{Y}_2\overline{Y}_1\overline{Y}_0 = 001$。依此类推，可知在 74LS148 中，优先级最高的是 $\overline{I}_7$，优先级最低的是 $\overline{I}_0$。

2. 译码器

译码是编码的逆过程，即将编码时赋予代码的含义翻译过来。常见的译码器包括变量译码器、显示译码器等。

（1）变量译码器

变量译码器又称二进制译码器，其输出是一组与输入代码对应的高、低电平的信号，市场上的译码器产品很多，如 74LS139（2-4 线译码器）、74LS138（3-8 线译码器）、74LS154（4-16 线译码器）等。

变量译码器及应用（74LS138）

变量译码器及应用（74LS139）

A_0 1 16 V_{CC}
A_1 2 15 $\overline{Y}_0$
A_2 3 14 $\overline{Y}_1$
ST_B 4 13 $\overline{Y}_2$
$\overline{ST}_C$ 5 12 $\overline{Y}_3$
$\overline{ST}_A$ 6 11 $\overline{Y}_4$
$\overline{Y}_7$ 7 10 $\overline{Y}_5$
GND 8 9 $\overline{Y}_6$
74LS148

图 5.26　74LS138 逻辑符号

以 74LS138 为例，它是带有扩展功能的 3-8 线译码器，其逻辑符号如图 5.26 所示，$A_0 \sim A_2$ 为输入端（高电平有效）；$\overline{Y}_0 \sim \overline{Y}_7$ 为输出端（低电平有效）；ST_A，$\overline{ST_B}$，$\overline{ST_C}$ 为使能输入端，其中 ST_A 高电平有效，$\overline{ST_B}$ 和 $\overline{ST_C}$ 为低电平有效。

74LS138 功能真值表如表 5.11 所示。

表 5.11　　74LS138 功能真值表

ST_A	$\overline{ST_B}+\overline{ST_C}$	A_2	A_1	A_0	$\overline{Y}_0$	$\overline{Y}_1$	$\overline{Y}_2$	$\overline{Y}_3$	$\overline{Y}_4$	$\overline{Y}_5$	$\overline{Y}_6$	$\overline{Y}_7$
1	0	0	0	0	0	1	1	1	1	1	1	1
1	0	0	0	1	1	0	1	1	1	1	1	1
1	0	0	1	0	1	1	0	1	1	1	1	1
1	0	0	1	1	1	1	1	0	1	1	1	1
1	0	1	0	0	1	1	1	1	0	1	1	1
1	0	1	0	1	1	1	1	1	1	0	1	1
1	0	1	1	0	1	1	1	1	1	1	0	1
1	0	1	1	1	1	1	1	1	1	1	1	0
×	1	1	1	1	1	1	1	1	1	1	1	1
0	×	1	1	1	1	1	1	1	1	1	1	1

当 $ST_A = 1$，$\overline{ST_B} + \overline{ST_C} = 0$ 时，74LS138 正常工作；输入变量 $A_2A_1A_0$，中 A_2 为最高位，A_0 为最低位。根据真值表可以得到如下逻辑表达式。

$$\overline{Y_0} = \overline{\overline{A}_2\overline{A}_1\overline{A}_0} = \overline{m_0} \qquad \overline{Y_4} = \overline{A_2\overline{A}_1\overline{A}_0} = \overline{m_4}$$

$$\overline{Y_1} = \overline{\overline{A}_2\overline{A}_1A_0} = \overline{m_1} \qquad \overline{Y_5} = \overline{A_2\overline{A}_1A_0} = \overline{m_5}$$

$$\overline{Y_2} = \overline{\bar{A}_2 A_1 \bar{A}_0} = \overline{m_2} \qquad \overline{Y_6} = \overline{A_2 A_1 \bar{A}_0} = \overline{m_6}$$

$$\overline{Y_3} = \overline{\bar{A}_2 A_1 A_0} = \overline{m_3} \qquad \overline{Y_7} = \overline{A_2 A_1 A_0} = \overline{m_7}$$

可以看出，74LS138 的输出变量等于相应输入变量构成的最小项的非，因此 74LS138 能用于逻辑函数的表示。

例题分析

例 5.6　请用 74LS138 及门电路实现函数 $F(A,B,C)=\sum m(1,3,5,6)$。

解：可将函数作如下变化，与 74LS138 的输出相对应。

$$\begin{aligned} F(A,B,C) &= \sum m(1,3,5,6) \\ &= m_1 + m_3 + m_5 + m_6 \\ &= \overline{\overline{m_1 + m_3 + m_5 + m_6}} \\ &= \overline{\bar{m}_1 \cdot \bar{m}_3 \cdot \bar{m}_5 \cdot \bar{m}_6} \end{aligned}$$

可见只需将输入变量 C，B，A 与 74LS138 输入端相连（注意高低位顺序），并将输出端 $\overline{Y_1}$，$\overline{Y_3}$，$\overline{Y_5}$，$\overline{Y_6}$ 取与非运算即可。同时为保证 74LS138 正常工作，应将 ST_A 接高电平，$\overline{ST_B}$ 和 $\overline{ST_C}$ 接低电平。

（2）显示译码器

显示译码器简介

在各种电子仪器和设备中，经常需要用显示器将处理和运算结果显示出来，常采用的显示器有 LED 发光二极管显示器、LCD 液晶显示器和 CRT 阴极射线显示器。以七段 LED 显示器为例，如图 5.27（a）所示，它由七段笔画组成，每段笔画实际上就是一个用半导体材料做成的发光二极管（LED）。

这种显示器电路通常有两种接法：一种是“共阴极”显示器，将发光二极管的负极全部一起接地，如图 5.27（b）所示；另一种是将发光二极管的正极全部一起接到正电压，如图 5.27（c）所示，即“共阳极”显示器。

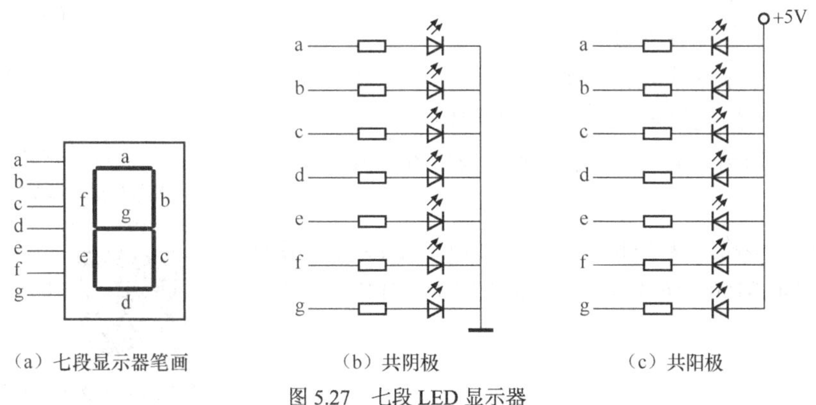

（a）七段显示器笔画　（b）共阴极　（c）共阳极

图 5.27　七段 LED 显示器

在数字系统的终端往往需要直接观察十进制数字，要将最终结果通过 LED 显示器以十进制将二进制编码或 BCD 码等显示出来，就需要先用对应的译码器将运算结果转换成段码。因此上述显示器需要接入对应的驱动电路才能输出显示十进制。常见的译码驱动器有 74LS47（共阳极驱动器）、74LS48（共阴极驱动器）等。

如图 5.28 所示为使用 74LS47 的七段 LED 显示译码驱动电路图，74LS47 的输入为 BCD 码，输出的是七段显示器的译码。

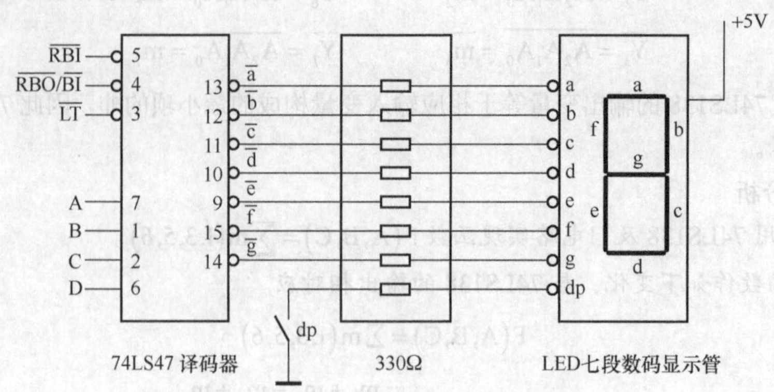

图 5.28　七段 LED 显示译码驱动电路图

3. 多路开关

数字系统中经常使用开关电路实现各种功能，多路开关就相当于一个单刀多掷开关，如图 5.29 所示，可以在多个信号中进行选择。

按照信号传送的方向，多路开关可分为“多入一出”和“一入多出”两种。如图 5.29（a）所示的多路开关称为多路选择器；如图 5.29（b）所示为多路分配器，或称反多路开关、逆多路开关。

按照所传送信号的性质，多路开关分为多路模拟开关和多路数据开关。多路模拟开关传送的是模拟信号；多路数据开关传送的是 0、1 数字信号。

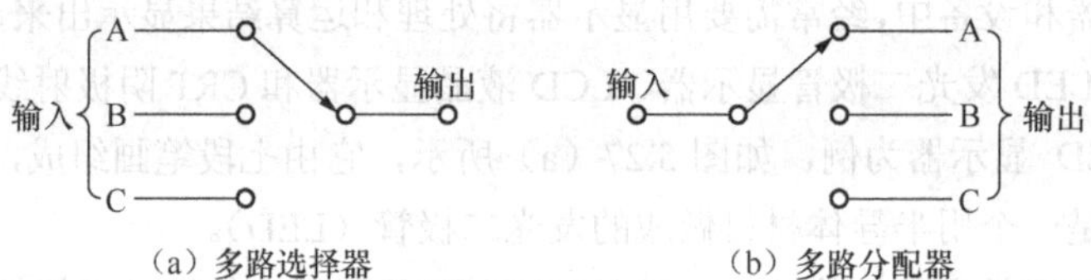

图 5.29　两种多路开关

（1）多路数据选择器

多路数据选择器的逻辑功能是从多路输入数字信号中选出一个，并将它传送到输出端。

具有 2^n 个输入和 1 个输出的多路选择器，通常有 *n* 个选择控制端（也称控制字或地址）用于选择信号，并将所选的信号送到输出端。它的一般结构如图 5.30 所示。

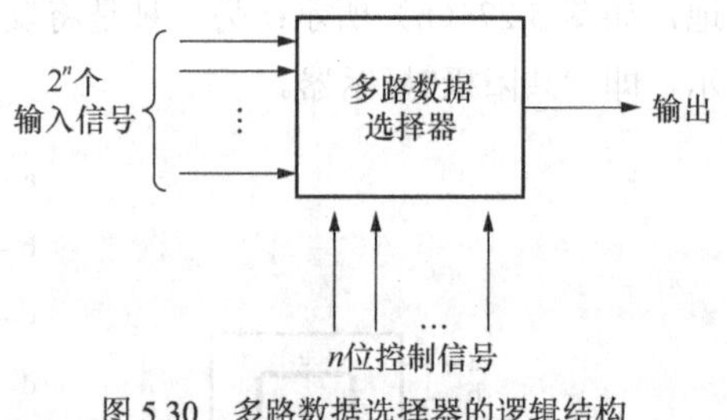

图 5.30　多路数据选择器的逻辑结构

常用的集成多路数据选择器有 74LS151（8 选 1）、74LS153（双 4 选 1）、74LS150（16 选 1）等。表 5.12 是 74LS153（双 4 选 1）逻辑真值表。

多路选择器及应用（74LS151）

多路选择器及应用（74LS153）

表 5.12　**74LS153 功能真值表**

A_1	A_2	$\overline{ST}$	$\overline{Y}$
×	×	1	0
0	0	0	D_0

续表

A_1	A_2	$\overline{ST}$	$\overline{Y}$
0	1	0	D_1
1	0	0	D_2
1	1	0	D_3

由真值表可以得到逻辑函数表达式

$$F = D_0\overline{A}_1\overline{A}_0 + D_1\overline{A}_1A_0 + D_2A_1\overline{A}_0 + D_3A_1A_0$$

从数据选择器的输出和输入的表达式中可以看出，其实际上是数据输入与地址输入的最小项相“与”的关系，所以数据选择器可以实现各种组合逻辑功能。

例题分析

例 5.7　请用 74LS153 实现逻辑函数 $F(A,B,C) = AB\overline{C} + AC + \overline{B}\overline{C}$。

解：可将逻辑函数变换如下

$$F(A,B,C) = AB\overline{C} + AC + \overline{B}\overline{C} = \overline{A}\overline{B}\cdot\overline{C} + \overline{A}B\cdot 0 + A\overline{B}\cdot 1 + AB\cdot 1$$

对比 74LS153 功能逻辑函数，令 $D_0 = \overline{C}$，$D_1 = 0$，$D_2 = 1$，$D_3 = 1$，$A_1 = A$，$A_0 = B$ 则输出 $Y = F$，电路连接图请读者自行画出。

请思考，这个函数的实现还有别的方式吗？试一试吧！

（2）光电开关（光电耦合器）

光电耦合开关是一种以光为控制信号的器件，如图 5.31 所示。输入端由发光二极管组成，输出端为光电晶体管，因而在电气上输入和输出是完全隔离的，输入与输出信号互无影响。

光电耦合器已向集成化、小型化方向发展，将发光器件、光路和光电器件匹配组合在同一封闭的管壳中。发光器件通常用砷化镓红外发光二极管，光敏器件则可用光电二极管、光电晶体管及复合光电晶体管等。光电耦合器如 4N25 可用于系统与现场的隔离。

数字系统要求系统的脉冲信号（数字量）应具有标准高/低电平，而现场产生的开关量信号在波形、电平或对地阻抗上不能直接达到标准，为此必须加以适当的整形、隔离和变换。

隔离电路用于隔离现场高电压、大电流或强电干扰噪声的串入。光电耦合器是最常用的隔离电路。它们既隔离了现场的干扰，又把现场接点信号转化为标准高/低电平的变化，如图 5.32 所示。

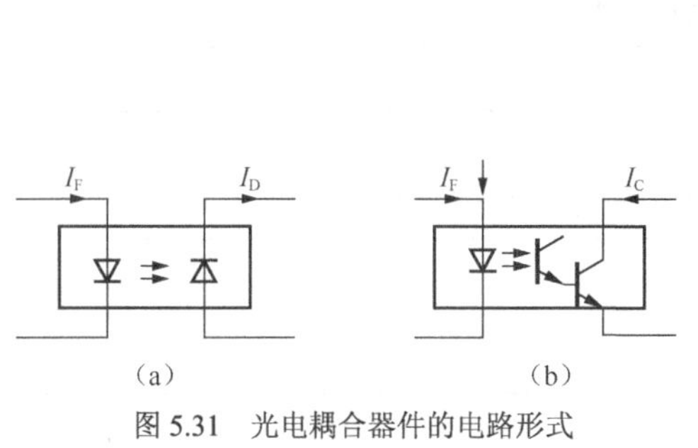

图 5.31　光电耦合器件的电路形式

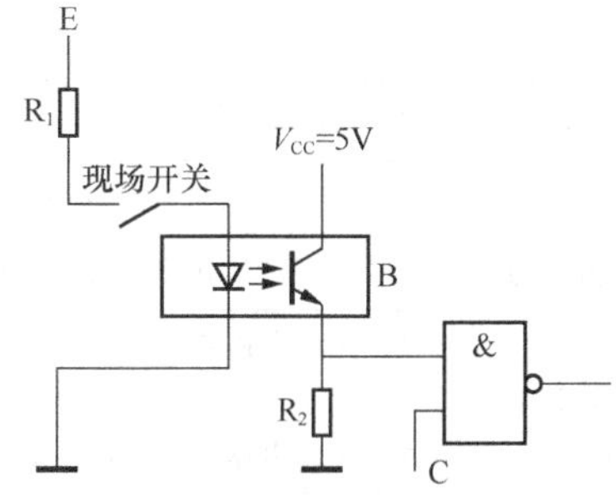

图 5.32　光电隔离电路

当现场接点闭合时，光电耦合器件的发光二极管接通电源，则光电晶体管导通，R_2 上输出高电平，经 TTL 与非门产生标准的低电平；反之接点断开，产生标准高电平，因此可直接将现场开关状态转换成数字系统能够接收的高、低电平信号。

知识小结

1. 组合逻辑电路的分析步骤：逻辑电路图→写出函数表达式→化简函数表达式→列出逻辑真值表→分析逻辑功能。

2. 用文字、符号或者数码表示信息的过程称为编码，实现编码功能的电路称为编码器。n 位二进制代码有 2^n 个状态，可以表示 2^n 个信息。对 N 个信号进行编码时，应按照公式 $2^n \geqslant N$ 来确定需要使用的二进制代码的位数 n。常用的编码器有二进制编码器、二—十进制编码器、优先编码器等。

3. 译码是编码的逆过程，即将给定的二进制代码翻译成编码时赋予的原意。实现这种功能的电路称为译码器。译码器是多输入、多输出的组合逻辑电路。译码器按功能分为通用译码器和显示译码器。常用的变量译码器有 74LS138、74LS139 等，可实现逻辑函数功能。

4. 多路开关可以实现从多个信号中选择一路信号。可以是一入多出，这种多路开关又称为多路分配器；也可以是多入一出，这种也称为多路选择器。常用的多路选择器有 74LS153、74LS151 等，可以实现逻辑函数的功能。

5. 光电耦合器即光电开关，是用光信号来实现控制的器件，可以实现隔离控制电路。

技能训练

光耦控制电路的实现

采用光电耦合器进行控制可以增加硬件电路的可靠性。一个典型的光电耦合器驱动电路如下图所示。请完成电路仿真，焊接、调试后验证电路功能。

通过实践训练，理解数字信号“高”“低”电平的含义，理解开关电路的逻辑和控制原理，并巩固所学中规模组合逻辑电路的相关原理。

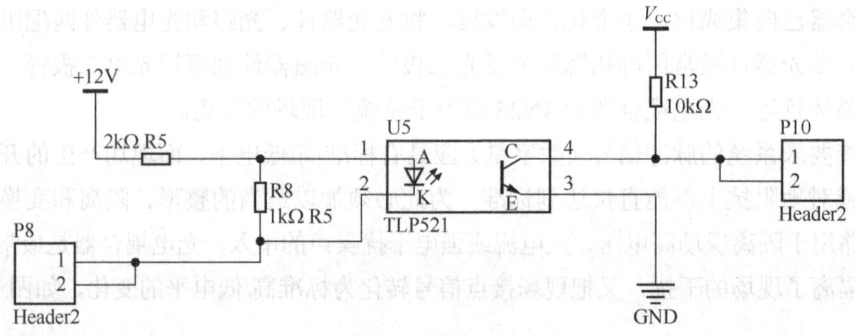

实践训练任务书

任务内容	光耦控制电路的实现
环节安排	4 课时　仿真设计与焊接制作
任务目的	制作光耦控制电路，正确画出电路图，按照规范进行装焊及调测
具体要求	1. 完成电路装焊 2. 比对设计要求，优化改进工艺 3. 实现电路正常工作，记录测试结果
记录整理	1. 绘制电路原理图 2. 列出元器件清单 3. 焊接、安装 4. 调试电路功能，检测记录数据 5. 分析数据，记录结论

知识点 5.5 同步时序逻辑电路

学习目标

- 能复述同步时序逻辑电路的特点
- 能分析各类触发器的逻辑功能
- 能正确分析同步时序逻辑电路的功能
- 能运用集成计数器实现具体的计数功能

学习内容

时序逻辑电路包括同步时序逻辑电路和异步时序逻辑电路两种。时序逻辑电路与组合逻辑电路不同，其输出状态在任何时刻的输出不仅与该时刻的输入状态有关，还与之前的输入状态有关。数字电路中信息的记录和存储都是通过时序逻辑电路实现的。

触发器是基础的时序逻辑器件，如 RS 触发器、D 触发器、JK 触发器等，利用它们可以组成各种存储器、计数器和复杂的控制电路。

基本 RS
触发器 v1

5.5.1 触发器及其应用

1. 基本 RS 触发器

基本 RS 触发器可以采用两个与非门交叉连接构成，也可以用两个或非门交叉连接而成，下面以与非门构成的基本 RS 触发器为例进行逻辑功能分析，如图 5.33 所示。

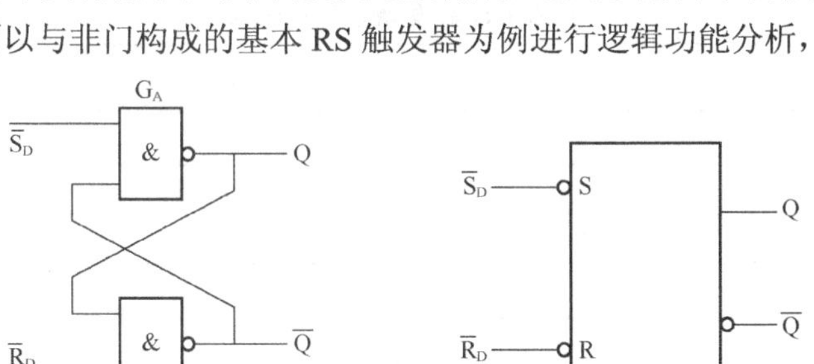

（a）内部结构　　（b）电路符号

图 5.33 与非门构成的基本 RS 触发器内部结构及电路符号

Q 与 $\overline{Q}$ 是基本 RS 触发器的两个输出端，两者的逻辑状态在正常条件下能保持相反。这种触发器在正常条件下有两种稳定状态。

① 置位状态：Q = 1，$\overline{Q}=0$，也称为（1 态）。

② 复位状态：Q = 0，$\overline{Q}=1$，也称为（0 态）。

对应的输入端分别称为直接置位端或直接置 1 端（$\overline{S}_D$），和直接复位端或直接置 0 端（$\overline{R}_D$）。下面按照输入端信号的逻辑顺序，分别进行分析。

（1） $\overline{S}_D=1$， $\overline{R}_D=0$

这种情况下将端保持高电位 $\overline{S}_D$，而给 $\overline{R}_D$ 端输入低电平。设触发器的初始状态为“1”，即 Q = 1，$\overline{Q}=0$， $\overline{S}_D=1$， $\overline{R}_D=1$。此时与非门 G_A 有一个输入端为 0，则其输出端 Q 为 1；G_B 的两个输入端全为 1，则其输出端 O 为 0。因此，在 $\overline{R}_D$ 端加负脉冲后，触发器就由 1 态翻转为 0 态。

若触发器的初始状态为 0 态，则触发器输出将保持 0 态不变。

（2） $\overline{S}_D=0$， $\overline{R}_D=1$

设触发器的初始状态为 0 态，即 Q = 0，$\overline{Q}=1$， $\overline{S}_D=1$， $\overline{R}_D=1$。这时与非门 G_B 有一个输

入为 0，则其输出端 $\overline{Q}$ 为 1；而 G_A 的两个输入全为 1，则其输出为 0。因此，在 $\overline{S}_D$ 端加负脉冲后，触发器就由 0 态翻转为 1 态。

若触发器初始状态为 1 态，触发器输出将保持 1 态不变。

（3） $\overline{S}_D=1$， $\overline{R}_D=1$

假如在上述（1）中 $\overline{R}_D$ 由 0 变为 1（即除去负脉冲）；或在上述（2）中 $\overline{S}_D$ 由 0 变为 1，这样 $\overline{S}_D=\overline{R}_D=1$，则触发器保持原状态不变。这就是它所具有的存储或记忆的功能。

为什么能保持原状态不变？例如，在（1）的情况下，触发器处于 0 态，即 $Q=0, \overline{Q}=1$，此时 G_B 门的两个输入端均为 0，其输出为 1；此电平“1”同时反馈至 G_A 的输入端，因此 G_A 的输出也为 0；而当输入端 $\overline{R}_D$ 由 0 变为 1 时，G_B 的另一输入端仍为 0，因此触发器能保持 0 态不变。（2）的情况略过，请读者自行分析。

（4） $\overline{S}_D=0$， $\overline{R}_D=0$

当 $\overline{S}_D$ 端和 $\overline{R}_D$ 端同时加负脉冲时，无论初始状态是什么，两个与非门的输出端都会变为 1，这时不符合 Q与$\overline{Q}$ 相反的逻辑关系，但当两者的负脉冲同时除去后，触发器将由各种因素决定其最终状态。因此这种情况应在使用中禁止出现。

综上分析可知，基本 RS 触发器有两个状态，它可以直接置位或复位，并具有存储和记忆功能，其状态真值表如表 5.13 所示。

表 5.13　　基本 RS 触发器状态真值表

$\overline{S}_D$	$\overline{R}_D$	Q	$\overline{Q}$
0	0	×	×
0	1	1	0
1	0	0	1
1	1	×	×

应用时要注意：负脉冲不可同时加在置位端和复位端，否则会出现不定状态。图 5.34 所示为基本 RS 触发器的工作波形。

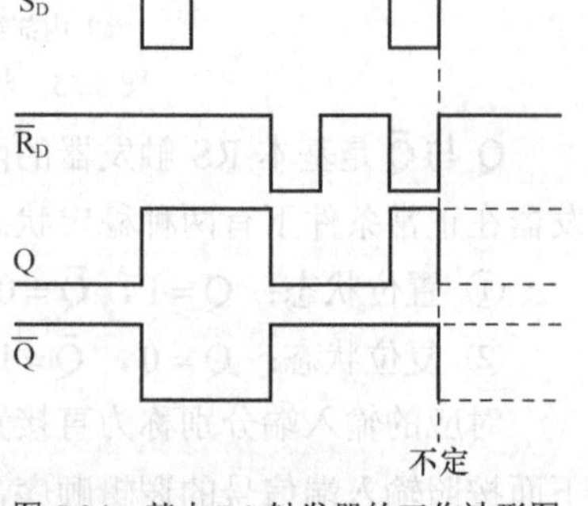

图 5.34　基本 RS 触发器的工作波形图

此外，还有或非门构成的基本 RS 触发器，其工作原理类似，在此不再详细介绍。

2. 同步 RS 触发器

同步 RS 触发器

基本RS触发器是各种双稳态触发器的共同部分。实际电路应用中，通常把输入信号引导到基本触发器，构成图 5.35（a）所示的同步RS触发器。其中，与非门 G_A 和 G_B 构成基本 RS 触发器，与非门 G_C 和 G_D 构成导引电路，$\overline{S}_D$ 接置位端，$\overline{R}_D$ 是直接复位端，R 和 S 是置 0 和置 1 信号输入端。CP 是时钟脉冲输入端，在脉冲数字电路中所使用的触发器往往用一种正脉冲来控制触发器的翻转时刻，这种正脉冲就是时钟脉冲，它也是一种控制命令。通过时钟脉冲的变化进一步控制基本 RS 触发器，故称同步 RS 触发器。

图 5.35（b）为同步 RS 触发器的电路符号。当时钟脉冲来到之前，即 CP=0 时，无论 R 和 S 端的电平如何变化，G_C 和 G_D 的输出均为 1，基本触发器保持原状态不变。只有时钟脉冲来到之后，即 CP=1 时触发器才按 R、S 端的输入状态来决定其输出状态。时钟脉冲过去后，输出状态

保持时钟脉冲为高电平时的状态不变。$\overline{R}_D$和$\overline{S}_D$端是直接复位和直接置位端，即不受时钟脉冲 CP 的控制，可以对基本触发器的输出端置 0 或置 1，主要用于预置触发器的初始状态。

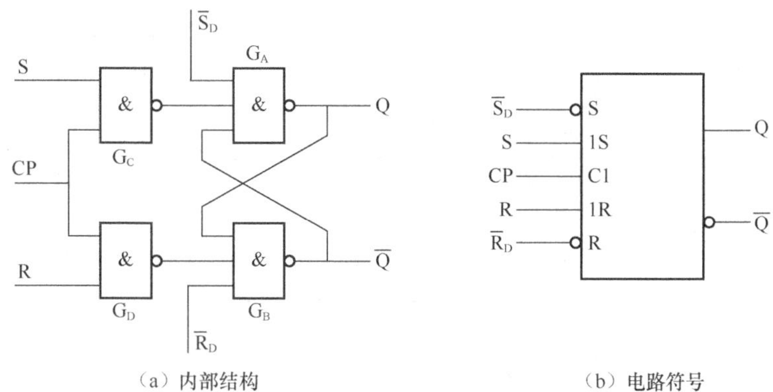

（a）内部结构　　（b）电路符号

图 5.35　同步 RS 触发器内部结构及电路符号

触发器的输出状态可用现态和次态分别进行描述。现态是指触发器输入信号变化前的状态，用 Q^n 表示；次态是指触发器输入信号变化后的状态，用 Q^{n+1} 表示。同步 RS 触发器的状态真值表见表 5.14。

表 5.14　　同步 RS 触发器状态真值表

S	R	Q^n	Q^{n+1}	功　能
0	0	0	0	保持
0	0	1	1	
0	1	0	0	置 0
0	1	1	0	
1	0	0	1	置 1
1	0	1	1	
1	1	0	×	禁止
1	1	1	×	

根据上述分析，同步 RS 触发器的状态特征方程可写为

$$\begin{cases} Q^{n+1} = S + \overline{R}Q^n \ (CP = 1) \\ RS = 0(\text{约束条件}) \end{cases}$$

RS 触发器存在着当 R=S=1 时状态不稳定的情况，这在使用中极其不便，所以对其进行改进后有了 D 触发器和 JK 触发器。

通用的集成基本 RS 触发器有 74LS279、CC4044 和 CC4043 等几种型号，在开关去抖动及键盘输入电路中得到应用。

同步 RS 触发器虽然加了 CP 控制端，但仍存在一个不定的工作状态，而且在同一个 CP 脉冲作用期间（即 CP=1 期间），若输入端 R、S 状态发生变化，会引起 Q、$\overline{Q}$ 状态也发生变化而产生空翻现象，即在一个 CP 期间可能会引起触发器多次翻转，所以单独的同步 RS 触发器没有形成产品的价值。

D 触发器

3. D 触发器

在同步 RS 触发器前加一个非门，使 $S = \overline{R}$ 便可以构成 D 触发器，原来的 S

端改为 D 端。如图 5.36 所示为 D 触发器的内部结构图和电路符号。

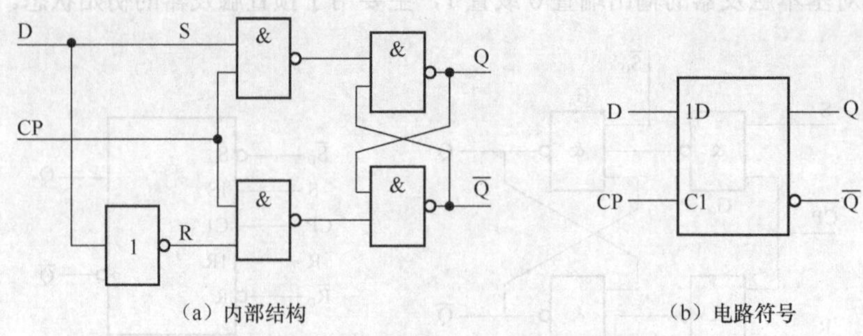

（a）内部结构　　（b）电路符号

图 5.36　D 触发器的内部结构图和电路符号

令 $D = S = \overline{R}$，带入 RS 触发器的状态特征方程，可得 D 触发器的特征方程

$$Q^{n+1} = D$$

同步 D 触发器的状态真值表见表 5.15。

表 5.15　同步 D 触发器状态真值表

D	Q^{n+1}	功　能
0	0	置 0
1	1	置 0

从特征方程和状态表可知，D 触发器的次态总是与输入端 D 信号保持一致，与现态 Q^n 无关。D 触发器广泛应用于数据存储，也称数据触发器。

以上几种同步触发器虽然结构简单，但由于在 CP 脉冲作用期间，触发器会随时接受输入信号而产生翻转，从而可能产生空翻现象。为避免空翻，实际的触发器产品中通过维持阻塞型、主从型、边沿型等几种结构类型限制触发器的翻转时刻，使触发器的翻转时刻限定在 CP 脉冲的上升沿或下降沿。如图 5.37 所示为某边沿 D 触发器的电路符号。

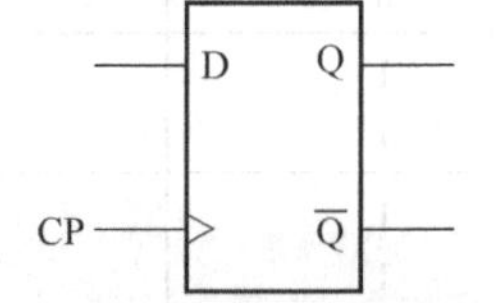

图 5.37　某边沿 D 触发器的电路符号

在 CP=1 期间，触发器将不理会输入 D 的变化。图 5.37 中的时钟输入表明该触发器是由时钟的正跳变沿（上升沿）触发的。用或非门构成的类似电路，可以用作负跳变沿触发的触发器。

JK 触发器

4. JK 触发器

JK 触发器的系列品种较多，可分为两大类型：主从型和边沿型。早期生产的集成 JK 触发器大多数是主从型的，但由于主从型 JK 触发器工作速度慢，容易受噪声干扰，尤其是要求在 CP=1 的期间不允许 J、K 端的信号发生变化，否则会产生逻辑混乱，所以国内目前只保留有 CT2072、CT1111 两种主从型 K 触发器产品。

随看工艺的发展，JK 触发器大都采用边沿触发方式，具有抗干扰能力强、速度快、对输入信号的时间配合要求不高等优点，如 74HC112。

图 5.38 为 JK 触发器的内部结构及电路符号。

JK 触发器的状态真值表见表 5.16。

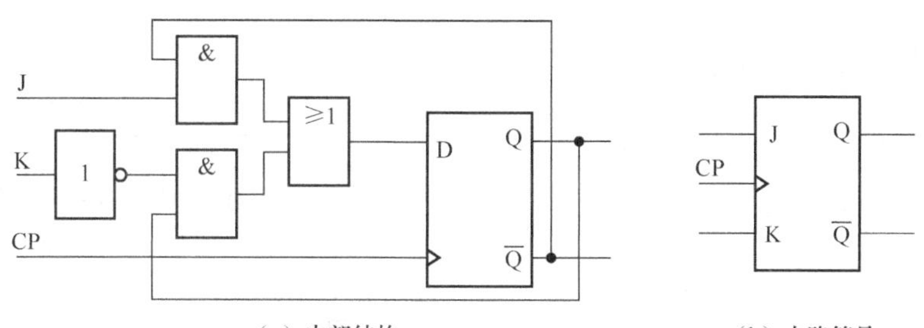

（a）内部结构　　　　　　　　　　　（b）电路符号

图 5.38　JK 触发器的内部结构及电路符号

表 5.16　　　　　　　　　　　　　JK 触发器的状态真值表

J	K	Q^n	Q^{n+1}	功　能
0 0	0 0	0 1	0 1	保持
0 0	1 1	0 1	0 0	置 0
1 1	0 0	0 1	1 1	置 1
1 1	1 1	0 1	1 0	翻转

根据上述分析，同步 RS 触发器的状态特征方程可写为

$$Q^{n+1}=J\bar{Q}+\bar{K}Q^n\left(CP\uparrow\right)$$

5.5.2　计数器及其应用

具有计数功能的逻辑器件称为计数器，其内部的基本计数单元是由触发器组成的。集成计数器的品种系列很多，目前用得最多、性能较好的是高速 CMOS 集成计数器，其次为 TTL 计数器。

计数器以具有记忆功能的触发器作为基本计数单元，各触发器的连接方式不同就构成了各种不同类型的计数器。

计数器的分类：按计数步长分，有二进制、十进制和任意进制计数器；按计数功能分，有加计数、减计数和可加可减可逆的计数器，一般所说的计数器均指加计数器；按触发器的 CP 脉冲分，有同步和异步计数器；按内部器件不同有 TTL 和 CMOS 计数器等。

常用的集成计数器有异步二进制计数器 74HC393、异步十进制计数器 74LS290 等。同步计数器常用的是 74LS160、74LS161 等，都是 4 位的可预置数同步计数器。同步计数器的电路复杂，但计数速度快，多用在计算机中；异步计数器电路简单但速度慢，多用于仪器仪表中。

下面分别介绍两种计数器。

1. 集成异步计数器 74HC393

图 5.39 所示是 74HC393 的引脚图和逻辑图。74HC393 是双 4 位二进制异步计数器，由 4 个 T 触发器作为 4 位计数单元，其中 FF_0 是在 T 端信号正边沿有效，而 $FF_1\sim FF_3$ 是在 T 端信号负边沿有效。G_1 是清零控制端，以正脉冲清零；G_2 是 CP 脉冲控制门。其工作原理如下。

（1）清零。CR=1（接高电平），则各触发器的清零端 R=1，$Q_3Q_2Q_1Q_0=0000$，清零后应使 CR=0，各触发器才能开始计数。

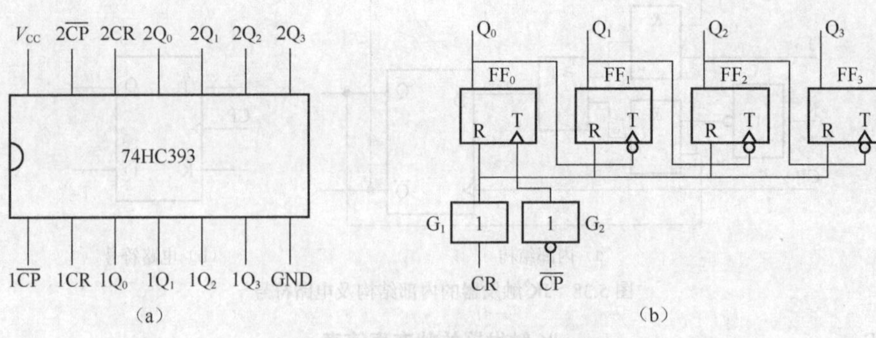

图 5.39　74HC393 的引脚图和逻辑图

（2）计数。设 $\overline{CP}$ 端的计数脉冲如图 5.40 中 $\overline{CP}$ 所示，$\overline{CP}$ 经 G_2 反相后，在其上升沿（$\overline{CP}$ 的下降沿）加给 FF_0 的下端，所以 Q_0 在 $\overline{CP}$ 的每一个下降沿就翻转一次。Q_0 波形如图 5.40 所示。Q_0 输出又作为 FF_1 的 T 端计数信号，FF_1 在每一个 Q_0 的下降沿翻转一次，得 Q_1 波形，依此类推，可得图 5.40 的工作波形图。

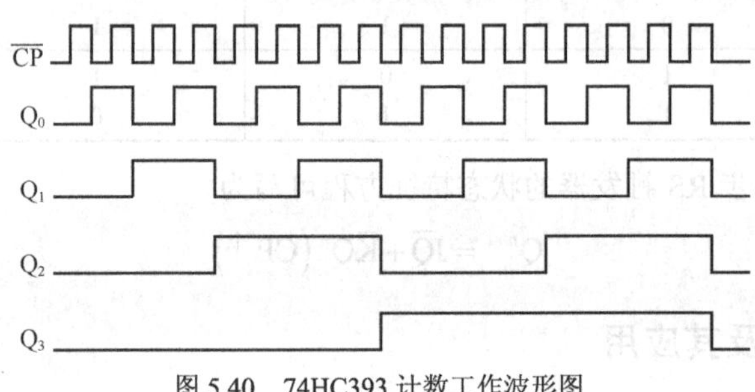

图 5.40　74HC393 计数工作波形图

74HC393 的状态真值表见表 5.17。

表 5.17　　74HC393 的状态真值表

CP 顺序	Q_3	Q_2	Q_1	Q_0	CP 顺序	Q_3	Q_2	Q_1	Q_0
0	0	0	0	0	8	1	0	0	0
1	0	0	0	1	9	1	0	0	1
2	0	0	1	0	10	1	0	1	0
3	0	0	1	1	11	1	0	1	1
4	0	1	0	0	12	1	1	0	0
5	0	1	0	1	13	1	1	0	1
6	0	1	1	0	14	1	1	1	0
7	0	1	1	1	15	1	1	1	1
—	—	—	—	—	16	0	0	0	0

2. 集成同步计数器 74161

74161 由四个 JK 触发器作 4 位计数单元，其中，$\overline{R}_D$ 是异步清零端，$\overline{LD}$ 是预置数控制端，CP 是计数脉冲输入端，A、B、C、D 是四个并行数据输入端，$Q_A \sim Q_D$ 为输出端，EP 和 ET 是计数使能端，RCO 为进位输出端，供芯片扩展使用。

图 5.41 为 74LS161 的逻辑符号及引脚图，其工作原理如下。

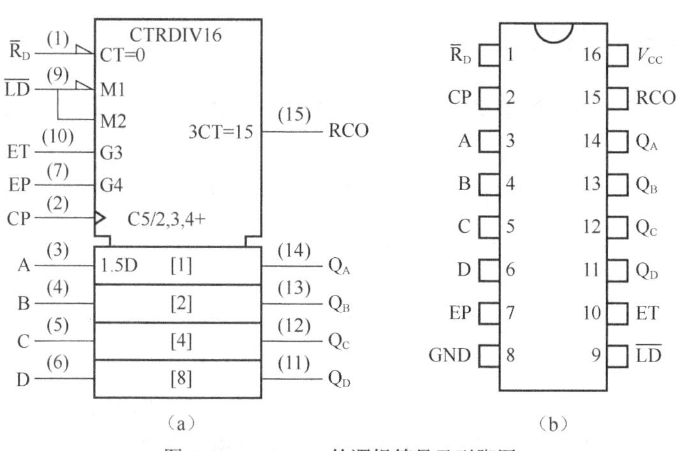

74LS161

图 5.41　74LS161 的逻辑符号及引脚图

（1）异步清零

当 $\bar{R}_D=0$ 时，无论其他输入端信号如何，其内部 4 个触发器全部清零。清零后，$\bar{R}_D$ 端应接高电平，才能不妨碍计数器正常计数工作。

（2）同步并行置数

74LS161 具有并行输入数据功能，由 $\overline{LD}$ 端控制实现。当 $\overline{LD}=0$ 时，在 CP 上升沿的作用下，输入端同时接收并行数据输入信号，使 $Q_DQ_CQ_BQ_A=DCBA$，计数器置入初始数值，此项功能必须保证有 CP 上升沿同步，所以称为同步置数功能。

（3）同步二进制加法计数

在 $\bar{R}_D=\overline{LD}=1$ 状态下，若计数控制端 EP=ET=1，则在 CP 上升沿的作用下计数器实现同步 4 位二进制加法计数。若初始状态为 0000，则在此基础上加法计数到 1111 状态；若已置数 DCBA，则在置数基础上加法计数到 1111 状态。

（4）保持

在 $\bar{R}_D=\overline{LD}=1$ 状态下，若 EP 与 ET 中有一个为 0，则计数器处于保持状态。此外，74161 有超前进位功能，其进位输出端 $RCO=ET\cdot Q_A\cdot Q_B\cdot Q_C\cdot Q_D$，即当计数器状态达到最高 1111 并且计数控制端 ET=1 时，RCO=1 时，产生进位信号。

74LS161 的功能真值表见表 5.18。

表 5.18　　74LS161 的功能真值表

CP	$\overline{LD}$	$\bar{R}_D$	EP	ET	Q^{n+1}
×	×	L	×	×	全 L
↑	L	H	×	×	预置数据
↑	H	H	H	H	计数
×	H	H	L	×	保持
×	H	H	×	L	保持

综上所述，74LS161 是有异步清零、同步置数的 4 位同步二进制计数器。

74LS161 的内部电路结构与 74LS161 有些区别，但外引脚排列及功能都与 74161 相同。还有些同步计数器，如 74LS162、74LS163，是采用同步置零方式的，应注意其与异步置零方式的区别。在同步置零的计数器电路中，$\bar{R}_D$ 出现低电平后要等 CP 信号到达时才能将触发器置零；而在异步置零的计数器电路中，只要 $\bar{R}_D$ 出现低电平，则触发器立即置零而不受 CP 的信号控制。

5.5.3 寄存器及其芯片

寄存器是数字电路中的一种重要的器件，具有接收、存放及传送数码的功能，其中移位寄存器还具有移位功能。

寄存器简介

寄存器由触发器构成，与计算机技术中的存储器类似而又有区别，存储器一般用于存储运算结果，存储时间长、容量大，而寄存器一般只用来暂存中间运算结果，存储时间短、容量小，一般只有几位。

一个触发器只能寄存 1 位二进制数，要存多少位二进制数，就需要用多少个触发器。常用的寄存器有 4 位、8 位、16 位等。寄存器存放数码的方式有并行和串行两种，从寄存器取出数码的方式也有并行和串行两种。并行方式中，被取出的数码各位在对应于各位的输出端上同时出现，而串行方式中，被取出的数码在一个输出端上逐位出现。

寄存器常分为数据寄存器和移位寄存器两种，区别在于有无移位功能。

1. *数据寄存器*

由前面讨论的触发器可知，一个触发器可存放 1 位二进制数，N 个触发器可组成 N 位二进制寄存器。以集成四位数据寄存器 74LS175 为例进行说明。

74LS175 的逻辑图如图 5.42 所示，它由 4 个 D 触发器组成，两个非门分别作清零和寄存数码控制端。$D_0 \sim D_3$ 是数据输入端，$Q_0 \sim Q_3$ 是数据输出端，$\overline{Q}_0 \sim \overline{Q}_3$ 是数据反码输出端。

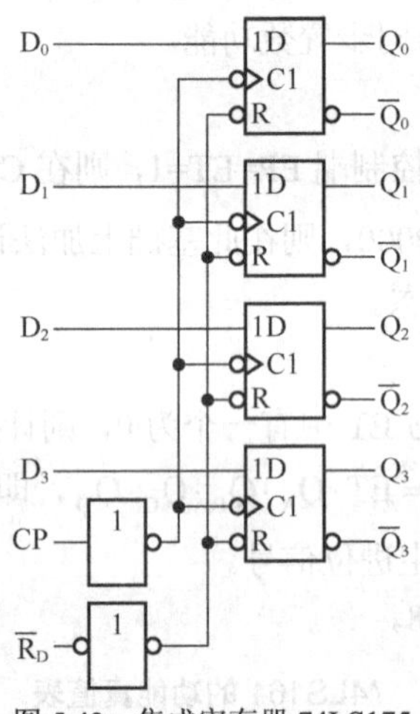

图 5.42　集成寄存器 74LS175

74LS175 的功能真值表见表 5.19。

表 5.19　　74LS175 的功能真值表

$\overline{R}_D$	CP	D	Q^{n+1}	$\overline{Q^{n+1}}$
0	×	×	0	1
1	↑	1	1	0
1	↑	0	0	1
1	0	×	Q^n	$\overline{Q^n}$

其工作原理如下。

（1）异步清零

在 $\overline{R}_D$ 端加负脉冲，各触发器异步清零。清零后应将 $\overline{R}_D$ 接高电平，以不妨碍数码的寄存。

（2）并行数据输入

在 $\overline{R}_D=1$ 的前提下，将所要存入的数据 D 依次加到数据输入端；在 CP 脉冲上升沿的作用下数据被并行存入。

（3）记忆保持

在 $\overline{R}_D=1$ 且 CP 无上升沿时，各触发器保持原状态不变，寄存器处于记忆保持功能。

（4）并行输出

触发器可并行取出已存入的数码及其反码。

2. 移位寄存器

移位寄存器除具有存储功能以外还具移位功能，即在移位脉冲作用下将存储的数码依次左移或右移，因此移位寄存器还可以用来实现数据的串行与并行转换、数值的运算及数据处理等。

图 5.43 所示电路是由边沿触发结构的 D 触发器构成的四位移位寄存器。其中触发器 FF_0 的输入端接收输入信号，其余每个触发器的输入端均与前边一个触发器的 Q 端相连。

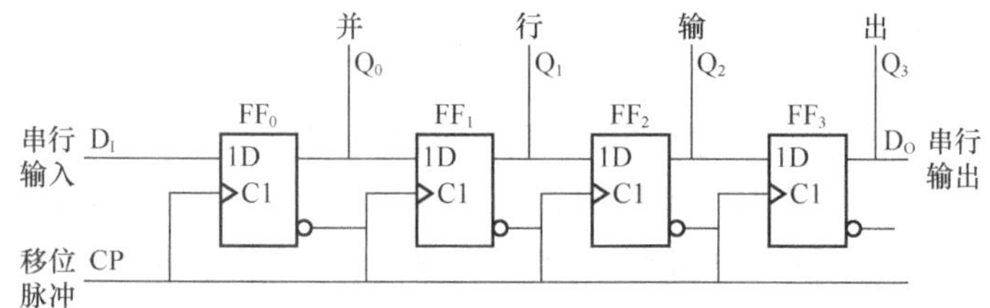

图 5.43 D 触发器构成的四位移位寄存器

集成 74LS164 是 8 位移位寄存器，图 5.44 是其逻辑结构图，其中 8 个 D 触发器作为 8 位移位寄存单元，G_1 是清零控制门，G_2 是 CP 脉冲控制门，G_3 是串行数据输入端，$Q_0 \sim Q_7$ 是 8 位并行输出端。

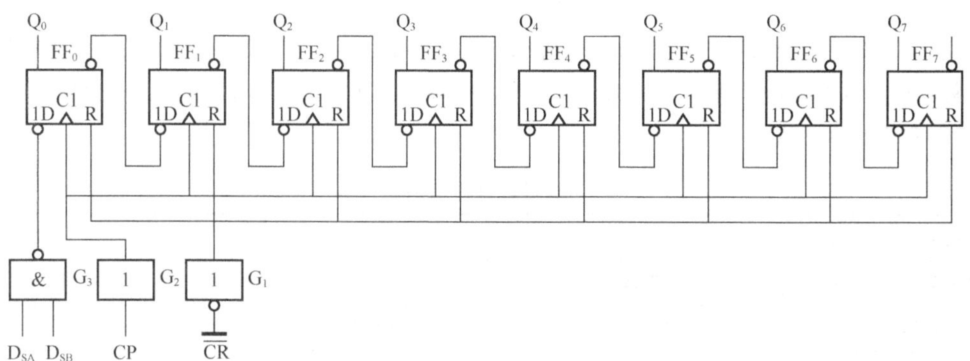

图 5.44 集成寄存器 74LS164 的逻辑结构图

（1）清零

令 $\overline{CR}=0$，则 $Q_0 \sim Q_7$ 均为 0；清零后应使 $\overline{CR}=1$ 才能正常实现寄存功能。

（2）寄存和移位

两个数据输入端 D_{SA} 和 D_{SB} 是与的关系，在 CP 上升时，将数据存入 FF_0，FF_0 中的数据移至 FF_1 中，原来的数据移至 FF_2。依次类推，实现移位寄存。若用逻辑门控制数据的移动方向，就可实现左移或右移的双向移位寄存功能。

知识小结

1. 时序逻辑电路具有记忆功能，其输出状态不仅与输入状态有关，还与这次输入前电路的状态有关。

2. 基本 RS 触发器的输出状态是否变化，仅取决于 $\overline{R}_D$ 和 $\overline{S}_D$ 输入端的状态。当 $\overline{R}_D$ 和 $\overline{S}_D$ 端均为低电平且同时变为高电平时，电路的输出状态不定，这是应用中禁止出现的。其他情况输出均有固定的状态。

3. 同步 RS 触发器的输出状态是否变化取决于 R、S 输入端和时钟脉冲的状态，它也存在输出不稳定状态，使用中禁止出现。同步 RS 触发器具有计数功能，但存在空翻现象。

4. JK 和 D 触发器均具有计数功能且不会产生空翻。主从型触发器为时钟脉冲负边沿触发，维持阻塞型触发器为时钟脉冲上升沿触发。

5. 计数器分为加法/减法计数器，二进制/*N* 进制计数器、同步/异步计数器。74LS161 是常用的同步计数器，具有异步清零功能，使用中应注意。

6. 寄存器分为数码寄存器和位移寄存器两类。数码寄存器速度快，但必须有较多的输入和输出端；位移寄存器速度较慢，但输入输出端需要很少。

技能训练

数字频率计的设计与制作

数字频率计的功能是将方波或三角波等信号的频率进行计数并显示，其基本组成框图如图 5.45 所示。频率计主要分为 4 个部分，分别为稳压电源模块、信号产生电路模块、频率计数模块及显示模块。数字频率计电路如图 5.46 所示。

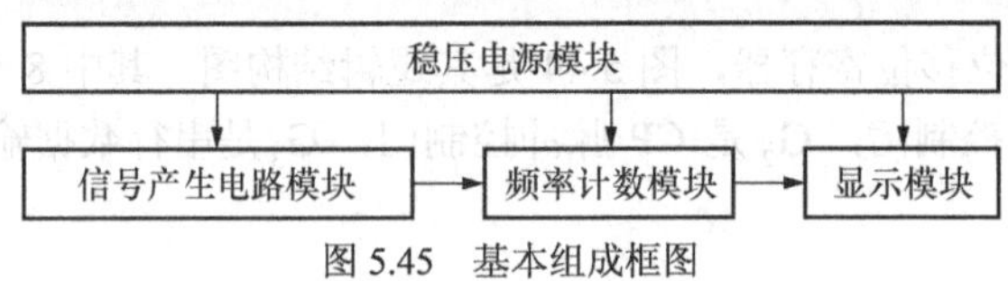

图 5.45　基本组成框图

本次训练为综合性实践，将前面所学的稳压电源电路、信号产生电路（集成运算放大器的应用）、集成计数器及显示译码器等知识应用于本次任务中。通过训练，系统、充分理解电子技术中的关键知识和技术重点。

实践训练任务书

任务内容	数字频率计的设计与制作
环节安排	4 课时　仿真设计与焊接制作
任务目的	制作频率计电路，正确画出电路图，按照规范进行装焊及调测
具体要求	1．完成电路装焊 2．比对设计要求，优化改进工艺 3．实现电路正常工作，记录测试结果
记录整理	1．绘制电路原理图 2．列出元器件清单 3．焊接、安装 4．调试电路功能，检测记录数据 5．分析数据，记录结论

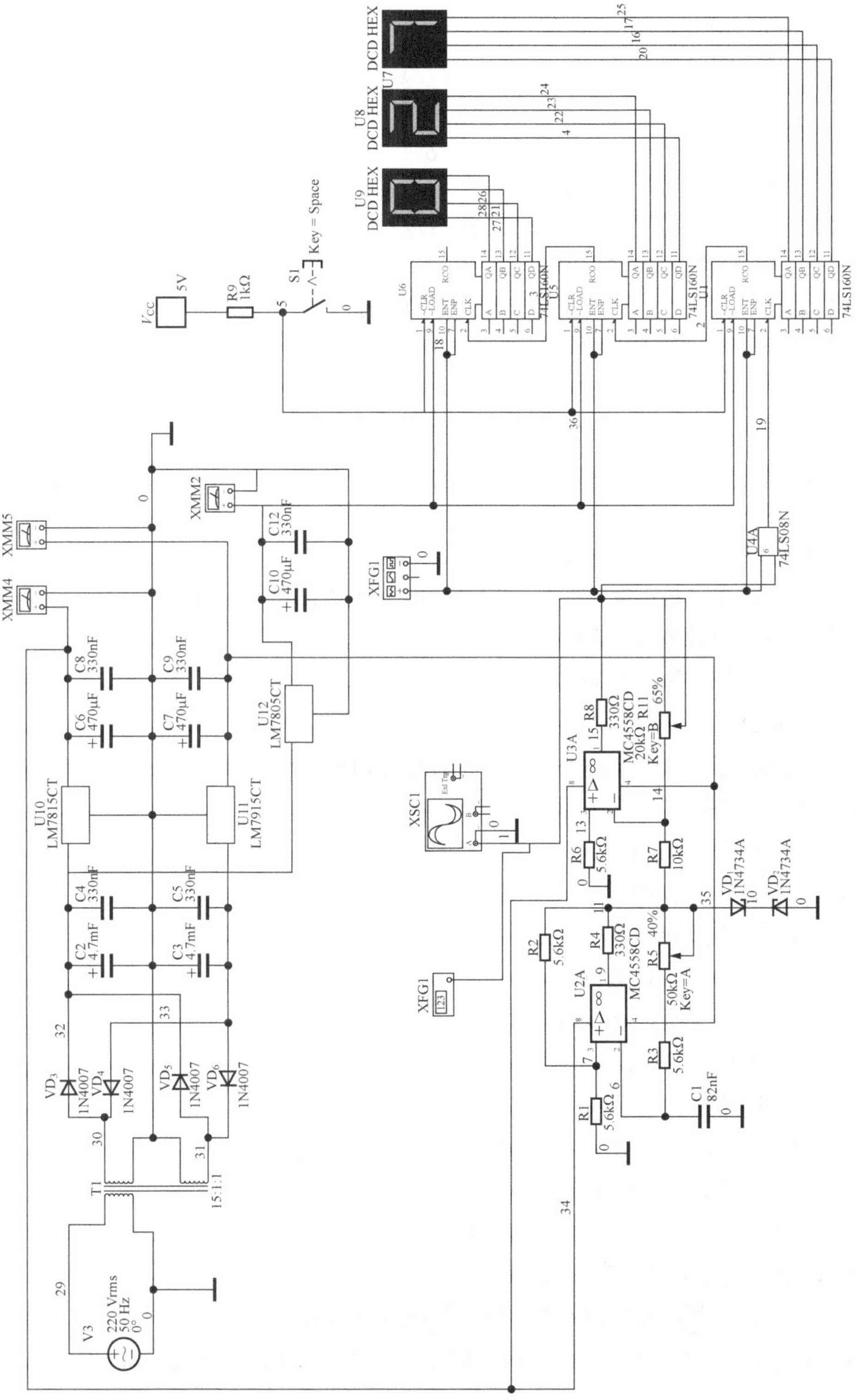

图 5.46　数字频率计电路

思考练习

1．什么是进位计数制的基数和位权？

2．请将下列数值转换为十进制数。

（1）$(101.01)_2$　　（2）$(F.C)_H$

（3）$(0100\ 1101.1001\ 1100)_2$　　（4）$(7.4)_O$

3．请将下列数值转换为二进制数。

（1）$(17.8)_D$　　（2）$(24.25)_D$

4．请将下列数值转换为 8421BCD 码。

（1）$(95)_D$　　（2）$(1010.0001)_B$

5．写出下列函数的反演式和对偶式。

（1）$F=\overline{\left(A+\overline{B}\right)+CD}$

（2）$F=\overline{B\overline{\overline{CD}}+EF}$

6．什么是逻辑函数的最简表达式，最简表达式是唯一的吗？什么是逻辑函数的最简与或表达式？

7．什么是最小项，最小项有哪些性质？

8．什么是逻辑函数的最小项表达式，函数的最小项表达式是唯一的吗？

9．写出下列函数的最小项表达式。

（1）$F(A,B,C)=\left(A+\overline{B}+C\right)\left(\overline{A}+\overline{B}\right)$

（2）$F(A,B,C,D)=A\overline{B}+\overline{CD}$

10．请将下列函数用二输入与非门表示，并画出电路图。

（1）$F(A,B,C)=A\overline{B}+C$

（2）$F(A,B,C)=(A+B)\left(\overline{B}+C\right)$

11．用公式法化简下列函数。

（1）$F(A,B,C)=A(B+C)+\overline{B}\overline{C}$

（2）$F(A,B,C)=\left(AB\overline{C}+C\right)\overline{B}+C$

（3）$F(A,B,C,D)=A\overline{B}\overline{C}+\overline{A}\overline{B}+\overline{A}D+BD$

12．用卡诺图化简下列函数。

（1）$F(A,B,C)=A\overline{B}C+B\overline{C}$

（2）$F(A,B,C)=\left(A+\overline{B}+\overline{C}\right)\left(\overline{A}+B+\overline{C}\right)C$

（3）$F(A,B,C)=\sum m(2,3,4,6)$

（4）$F(A,B,C,D)=\sum m(0,2,5,7,8,10,13,15)$

（5）$F(A,B,C)=\sum m(0,6)+\sum m_{\times}(2,5)$

（6）$F(A,B,C,D)=\sum m(0,1,3,4,6,7,14,15)+\sum m_{\times}(8,9,11,12)$

13．输入信号 A、B 的波形图 5.47 所示，分别画出与门、或门、与非门、或非门对应的输出波形。

14．分析图 5.48 中电路的功能。

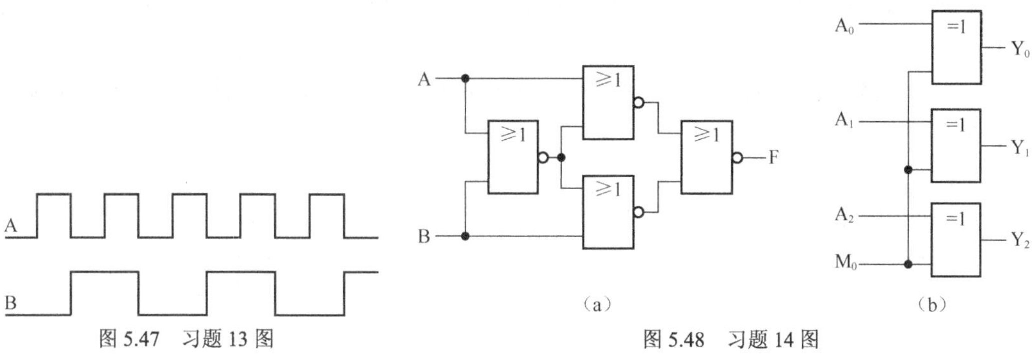

图 5.47　习题 13 图

图 5.48　习题 14 图

15．分析图 5.49 的组合逻辑电路功能，写出其函数表达式。

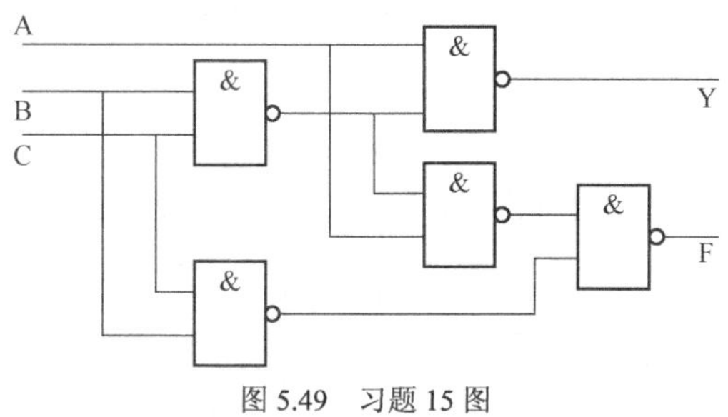

图 5.49　习题 15 图

16．试用多路选择器实现下列逻辑函数。

（1）$F(A,B,C)=\sum m(0,3,12,13,14)$

（2）$F(A,B,C)=\sum m(2,3,4,5,8,9,10,11,14,15)$

17．设计一个路灯控制器电路，要求在三个不同的地方都能独立地控制灯的开关。

18．试用 74LS138 实现逻辑函数：$F=AB\overline{C}+A\overline{B}C+\overline{A}B$。

19．试用与非门电路实现下列逻辑函数，要求电路最简，与非门输入端信号数不限。

（1）$F=(B+C)(A+\overline{B})+\overline{A}B$

（2）$F=\overline{A}+\overline{B}C+BC\overline{D}$

20．已知输入信号 A、B、C 与输出信号 F 的逻辑关系如图 5.50 波形所示，试设计一个逻辑电路，满足波形要求（方法不限）。

21．在由与非门构成的基本 RS 触发器的输入端分别加上图 5.51 的触发信号，试画出其输出端 Q 的波形（设触发器初始状态为 0）。

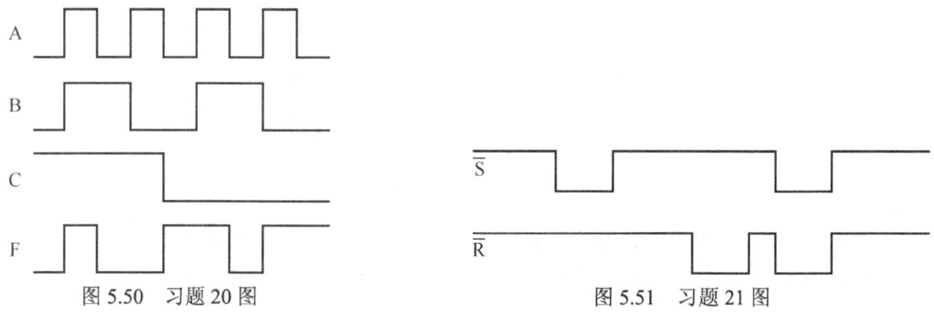

图 5.50　习题 20 图

图 5.51　习题 21 图

22．同步 RS 触发器的输入端信号如图 5.52 所示，试画出输出端 Q 的波形（设触发器初始状态为 0）。

23．上升沿触发的 D 触发器的输入波形如图 5.53 所示，试画出输出端 Q 的波形（设触发器初始状态为 0）。

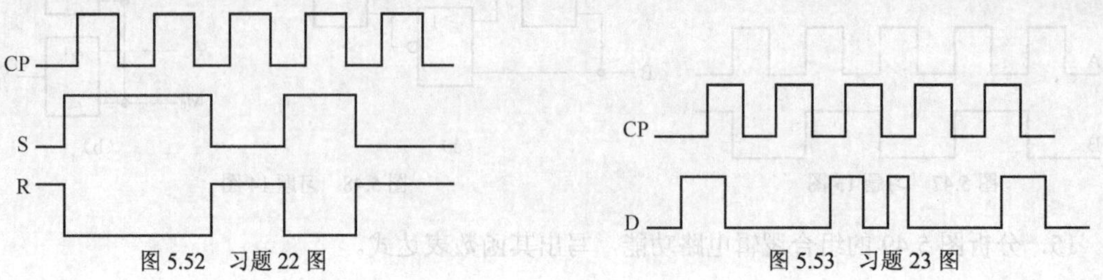

图 5.52　习题 22 图　　图 5.53　习题 23 图

24．负边沿 JK 触发器的输入波形如图 5.54 所示，试画出输出端 Q 的波形（设触发器初始状态为 0）。

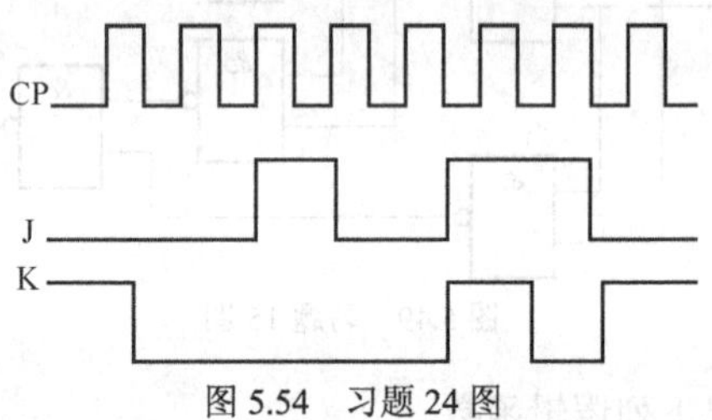

图 5.54　习题 24 图

25．由 D 触发器和与非门构成的电路如图 5.55 所示，试画出输出 Q 的波形（设初态为 0）。

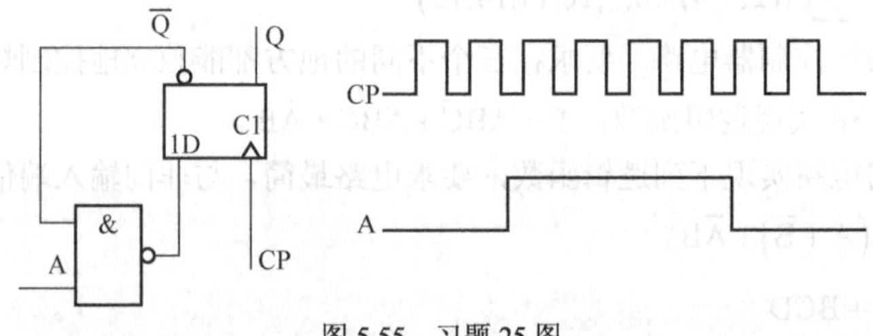

图 5.55　习题 25 图

26．试画出如图 5.56 各触发器的输出波形（设初态为 0）。

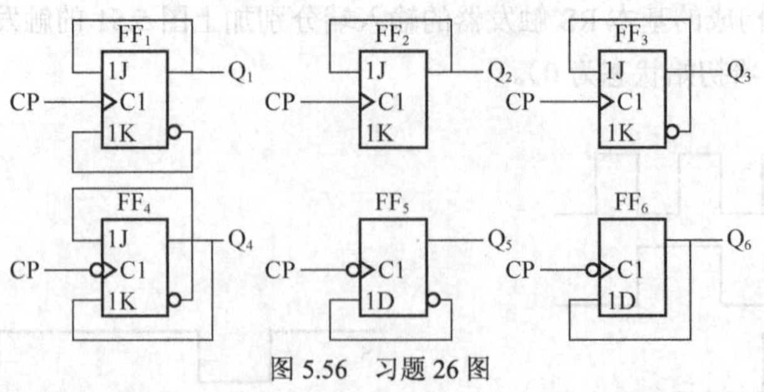

图 5.56　习题 26 图

27．用 74LS160 构成的计数器电路如图 5.57 所示，试分析它为几进制。

28．用 74LS161 构成的计数器电路如图 5.58 所示，试分析它为几进制。

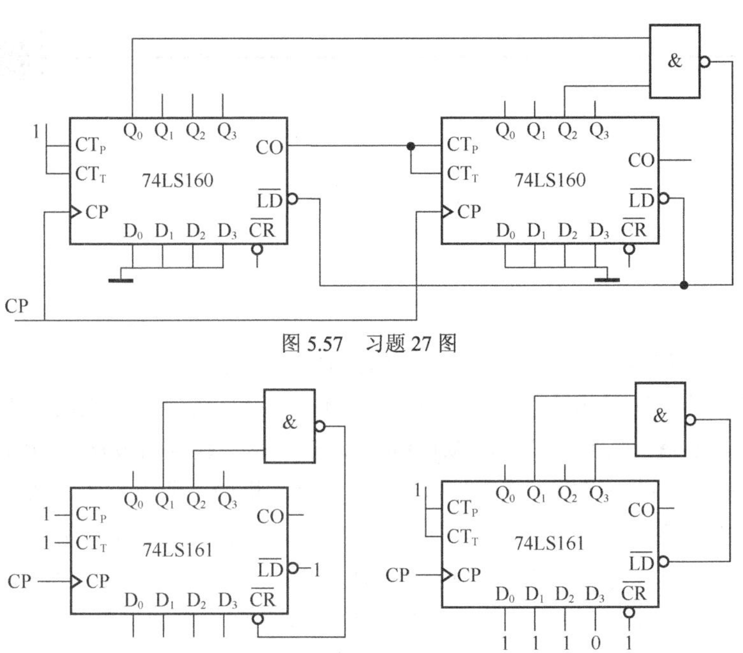

图 5.57　习题 27 图

图 5.58　习题 28 图

参考文献

[1] 邱关源. 电路[M]. 5 版. 北京：高等教育出版社，2011.

[2] 张冠生，丁明道. 常用低压电器及其应用（修订版）[M]. 北京：机械工业出版社，1992.

[3] 林平勇，高嵩. 电工电子技术[M]. 4 版. 北京：高等教育出版社，2016.

[4] 于涛. 城市轨道交通电工电子技术. [M]. 北京：机械工业出版社，2011.

[5] 林红，张鄂亮，周鑫霞. 电工电子技术. [M]. 北京：清华大学出版社，2010.

[6] 王艳荣. 城市轨道交通车辆电气检修[M]. 上海：上海科学技术出版社，2010.

[7] 洪雪燕，林建军，王富勇. 安全用电[M]. 北京：中国电力出版社，2008.

[8] 清华大学电子学教研组，阎石. 数字电子技术基础[M]. 6 版. 北京：高等教育出版社，2016.

[9] 中国集成电路大全编委会. 中国集成电路大全：TTL 集成电路[M]. 北京：国防工业出版社，1985.

[10] 孙玥. 通信电子技术[M]. 北京：电子工业出版社，2014.